U0154079

台灣史新聞

台灣史新聞編輯委員會　編著

各界好評

本書以新聞報導方式介紹台灣歷史的發展，能使讀者感到在閱讀過去發生的新聞事件，而有身經歷史現場的感覺。又因類似新聞，每則報導內容不長，文字簡要易懂，更搭配了相關主題的手繪圖片和漫畫，表達方式生動活潑，不僅容易傳達訊息，更能吸引大眾讀者的興趣。

此書內容包含台灣從遠古以來發生的天文地理、人文社會、政治經濟、自然生態等各類報導，進而擴及世界各地的外國人，因各種機緣來到台灣與當地人民的互動紀錄，甚至報導與之相關的國際局勢變化。因此，本書同時呈現台灣與世界歷史發展脈絡之間的連結，具有宏觀歷史的格局與視野。

——王文霞／成功大學歷史系世界史教授

歷史——反映了過去人的發展，也承載了人們的美麗與哀愁。有人嘗試從歷史找經驗，也有人重視歷史的教化功用，更有人在意歷史對自己的記載，當然這也就顯示出了歷史的種種功能。歷史學也是一門有趣的學問，對於如何書寫歷史，它有種種的理論與規範，是以許多學院派的歷史作品，在這些規範底下，它的敘述有著些許門檻，對一般人而言，沒有習慣這些學術語句或有些許學術訓練，有時讀起來還可能隔層膜，無法完全參透。是以一部簡單易懂，讓一般人也能了解吸收的歷史作品，著實有其需要。

台灣史在過去是一個被壓抑的領域，二十年來風氣漸開，許多的研究者投入到此一領域發展，也漸次產生若干通史類的作品。不過受到研究風氣影響，這類通史類作品的編輯方式，還是受到傳統史學的影響，學術氣味與底蘊仍深，一般讀者要能深入閱讀，恐怕仍然有其限制。所幸這幾年來，一方面，台灣史的學術研究已漸有基礎；另一方面，對於吸引大眾能接觸、閱讀台灣史，以增進了解台灣本地的歷史，所謂「台灣人不能不知台灣事」的呼聲愈來愈高，出版社對於如何吸引大眾能閱讀歷史、了解歷史也愈來愈重視，是以漸有以漫畫或種種通俗方式介紹台灣史的讀物出現，不可謂是大眾化台灣史時代的到來。

貓頭鷹出版社在通俗台灣史方面的耕耘一直不遺餘力，此次出版的《台灣史新聞》乃以時間為序，透過編年史的作法，將各種事件以新聞報導的方式呈現，並配置大量的插圖，在編輯上令人有耳目一新的感覺。而此種以新聞報導方式的內容鋪陳，不僅容易拉近人與歷史的距離，從報導的內容而言，也兼具了感性與知性，讓人很容易就能融入台灣過去的時空，自然地了解此間的歷史發展。對於閱讀大眾而言，《台灣史新聞》無異是學習台灣歷史的優良文本，可以輕鬆地了解台灣歷史，在此特別推薦。

——王志宇／逢甲大學歷史與文物研究所教授兼所長

《台灣史新聞》是一本令人耳目一新、兼具實用功能的歷史類讀物，因為以台灣的歷史為中心之報導形式的歷史類讀物，它確實是史無前例的。該書共分為六卷，並以時間年代為經，各時期重大事件為緯，將台灣的歷史從遠古的六百萬年前貫穿至當代的民國一百年，是一本涵蓋完整、脈絡清楚的通史性讀物。該書共有一百則歷史主題事件並輔以三到六個子題新聞事件，且每一則都為跨頁式的獨立版面，並提供了逗趣的插圖漫畫與小廣告，讓該書具有很高的可讀性與趣味性，這對於中學學生認識台灣的歷史是相當有裨益的，也讓對台灣歷史有興趣的社會大眾能從新聞報導的方式重新認識台灣歷史。

——王偲宇／壽山高中歷史教師

新聞是目擊歷史的有力材料；當一篇一篇歷史的材料累積，歷史真相的輪廓便有可能逐漸成形。

——伍少俠／台中二中歷史教師

以台灣觀點看台灣，有自主性，也有專業，是一本公正客觀、包羅萬象的著作。

——李乾朗／臺灣藝術大學教授

亞里斯多德曾說：「歷史學家描述的只是歷史事件，詩人才能展現人類活動的可能發展，所以詩比歷史更哲學。」雖然新聞不是詩，但是在作者的巧妙安排下，《台灣史新聞》成為一部縱橫古今中外、氣勢磅礴的史詩。讀者可以在這部結合照片、漫畫、新聞的編年史詩中，盡情發揮台灣史的歷史思考與歷史想像力！

——汪栢年／蘭陽女中歷史教師

歷史就是新聞，新聞也是歷史，兩者都是時間之河的漂流物。而今，兼習歷史與新聞的曹銘宗先生，用新聞體寫台灣史，不僅貫穿了古今，也讓故事不再漂流。

——林富士／中央研究院歷史語言研究所研究員兼副所長

這是由台灣文化工作者曹銘宗所寫的一本新書。基本上，他以新聞報導的方式來書寫台灣的歷史，實質上則呈現重大事件，以及多采多姿的文化，特別是把台灣與世界結合在一起。除了珍貴而清晰的相片，還有許多少見的地圖、插畫，以及版畫，而杜福安的四格漫畫更讓本書生色不少。當然，吾友翁佳音的審定，保證了嚴謹。我很喜歡，因此，樂意推薦給大家。

——施正鋒／東華大學民族發展暨社會工作學系教授

《台灣史新聞》由具有豐富歷史與人文知識的優秀新聞人曹銘宗先生執筆，將台灣從史前到二十一世紀發生的重要事件以創新而濃縮的報紙新聞排版方式呈現，讓讀者可以一目了然地掌握重點，毫不費力地吸取從台灣本土觀點出發，兼具國際視野的台灣史內容。最令我印象深刻且感動不已的是看到台灣原住民的歷史與文化在《台灣史新聞》中占了顯著的篇幅，引領我們審視台灣族群文化的根源與族群間權力的消長，以建構更全面而公允的台灣史觀。

——胡台麗／中央研究院民族學研究所研究員

本書將盤根錯節的台灣歷史化繁為簡，以引人入勝、但也同時精準忠實的新聞報導形式，生動地陳述台灣的過往，適合任何想對台灣歷史有概廓性理解，但不想在心思上有過度負擔的人。歷史能以如此輕鬆自然的方式呈現，實在令人喜悅。這是本值得推薦的好書。

——翁嘉聲／成功大學歷史系教授

以中學歷史教育的角度而言，《台灣史新聞》每一則都有個主題，透過記者的筆法，努力呈現歷史事件的發生背景、始末因果，還有後續影響。且除關心台灣的重要大事外，還搭配同時期世界史的發展，開拓讀者的國際觀視野。所以本書不僅是本讀本，也是教本，更是歷史作業的良好範例。真心推薦這本好書，給想要更深入了解台灣史的讀者。

——莊德仁／建國中學歷史教師

多年來個人在教授高一上台灣史時，經常會推薦同學們多讀些好的課外讀物，近日有機會拜讀貓頭鷹出版社出版的《台灣史新聞》一書，發現這是本立足台灣，放眼世界，具有扎實台灣歷史資料，以及多元文化國際觀的好書。更難得的是，全書以新聞方式呈現，每階段的台灣大事，都搭配精美圖片、漫畫和照片，相當生動有趣，引人入勝。編撰者的用心，使讀者如身入其境，見證與台灣有關的重要歷史場景，值得推薦給所有莘莘學子，以及想了解台灣史的朋友。

——陳正宜／南湖高中歷史科暨教育部歷史學科中心種子教師

特定時間點上的歷史都是那個時代的新聞。這本《台灣史新聞》以報紙的模樣，用新聞、特稿、社論、漫畫等常見的格式，讓讀者能像讀報紙一樣，輕鬆、不經意地就把台灣史上發生過的大事了然於心，真有「秀才不出門，能知天下事」的效果。一般編年史或大事記，不是過於瑣細，就是枯燥無味。這本書不一樣，它選錄了最重要的紀事，並且為它們加上了知性的趣味。

——陳國棟／中央研究院歷史語言研究所研究員

本書以新聞報紙的方式帶領讀者回到歷史現場，以時間序列來報導相關史事，讓讀者了解史事發生的時間先後與過程。另外，史事的敘寫相當清楚，提供讀者在學習中學歷史課本的知識之餘，多了一個了解史事發展過程的管道。

——陳惠珠／高中歷史教師

這是一本趣味盎然的台灣史。作者以簡明的文字、精采的插圖，依時序發展來鋪陳關鍵時刻，還原歷史現場。書中的文字述說動人的故事，又配有許多精美插圖。總之，本書既適合閱讀，也可以提供查考、檢索，值得讀者仔細觀覽。

——黃克武／中央研究院近代史研究所所長

留日期間曾接觸以新聞寫作格式來介紹日本史的書籍，當時即對以「報導」的手法來書寫歷史的效果留下極為深刻的印象。本書立意恢弘而取材嚴謹，一冊在手宛如直擊台灣史乃至東亞史、世界史的重大事件發生現場，自是可收寓教於樂之功。

本書的寫作旨趣，和敝人研究日本史的感想不謀而合。亦即台灣和日本均位於全球最大陸地和最廣海洋的交會處，自古以來便是陸海民族及東西文化的薈萃之地。既然日本文化得以體現出融合東西卻又不失其主體性的自我意識，相信台灣也能。

——楊典錕／臺灣大學歷史學系助理教授

今天的新聞，明天就成為歷史，有些新聞像小雨滴掉到泥土或水裡，很快消失無形，也有成為社會進步的因子，影響既深且遠者。

散步台北街頭，常引用唐朝張繼寫的〈楓橋夜泊〉，希望大家用筆或照片記錄周邊的故事，讓全世界的人看到台北的美麗，因而前來觀光，讓台北人賺大錢，卻不曉得功德主竟然是記錄歷史的朋友。《台灣史新聞》就具備這項卓越的功能，希望這本書出版後，成為台灣人的共同文化資產、吸引世人到台灣觀光的重要能量。

——葉倫會／台北散步者

這本《台灣史新聞》的選題、取材、敘事與議論，其實緊扣著一個貫串全書的核心理念，那就是作者對族群、土地、庶民觀點、民主價值的關注與強調。所以，本書不但在篇幅、主題上充分凸顯史前文化與原住民族的歷史角色，不同於一般從上而下的制度性、結構式歷史陳述，而是以立足歷史現場的新聞觸角、想像空間，讓讀者對異時空的歷史產生連結感、同理心，甚至舉一反三，發出會心的微笑。而作者對國際視野、當代比較的重視，更使讀者得以從台灣史出發，進而超越台灣史的時空限制，擴大、深化、延伸對人類普世價值的認識，以與作者的終極關懷接榫。

——詹素娟／中央研究院臺灣史研究所副研究員

請大家不要小看這一本像是報紙的《台灣史新聞》，作者揚棄了「台灣固無史也，荷人啟之，鄭氏作之，清代營之」的陳舊觀念，從地質學和考古學研究所得文字紀錄的史前時代開始，把台灣人類活動史拉早到更新世冰河時期。更使用了新聞的形式，寫給你看，說給你聽！看看有多少事情，人類是一而再、再而三地重複犯了錯！

作為一個考古工作者，最窩心的事情，在於埋藏在地下不能表示意見的人群，充分顯示在這本書的前頭，這是一個具體而精要版的台灣人類活動史。我願意推薦給大家！

——劉益昌／中央研究院歷史語言研究所 研究員

作者拉大歷史格局直指台灣核心，宏觀且不偏頗地報導台灣原住民族護土、衛家、失土、失根過程中被輪暴式的殖民史。這是遲來四百年的新聞！wanai！（wanai 是噶瑪蘭語的謝謝）

——潘朝成（木枝・籠爻）／慈濟大學傳播學系專任講師暨花蓮縣噶瑪蘭族發展協會創會會長

二十多年前曾經在日本的舊書攤買到一本《歷史新聞》，該書是以目前報紙的版面編排形式，將日本歷史擇要以「新聞報導」的形式予以呈現，內容相當有趣亦具創意，我常在課堂上以這些「新聞版面」吸引學生的注意。今《台灣史新聞》一書也以如此的報紙形式編排，將台灣的歷史摘取精要濃縮成一百個版面，除歷史知識面的呈現，亦配合趣味的「商業廣告」與「漫畫」，使閱讀台灣史不再枯燥無味。

——蔡錦堂／臺灣師範大學臺灣史研究所副教授

本書是一本專業與普及兼具的優良著作，編著者以報紙模式書寫，將遠古至現代在台灣這塊土地上發生的大小歷史事件娓娓道來，既親切又客觀，像是一本編年日記，載錄我們生活的故事。書中圖文並茂，內容豐富，使讀者閱讀時有身在歷史現場的感動。雖然本書以台灣史為主，但是編者同時也稍稍報導世界歷史事件，使讀者了解台灣在世界歷史的角色。又透過社論編寫，闡述自己的觀點，以古喻今，頗有可觀之處。總言之，本書表面深入淺出，輕鬆易讀，然而每篇報導旁徵博引，史料豐富而嚴謹，值得一般讀者與歷史研究者參考與借鑑。

——鄭永常／成功大學歷史系教授

■推薦序

用新聞說歷史，令人耳目一新

唐代詩人王維的古詩名句寫道：「君自故鄉來，應知故鄉事」；《臺灣通史》的作者連橫先生於年幼時，其父亦曾告之：「汝為臺灣人，不可不知臺灣事」。而現居臺灣的人們，大多生於斯、長於斯，甚至是葬於斯的「臺灣人」，當然應該知道臺灣的事。

有關臺灣的事，早期多以口耳相傳或少數傳播管道及圖書紀錄加以流傳，近三十年來藉由通訊科技的精進和知識教育的普及提升，使得任一時地發生的事件，能迅速且無遠弗屆地傳播出去，同時被記錄成眾人皆知的「歷史」。而記錄臺灣的歷史，具體的由清代連橫先生所著《臺灣通史》伊始，後繼不乏有志之士，摩肩接踵、汲汲營營地深入辨證與發掘，並不斷探究隱晦湮蔽於傳說或民俗底蘊之史實，尤以晚近累積的豐碩成果，使「臺灣史」成為眾所熟知的一門顯學。

但綜觀有清以來，記錄與臺灣歷史相關的浩瀚訊息及書海當中，或因學科分類細瑣，造就有專論臺灣地理天候、產業經濟、社會組織、教育發展等領域；或有自訂區域範疇，論述一地之人文與自然的發展；又或以特定時、地、事件加以論述。其中，較少就整體臺灣的時空為範圍，以綜合自然與人文的宏觀角度，闡述臺灣歷史的容貌，縱或有之，其內容又多如蜻蜓點水般難明箇中詳情，因此有心一窺臺灣史事堂奧之人士，縱日夜匪懈博覽相關群籍和紀錄，常亦難以御繁從簡地了然臺灣歷史全貌。

而今，偶獲這本《台灣史新聞》，乍見封面的設計和題辭，以為是搜羅陳舊報章新聞加以匯聚條列的紀錄冊，卻見其題曰「跨越六百萬年的史料……」，又不免驚訝其書冊的輕薄；待稍略翻閱，見其每一跨頁的版面設計，如同報紙的頭版形式，頁內的每則標題、內文乃至插圖等的編排方式，亦悉報紙的格式，此時內心依舊疑惑；直到定睛細看才豁然理解，原來這是一本簡要版的臺灣通史！

就在視覺與思維相互矛盾下，激發細觀書中內容的欲望；於是，抱持好奇和探索的心情，興味盎然地開始翻閱這本風格獨樹的臺灣通史，不知不覺中竟快意舒悅地看完最後一頁，卻又油然生起意猶未盡的一絲悵然。待得心情平緩又翩然回顧時，方才了悟這本專書是以模擬記者的第三者角度，依臺灣始生迄今所發生事件的時序，寫成新聞報導的形式內容，這些內容雖然都不再是「新」聞，但透過每則內文清楚表述的時間、地點、人物、事實等要項，卻彷彿看到剛剛發生的「新聞」，閱讀起來沒有沉重與枯燥的感覺，編輯手法頗具創意！

暢然閱讀一番後仍感意猶未盡，不忍又再閱覽一遍，發覺此書內容在題材選擇上，固然避免不了掛一漏萬的情形，但對於貫串臺灣歷史的重要事件，則是盡可能羅列鋪陳，部分事件內容雖與坊間其他臺灣史論著有雷同之處，唯其以新聞報導的筆法加以闡述，且加入照片或插圖強化史料的正確性與豐富性，除跳脫一般臺灣史書撰論形式的窠臼，又能具體而微、深入淺出地表達事件的始末，其作法令人耳目一新。在精選的歷史題材中，包含臺灣島上各種人類生活形式、社會景況、產業梗概、科技發展，以及一般史論無可避免的政治事件外，更特殊之處，則是將當年代的重大國際事件，恰如其分的穿插在臺灣史事篇章中，以作為島內外時空環境的對應參照。因之，全書不僅具有臺灣在地觀點，更連結國際發生的歷史系列，具體擴大了宏觀臺灣歷史的視野。

此外，在閱覽精心選出的史事間，偶會瞥見一小塊的詼諧廣告、編者註解，或是筆調輕鬆的四格漫畫，初覺畫面有點扞格難忍，但再次細看其間，這些偶爾躍入眼簾的「小品」，猶如濃重大菜間點綴的清香甜品，或發人深省，或博君莞爾，頓時化解凝重、緊繃的思緒，卻又在淺嘗即止、略事休息後忍不住想繼續看下去。整本覽畢，方才所讀種種臺灣事件歷歷在目，愛不釋手的感覺沛然而生！

欣見這本專書的出版，看完了它，在舊有的刻板印象中，對臺灣歷史有了新的感受和體認！

臺灣博物館館長　陳濟民

目次

第三卷　十八世紀

第四卷　十九世紀

出版緣起

很多人聽到《台灣史新聞》的書名，不太明白這是歷史？新聞？歷史的新聞？新聞的歷史？我簡單回答：這是一本易讀、有趣的台灣史，就是以新聞的形式來呈現台灣的歷史，讓讀者可以像閱讀報紙一般來閱讀台灣史。

我大學念歷史學，研究所則念新聞學。很多人問我：「為什麼從歷史改念新聞？」我就隨口說：「今天的新聞就是明天的歷史。」想不到後來我當了文化記者，主跑文史路線，並長期關注台灣史研究的成果。

貓頭鷹出版社企畫的《台灣史新聞》一書，有別於過去的台灣史著作，這是極具創意的「歷史書寫」。因此，當我被詢問是否願意寫這本書時，我覺得十分榮幸，並有非我莫屬之感——這正是我的專業和理想！

這本《台灣史新聞》設定用一百個「報紙跨頁版面」來「報導」從古到今的台灣史，所以我要把台灣史依年代先後次序分割成一百個單位，但每個單位分到的年代範圍不同，愈接近當代分到的年代範圍愈短。例如：十七世紀以十年為單位，十八世紀以五年為單位，十九世紀以四年為單位，二十世紀以三年為單位。

《台灣史新聞》也依報紙的規格，由「台灣史新聞社」發行，每個跨頁版面上印有「報頭」、「日期」（幾年～幾年），內容一樣有社論、新聞、特稿、圖片、漫畫、廣告等。

歷史書寫必然涉及「史觀」，以《台灣史新聞》來說，就是「挑選什麼歷史事件放到所屬跨頁版面」的原則。貓頭鷹出版社希望從台灣島第一次浮現在太平洋開始，完整報導發生在這個島嶼上重要或意味深長的大小事件。

以台灣島為主體，我遵循中研院院士、台灣史研究先驅曹永和「台灣島史」的史觀，就是跳脫政治史、國家單位的框架，把台灣放在世界的座標上，呈現從史前以來所有人類與這塊土地互動的歷史。此外，我也服膺自由、平等、人權、民主等普世價值。

台灣島因獨特的形成過程和地理位置，造就了地質和生態的多樣性，也成為人類諸多族群活躍的大舞台。因此，《台灣史新聞》就是一部台灣多元族群創造多元文化、追求普世價值的歷史。

我必須強調，《台灣史新聞》的書寫和編排雖然活潑、有趣，但無損歷史、新聞所要追求的真實。全書的內容來自六百萬年來所有留存在台灣的地質、歷史、考古等文獻和研究，包括我多年採訪台灣文化新聞、台灣史相關學者，閱讀台灣史相關著作、資料，以及參考有關台灣史的年表、大事紀如《台灣歷史年表》（遠流）、〈台灣歷史年表〉（維基百科）、《台灣全紀錄》（錦繡）、《台灣史一〇〇件大事》（玉山社）等，最後並經由中央研究院台灣史研究所副研究員翁佳音的審定。

書中的圖片，由翁佳音的學生、政大台灣史博士班的林逸帆編輯。插畫、漫畫部分，由專精台灣歷史漫畫、曾獲國立編譯館優良連環圖畫首獎的動漫畫家杜福安負責。其他的廣告，則由貓頭鷹出版社的編輯團隊製作。

讓讀者輕鬆、愉快地閱讀台灣史，並從中獲得知識和啟發，這是《台灣史新聞》出版的初衷。

台灣史新聞編輯委員會總主筆　曹銘宗

第一卷

遠古／史前時代

600萬年前～500年前

幾百萬年前地殼變動的時代，最大的海洋板塊不斷地向最大的大陸板塊擠壓，造成地層提升，台灣島從海底浮出水面。這個位於太平洋與歐亞大陸交會處的島嶼，以獨特的地質、地形與地理位置，發展了多樣化的生態環境及人類族群文化。

台灣自古就不是孤島。在冰河期，台灣與歐亞大陸相連，史前人類直接從台灣海峽走了過來。而冰河期過後，史前人類則是航海來到台灣。

台灣考古發掘的史前文化，從最早的舊石器時代晚期（約五萬年前至一萬年前），到新石器時代（約一萬年前至兩千年前），再到金屬器時代（約兩千年前至五百年前），散布在台灣本島以及離島兩千個史前遺址。

台灣的原住民族屬南島語族，根據「南島語族台灣原鄉論」的考古學說，華南的一個種族在六千年前遷徙至台灣，發展成為南島語族，然後從五千年前開始向全球擴散，跨越太平洋及印度洋，占了三分之二個地球，至今約有兩億五千萬人。

在台灣北部淡水河入海口的十三行史前文化，不但是台灣的鐵器生產和供應中心，也從事海外貿易。對台灣先民來說，海不是阻隔，而是更寬廣的道路……

台灣史新聞

重點新聞

- 板塊擠壓 造就台灣
- 特稿：高山叢集之島
- 社論：多樣性令人驚豔
- 冰河期 台陸相連

兩大板塊互槓 拱出寶島
驚天動地中 台灣誕生

台灣島的誕生。

【六百萬年前／台灣報導】地殼板塊之間的擠壓愈來愈劇烈了！屬於太平洋板塊的菲律賓海板塊，不斷向歐亞大陸板塊擠壓，造成地層抬升。彷彿經歷一場驚天動地的催生與陣痛，台灣島終於從海底浮出水面誕生了。

以地質年代來看，地球誕生已有四、五十億年，台灣島是新生的島嶼，充滿了活力和變化。本社記者來到台灣島上實地觀察，這裡是地殼最大海洋板塊與最大大陸板塊的接觸帶，由於板塊擠壓形成的造山運動還在持續進行，所以地震頻繁。

後來，又再經過千年、萬年的變化，台灣島的形狀才逐漸固定下來。本社記者從高空俯瞰，台灣島像一個番薯，也像一隻大鯨魚。

地質學家非常驚訝，台灣島雖然不大，卻產生了各式各樣的地質和地形。這裡有地球上依生成原因分成的三大類岩石：火成岩、沉積岩、變質岩，也有複雜的地形：高山、丘陵、台地、平原、盆地、河谷、海岸、離島等。一位地質學家說：「台灣島是天然的地質教室。」

土壤學家也發現，台灣島的土壤非常豐富，地球上的各種土壤，除了北極圈一帶才有的永凍土之外，都可以在台灣島找到。

氣象學家則觀察到台灣島擁有地球上各種氣候。北回歸線（北緯二十三・五度）經過台灣島的中南部（嘉義、花蓮），以南是熱帶、以北是亞熱帶；島上有很多高山，隨著海拔升高又形成了溫帶、寒帶。

台灣島還有季風和洋流，以及夏、秋的颱風，帶來很多海洋生態資源。

台灣島上夏天吹西南季風，帶著來自南海的西南季風吹送流，沿台灣海峽北上；冬天吹東北季風，帶著來自北方的大陸沿岸流（親潮），沿台灣海峽南下。

整年穩定流動、高溫高鹽的北赤道洋流（黑潮），因地球自轉從東太平洋往西而來，繞過菲律賓火山島弧後北上，主流經過台灣島東海岸流向日本，支流進入台灣海峽。

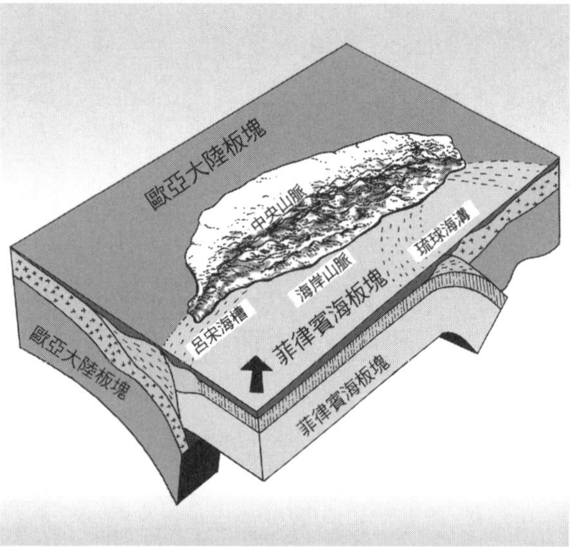

台灣島隆起之地層剖面示意圖。

出生證明書

新生兒姓名：台灣
父親姓名：太平洋
母親姓名：歐亞大陸
出生地：東經 120 度至 122 度
北緯 22 度至 25 度
長度：南北約 394 公里
東西約 144 公里
海岸線：約 1100 公里
面積：約 3 萬 6 千平方公里

特稿 台灣高山密度冠全球

【本社記者特稿】在地球上的各種島嶼中，台灣島最明顯的特色就是擁有很多高山，成為全世界高山密度最大的「高山島嶼」。

台灣島海拔五百公尺以上的山地，占了全島總面積的三分之二。島上高山聳立，海拔三千公尺以上的高山有兩百五十八座，其中玉山高達三千九百五十二公尺，成為東北亞第一高峰。

幾百萬年以來，由於菲律賓海板塊仍不斷向歐亞大陸板塊擠壓，所以台灣島還在持續上升，島上的高山也跟著「長高」。

台灣島的五大山脈中，中央、玉山、雪山、阿里山等山脈都屬於歐亞大陸板塊，只有東部的海岸山脈屬於菲律賓海板塊。中央山脈和海岸山脈之間的花東縱谷，就是兩大板塊的縫合帶，因為受到擠壓，所以面積持續縮小中。

台灣的山岳 — 玉山。

社論 生態資源豐 多樣性是台灣最大資產

恭喜台灣誕生！大自然送給台灣最好的見面禮，就是一個「好地理」。

台灣有山有海，有從熱帶到寒帶的氣候，雖然是海島有時卻與大陸相連，會合了海洋和大陸豐富的生態資源。

台灣的生物多樣性在全世界名列前茅。台灣陸地面積僅占全球陸地面積的萬分之二．五，但已鑑定出五萬多物種，物種數量占全球的百分之二．五，這是所有國家平均值的一百倍。台灣海域海洋生物的物種數量更達全球的十分之一，這是所有國家平均值的四百倍。

就人類族群發展而言，台灣的地理位置也是交通要衝。台灣位於地球最大陸地和最大海洋的交會處，從大陸來看，台灣是一個距離不遠的海島；從海洋來看，在西太平洋有如一串鏈子的島嶼中，台灣島位在東海和南海之間，分隔東北亞與東南亞，成為全球島嶼世界的一個中心。

因此，台灣不但聚集又演化了無數物種，也是人類族群活躍的舞台，成為全世界一個「生物多樣性」、「文化多樣性」的樂園。

台灣以獨特的形成過程及地理位置，造就了在地質地形、環境生態、人類族群文化的多樣性。多樣性不但是台灣的特色，也是台灣最大的資產。

冰河時代 台灣海峽不存在

【幾萬年前／台灣海峽報導】在地球的冰河期，本來位於歐亞大陸邊緣、太平洋上的台灣島，變成與歐亞大陸相連，雖然是海島也能引進大陸生態資源。

地球曾發生多次冰河期（氣象學家認為最近一次冰河期在一萬八千年前至一萬年前），每當冰河期，由於地面的水結冰，無法流到海裡，造成海平面下降。

台灣島與歐亞大陸隔著台灣海峽，台灣海峽最寬處不及兩百公里，最狹處僅約一百六十公里。台灣海峽的深度也只在兩百公尺以內，大部分不到一百公尺，所以遇到冰河期，海平面下降約一百五十公尺，台灣海峽的海底大都露出水面，變成了歐亞大陸與台灣島之間的「陸橋」。

本社記者「站」在台灣海峽上面，見證此一萬年奇景，來自歐亞大陸的人類，以及長毛象、犀牛等動物，直接走過台灣海峽前往台灣島。

冰河期過後，地面的水解凍流到海裡，海平面上升，一度消失的台灣海峽又再重現，分隔了台灣島與歐亞大陸。

來自歐亞大陸的人類與動物，行經台灣海峽的「陸橋」。

台灣蠔咬 海島新樂園

南方比較溫暖喔！
嘩！好棒的地方！
♪~
哈！
有很多食物哩！
壯闊的板塊運動
驚人的高山隆起
《台灣島
生成祕辛》
地殼電視台
今晚首播

台灣史新聞

重點新聞

- 石器高手長濱人
- 特稿：台灣也有長毛象
- 台灣陸橋 獵鹿天堂
- 人獸樂園在左鎮
- 社論：祖先來自非洲？

台東捕獲大旗魚 長2公尺！
善用石器和魚叉 長濱人豐收關鍵

長濱人正開心地生火烤肉，大饗美食。

【五萬年前／台東長濱報導】台灣東部一群住在海邊岩壁洞穴的人（今台東縣長濱鄉八仙洞遺址），捕獲一尾兩公尺長的旗魚，據稱是當地歷來捕獲最大的魚，造成轟動。

本社記者前往這個人口不多的地方採訪，這裡的居民與世界各地同屬舊石器時代晚期的人類一樣，以採集、漁撈、狩獵為生，尚未長期定居。他們不會農耕和畜牧，但已知道用火。他們也不會製作陶器，但已懂得用石頭、獸角、獸骨、魚骨等來製作簡單的工具。

在他們居住的十多個洞穴中，可以看到他們製作的各種工具。這些工具主要是石器，以海邊就地取材的礫石，敲擊、打剝成有鋒利邊緣的石器，用來刮削、切割、砍劈、錘砸、挖掘，此外還有把各種骨頭削尖做成的魚叉、魚鉤、縫衣針等。洞穴中還有火坑，可供燒烤食物及生火取暖，火坑旁邊堆著枯枝。

這次合作捕獲旗魚的四個人，分乘兩艘竹筏，在離岸不遠處發現旗魚，他們同時以石頭及魚叉攻擊，經過一番搏鬥，終於捕殺成功。他們說，雖然用盡力氣，但還是有點運氣，才能捕獲這種「嘴巴很尖、游得很快的大魚」。

為了慶祝捕獲大魚，所有住在洞穴的人舉行一場慶功及分享晚餐。食物除了旗魚，還有人帶來在山上獵到的山豬，以及採集的野果、野菜、山芋。他們用石器熟練地剖魚、切肉。

月光下，他們開始生火燒烤，本社記者也應邀參加，受到親切的招待，不斷有人送上烤好的魚肉。大家吃得非常高興，有人唱歌、跳舞，共享美食和歡樂。

一個小孩說：「今天的月亮好像大魚的眼睛，又亮又圓。」

長濱人製作的石器。左一為礫石偏鋒砍器，其餘三塊為石片器。

特稿 猛獁象出沒注意！

【本社記者特稿】台灣是一個小海島，卻曾吸引諸多大型脊椎動物在此居住（例如大陸的長毛象），在全世界的島嶼中確屬罕見。

台灣以生物多樣性著稱，但竟然還有長毛象，讓人刮目相看。台灣的長毛象屬南方溫帶猛獁象，體型較北方寒帶猛獁象小。

多年來，在台南市左鎮區菜寮溪河床上找到了長毛象、犀牛、鱷等古代巨大動物的化石，當地設有菜寮化石館可供參觀。

從亞洲大陸遷徙至台灣的長毛象。

陸橋獵鹿人 捕獲四不像

【四萬年前至一萬年前／澎湖海溝報導】澎湖群島與台灣本島之間的「澎湖海溝」，從海洋變成了陸地，只見一群鹿飛奔而過，在後面追趕的是幾個手持尖銳石器、骨角器的獵鹿人。

現在是冰河期，台灣海峽包括澎湖海溝一帶大都變成了連接亞洲大陸及台灣島的「台灣陸橋」。為了了解環境變化，本社記者前往澎湖海溝一帶觀察，發現亞洲大陸的人類和各種動物可以在上面奔走，很多人因為狩獵而來到了澎湖、台灣。

在澎湖海溝一帶活動的「台灣陸橋人」，追趕的鹿叫「四不像鹿」，這是他們肉食及皮毛的主要來源。四不像鹿是一種大型的鹿科動物，由於角似鹿而非鹿、頸似駱駝而非駱駝、蹄似牛而非牛、尾似馬而非馬，因此被取了這種奇特的名字。

本社記者看到有人獵殺了一隻四不像鹿，還用石器去切割四不像鹿的角和身體，並在角幹上留下了明顯的切痕。

除了四不像鹿，本社記者還看到古菱齒象、水牛、野牛、野馬、長鬚山羊、野豬、古鹿、棕熊、虎、貂、狗等脊椎動物。

編按：根據考古學家研究，冰河期在澎湖海溝一帶活動的「澎湖海溝（澎湖水道）動物群」，有些屬於華南動物群，有些屬於華北動物群。

四不像鹿是台灣陸橋人的食物與皮毛來源。

台灣蠔呸　左岸咖啡

台南左鎮 臥虎藏牛

【三萬年前至兩萬年前／台南左鎮報導】亞洲大陸已有很多人「移民」台灣，有不少人聚集在台灣南部（今台南市左鎮區一帶）的一處新天堂樂園。

為了了解亞洲大陸人類及各種脊椎動物遷徙到台灣島並定居的情形，本社記者前往觀察，在這裡看到了「左鎮人」，及猛獁象（長毛象）、劍齒象、乳齒象、犀牛、野牛、水牛、四不像鹿、梅花鹿、水鹿、野豬、獼猴、貘、虎（或豹，屬貓科）、古鱷等。

編按：根據考古學家研究，由於沒有找到「左鎮人」伴存的文化遺物，所以無法推斷其文化模式，有人認為屬於「長濱文化」，也有人認為接近「網形文化」。

左鎮人生活想像即景。

社論　台灣最早現代人 來自非洲？

台灣雖然是個海島，但自古以來就不是孤島，人類在學會航海技術（約一萬年前）前，就能在冰河期徒步走過台灣海峽前來台灣。

台灣考古學家已發掘的史前文化，最早的屬於舊石器時代晚期（約五萬年前至一萬年前），考古學家推測這些史前人類「現代人」（或稱「智人」，學名 *Homo sapiens*）是在冰河期從亞洲大陸（華南）走過台灣海峽來到台灣定居。

根據考古學家研究，台灣已發現屬於舊石器時代晚期的史前文化主要有兩處：一是台灣東部及恆春半島的「長濱文化」（五萬年前至一萬五千年前），以台東縣長濱鄉八仙洞遺址為代表；一是台灣西部（中北部丘陵台地）的「網形文化」（五萬年前至八千年前），主要在苗栗縣大湖鄉、三義鄉等遺址。

台灣已發現屬於舊石器時代晚期的史前人類主要也有兩處：一是台南市左鎮鄉菜寮溪流域的「左鎮人」（三萬年前至兩萬年前），找到了人類的頭骨殘片、臼齒化石，以及大量的古生物化石；一是澎湖的「台灣陸橋人」（四萬年前至一萬年前），在澎湖海溝一帶找到人類的上肢骨、小腿骨化石，以及各種動物化石。

如果說「現代人」的祖先起源於非洲，十五萬年前開始往東遷徙，約十萬年前到達亞洲，未來也可能在台灣找到十萬年前的史前人類文化。

動物頻道開播
珍奇動物生態打頭陣　錯過可惜！

台灣史新聞

重點新聞

- 大坌坑市集人潮湧
- 蜆貝與圓山文化
- 社論：超愛玉的卑南文化
- 特稿：最早渡海來台的人
- 南島語走向世界

大坌坑社區打造摩登生活

捏陶　穿樹皮　啃老芋仔

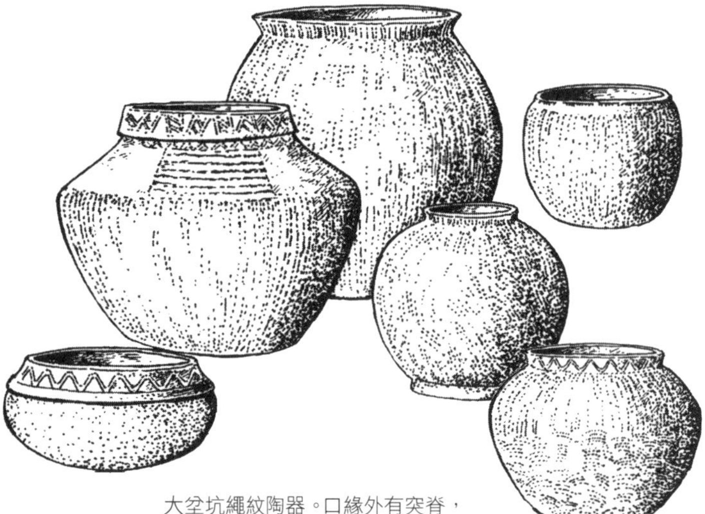

大坌坑繩紋陶器。口緣外有突脊，並施有篦畫紋、繩印紋為其特色。

【六千五百年前至四千年前／台北八里報導】台灣北部淡水河入海口南側的一個部落（今新北市八里區大坌坑遺址），不但研發燒製陶器的技術，還擅長磨製石器，打造樹皮布，種植芋頭也很成功，已成為改善生活品質的「示範社區」。

本社記者實地採訪時，也看到其他部落的人前來參觀，有人還說下次要拿魚、肉來這裡交換陶壺、樹皮布等。

這裡燒製的陶壺、陶罐，可以用來裝水和食物等，口徑約十五公分，大都是褐色、暗紅色，最大的特色是頸部以下布滿粗繩紋。

他們也改進了過去粗糙的石器，把石頭磨製成刀、斧、箭頭、棒子、錛子（用來削平木頭）、網墜（綁在魚網四周讓魚網下沉）等生活工具，使用起來更加方便。

他們剝下樹皮，先把樹皮浸水後，再用石棒拍打，把樹皮纖維打成樹皮布，可以做成樹皮衣，穿起來比獸皮衣輕而涼爽。

他們除了採集野果、野菜之外，也開始種植芋頭、薯類等根莖類作物。目前芋頭生長狀況良好，有一家主人烤了新鮮的芋頭請參觀的民眾吃，大家都說好吃。

新石器時代是石器時代最後階段，人類懂得磨製石器，並燒製陶器、紡織衣服，也開始發展農業、畜牧，由於食物來源穩定、生活品質獲得改善，才能走向文明。

> 編按：根據考古學家研究，「大坌坑文化」（又稱「繩紋陶文化」）是台灣新石器時代最早的文化，分布全島各地，並且可能就是台灣原住民族（南島語族）的祖型文化。
>
> 有考古學家認為，「大坌坑文化」並不是從舊石器時代晚期的「長濱文化」、「網形文化」演變而來，由於在台灣海峽對岸福建、廣東沿海地區也有相同的史前文化，因此最早可能是從華南渡海來台灣發展的。

蜆貝造就圓山文化　貝塚成為當地特色

【四千五百年前至兩千年前／台北圓山報導】台北湖（今台北盆地）西邊的一個小島（今台北市中山區圓山遺址），有一個相當進步的集居部落，當地盛產美味的蜆（台灣閩南語「蜊仔」），被人稱為「蜆島」。

本社記者在「蜆島」看到幾排以岩石、木竹、茅草搭建的房子，附近有燒陶的窯，居民磨製石器、玉器，除了撈貝、漁獵之外，還飼養家畜、種植稻米等作物，並發展了禮儀及社會組織。

> 編按：根據考古學者研究，台北盆地本來是鹹水淡水交會的湖，當時的人住在湖的四周及湖中的小島或半島（今圓山、芝山岩），圓山島上的居民愛吃湖中的蜆、螺、牡蠣等，留下大量的貝殼，使「圓山貝塚」成為台灣新石器時代中期「圓山文化」最大的特色。

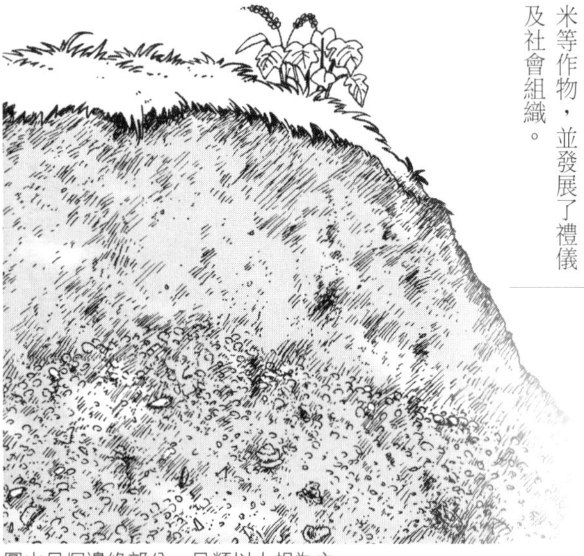

圓山貝塚邊緣部分，貝類以大蜆為主。

卑南玉市全年無休
出生到入土 玉不離身

【三千五百年前至兩千年前／台東卑南報導】台東卑南山下有一個大型聚落（今台東縣卑南鄉卑南遺址），擅長製作精美玉器，居民喜歡戴玉，甚至用玉陪葬，已發展成為著名的「玉市」。

本社記者前往採訪，發現此一聚落面積竟然超過三十萬平方公尺（三十餘甲）。這裡的房屋以南北向、一排一排蓋得非常整齊，每棟房屋則坐西朝東，面向海洋，還有前庭後院。房屋的建材有石板、木材、竹子、茅草等。

這裡的居民主要以狩獵及農耕為生。他們在山上獵豬，在平地捕鹿，較少漁撈。他們已發展農業，以山田燒墾（焚燒土地上的草木作肥料）種植小米、旱稻。

他們也擁有成熟的工藝技術，不但製作堅固、實用的石器、陶器，作為獵具、農具及各種生活用具；還會製作講究美觀的玉器，作為裝飾。

在這裡，本社記者看到幾乎每個女人都配戴美麗的玉飾，也看到幾位專門製作玉器的工匠，正在打造戴在頭上、耳朵、頸部、胸前、手腕、手臂等的各種玉飾。一位工匠說，這裡的人都愛玉，最近有一種耳飾，兩個人並立、頭上頂著一隻雲豹的造型（人獸形玦），最受歡迎。

這裡的人相信有靈魂，所以重視喪葬，死者被放入石板棺，並以生前喜歡或常用的玉器、陶器、石器陪葬，埋在房屋的底部。

卑南村落房屋皆以北北東 - 西西南方向排列，面向海洋。埋葬方式則與房屋排列方式相同。

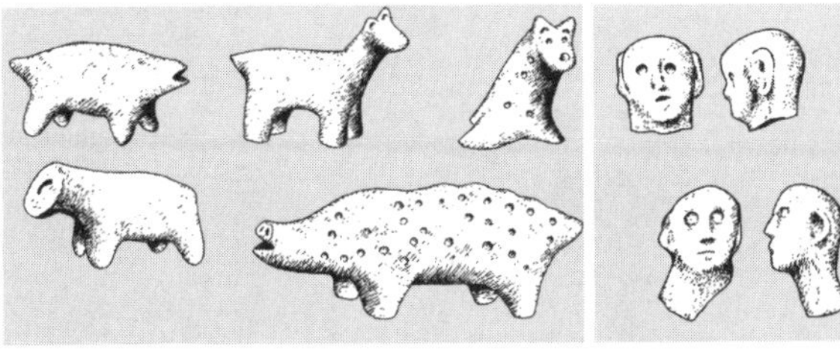

卑南人製造的陶器。右圖為人形陶偶；左圖為動物型陶偶。

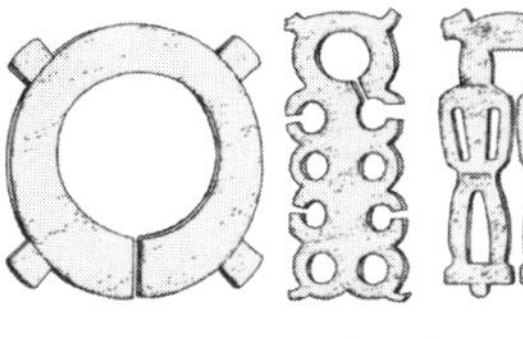

卑南人擅長製作精美的玉器，右邊耳飾為著名的人獸形玉玦。

雙把罐為卑南陶器之特色。

編按：根據考古學家研究，「卑南文化」是台灣新石器時代晚期的代表，卑南遺址是台灣發現最大的史前聚落遺址（遺址上已設立國立台灣史前文化博物館），台灣出土玉器最多的遺址，也是環太平洋與東南亞最大的石板棺墓葬群遺址。

社論 海島台灣已成熱門轉運站

台灣新石器時代的史前文化，都是渡海來台灣的人類創造的，「唐山過台灣」的故事在史前時代就有了！

舊石器時代，前來台灣的人類是利用冰河期直接走過台灣海峽。新石器時代，前來台灣的人類靠的是航海的技術，以及更大的冒險和勇氣。

台灣雖是海島，但從不封閉，海不但不是阻隔，還是道路。從南島語族的擴散來看，台灣不只移入，也有移出。

特稿 南島語 從台灣走向世界

【本社記者特稿】台灣原住民族（二〇〇八年為止獲政府認定的十四族，加上歷史上被漢化及現在自我認定的平埔族群）屬南島語族，台灣南島語族的祖先可能分別從華南及東南亞渡海而來。

提出「南島語族台灣原鄉論」的考古學者認為，華南形成的一個種族，在六千年前遷徙台灣，發展成南島語族，然後在五千多年前開始向全球擴散，東至南美洲西岸的復活節島，西至非洲東岸的馬達加斯加島，南至大洋洲的紐西蘭，跨越太平洋及印度洋，占了三分之二個地球。

另有遺傳基因學者則認為，台灣南島語族源自島嶼東南亞，當年島嶼東南亞族群遷徙的路線是一支往北到台灣，一支往東到美拉尼西亞、波里尼西亞。

目前，台灣南島語族約五十三萬人（二〇一二年），全球南島語族約兩億五千多萬人。

嚮往在太平洋仙境小島學習最潮的南島語嗎？
請找最專業的遊學代辦機構
拼板舟遊學航家

台灣史新聞

煉鐵塑陶 榮登全島供應中心
十三行人就近取材 鐵器逐漸取代石器

十三行人正在煉鐵，鍛工亦用石槌打鐵。

重點新聞

- ●十三行鐵陶器質量精進
- ●十三行舶來品大流行
- ●特稿：側身屈肢葬習俗
- ●社論：十三行成國貿中心

【兩千年前至五百年前／台北報導】台灣北部淡水河入海口的南岸有一個村落（今新北市八里區頂罟村十三行遺址），已發展出煉鐵的技術，並製作鐵的獵具、農具、炊具等各種生活用具，成為全島重要的鐵器生產和供應中心。

台灣出現了鐵器，不僅代表一種新技術、新工具的產生，也代表台灣從石器時代進入鐵器時代，這是一個新時代的開始。

本社記者與很多各地來的民眾，前來參觀這個村子的煉鐵工坊，只見一堆鐵礦砂，還有一個用石塊和泥土堆砌圍起來的煉鐵爐，大家擠到煉鐵爐前面，但煉鐵技師一直叮嚀圍觀的人群不要太靠近，「小心，火很旺！」

在煉鐵爐不遠處，鍛工正在用石槌打鐵，槌打的聲響伴隨著四濺的火。一旁，擺著很多做好的鐵釘、鐵鍋、鐵斧、鐵鋤、鐵刀、鐵箭頭、鐵矛頭等，有些外地來的民眾正在挑選想要的鐵器。

這個村子怎麼會煉鐵呢？最主要的原因是附近的海邊就有鐵礦砂。根據當地人的說法，他們常與海外往來，最早是海外的人（可能來自華南沿海一帶）帶來鐵器，或他們的人去海外貿易帶回鐵器，大家覺得鐵器很好用，又在附近發現大量鐵礦砂，後來有人就去學習、研究煉鐵，現在自己也會製作鐵器了。

這個村子裡使用的重要工具，由於鐵器已逐漸取代了石器，所以石器愈來愈少，只剩一些石槌、石紡輪、石支腳，以及用來磨利鐵器的磨石。

除了生產鐵器，這個村子也有很好的陶窯，生產的陶器比台灣一般的陶器品質較好，但也有一些精美的陶器是外地來的。

這裡的陶器主要是用來裝水、炊煮、儲物，大都是紅褐色，有各種花紋及圖案，其中有一種陶罐的腹部是人面的造型（人面陶罐），很受歡迎。此外，還有紡織用的陶紡輪，以及人或動物可愛造型的陶偶。

這個幾百人居住的村子，已發展了簡單的農業，居民種植稻米等作物。他們也利用附近的山海資源，在河流、海邊漁撈，在山林打獵，並在家中飼養家畜。他們會織布，做成衣服。他們也會造船，前往海外貿易。與台灣其他的聚落比，這個村子在各方面都非常進步。這裡的房子由木頭架高，可以防止潮濕及野獸侵入。村中還有池塘、水溝、水井、垃圾坑等。

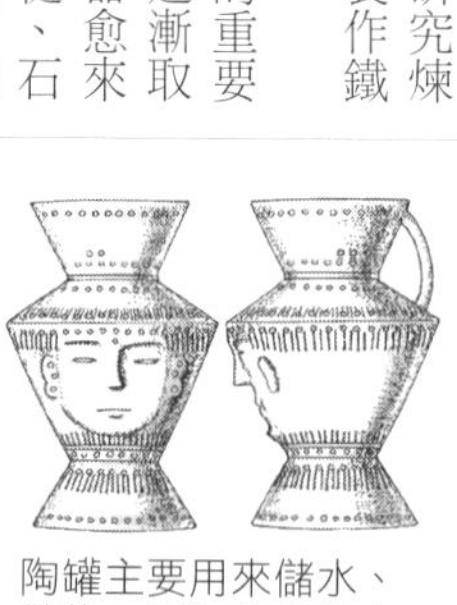

陶罐主要用來儲水、儲物，圖為著名的人面陶罐。

編按：根據考古學家研究，台灣史前文化沒有經歷青銅器時代，而是在新石器時代後就直接進入鐵器時代，「十三行文化」是台灣鐵器時代的代表（遺址上已設立新北市十三行博物館），台灣其他地區的鐵器時代文化還有中部海岸的「番仔園文化」（以台中大甲為代表），西南部海岸、平原及丘陵的「蔦松文化」（以台南永康代表），以及花東海岸的「靜浦文化」（以花蓮壽豐為代表）等。

有考古學家認為，這些史前文化的居民，可能就是台灣原住民族（尤其是平埔族群）的祖先。

唐宋銅碗吊飾正夯 有錢也買不到

【兩千年前至五百年前／台北報導】「十三行」村落除了以鐵器著稱外，還有琳瑯滿目的「舶來品」，引領時尚潮流。

根據本社記者觀察，這裡的人在外表上有兩大特色：一是肩膀特別強壯、寬闊，可能與十三行人時常操舟、划槳有關；一是身上有很多裝飾品，很會打扮。

這裡有很多來自台灣海峽對岸的器物，包括魏晉南北朝、唐朝、宋朝的銅錢，唐朝的銅碗，宋朝、元朝的瓷器等。有趣的是，這裡的人大都把這些新奇的器物拿來當作裝飾品，例如在銅錢的邊緣打個小洞，串掛在胸前；銅碗的碗口也被打洞，吊掛起來展示。

其他還有大量各種不同材質、大小、顏色、樣式的珠子，可以縫在衣服上，或串成項鍊，以及玻璃的耳環、手環、臂環，玉製的耳環，金飾、銀飾、青銅刀柄等，來自東南亞、華南及台灣島內其他地區。

本社記者在此看到一個流行趨勢，先前流行的玉飾品，現在已改流行外來的玻璃、金、銀、銅等飾品，尤其是玻璃珠。很多趕時髦的女人，包著頭巾，穿耳洞、戴耳環，手上有手環，胸前有一串玻璃珠項鍊，非常漂亮。

特稿　面朝西北側身屈肢安息 十三行人不忘祖先

【本社記者特稿】「十三行」村落的人很重視喪葬禮儀，他們「側身屈肢葬」的習俗，正是晚近台灣原住民族常見的埋葬方式。

這裡的人先把死者穿戴整齊，在屍體未僵硬前，將之側身、下肢及下肢彎曲，好像蜷曲側睡的樣子，再用鹿皮或粗布綑綁，放進住家旁邊或附近的墓穴。死者的臉部有一定的方向，大都朝向西北。

在舉行儀式時，在屍體旁邊擺放陪葬品，包括裝著各種飾品的陶罐，或是死者生前常用的工具等。

根據學者研究，這種「側身屈肢葬」的習俗具有特殊的宗教意義。

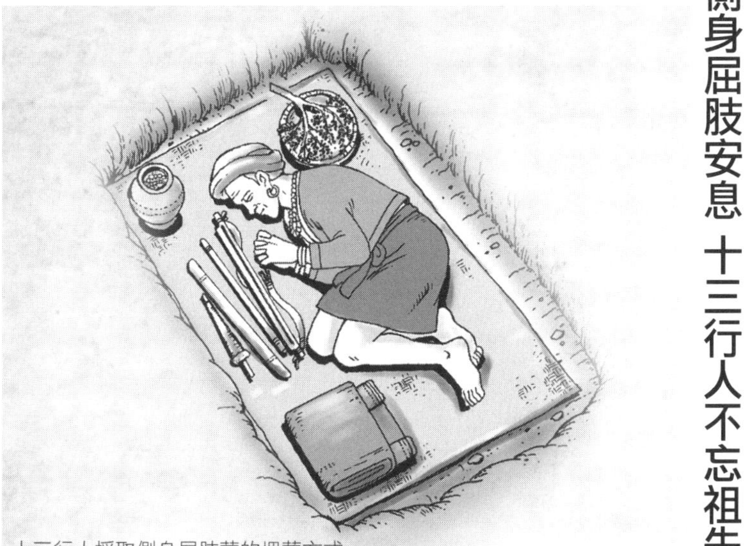

十三行人採取側身屈肢葬的埋葬方式

社論　十三行商船包辦國際貿易 貿易夥伴遠及東南亞

「十三行」村落位於河海交會處，利用水上交通發展海外貿易，成為當時台灣的一個「國際貿易中心」。

對這個地理位置優越的村落來說，在岸上可以與海外來的人貿易，出海可以前往華南、東南亞及台灣沿海地區貿易，從淡水河可以與台灣內陸地區貿易。

「十三行」人從事經常性的海外貿易，他們以各種鐵器產品，與島內的人交易；以台灣北部出產的硫磺、沙金，以及鹿皮、糧食等，與華南、東南亞的人交易。他們交易回來的物品則有金、銀、銅、玻璃、陶器、瓷器等精美飾品及生活用具。

「十三行」的成功，證明海洋是更寬廣的貿易之路，也凸顯了台灣的海洋性格。

來自中國的漢人及其他地區的原住民正在參觀十三行人煉鐵情況，並商討交易物品之事宜。

第二卷

十六／十七世紀

1500年～1699年

台灣從史前時代就與海外往來，但直到十六世紀才進入可信文字記載的歷史時代，中國、日本、歐洲的文獻開始寫到台灣，稱之東番、高砂、福爾摩沙、艾爾摩沙等。

台灣一進入歷史時代，即站上世界舞台，到了十七世紀，開始出現外來統治政權，先是歐洲的荷蘭、西班牙，再來是中國的明鄭、大清帝國。

在歐洲的大航海時代，兩大海權國家荷蘭、西班牙的勢力都來了東亞，並分別在台灣的南部、北部建立城堡和貿易據點。荷蘭人在台南建立台灣第一個統治政權，雖然統治未及全島，但帶給台灣巨大改變。荷蘭人招攬漢人前來耕作，發展以糖、米為主的農業經濟，並利用台灣優越的地理位置，發展轉口貿易。

西班牙人在台灣的經營並不順利，後來被荷蘭人趕出台灣。但荷蘭政權也時不我與，中國南明的抗清名將鄭成功進攻南京失敗後，退守廈門、金門，並以優勢軍力渡海驅逐荷蘭人，在台灣建立明鄭政權，台灣開始出現較大規模的漢人社會。

明鄭反清復明不成，最後投降大清，台灣在歷史上首次被併入中國版圖……

台灣史新聞

重點新聞

- 寶島別名知多少
- 社論：東西海權競逐台灣
- 潮州海盜大本營
- 葡商船北海岸遇難
- 日本招降高山國

東番、高砂、福爾摩沙、艾爾摩沙 台灣乳名多 中西意境各不同

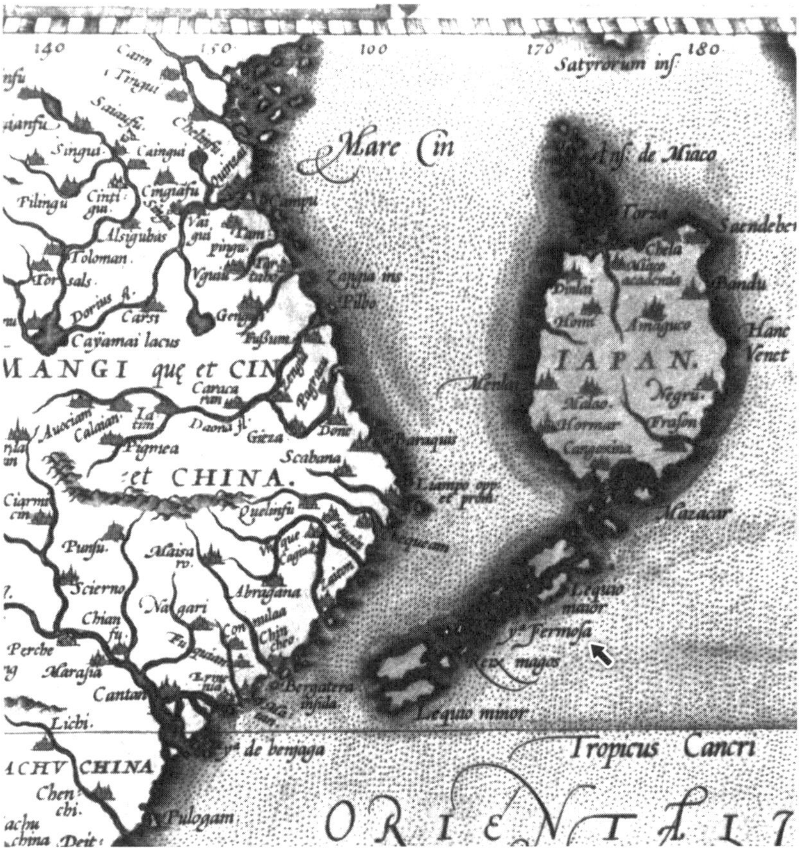

奧特里斯於一五七〇年所繪的東印度與諸島鄰近圖，上面標有最早的「Fermosa」字樣。

【一五〇〇年至一五九九年／專題報導】台灣雖然從史前時代就與海外常有往來，但一直到十六世紀，才進入有可信的文字記載的歷史時代，並且由不同國家的人取了不同的名字。

南宋在十二世紀已把澎湖納入版圖，但直到明帝國（一三六八年至一六四四年）中葉以後才有較多的漢人前來台灣，包括海盜、漁夫、商人。明萬曆二年（一五七四年）的《明實錄》（明代歷朝官修的編年體史書），開始以「東番」稱呼台灣。

一五七五年，西班牙神父馬汀在他的遊記中稱台灣為Tangarruan，這是東番（Tang-Hoan）的音譯，大概是福建漳泉漢人提供給他的台灣地名。

日本距離台灣不遠，早在十六世紀的時候，就有日本海盜、商人來到台灣西南岸高雄一帶的「打鼓」（Takasago），這可能是日本人稱台灣為「高砂國」、「高山國」的由來（日語高砂、高山發音相近）。

歐洲從十五世紀進入大航海時代，葡萄牙、西班牙率先發展海外經營。葡萄牙人在十五世紀末繞過好望角前往東方，十六世紀初陸續在印度西海岸、馬來半島落腳，並於一五一三年抵達中國廣東澳門建立據點，一五四三年來到日本九州。

一五四〇年代，葡萄牙船隊從澳門走傳統的中國沿岸航路前往日本時，途中所看到並讚嘆的「福爾摩沙」（Ilha Formosa）美麗之島，指的可能是台灣北部，更可能是琉球。

西班牙人則是在殖民美洲後，從美洲橫渡太平洋前往東方，一五六五年在菲律賓建立據點。一五八四年，西班牙航海家法蘭西斯哥奉命尋找新港口，他從中南美洲橫渡太平洋抵達菲律賓，再從澳門經過台灣海峽前往日本。他在航海誌中也為台灣島取了美麗的名字「艾爾摩沙」（Hermosa，西班牙語H不發音）。

一五九七年，西班牙計畫從菲律賓攻打艾爾摩沙，西班牙世界誌學者艾爾南多手繪菲律賓、艾爾摩沙與中國海岸的地圖，獻給西班牙國王。這是全世界第一張台灣單島地圖，從中可看出，番薯狀的台灣已漸成形。

社論 台灣地理位置優越 吸引歐洲冒險家

十六世紀，台灣一進入歷史時代，即因緣際會站上世界舞台。

台灣本是擁有優越地理位置的海島，在航海時代自有重要角色。對當時前來東亞、希望與中國和日本貿易的歐洲人來說，台灣也是重要據點。

十六世紀中葉時，中外文獻已使用東番、高砂、Formosa、Hermosa等台灣的名字來記錄台灣的歷史。台灣早期的歷史，外文史料比中文史料多。遺憾的是，當時台灣的主人原住民族，在傳統領域被侵入、族群命運將改變時，卻沒有自己的文字來記錄自己觀點的歷史。

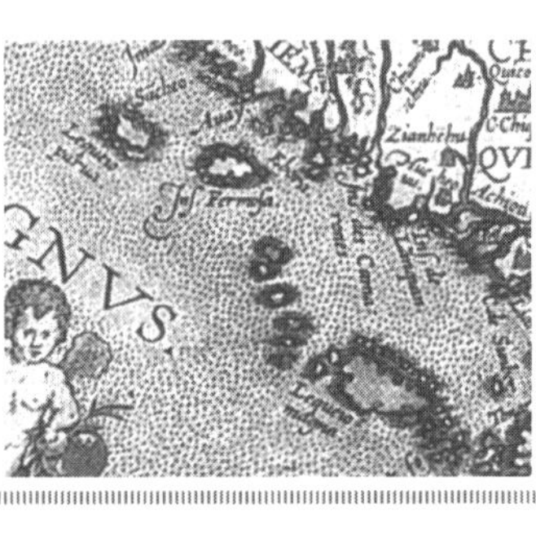

海盜躲官兵 逃到台灣來

【一五六三年至一五七四年／台灣報導】明代實施海禁政策，產生了很多海盜，台灣是海盜基地之一，著名的潮州海盜林道乾、林鳳都曾來到台灣。

明代規定民間不准出海貿易，很多從事中國、日本貿易的商人就出海走私，並發展海上勢力，變成官方眼中的「倭寇」（明代也稱日本為倭），主要是漢人及一小部分日本人。海盜集團為了躲避明軍追擊，在沿海島嶼澎湖、台灣甚至日本、東南亞都有基地。

一五六三年，台灣海峽的海盜集團首腦林道乾，遭明軍統率俞大猷追擊，率大批船艦經澎湖逃到台灣高雄。傳說他在當地屠殺打狗社原住民，取其血混合泥灰來修補船艦裂縫，後來再逃到東南亞。

一五七四年，繼林道乾之後的海盜集團首腦林鳳，遭明軍統率胡守仁追擊，一度逃到台灣的台南，與當地原住民發生爭戰，後來轉往攻擊菲律賓的西班牙人失敗，再逃回台灣，最後在淡水海上被明軍擊潰。

日澳航班遭逢颱風意外翻船 三百葡西客在台歷險七十天

【一五八二年／台北、澳門報導】一艘載滿貴重貨物及三百名乘客的葡萄牙船，從澳門前往日本貿易途中，因遭遇颱風在台灣北海岸觸礁沉沒，眾人上岸後努力求生並重新造船，三個月後終於返回澳門。

這艘中國式遠洋大型帆船（戎克船）在七月六日從澳門出發，船上有葡萄牙、西班牙籍的神父、水手，以及漢人、菲律賓人、日本人、非洲黑奴，在海上被狂風吹襲漂流了好幾天後，七月十六日發生船難。

眾人劫後餘生，在岸上尋找食物、搭建茅屋和小教堂，並找回沉船殘骸、用原船木板另造新船。這期間，他們與當地原住民溝通不良，雙方還相互攻擊。九月三十日，他們終於搭乘新造的小帆船出海，八天後回到澳門。

此次船難重創澳門葡萄牙人的經濟，當時應召前往中國傳教、已抵達澳門的義大利籍耶穌會傳教士利瑪竇說，這艘船的損失，幾乎讓澳門葡萄牙人賠光所有財富。

從中國至日本貿易的中國帆船，正準備入港。

致力學習中國文化的利瑪竇，針對船難事件發表他的看法。

日本豐臣秀吉招降高山國 「不知該給誰」詔書變退件

【一五九三年／台灣報導】日本豐臣秀吉派遣在日本、呂宋（菲律賓）經商的原田孫七郎送信給「高山國」（高砂國，即台灣）催促朝貢，但原田孫七郎發現「高山國」並不是一個國家，無法送出這封信。

豐臣秀吉在一五九〇年統一日本後，興起征服朝鮮、中國、印度的野心，企圖建立一個亞洲的大帝國，並在一五九二年攻打朝鮮。由於琉球早已向日本朝貢，所以豐臣秀吉希望台灣也來朝貢。

豐臣秀吉親筆以漢文（當時東亞國際語言）寫信給高山國，並以威脅的口氣說，原田孫七郎是奉使命發船而來，若是不向日本朝貢，就可下令攻打，「生長萬物者日也，枯竭萬物者亦日也。」

原田孫七郎在前往呂宋途中經過打鼓（高雄）時表示，高山國有很多原住民族群的部落，但並不是統一的國家，他不知道這封信要送給誰，只好再帶回日本。

至於原田孫七郎如何向豐臣秀吉解釋，外界不得而知，後來他把這封信藏在家裡。（由後代捐給博物館。）

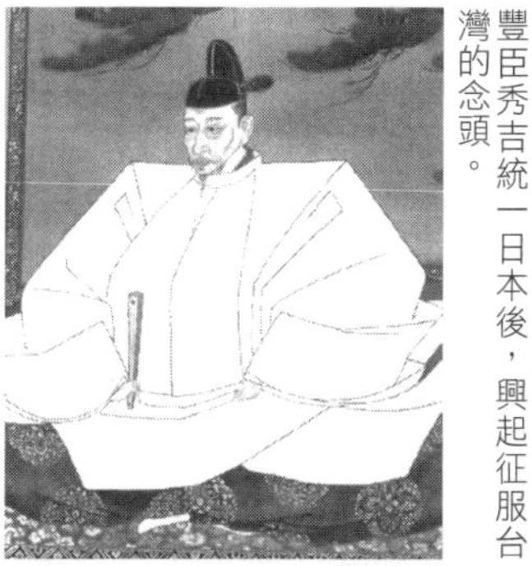

豐臣秀吉統一日本後，興起征服台灣的念頭。

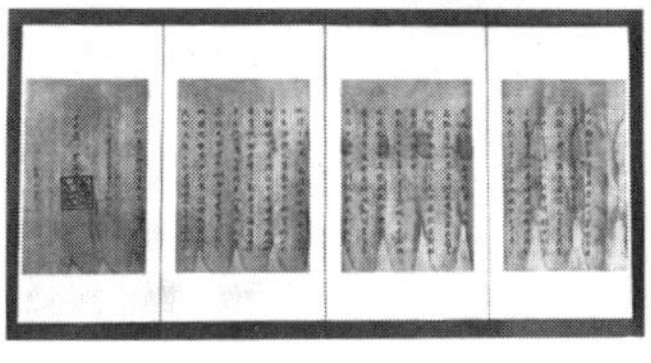

豐臣秀吉親筆提寫的《豐臣秀吉高山國招諭文書》。

下列地理名詞，你知道在哪裡嗎？
Hermosa
東番
Formosa
高砂

《十六世紀地圖通》
完整收錄全球重要地理辭彙
限量珍藏版　優惠實施中

台灣史新聞

重點新聞

- 沈有容諭退紅毛番
- 荷蘭東印度公司成立
- 德川家康派視察船來台
- 陳第發表〈東番記〉
- 社論：迎向大灣的懷抱

沈有容兩千大軍護土 韋麻郎黯然退出澎湖

沈有容五十艘兵船之威，令韋麻郎不得不撤出澎湖。

【一六〇四年／澎湖報導】在澎湖建立據點、希望與中國通商的荷蘭人，在占領澎湖四個多月後，已被明帝國派兵驅逐。

荷蘭東印度公司於一六〇二年成立以後，就派遣船隊前來東方，希望在東亞建立據點。一六〇三年試圖攻打葡萄牙人占領的澳門，卻以失敗收場，後來在中國商人建議下，轉往澎湖。

一六〇四年八月，荷蘭船隊司令韋麻郎率領三艘船艦、約三百多士兵抵達澎湖，由於當時不是明朝軍隊排定的駐守澎湖期，荷蘭船隊非常順利地登陸媽宮（今馬公）。荷蘭人一面在「娘媽宮」（今馬公天后宮）開洋貨攤，一面派人前往福建請求與中國通商，等候回音。

然而，實施海禁政策的明帝國無意與荷蘭人通商，要求荷蘭船隊離開澎湖，但韋麻郎卻按兵不動。十一月中，明帝國朝廷下令浯嶼（福建東南海中小島）都司沈有容率領五十艘兵船、共兩千士兵，整軍開往澎湖。沈有容登上荷蘭船與韋麻郎談判，要求韋麻郎撤走。

韋麻郎眼看與中國通商無望，又見雙方兵力懸殊，只好知難而退，終於在十二月中率領荷蘭船隊離開澎湖，後來在中國商人的協助下，轉往台灣，考察設立據點的可能性，但沒有結果。

此一事件結束後，明帝國朝廷為了表揚沈有容的功績，特別立了一塊「沈有容諭退紅毛番韋麻郎等」石碑（現存澎湖馬公天后宮，台灣年代最早的石碑）。

為了彰顯沈有容之功勞所立的石碑。

荷蘭東印度公司積極向亞洲殖民

【一六〇二年／阿姆斯特丹報導】歐洲西北部的荷蘭，在一六〇二年三月設立「聯合東印度公司」，以國會授權、有武力後盾的商業公司，積極拓展在亞洲的貿易及殖民，成為繼葡萄牙、西班牙之後的海上強權。

在大航海時代，歐洲各國致力尋找海外商機，荷蘭本來有六家以亞洲貿易為主的公司，為了避免互相競爭，在政府介入下，六家合併成「聯合東印度公司」（簡稱荷蘭東印度公司），總部設在阿姆斯特丹（今阿姆斯特丹大學），並獲得合法授權，擁有招募傭兵、發行貨幣、與外國訂約、海外殖民等權力。

荷蘭人的主要信仰為基督教（新教喀爾文派），西班牙人的主要信仰則為天主教。曾被西班牙統治的荷蘭，在一五六八年發動了爭取獨立的戰爭，成立東印度公司以後，也將在海上與西班牙競爭。

聯合東印度公司商標為其簡稱 VOC。

德川覷台灣 捉放雞籠番

【一六〇九年／東京、基隆報導】日本江戶幕府德川家康為了與歐洲各國競爭海上利益，命九州地方領主、著名富商有馬晴信前往高砂（台灣），一方面諭令臣服朝貢，一方面調查當地以設立貿易據點。

一六〇九年二月，有馬晴信派遣屬下谷川角兵衛帶領視察船來到雞籠（基隆），準備調查港灣、物產，並製作地圖，但卻與雞籠原住民發生衝突，造成死傷，最後強奪幾艘停靠在雞籠的中國船，同時俘虜好幾名雞籠原住民，倉皇逃回日本。

無功而返的有馬晴信向德川家康請罪，報告失敗經過，並獻上俘虜。德川家康並未下令懲處，反而採用懷柔策略，賞賜俘虜要求的東西，並送他們回雞籠。

陳第發表〈東番記〉 詳述西拉雅樂天世界

【一六〇三年／福建連江報導】福建連江文人陳第日前發表一篇遊記〈東番記〉，成為第一份記錄台灣原住民族文化的中文文獻。

一六〇二年冬天，明將沈有容帶兵攻打藏匿東番（台灣）的海盜，曾任明朝平倭名將戚繼光參謀的陳第，雖已六十二歲高齡，也隨沈有容的軍隊一同前往，並利用艦隊停泊大員（今台南安平）的機會，實地觀察當地西拉雅族的風土人情。

陳第回鄉後，一方面參考沈有容為了追擊海盜而派人在台灣各地所蒐集的情報，一方面將親眼目睹的台灣西南沿海原住民生活寫下來，完成了長約一千五百字的〈東番記〉。

〈東番記〉中描述台灣原住民與台灣漢人不同的母系社會，家庭中的女孩才有繼承權，結婚是男方住到女方家並奉養女方父母，因此原住民喜歡生女孩勝過生男孩。

陳第也描述原住民住在用竹子和茅草蓋的房子，以火耕（焚燒林地上的草木作肥料）種植作物，同時飼養牲畜，並用竹鏢射鹿。他們愛吃豬但不吃雞，往往讓雞自由生長，只用雞的尾羽來裝飾；還有著樂於分享食物、米酒，喜歡唱歌、跳舞的天性。

陳第也注意到，原住民女人裸露上身、穿著草裙，負責家事，勤勞工作；男人則與女人一樣留長髮，善於奔跑，喜歡打鬥。原住民社會有敬老的傳統，由於懲罰盜賊非常嚴厲，因此家家夜不閉戶。

台灣平埔族使用竹鏢並採多人包圍方式獵鹿。

社論 閩粵渡海移民 投向大灣懷抱

十七世紀初，台南安平是七個狀似鯨魚背連在一起的沙洲（俗稱七鯤鯓），與台灣本島隔著稱為台江內海的大潟湖，這裡是當地原住民最早與外來漢人、日本人、荷蘭人接觸及貿易的地方。

在明末的官方及民間文獻裡，這個地方常被稱為大員，或台員、大圓、大灣、台灣等，字面有異，但發音相近。

事實上，從安平沙洲隔台江內海看台灣本島，那是一個很大的海灣，後來荷蘭人前來安平測量，也說台江內海是一個大海灣。因此，可能閩南人和廣東潮州人稱之「大灣」，結果被寫成音近的「大員」「台員」「台灣」。

當年因閩粵原鄉窮困而冒險渡海前來台灣的人，如果從台南登陸，都會迎向一個大海灣，那彎彎的岸，彷彿張開雙臂，充滿溫暖的懷抱。

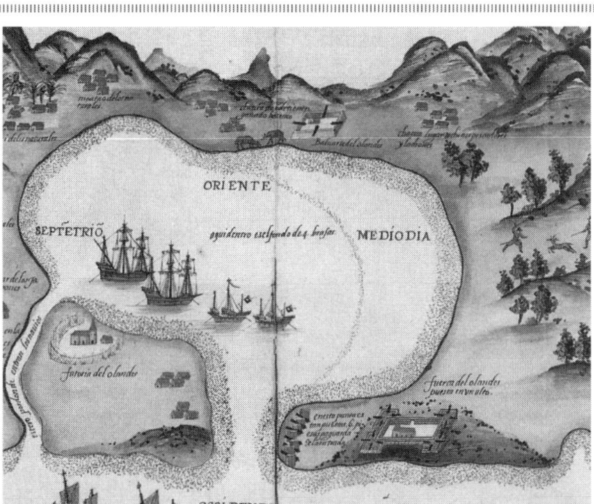

台江內海是一個大海灣。

重點新聞

- 荷東印度公司設亞洲總部
- 特稿：巴達維亞城風雲
- 征台日軍遭原住民圍攻
- 張燮發表《東西洋考》
- 社論：日本人看台灣
- 利瑪竇病逝北京

東印度公司亞洲總部設印尼

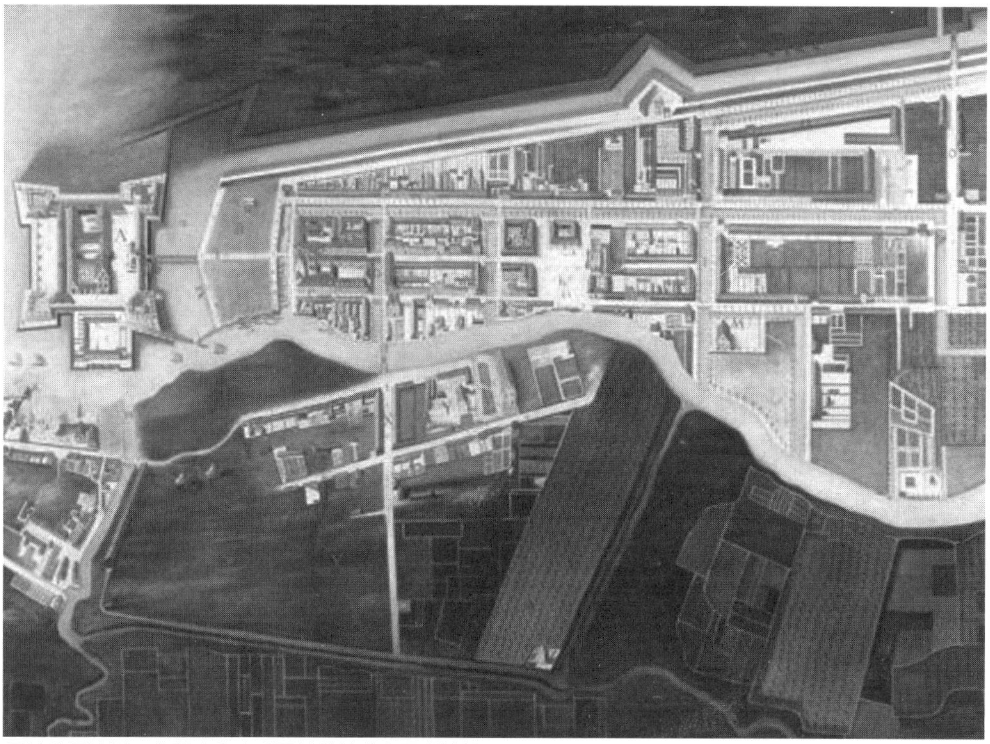

巴達維亞地圖，荷蘭東印度公司於此地建立亞洲總部。

【一六一九年／雅加達報導】荷蘭東印度公司在印尼爪哇島西北部的雅加達（後改名巴達維亞）設立了亞洲總部，全力拓展亞洲貿易，以與葡萄牙、西班牙、英國競爭亞洲的商業利益。

從十六世紀中到十七世紀初，歐洲三大海權國家分別在東亞設立亞洲貿易總部，展開商業競爭，葡萄牙在中國的澳門；西班牙在菲律賓的馬尼拉；荷蘭在印尼的雅加達。

英國則早在一六〇〇年就成立了獲得英王授予特權的東印度公司，簡稱英國東印度公司，規模雖然比荷蘭東印度公司來得小，但他們率先在印度打下基礎，並繼續往東發展。到了一六一九年，英國艦隊曾一度占領本來已被荷蘭控制的雅加達，後來荷蘭緊急召集在東南亞的荷蘭船艦，擊敗英國，才重新占領雅加達。

荷蘭東印度公司的亞洲總部將在巴達維亞建立城堡、駐紮軍隊，並負責聯絡、總管該公司在亞洲其他地區的商館。

巴達維亞城總督洋．皮特斯佐恩．顧恩表示，他已為荷蘭東印度公司規畫了自給自足的亞洲貿易網，也有信心未來公司的亞洲貿易量將遠超過其他地區貿易量的總合。

這位今年才三十二歲的巴達維亞城總督以精明、強悍著稱，他從荷蘭東印度公司的基層做起，並在二十五歲獲得公司重用，以首席商務員身分帶領船隊前來東南亞。

巴達維亞城總督顧恩。

特稿 巴達維亞 荷蘭殖民中樞

【本社記者特稿】十七世紀西方國家在重商主義的驅動下，紛紛前往海外發展貿易及殖民事業。荷蘭東印度公司在巴達維亞設立亞洲總部後，在十七世紀中葉成為全世界最大、最賺錢的公司。

巴達維亞城總督統管荷蘭東印度公司從印度到日本的二十多個大小商館，各地商館都要把調查報告、議會決議紀錄，以及商館最高長官寫的日誌、報告等，彙報巴達維亞城。

荷蘭東印度公司前後擁有上千艘商船及戰艦，僱用五萬名員工、一萬名傭兵，其最大收益來自亞洲，從中可見巴達維亞城亞洲總部發揮的作用。

然而，荷蘭東印度公司在亞洲各地以戰爭、剝削等不當手法獲取的大量財富，主要發配給該公司在荷蘭的股東，並未回饋給殖民地。

德川幕府派兵侵台 魂斷新竹頭前溪岸

【一六一六年／東京、新竹報導】一艘日本兵船在台灣新竹頭前溪登陸後，與當地原住民發生了戰鬥，兩三百名日軍死傷慘重，倖存者自知無法突圍，切腹自殺。

該艘日本兵船銜日本江戶幕府德川家康之令前來。德川家康為了與歐洲各國競爭海上利益，計畫在台灣建立貿易基地，於一六一六年任命長崎代官村山等安，籌備出兵台灣事宜。一六一六年五月，村山等安派次子村山秋安率領十三艘船艦、三千名士兵，進軍台灣。

不料船隊在經過琉球時遭遇颱風，被強風吹散，最後僅有一艘抵達台灣。船上日軍在新竹頭前溪上岸，孤軍深入陸地，被當地原住民（道卡斯族）視為入侵者而發起圍攻，最後遭到殲滅。

社論 日本觀點：台灣 不僅是海盜窩

十六世紀末、十七世紀初之交，台灣吸引了不少中國和日本商人的興趣，日本政府甚至打算在台灣建立貿易據點或軍事基地，但在中國政府眼中，台灣只是個走私商人和海盜的巢穴。

豐臣秀吉早在一五九三年就曾派人來台灣催促朝貢。到了十七世紀，德川家康先在一六〇九年派人來台灣調查港灣、物產，更在一六一六年出兵台灣。雖然三次都無功而返，日本仍然繼續來台灣發展貿易，並有固定船班開到離日本最近的港口——雞籠（基隆）。

在大航海的時代裡，歐洲的葡萄牙、西班牙、荷蘭，以及亞洲的日本等海洋國家，都比中國更了解台灣的重要性。

張燮《東西洋考》：雞籠人好客、精商

【一六一七年／福建報導】明朝福建漳州龍溪文人張燮日前發表《東西洋考》一書。張燮曾中進士，後來無意仕途，在家著述。他參考歷來海洋相關文獻，寫成《東西洋考》（指東南亞及以西的地區），描述海外與明朝互市的國家。東番（台灣）因不是國家而不在其內，書中只以極小的篇幅談及雞籠與淡水。

雞籠是台灣一天然良港，當地人常與外人進行貿易。雞籠的原住民（馬賽族，或稱凱達格蘭族）與台灣海峽對岸的福建，北方的琉球與日本，很早就有貿易往來。

根據《東西洋考》記載，雞籠原住民不但好客，還很會做生意。書中還說，雞籠、淡水的人看到「夷人」（西洋人、日本人、琉球人）的船前來，都會去索取小禮物。淡水人雖然貧窮但買賣公道，雞籠人稍微富有卻吝嗇，做生意會計較，買東西常殺價，賣東西則不退貨。但是雞籠人也相當好客，雖然魯莽卻還是有文明味。

雞籠的原住民好客又會做生意。

只需備禮物
買賣就公道
當
淡水社 17 號當鋪

傳授西學 利瑪竇傷逝 泰西儒士 遺愛在中土

【一六一〇年／北京報導】在中國傳教、受到中國士大夫尊敬的義大利籍耶穌會傳教士利瑪竇，於一六一〇年（明萬曆三十八年）五月十一日病逝北京，享年五十八歲。

利瑪竇於一五八二年應召前往中國傳教，先在澳門學習漢語，後來前往廣東、南昌、南京，一六〇一年抵達北京，受到明朝皇帝（明神宗）信任，特准長住北京。

利瑪竇不但是天主教在中國傳教的先驅，也是位博學的西方學者。他在北京時結交眾多官員及名士，傳授西方的地理、數學、天文等科學知識，以及人文、宗教等哲學思想，開啟了中國士大夫學習西學的風氣。他的翻譯及著述則幫助中國、朝鮮、日本等國認識與了解西方文明。

另一方面，利瑪竇生前也鑽研中國的四書五經等傳統典籍，向西方介紹中國文化，而被尊稱為「泰西儒士」（西方舊稱泰西）。

依照明朝慣例，客死中國的傳教士必須遷回澳門安葬，但利瑪竇獲明朝皇帝恩准，賜葬北京。

「泰西儒士」利瑪竇。

台灣史新聞

攻澎再失利 荷人轉侵南台 建熱蘭遮城、普羅民遮城

熱蘭遮城是荷蘭人建造的堅固城堡，更是台灣對外貿易的重要關口。

重點新聞

- 荷蘭建熱蘭遮城
- 西班牙建聖薩爾瓦多城
- 荷蘭建新阿姆斯特丹城
- 康德迪午士來台傳教
- 社論：荷蘭人的雙城記
- 鄭芝龍入台開墾

【一六二二至一六二五年／澎湖、台南報導】兩度占領澎湖都被明軍驅逐的荷蘭艦隊，最終決定轉往台灣設立商館，在台江口南岸的一鯤鯓（台南安平，當時安平是七個相連的沙洲，俗稱七鯤鯓）興建熱蘭遮城（今安平古堡）。

十七世紀初，葡萄牙、西班牙、荷蘭和英國為了爭奪東亞最大的中國與日本貿易市場，各自派艦隊展開海上競逐，甚至攻擊對手的貿易基地，擁有優越地理位置的台灣遂成為搶占目標之一。

荷蘭自一六〇九年起已經在日本九州平戶設立商館，並一直急著打開中國市場，但幾次想直接從葡萄牙手中奪取澳門都告失敗。

一六二二年，荷蘭艦隊攻擊澳門失敗後，再度來到澎湖，這是荷蘭繼一六〇四年後第二度占領澎湖，這次還在馬公風櫃尾興築城堡及砲台。此時，荷蘭艦隊一面準備對抗明軍，一面派人前往大明帝國談判。

交涉過程中，大明帝國要求荷蘭撤離澎湖並建議轉往台灣，還說雙方可以在台灣貿易。荷蘭雖抱持觀望態度，卻也派人前往台南安平考察。

一六二四年，載滿一萬多名士兵的大明帝國艦隊駛抵澎湖，荷蘭艦隊則以僅僅八百名士兵迎戰。荷蘭自知無法久撐，在同意拆掉澎湖的城堡及砲台，並與大明帝國簽訂互航通商的協議後，最後荷蘭艦隊選擇開拔來到台灣，在台江口南岸的一鯤鯓興建熱蘭遮城，展開在台灣的貿易事業和殖民統治。這是台灣首次出現近代政府型態的統治組織。

一六二五年，荷蘭又在與一鯤鯓隔著台江內海，位於台灣本島的赤崁社興築普羅民遮城（今赤崁樓），並建設市街、房舍，讓前來貿易的中國人、日本人居住，以促進貿易活動。

台灣熱蘭遮城首任長官馬丁．宋克表示，台灣商館離中國不遠，地處日本商館和印尼總部之間，有助於荷蘭東印度公司拓展東亞的轉口貿易。

宋克還說，根據對台灣的初步調查，台灣的土地和氣候相當適合農業生產，還有平原的鹿群和海邊的漁產，相信將發展為極具生產價值的殖民地。

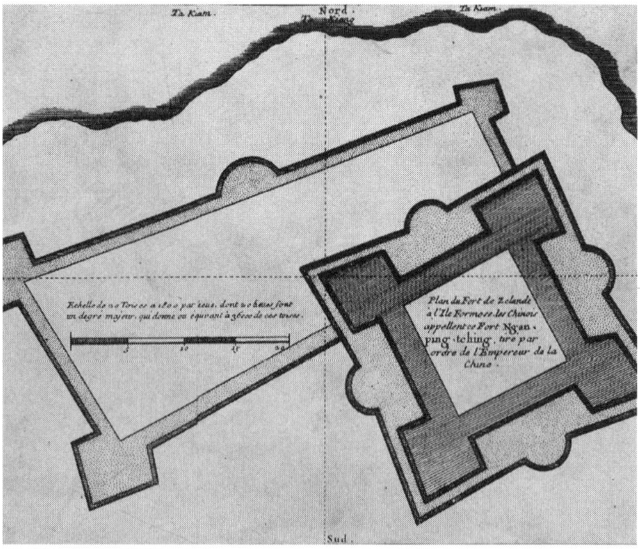

熱蘭遮城平面圖。

與荷爭地 西班牙搶占北台灣 設聖薩爾瓦多城、聖多明哥城

【一六二六年至一六二八年／基隆、淡水報導】繼荷蘭於一六二四年在南台灣建立據點之後，西班牙也在一六二六年從菲律賓馬尼拉前進北台灣，在基隆和平島興建聖薩爾瓦多城。

西班牙的亞洲貿易總部設立在菲律賓的馬尼拉，原已計畫在台灣另設據點，在荷蘭先占領南台灣後，西班牙備受威脅，決定占領北台灣。

由於台灣海峽屬於荷蘭勢力範圍，西班牙艦隊只能沿台灣東岸北上，在經過台灣東北角（新北市貢寮區）、台灣島最東點時，將該地命名Santiago（後中文音譯三貂角，發音與西班牙語的地名聖地牙哥相同）。

西班牙以基隆為基地，在北台灣進行貿易並傳教。一六二八年，西班牙又在淡水興建聖多明哥城（今紅毛城），並開始往宜蘭和花蓮發展。由於台灣是西班牙海外殖民地的最邊緣，西班牙在台灣發展的殖民生產事業並未如荷蘭成功。

西班牙人繪製的《臺灣島西班牙人港口描述圖》。

新阿姆斯特丹城降生南曼哈頓島

【一六二五年／紐約報導】荷蘭持續在美洲發展貿易事業和殖民統治，並在哈德遜河下游的曼哈頓島南端建立新阿姆斯特丹城。

荷蘭人早在一六〇九年就進入哈德遜河口的曼哈頓島，在當地居留，並興築防禦工事。一六二一年，荷蘭成立了西印度公司，接手管理這塊土地，並在一六二四年派官員駐守。一六二五年，為了防禦其他歐洲國家來犯，決定在曼哈頓島南端興建新阿姆斯特丹城。（英國人在一六六四年攻下該城，改名New York，今美國紐約市。）

來台傳教第一人 闢新港教區 康德迪午士牧師 促通婚政策

【一六二七年／台南報導】懷著「往外邦人中傳揚上帝之道」的熱忱，出身日耳曼地區的基督教牧師喬治．康德迪午士自願前往台灣，成為第一位來台灣傳教的牧師。

一六二五年，荷蘭東印度公司台灣長官馬丁．宋克向巴達維亞總部建議，為了提供台灣人宗教信仰，應該派遣牧師來台灣傳教。巴達維亞總部詢問康德迪午士牧師的意願時，康德迪午士說，他有信心台灣人會接納基督教，不再做違背上帝的事，並在台灣建立一個東南亞最好的教會。

一六二七年六月，康德迪午士抵達台南安平，前往台江內海對岸的西拉雅族新港社（台南新市）傳教。他用心認識當地原住民，努力了解他們的文化、學習他們的語言。康德迪午士常藉著送禮、請客與原住民建立良好關係，並主張讓荷蘭人與原住民通婚，建立基督教的家庭及社會。

康德迪午士牧師還說，如果荷蘭人想鞏固在台灣的政權，以對抗日本人與西班牙人，就該不斷派好牧師來台灣。

社論 地球兩端 荷蘭雙城記上演 台灣美洲 可憐原住民遭欺

一六二五年，荷蘭人在台灣蓋普羅民遮城，在美國蓋新阿姆斯特丹城，兩個大興土木的地方剛好在地球兩端。

更巧的是，兩處建城所在大約一萬多甲的土地，面積和取得方式都差不多。前者是用十五匹棉布向台南赤崁原住民租借而來，後來卻不再支付租金；後者則用價值約六十荷盾的雜貨交換而來，六十荷盾是當時荷蘭東印度公司高層主管的月薪。

事實上，這並不是巧合。重商主義下的歐洲強權，對待殖民地的態度往往是殺戮、巧取豪奪，這是原住民的宿命。

漳泉海盜勢力 跨海入墾台灣 顏思齊鄭芝龍 把持台海貿易

【一六二一年至一六二八年／台南北門報導】福建海盜顏思齊、鄭芝龍帶領漳州、泉州人前來台灣拓墾。

一六二一年，遭到日本通緝的漳州人顏思齊，率領其海盜集團逃到台灣，於魍港（台南市北門區）一帶落腳，一邊鎮壓當地原住民，一邊在當地拓墾，泉州南安人鄭芝龍後來也率眾前來會合。

鄭芝龍與顏思齊一樣，在開墾的同時繼續發展海上勢力，並在顏思齊死後接管大部分勢力。一六二八年後，大明政府見鄭芝龍勢力太過龐大，改採招安政策，授予鄭氏「海防游擊」之職。

這種作法雖然借鄭芝龍之力掃除其他海盜，卻也讓鄭氏得以繼續壯大。鄭芝龍還進一步與台南的荷蘭人訂定通商合約，壟斷了中國東南沿海的海上貿易。

接受大明政府招撫的海盜鄭芝龍。

台灣史新聞

報復商船遇襲 荷蘭出兵
小琉球開殺戒 殘忍滅族

荷蘭人派遣船隊，進兵小琉球。

重點新聞

- 荷蘭人出兵小琉球
- 社論：烏鬼洞真相
- 濱田彌兵衛挾持荷蘭人
- 原住民使用羅馬拼音
- 皇太極建立大清帝國

【一六三六年／屏東琉球報導】統治台灣的荷蘭人，為了報復十多年前小琉球（屏東縣琉球鄉）馬卡道族殺害荷蘭水手，出兵攻擊小琉球，島上原住民幾被滅族。

此事起因始於一六二一年，荷蘭商船「金獅子島」號因逆風停靠小琉球，船上水手上岸取水，卻被島上原住民殺害，甚至吃掉。三年之後，一六二四年，荷蘭人占領南台灣。

一六三三年十一月中，荷蘭人為了報復「金獅子島」號事件，派出艦隊討伐小琉球。小琉球為洞穴地形的珊瑚礁島嶼，荷蘭士兵眼看原住民躲入洞穴，無法攻入，就燒光房舍，殺掉豬隻，返航回台。

一六三六年五月，有備而來的荷蘭人再度討伐小琉球，這次不但發砲攻擊，還煙燻躲在洞穴內的原住民。三天後，幾十個人爬出洞穴，多為婦人小孩。荷蘭士兵等到完全沒有動靜後走進洞裡搜查，發現了兩三百具已發臭的屍體。

小琉球人口本來約有一千一百多人，經此一役，四百多人遇害，剩下六百多人被發配到台南或印尼雅加達勞役，女人則成為荷蘭人的家奴。另有二十四名孤兒被荷蘭人收養，有些孤兒淪為家奴，有些則受到較好的教養，在印尼雅加達長大成人，後來嫁給漢人或荷蘭人，擁有完全不同的人生。

社論 烏鬼洞的真相 原住民的冤靈

大航海時代的西方人，在地球上「發現」很多新世界，因占領土地而傷害很多原住民，甚至發生屠殺、滅族的事件。在台灣也不例外，小琉球原住民的消失就是一個血淋淋的例子。

關於小琉球的「烏鬼洞」真相，後來出現了一種官方說法：「相傳鄭成功克復台澎驅走荷蘭人，少數非洲黑奴被棄於此，潛居該洞。」這是對歷史的無知，哪知在洞裡的是小琉球原住民的冤魂？

歷史上這種「文明」與「野蠻」的戰爭，很難只用文化差異來解釋。信仰基督教的荷蘭人，即使認為原住民獵首、食人該遭天譴，但需要以滅族來報復嗎？遭滅族的原住民，令人嘆息。

沉吟歷史，不禁讓人想到小琉球原住民失去故鄉之後的命運。部分荷蘭人確實照顧了那些孤兒寡母的小琉球原住民，有些荷蘭人還娶原住民女孩為妻，或許這也是荷蘭人的一點愧疚之心吧。

荷蘭軍隊包圍躲入烏鬼洞的小琉球原住民。

在台貿易致戰 日擄荷督之子

【一六三二年至一六三五年／台南、日本報導】肇因於日本與荷蘭在台灣爆發貿易糾紛，後來演變成荷蘭台灣長官奴易茲之子成為日本人質的事件，在荷蘭為了利益而讓步之下，宣告落幕。

該起糾紛的背景為：一六二四年荷蘭占領台南之前，日本人與中國人常在台南一地貿易。但自荷蘭以台南為中心統治台灣後，即與日本發生利益衝突，荷蘭決定對來台貿易的日本人課徵百分之十的貨物稅。日本人拒絕納稅，貨物就被沒收，心生不滿。

一六二六年，日本商船船長濱田彌兵衛與荷蘭當局發生糾紛。隔年，濱田率領十多名台南原住民回到日本，向日本當局控訴荷蘭在台南壓迫日本人及原住民的情況，慫恿日本出面對抗荷蘭。

一六二八年，濱田帶領日本兵與台南原住民共四百多人，攜帶大批軍火駛抵台南。荷蘭台灣長官彼得．奴易茲接獲密報，登船查扣，軟禁濱田，但隨後釋放。然而，因濱田要求發還軍火、釋放台南原住民被拒，他決定先下手為強，率兵攻入奴易茲商館官舍。後雙方展開談判，以奴易茲之子為人質，隨濱田回返日本。

濱田回到日本後，日本立即關閉位於平戶的荷蘭商館。荷蘭一再要求恢復通商被拒，最後將奴易茲撤職、判刑兩年，並在一六三二年引渡到日本服刑，日本才答允恢復通商。

日本德川幕府自一六三三年起即實行保護主義的鎖國政策，禁止日本人出國，對外貿易也只准在長崎進行，對象僅限荷蘭及大明帝國。

熱蘭遮城中，濱田彌兵衛為首的日本人與荷蘭人對峙。

用羅馬字母 拼出西拉雅語
台灣原住民 進入文字時代

【一六三六年／台南報導】新港社（今台南市新市區）開辦了第一所學校，由荷蘭牧師教導台南原住民學習以羅馬拼音字母拼寫自己的語言。這是台灣原住民首次擁有自己的文字。

自一六二四年統治南台灣的荷蘭人，從一六二七年開始在新港社、麻豆社（今台南市）傳教。荷蘭牧師邊學習西拉雅語，邊以羅馬拼音字母編纂西拉雅語字典，並以羅馬拼音字母拼寫以西拉雅語翻譯的基督教《聖經》《新約》〈馬太福音〉等。

而今，新港社第一所學校開辦，在牧師的教導下，台南一帶的原住民將學習以羅馬拼音字母來拼寫自己的語言，自此以後也將使用自己的文字，此即漢人俗稱的「番仔字」。

台南原住民正在學習以羅馬拼音字母拼寫自己的語言。

編按：台南原住民的番仔字一直使用到十九世紀的清代，有很多用在原住民與漢人簽訂的土地等各種契約文書，即中文與番仔字對照的「番仔契」。由於新港社留下的番仔契占大多數，故也稱「新港文書」。

台灣蠔咬 原住民用鵝毛筆

太好了，我們也有文字了。
用漢人的毛筆寫嗎？
不……
去拔鵝的翅膀羽毛，
削尖後沾墨水來寫。
這鵝毛筆真好寫。
RUAN 2010

中國新興強權 大清帝國登場

【一六三六年／中國東北報導】女真族領袖、愛新覺羅．努爾哈齊第八子愛新覺羅．皇太極，日前於中國東北稱帝，並將國號由「大金」改為「大清」，成為大清帝國的開國皇帝。

二十年前，一六一六年（明萬曆四十四年），皇太極之父努爾哈齊在赫圖阿拉（今中國遼寧省新賓縣）稱汗（北方各國對君王的稱呼），國號「大金」（史稱「後金」）。稱汗兩年餘，努爾哈齊即於一六一八年起兵反明。

二十年後，一六三六年（明崇禎九年），努爾哈齊第八子皇太極即位，把族名「女真」改為「滿洲」，在山海關外擁有強大實力，對明帝國造成嚴重威脅。

愛新覺羅．皇太極

台灣史新聞

玉米 蓮霧 耕牛 虱目魚
外來動植物隨荷蘭人來台

【本社記者／專題報導】荷蘭東印度公司不但以台灣為貿易基地，與中國和日本往來，同時也希望在台灣發展殖民生產，因此從海外引進了多種動植物。

被招墾來台的漢人，辛勤耕種蔗田。

台灣的氣候適合種植甘蔗和稻米，為了大量生產米、糖以供外銷，荷蘭人從福建招攬漢人渡海來台耕作，並從澎湖等地引進耕作所需的牛隻，如黃牛及水牛。澎湖雖為小島，卻自南宋起就納入中國版圖，有很多漢人定居，繁殖眾多牛羊。荷蘭人還以「甲」作為耕地的單位（一直沿用至今）。

農業以外，荷蘭人占領的南台灣本來就是中國東南沿海漁民捕撈烏魚、土魠等多種海產的基地，荷蘭人也鼓勵中國漁民來台發展漁業，並加以課稅，還從東南亞引進虱目魚養殖。

荷蘭人也從荷蘭東印度公司亞洲總部所在地印尼爪哇島，引進民生相關植物到台灣來，大多是在爪哇島栽培的經濟作物，食用植物及觀賞植物皆包括在內。

然而，這些植物雖然從印尼引進，但大部分都不是印尼原產，有很多原產於美洲，由西班牙人先從美洲引進菲律賓，再傳到印尼，像釋迦、芒果、玉米、花生、番薯、番石榴、馬纓丹、銀合歡、含羞草和仙人掌等；也有些原產於印度，如羅勒和波羅蜜等；還有原產於歐洲，像豌豆、甘藍（高麗菜）等。

在台灣有文雅名稱的水果「蓮霧」，原產地則是東南亞，印尼人稱Jambu，東南亞有些華人寫作「南富」。

重點新聞

- ●荷蘭引進動植物到台灣
- ●社論：台灣三大改變
- ●荷蘭盡退西班牙勢力
- ●台灣中部大肚王崛起
- ●明將吳三桂引清兵入關
- ●特稿：西荷分治台灣

社論 移民、米糖、貿易 荷人改變台灣風貌

荷蘭人建立了台灣第一個統治政權，雖然統治效力和範圍未及全島，但已帶給台灣巨大的改變：

一、為了發展殖民經濟，荷蘭人大量招攬漢人來台，使台灣首次出現具有一定規模的漢人社會，豐富了多元族群和多元文化的內涵。

二、台灣從原本只有自給自足的家庭式農耕，自此開始發展以糖、米單一作物為主的農業經濟，外銷海外。

三、荷蘭人利用台灣優越的地理位置發展轉口貿易，讓台灣在第一波全球化浪潮中就受到矚目。

台灣經營爭奪戰 荷蘭逐退西班牙

【一六四二年／基隆報導】台灣南北兩強對立的情勢即將有所改變，荷蘭軍隊日前攻下西班牙位於基隆和平島的聖薩爾瓦多城，將西班牙勢力趕出台灣。

荷蘭自一六二四年起占有台灣南部，西班牙則在一六二六年占領台灣北部，十餘年來，荷西雙方常常互相攻擊。然而，西班牙在台灣的經營事實上並不順利，一六三六年已退出淡水，擴建的聖薩爾瓦多城也在此役中遭荷蘭艦隊砲火擊毀。

荷蘭軍隊攻下基隆和平島的聖薩爾瓦多城後，為西班牙在台灣十六年的統治畫下句點。

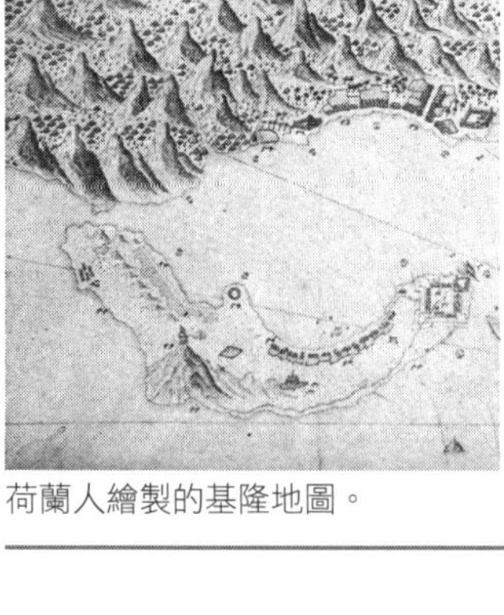
荷蘭人繪製的基隆地圖。

原住民共主大肚王 獨立稱雄台灣中部

【一六四〇年至一六四九年／台中報導】台灣各地的原住民向來以部落形式存在，但最近在台灣中部出現了一個跨族群、跨部落的「大肚王」（柯大王）。

大肚王有不同的原住民族群（拍瀑拉族、巴布薩族、巴宰族等，主要在今台中市及部分彰化縣、南投縣），首領以「干仔轄」為名。

一六四二年，荷蘭把西班牙逐出台灣後，為了打通台灣南北的陸路，遂出兵攻打大肚王，但未能成功。

為了管理台灣原住民，荷蘭人設立「地方會議」制度，各原住民部落都要派代表參加。大肚王雖然向荷蘭人臣服，一六四五年也派代表參加「地方會議」，但大多保持獨立狀態，最多曾統領二十幾個部落。

荷蘭統治下的大員港，貿易繁盛。

吳三桂迎清入關

【一六四四年／北京報導】明朝將領吳三桂日前引領清兵進入山海關，聯合清兵之力，打敗已攻下明朝首都北京並稱帝的反抗軍領袖李自成。清攝政王多爾袞隨後迎清順治皇帝，從關外遷都北京，滿族自此入主中原，京城變色。

回想明朝末年國家動亂，李自成領導的民兵於一六四四年四月攻下北京，明崇禎皇帝自殺，大明帝國即已踏上滅亡之路。如今清兵藉吳三桂之力入關，打退李自成，大清帝國自此取代大明帝國，統治中國。

然而滿族清開國皇帝皇太極已於一六四三年病逝，由第九子福臨（順治皇帝）即位，因順治年僅六歲，由努爾哈齊第十四子、皇太極之弟多爾袞擔任攝政王。

一六四四年十月，清順治皇帝入主北京城，成為大清帝國入關後的第一位皇帝。中國漢族也繼蒙古族元朝之後，再度被異族統治。

台灣蠓吱 印尼蓮霧

特稿 兩大海洋強權 分治台灣 西班牙、荷蘭 此消彼長

十七世紀三〇年代，台灣才剛與世界接觸不久，這個沒有多少人口、還未開發的海島，就以優越的地理位置，吸引了國際兩大海洋強權荷蘭、西班牙各自飄洋過海前來，在台灣設基地、建城堡，相互競爭、對抗，形成南北分治的局面。

然而，世界兩大強國在台灣發展的結果卻大不相同。

荷蘭率先占領台灣西南部。荷蘭東印度公司在台灣建立商館後，利用台灣優越的地理位置，發展轉口貿易，讓台灣成為東亞、東南亞、南亞和歐洲等地的貨物集散中心。

在前來尋找商機的歐洲海權國家眼中，亞洲最大的市場是中國和日本。荷蘭東印度公司雖然在亞洲各地都有商館，但台灣商館位於日本商館和印尼總部中間，與中國又僅一水之隔，台灣本地還可以生產，最適合做轉口貿易。

由此，台灣的米、糖、鹿皮和鹿脯，中國的黃金、絲綢、瓷器和中藥材，日本的白銀，東南亞的香料，印度的棉布，荷蘭東印度公司經由轉口貿易，賺取了意想不到的財富。

在荷蘭東印度公司各亞洲商館中，以日本商館獲利最多，次為台灣商館，但日本商館的獲利主要倚靠台灣產品及轉運中國產品而來。

在西班牙方面，由於荷蘭占有台灣西南部，兼而控有台灣海峽，阻斷了西班牙從菲律賓前往中國和日本的貿易，西班牙被迫繞過台灣東海岸，占領台灣北部。

雖然西班牙從台灣北部輸出硫磺和鹿皮，但整體發展仍比不上荷蘭。農業經濟的發展亦然，畢竟台灣北部終究不如嘉南平原。

對外貿易方面，受到明朝末年戰亂影響，前來基隆貿易的中國商船減少，後來日本又採取鎖國政策，禁止對外貿易（荷蘭、中國除外），西班牙只好逐漸縮小在台灣的經營和駐軍規模。

一六四四年的《赤崁耕地圖》。赤崁屬於荷蘭占領的台灣西南部，圖中深色部分即為耕地，足見開墾已有相當程度。

台灣史新聞

重點新聞

- 郭懷一事件
- 普羅民遮加強防禦
- 社論：台灣鹿悲歌
- 施琅降清
- 荷蘭通譯何斌投鄭
- 鄭成功攻南京失敗

郭懷一舉事反荷 荷漢衝突表面化

【一六五二年／台南報導】以郭懷一為首的數千名漢人農民，在台南永康武裝起事，反抗荷蘭東印度公司的殖民與剝削統治，但鐮刀與鋤頭不敵新式火槍，起事在兩周後宣告失敗，超過兩千人被殺。這是荷蘭統治台灣近三十年來，爆發的最大規模抗爭及死傷事件。

郭懷一率領漢人農民攻打普羅民遮市街。

荷蘭在台灣發展殖民經濟，招攬大量漢人前來耕作，但稅捐嚴苛繁多，平時已招致不少民怨，產業蕭條時民不聊生，民怨更是沸騰，終於爆發此次抗爭。

根據荷蘭當局規定，來台漢人不論男女，每個月都要繳交人頭稅，如果從事漁獵，還要另繳漁獵稅，其他還有貨物交易稅等等。同理，開墾土地一樣要課稅，荷蘭當局以「甲」為單位，提供種子、農具及水利設施給漢人，讓漢人耕作（漢人稱「王田」，另有些漢人自費開墾，或向荷蘭人借貸），同時課以重稅，為荷蘭當局的重要財源。

郭懷一是台南永康一家油車行（賣麻油、花生油）的負責人，原本計畫利用中秋節宴請荷蘭官員和商人，在飲酒作樂中予以刺殺，再以送他們回家為由，攻占熱蘭遮城。但這個計畫被郭的結拜兄弟洩露給荷蘭當局，郭只好馬上起事。

在台開墾的漢人辛苦耕種，還要面對荷蘭當局的納稅壓力。

一六五二年九月，郭懷一帶領眾多漢人農民攻打赤崁的普羅民遮市街，但熱蘭遮城隨即派出一百多名攜帶火槍的荷蘭士兵回擊，郭懷一當場戰死，漢人農民也節節敗退到高雄岡山。荷蘭軍隊隨後又聯合六百名原住民加入戰鬥，並允諾原住民「每殺一人即送一塊布」。

荷蘭當局雖然平定了此次武裝抗爭，但經此一役，與漢人的衝突已表面化，對來台貿易的漢人產生戒心，開始採取登船檢查的措施。

普羅民遮城街 荷人加強備戰

【一六五三年／台南報導】郭懷一事件後，荷蘭當局強化普羅民遮城（今赤崁樓）的建築，並興建砲台等防禦設施。

荷蘭人的統治中心在沙洲上的熱蘭遮城（今安平古堡），一般交易則在台江內海對岸、台灣本島的赤崁，並在赤崁建蓋普羅民遮城及市街、房舍。一六五二年郭懷一率眾抗爭，很快就占領了普羅民遮市街，讓荷蘭當局警覺到此處防禦的脆弱。改建的普羅民遮城已加強作戰準備，城牆以磚塊疊造，設有瞭望台，還有水井及儲備軍糧的地窖。

熱蘭遮城是荷蘭人的統治中心。

社論

荷人統治下 台灣鹿糟殃

荷蘭在台灣發展殖民經濟，不只剝削台灣人，連台灣鹿也遭殃。

十七世紀初的台灣可能是全世界梅花鹿最多的地方，平原上都是梅花鹿，捕鹿是原住民主要的肉食來源。荷蘭人一抵達台灣，馬上就看到鹿的經濟價值：鹿皮銷往日本（日本武士喜歡鹿皮戰袍背心），鹿脯、鹿鞭則可銷往中國。

為了出產大量的鹿皮和鹿脯，荷蘭先鼓勵原住民捕鹿，甚至強迫以鹿皮繳稅，後來更招攬漢人加入捕鹿的行列。

一六三〇年代的台灣，每年可外銷十多萬張鹿皮到日本。一六四五年以後，因為發現鹿的數量銳減，遂訂下每隔兩年停捕一年的規定，但只要數量稍有增加，旋即展開大量獵捕。

可以預見，台灣的鹿將愈來愈少，平原上再也難以看到鹿群飛躍的風景。

施琅投清廷 倒戈攻鄭軍

【一六五一年／北京報導】昔日鄭芝龍、鄭成功父子麾下的水軍將領施琅，為報復鄭成功殺他全家的仇恨，決定投降清朝。

施琅曾在一六四六年一度隨鄭芝龍降清，但後來又投入鄭成功旗下，成為鄭成功抗清的重要軍師和將領。

一六五一年，鄭成功屬下曾德因得罪施琅被殺，鄭成功大怒，下令殺施琅全家。施琅逃走之後再度降清，已成清軍迎擊鄭軍的重要人物。

鄭荷政治角力 荷通譯何斌投鄭

被荷蘭人解職的何斌，轉而投靠鄭成功。

【一六五八年／台南報導】荷蘭東印度公司台灣長官揆一的漢人通譯何斌已投靠鄭成功，台南出現鄭成功軍隊即將來襲的傳言。

一六五〇年代，鄭成功在福建沿海的勢力愈來愈大，也因此常與荷蘭人發生貿易糾紛。一六五七年，鄭成功因商船被荷蘭人扣押而中止雙邊貿易，揆一派通譯何斌前往交涉，雙方恢復通商。

一六五八年，揆一發現何斌暗中在台南為鄭成功徵稅，加上台南的中國商人指控何斌侵吞款項，遂將其解職並沒收財產。何斌隨即投靠鄭成功。

何斌此舉不但引起荷蘭人的緊張，漢人也擔心他會帶領鄭成功攻打台南，很多人為了逃避戰亂而回返福建。

南京大反攻有憾 鄭成功退守金廈

【一六五九年／福建報導】南明（大明帝國滅亡後，皇族在南方建立的幾個政權，一六四四年至一六六二年）抗清名將鄭成功日前進攻南京失敗，已退守廈門、金門。

鄭成功之父鄭芝龍是福建泉州南安人，出身私商、海盜，在日本到東南亞的海上擁有強大勢力，後來被大明帝國招安任官。鄭成功之母是日本人田川氏（一說是華僑翁氏），一六二四年在日本九州平戶生下鄭成功。

鄭成功從小隨母親住在平戶，七歲才被鄭芝龍帶回家鄉，鄭芝龍有意培養這個兒子走科舉功名之路。鄭成功十五歲時即考中泉州南安學生員，後來拜入江浙名儒錢謙益門下，進南京太學，但當時大明帝國已走向衰亡。

一六四五年，二十一歲的鄭成功獲南明隆武帝（唐王）賞識，受命領軍，賜國姓「朱」（本名「森」），改名「成功」，後來被稱「國姓爺」，歐洲人則以閩南語發音稱他為「Koxinga」。

一六四六年，鄭芝龍不顧鄭成功的反對，決定降清以加官晉爵，怎知清軍背信，反過來挾持鄭芝龍，並攻打鄭芝龍的家鄉，田川氏在戰亂中自殺。鄭成功獲知母親死訊，悲憤不已，更加堅定抗清的決心。

鄭成功以金門、南澳（今廣東南澳島）為基地，開始收編鄭芝龍勢力，並招兵買馬，誓師抗清。為了籌措軍費，鄭成功也經營海上貿易，勢力愈來愈大，對清朝造成威脅。

一六五五年，鄭成功獲南明永曆帝（桂王）冊封為延平王。一六五九年，鄭成功大舉北伐，一度攻入長江、包圍南京，但最後仍告失敗。

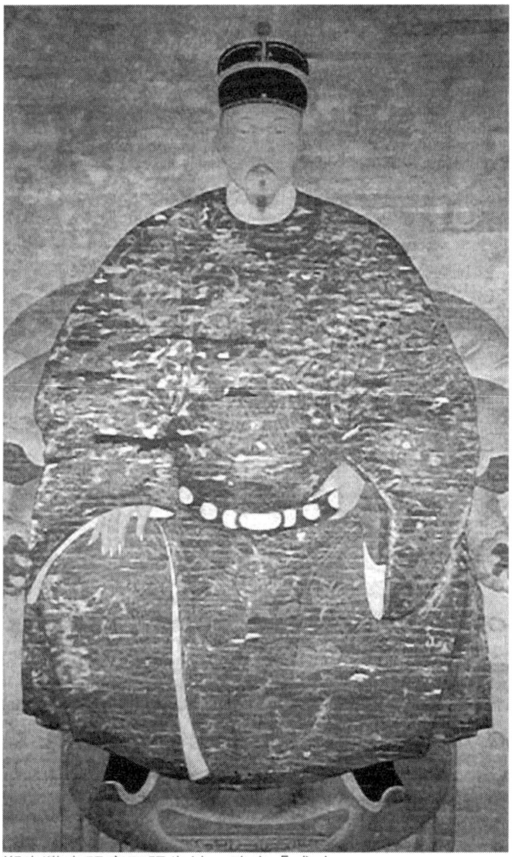

鄭森獲南明唐王賜朱姓，改名「成功」。

台灣史新聞

三百戰船 取鹿耳門 國姓爺迫荷蘭人離台

重點新聞

- 鄭成功驅逐荷蘭人
- 鄭經建東寧國
- 鄭軍再度驅逐荷蘭人
- 台南發生多次大地震
- 社論：鄭成功其人其事
- 台灣首間孔廟 落腳台南

鄭成功率領大軍，準備進攻熱蘭遮城。

【一六六一年至一六六二年／台南報導】歷經九個月的戰鬥，從金門跨海攻打台灣荷蘭政權的鄭成功，終於以兩萬五千大軍之勢，逼使不足千人的荷蘭軍隊豎白旗求和，結束了荷蘭在台灣三十八年的統治，在台灣建立第一個漢人政權（史稱明鄭）。

兩年多前（一六五九年），鄭成功率領大軍北伐南京失敗，退守廈門、金門，元氣大傷。坐困愁城中，因案被通緝、從台灣前來投靠他的荷蘭通譯何斌建議攻占台灣，並說台灣是個物產豐富、四通八達的海島，只要十年生聚，即國富兵強，進可攻、退可守，「真足與中國抗衡也。」何斌同時獻上地圖，打動了鄭成功。

荷鄭戰爭，戰況激烈。

一六六一年四月底，鄭成功率領三百艘戰船從金門出發前往台灣，先經過澎湖，再利用大潮，在清晨大霧中順利開過鹿耳門水道。

本社記者在台南見證了這場戰爭。當時，霧已漸散，熱蘭遮城上的荷蘭士兵，突然看到眼前出現數不清的戰船，驚惶失措，荷蘭台灣長官揆一一直擔心鄭成功來襲，見狀立刻下令備戰，深恐此戰凶多吉少。

鄭軍主力先在赤崁西北部的禾寮港（今台南市永康區洲子尾一帶）登陸，再往前推進七公里，包圍普羅民遮城。荷蘭軍隊則予以回擊，雙方在海上、陸上展開激戰，三四天後，鄭軍獲勝，普羅民遮城投降。

普羅民遮城投降後，這一年來深切感受「國姓爺」壓力的荷蘭人，終於親眼看到了鄭成功。身為俘虜的荷蘭土地測量師梅氏說，鄭成功皮膚略白，面貌端正，眼睛又黑又大，不斷到處閃視，鬍子不多但長及胸部，說話聲音很嚴厲，咆哮則非常激昂；他還說鄭成功善於騎射，不但能騎馬連射三箭，準頭亦佳，三箭都射中了銀幣大小的箭靶。

梅氏是荷蘭東印度公司派到台灣工作的土地測量師，來台已十九年，他後來被鄭成功要求測量台灣本島的土地，並協助接收鄭軍占領的田地及財產。

鄭成功於五月攻下普羅民遮城後，改稱「東都」明京承天府，並頒布諭告：「東都明京，開國立家，可為萬世不拔基業。」隨後開始圍攻熱蘭遮城，但熱蘭遮城易守難攻，鄭軍受挫，兩軍對峙。

九月以後，荷蘭東印度公司從印尼雅加達總部派來救援艦隊，在台江內海與鄭成功艦隊爆發激烈水戰，雙方皆損失慘重，揆一則知大勢已去。

一六六二年一月底，鄭軍全力進攻，並輔以重砲轟擊，士氣已瓦解的熱蘭遮城準備投降，但希望保有尊嚴及合理權益，遂擬妥投降協議書，送交鄭成功。

本社記者針對荷蘭人遞交投降協議書一事採訪鄭成功。鄭氏說，他不會對荷蘭人趕盡殺絕，也同意雙方都應忘記仇恨，還準備釋放荷蘭俘虜，讓所有荷蘭人帶著應有的財物搭船離開台灣，甚至允許荷蘭軍人全副武裝、子彈上膛、擊鼓並舉軍旗上船。

二月一日，荷蘭台灣長官揆一終於在投降協議書上簽字。他感謝鄭成功不殺之恩，也預知返回印尼雅加達後自己可能遭到嚴厲的處分。揆一說，之前曾多次向荷蘭東印度公司報告鄭成功可能攻打台灣，但公司高層與他有恩怨，故意忽視，救援來得太遲，現在才會失去台灣。

荷蘭人投降，呈遞投降協議書。

鄭經退守台澎　建東寧國
沿襲中國教化　續推貿易

【一六六四年至一六六九／台南報導】繼鄭成功把普羅民遮城改稱為「東都」明京承天府，設立天興、萬年二縣以後，鄭成功之子鄭經決定再度更名，改稱「東寧」，二縣升格為「州」。大清帝國自此稱台灣為「東寧國」，西方人則稱鄭經為「台灣國王」。

一六六二年鄭成功去世之後，鄭成功之弟鄭襲與鄭成功之子鄭經曾爆發王位之爭，最後鄭經獲勝，但仍舊駐守在廈門、金門。一六六四年，清軍聯合荷軍圍攻廈門和金門，迫使鄭經全面退守澎湖和台灣。

如今，形同在台灣獨立建國的鄭經，接來南明寧靖王朱術桂當作政治號召，並在承天府旁興建寧靖王府邸（今台南大天后宮）。

鄭經相當重用鄭成功的軍師陳永華，在台灣實施傳統的中國式教化及制度，但也繼續發展台灣的國際貿易。

荷蘭派兵再擾基隆
復遭鄭軍攻破驅逐

【一六六八年／基隆報導】一六六二年因被鄭成功打敗而離開台南的荷蘭人，聯合清軍企圖重回台灣，但終告失敗。

一六六四年，荷蘭人重新占領基隆，重修西班牙人留下的聖薩爾瓦多城，改名北荷蘭城。鄭軍則於一六六八年攻打北荷蘭城，荷蘭人不敵，炸毀城堡，撤離台灣。

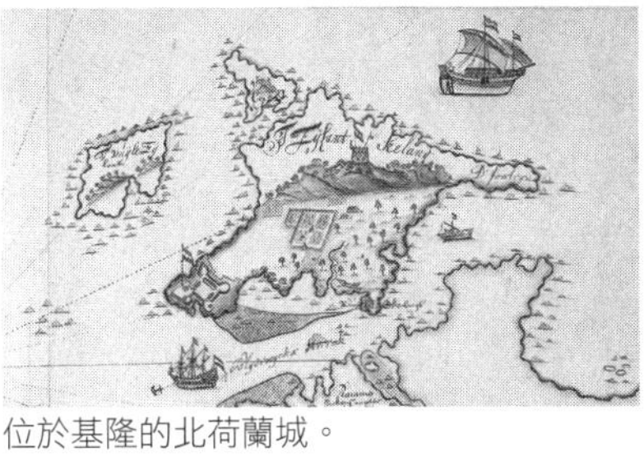
位於基隆的北荷蘭城。

地震、鄭軍同時撲襲
輿論：政權即將變天

【一六六一年／台南報導】鄭荷之戰前後，台南發生了多次強烈地震。

一六六一年一月的強烈地震造成熱蘭遮城多處龜裂，房舍倒塌二十多間。荷蘭東印度公司的瑞士籍傭兵海波特說，大家都站不穩，好像在船上似的，很多居民都以為土地要裂開了。海上船艦則激烈搖晃，險些翻船。

二月十五日，再度發生地震，這是荷蘭人來台後所經歷最大的地震，餘震持續近一個星期，連堅固的建築都遭毀損，漢人店鋪倒塌二十多間，還有婦人小孩被壓死。台灣長官揆一立即向印尼雅加達總部呈報，要求儘快從暹羅運木材來進行修復工作。

四月底，鄭成功登陸台南攻打荷蘭人之際，台南一帶又發生大地震，五月、八月及九月也持續發生餘震，漢人紛紛流傳，地震正是政權改變的異象。

大地震造成房舍倒塌，居民倉皇走避。

社論　鄭成功再啟移民潮　峻法治台

鄭成功生於一六二四年八月二十七日，死於一六六二年六月二十三日。

就在他出生的前一天，一六二四年八月二十六日，荷蘭人進入台灣；而當荷蘭人於一六六二年二月十七日離開台灣的四個月後，鄭成功去世。

這是歷史的巧合，彷彿鄭成功是為了驅逐占領台灣的荷蘭人而生。鄭成功在台灣建立第一個流亡政權，也帶來比荷蘭時代更大的第二波漢人移民潮，使台灣出現了漢人社會。

但是，原本受到荷蘭人殖民統治的漢人及原住民，並未對鄭成功留下好印象，因為鄭成功不但實施嚴刑峻法、專制殘暴，還把荷蘭人的「王田」更換名目變成「官田」，苛稅更甚以往。

承天府漢人社會成形
鄭經建孔廟、城隍廟

【一六六二年至一六六九／台南報導】在這幾年的鄭氏王朝統治下，台灣的傳統漢人社會已逐漸成形，台南出現了台灣第一座孔廟，以及官建的城隍廟。

一六六五年，鄭經接受陳永華的提議，建孔廟、設學校，並仿明制舉行三年一次的科舉考試。一六六九年，承天府城隍廟落成，這是台灣最早的官建城隍廟。

添加刺竹粉和荷花
竹荷糖
慶祝鄭成功抗荷入台
買一送一！
永華糖果店

台灣史新聞

重點新聞

- 鄭軍、原住民爆衝突
- 社論：原住民的宿命
- 英國在台設立商館
- 荷喪失北美東部殖民地
- 鄭經反清復明失敗

屯田之爭爆嚴重衝突 鄭軍強力鎮壓原住民

攻打斗尾龍岸番的鄭軍在甘蔗園休息時，遭到原住民圍攻。

【一六七○年至一六七九／台灣報導】鄭成功率軍來台後，為了安頓大批軍隊，實行兵農合一屯田制，由軍隊前往各地屯墾，卻也因此侵擾原住民的傳統領域，導致原住民起而反抗，鄭軍則強力鎮壓，雙方互有勝敗，但有原住民部落幾被屠殺殆盡。

另一方面，荷蘭時代的原住民人口多於漢人，進入明鄭時代後，漢人愈來愈多，漢人村莊也不斷增加，威脅到原住民部落。每當雙方發生衝突時，鄭軍就會出兵攻打原住民部落。

回顧過往，鄭成功於一六六一年五月初占領赤崁後，以及圍攻熱蘭遮城的九個月期間，原住民與鄭軍就已有所接觸，不少原住民從那時起就飽受鄭軍虐待。當時，位於台灣中部跨族群、跨部落的「大肚王」領域裡，有一原住民首領阿德狗讓為了反抗鄭軍，曾誘使鄭軍進入甘蔗園，一舉將其殲滅。據報，該役折損鄭軍約千餘人之數。

到了鄭經時代，鄭軍更多次攻打「大肚番」。一六七○年，鄭軍將領劉國軒率兵攻打「沙轆社」（今台中市沙鹿區）原住民部落，盡毀該部落房屋與田園，幾近殺光全村數百口人，僅有六人逃到海邊躲藏。

一六七一年，鄭軍攻打「斗尾龍岸番」（原居大甲溪北岸，後遷至南岸稱為岸裡社，今台中市神岡、豐原區一帶）原住民部落，進入當地的甘蔗園。正在吃甘蔗時，遭到五百多名巴宰族圍攻，最後援軍從彰化趕來解圍，燒毀原住民部落，才把原住民趕入深山。

一六七七年，東寧王朝軍官林圮率兵前往斗六門（今雲林縣斗六市）開墾，一面與原住民爭戰，一面拓墾到竹山、水沙連（今南投縣魚池鄉、埔里鎮一帶）。後來布農族大舉來攻，林圮戰死。

鄭軍也曾數度攻打南台灣鳳山的「傀儡番」（排灣族），但因地形險要，皆告失利。

社論 輪暴式殖民史 原住民難翻身

荷蘭人走了，漢人來了。耶穌走了，孔子來了。原住民再度面臨被殖民的宿命。

對這些原住民來說，漢人是比荷蘭人更大的浩劫。荷蘭統治時，荷蘭人的人數連軍隊最多兩千多人，原住民人口則比漢人人口更多。現今換成明鄭統治，漢人愈來愈多，而且往往以「番」、「夷」看待異族。

如此一來，原住民部落裡的教堂變成廟宇，學校變成漢學堂，原住民以前學習羅馬拼音，現在得改學漢字。在強勢的漢文化之下，原住民文化受到的衝擊更甚以往。

鄭經統治下的台灣漢人家庭生活樣貌。

英東印度公司設立台灣商館

【一六七二年至一六七四年／台南報導】英國東印度公司日前與鄭經的東寧王朝簽約，將於台南安平設立商館。這是自荷蘭東印度公司一六六四年撤離以後，歐洲國家再度在台設立商館。

英國東印度公司成立於一六〇〇年，先在印度立足，並繼續往東亞發展，與其他三個歐洲國家葡萄牙、西班牙和荷蘭爭奪貿易市場。該公司早在一六七〇年就透過書信方式，與東寧王朝洽談在安平設立商館的可行性，並派遣兩艘船艦前往安平議約，是為英國人首次來台，雙方也順利達成協議。

一六七二年，雙方正式簽約，英國東印度公司將以台灣為與中國、日本和東南亞的貿易轉運站。

一六七四年，鄭經因參與三藩抗清，攻占閩南沿海地區，准許英國東印度公司亦可在廈門設立商館，但隨著鄭軍戰事失利，東印度公司終究無法達成其貿易目標。

禁番入牆保全公司
在此為您服務

北美三次英荷戰爭 荷蘭輸掉新尼德蘭

一六六四年英軍來襲新尼德蘭，圖中央的人物為荷蘭總督斯得非桑特。

【一六七四年／紐約報導】全球局勢因西方海權勢力消長又生變化。十二年前被明鄭打敗而失去台灣殖民地的荷蘭，今年再度被英國打敗，痛失北美洲東部的殖民地新尼德蘭（今美國紐約州、康乃狄克州、紐澤西州等地），其中包括美洲東岸最繁榮的港口新阿姆斯特丹，顯示西方海權荷蘭的衰退與英國的崛起。

荷蘭早在一六一六年就占領新尼德蘭，後來與英國因爭奪美洲殖民地而開戰，英國於一六六四年首次奪取新尼德蘭，並把新阿姆斯特丹改名為紐約。

一六七三年，荷蘭一度奪回新尼德蘭，卻於一六七四年再度被英國打敗，被迫簽約，正式割讓新尼德蘭。

聯合三藩 鄭經渡海反攻 壯志未酬 大耗東寧國力

平南王尚可喜，與吳三桂、耿仲明聯合抗清

【一六七九年／廈門報導】平西王吳三桂、平南王尚可喜、靖南王耿仲明聯合抗清，控制了中國南方。台灣的東寧王朝鄭經隨後以「反清復明」名義，率軍渡海加入戰局，一度攻占泉州、漳州和潮州等沿海地區，不料最後以慘敗收場，日前黯然退回台灣。

吳三桂、尚可喜和耿仲明三人原是明朝將領，降清後受封為藩王，平西王吳三桂鎮守雲南、貴州，平南王尚可喜鎮守廣東，靖南王耿仲明鎮守福建。

一六七三年，吳三桂因不滿大清帝國撤藩，憤而起兵，尚可喜及耿精忠（耿仲明之孫，襲靖南王爵）隨即附和（清史稱三藩之亂）。

鄭經自一六六四年退守台灣後，一方面委由陳永華實施中國傳統的教化及制度，一方面繼續以台南安平為基地發展國際貿易。十年之間由於未有戰事，不但累積了財力，亦充實了國力，為東寧王朝打下基礎，成為一富強的海島小國。

一六七四年，鄭經決定加入三藩在南方的抗清戰事，並親率大軍渡海參戰。孰料，鄭經此舉改變了台灣的命運。戰爭初期雖然打了幾次勝仗，但在清康熙皇帝派重兵南下並採取招降的策略下，鄭經開始節節敗退，退守沿海基地海澄（今福建漳州龍海市海澄鎮）、廈門和金門。

一六七九年，大清帝國提出了和談條件，只要鄭經退回台灣，讓閩南沿海休養生息，台灣就可以像朝鮮和日本一樣，不必向大清帝國稱臣或朝貢。鄭經則要求保有海澄作為貿易據點，但未獲同意。

隨後，清軍發動總攻擊，鄭軍再敗，軍心潰散，鄭經知道大勢已去。東寧王朝在台灣十年經營建立的基業，經此一役耗損殆盡。

決意將台灣納入版圖的康熙皇帝。

台灣史新聞

重點新聞

- 台灣併入中國版圖
- 客家人往屏東開墾
- 社論：施琅的評價
- 清廷頒布渡台三禁令
- 沈光文創東吟詩社
- 台南建大天后宮
- 牛頓發表萬有引力定律

明鄭遭清剿滅
台灣首度併入中國版圖

一六八三年，鄭克塽降清，施琅率大軍進入台灣，接受鄭氏投降。

【一六八四年／台南、北京報導】大清帝國去年派兵渡海消滅台灣的明鄭政權後，朝廷內卻開始出現放棄台灣的聲浪，一番爭論後，今年終於決定把台灣併入版圖，使台灣首次成為中國政權的領土。

東寧國本來已在台灣立足，但自從鄭經於一六七四年把台灣政務交給陳永華，親率軍隊渡海發動「反清復明」戰爭後，國勢即開始走向衰亡。到了一六八〇年，持續六年的戰爭宣告慘敗，統治的閩粵軍民又相繼降清，鄭經只好再度退守台灣，但已使得東寧國國力大傷，財政困難，陳永華又於此時去世，無異雪上加霜。

一六八一年，鄭經去世，東寧王朝黨派矛盾隨之表面化，宮廷政變再度爆發。雖然鄭經原本已安排長子、陳永華女婿鄭克𡒉繼承王位，但鄭經侍衛馮錫範卻殺了鄭克𡒉，改立自己的女婿、鄭經次子鄭克塽，並在幕後把持朝政，造成東寧國一片大亂。

大清帝國見此情勢，一面獎勵鄭軍投誠，一面任命明鄭降將施琅為水師提督，採以戰逼降的策略對付明鄭。一六八三年，施琅率領三百艘戰船、兩萬多大軍出發，先攻占澎湖，再開進台灣，鄭克塽率文武百官投降，當年由鄭經迎來台灣的南明寧靖王及其五位妃子，統統自殺殉國。

然而，施琅攻下台灣後，大清帝國官員卻分成兩派，爭論應保留台灣？還是把台灣居民遷回中國，放棄台灣？康熙皇帝主張，台灣是海外地方，與中國沒有什麼關係，因從未歸順又常騷擾濱海居民，所以才出兵剿滅；台灣只是「彈丸之地」，得之無用，得不到也沒有損失，「不如徒其人而空其地矣。」

但施琅極力反對棄台論，他在上呈康熙皇帝的〈陳台灣棄留利害疏〉寫道，「中國東南形勢在海而不在陸」，台灣雖然只是一個島，卻是中國好幾個省的屏障，如果放棄台灣，則台灣「不歸番、不歸賊，而必歸荷蘭」。他並提及澎湖為一不毛之地，若是沒有台灣，澎湖也不能守。

大清帝國為棄台、留台討論長達八個月之久，最後才接納施琅的意見，把台灣併入版圖。一六八四年（康熙二十三年）四月，依大清帝國康熙皇帝詔令，於台灣設台灣府（台南），隸屬福建省；台灣府下轄台灣縣（台南一帶）、諸羅縣（部分台南至嘉義以北）和鳳山縣（高雄、屏東至台東一帶）。

台灣在六十年內經歷了荷蘭、西班牙、明鄭三個政權，現在將第四度更換政權。

然而，一府三縣的行政控制力頗為薄弱，恐怕無法有效統治全台。

客家人赴屏東開墾
來自嘉應州 屏東開發之始

【一六八六年／屏東報導】一批渡海來台的廣東省嘉應州客家人，決定前往下淡水溪（高屏溪）的平原開墾，這是屏東開發之始。

這批來自廣東省嘉應州的客家人是台灣入清後第一批來台的客家人，他們原本想在台南附近開墾，但發現台南已是閩南人天下，遂轉往屏東。

由於大清帝國渡海禁令不准廣東惠州、潮州居民來台，此兩地居民又以客家人為主，所以在此之前客家人來台人數較少。

社論　一個施琅　多面評價

六十三歲的明鄭降將施琅，為大清帝國攻下台灣後，來到鄭成功墓前下跪磕頭，老淚縱橫地說，鄭成功對自己有提攜之恩，但又殺他父兄，他背負家仇，忠孝不能兩全。

三十三年前，施琅曾是鄭芝龍、鄭成功父子部將，因為殺了鄭成功屬下，鄭成功一怒之下殺了他的父兄。施琅憤而投降大清帝國，鼓吹滅鄭。若從漢人傳統的歷史觀點來看，施琅背叛了君臣及華夷（滿清）兩項倫理。有人即使接受施琅的不忠是因為鄭成功的不義，仍然無法認同施琅投靠異族以報復私仇的行為。

施琅在清廷內力主留台，讓在台漢人免於被迫放棄家園，遷回大陸，因此受到有些人的感戴。然而，施琅攻占台灣之後，也接收了相當多漢人已開墾的田園，將其據為己有。

唯恐再成海盜及抗清基地　清頒布渡台三禁令

【一六八四年至一六八六年／福建報導】大清帝國自從把台灣併入版圖之後，因擔心台灣成為海盜巢穴及抗清基地，下令實施嚴格的渡台政策，還制定了預防台灣駐兵叛變的制度。

大清帝國於一六八四年（康熙二十三年）頒布的渡台三禁令為：

一、渡台必須先在原籍地申請獲准，出入船隻也要檢查。

二、渡台不准攜帶家眷，已在台者也不准遷眷來台。

三、廣東潮州、惠州因海盜聚集，其居民不准來台。

除此之外，大清帝國派來台灣的官吏，待滿三年就要調回內地，也不得攜眷上任。一六八六年（康熙二十五年）再實施來台駐防士兵三年輪調的規定，並不准在台募兵。

台灣第一間詩社　沈光文創東吟詩社

【一六八五年／嘉義報導】南明遺老、文學家沈光文及文友日前在嘉義創立了「東吟社」，這是台灣最早的詩社。

沈光文本籍浙江，一六六二年他從金門搭船返鄉時，因遭遇颱風，漂流到台灣來。他在鄭經統治下的台灣以教書、行醫為生，也曾在原住民目加溜灣社（今台南善化一帶）附近設立私塾。

大清帝國取代明鄭政權後，沈光文與大清政府官員、文人結社，並與台灣府諸羅縣知縣（縣長）季麒光交好。

沈光文在台灣生活的這二十多年裡，留下了一批感懷時事的詩文。

採薇思往事　千古仰高蹤
放棄成吾遯　逢迎自昔慵
花枯邀雨潤　山險倩雲封
即此煙霞外　心清聽晚鐘
沈光文因不滿鄭經時政，過著藏匿隱居的生活。

台南建大天后宮

【一六八三年／台南報導】大清帝國政府下令改建台南的南明寧靖王府為「大天后宮」，這是台灣第一座官建媽祖廟。

施琅於今年攻下台灣，迫使鄭克塽降清，寧靖王及其五位妃子在寢宮自殺殉國。

施琅聲稱，他能夠打敗明鄭、占領台灣是因受到天妃娘娘（媽祖在元朝已封天妃）的庇佑，因此在班師回朝後，奏請改建寧靖王府為「天妃宮」。

康熙皇帝准奏，加封媽祖為「天后」，廟稱「大天后宮」，並派禮部官員主持祭典。自此以後，媽祖逐漸成為台灣的重要信仰，比漳、泉漢人原鄉更加興旺。

台南大天后宮。

牛頓發表萬有引力定律

【一六八七年／英國報導】英國科學家牛頓發表了「萬有引力定律」，這是人類重要的科學理論之一。

物體因有質量而產生引力，例如地球引力（地心引力）是因地球本身的質量而產生的引力。萬有引力指物體因有質量而在物體之間產生一種相互作用，牛頓認為，這是「行星圍繞既定軌道運動」的原理，他並研究出計算萬有引力的公式。

牛頓於一六六六年就讀劍橋大學時，因該地區發生瘟疫，他便回到北英格蘭家鄉，繼續思考天體及行星軌道的問題。有一天，牛頓在蘋果樹下喝茶時，因為一顆蘋果落下，啟發他思索出地球引力。

克內勒所畫之牛頓像。

台灣史新聞

重點新聞

- 郁永河發表《裨海紀遊》
- 特稿：郁永河牛車遊台
- 原住民部落興辦社學
- 流浪日本宜蘭原民回台
- 社論：興學與文化流失

郁永河採硫慢逛西台灣
裨海紀遊詳述地理風情

【一六九八年／福州報導】福建福州府官署的幕賓（文書）浙江仁和縣人郁永河，因去年奉命來台採集硫磺，遂將在台灣的旅遊及工作經歷寫成《裨海紀遊》（裨海即小海）一書發表。這是第一本詳細描述十七世紀末台灣西部人文地理的書，書中並抒發了對原住民的人道關懷。

一六九六（康熙三十五年）冬，福州府掌管的火藥庫突然爆炸，五十萬斤火藥全數燒毀。依法規定，福州府必須自行補足缺額，但福建不產硫磺，因此決定派人到其轄下的台灣北部採硫。

漢人開採硫磺的情況。

郁永河雖然年過五十，依然嚮往海外旅遊，他一聽到這個消息就笑著說：「我的美夢成真了！」自告奮勇接下這件差事。

依照任務行程，郁永河應該直接從福州對渡到台北的淡水，但因為喜歡旅遊，且須招工、準備相關器材，郁永河安排了先到澎湖、台南，然後才北上的行程。

一六九七年（康熙三十六年）一月下旬，郁永河與隨行從廈門出海，先到澎湖一遊，再抵達台南，並在台南花了兩個月的時間招募工人，準備各種食物、煉硫工具，以及用來與原住民交換硫磺土的布料等。

四月上旬，郁永河帶領五十多人從台南出發，走陸路前往台北採硫，中途因遇到大雨溪水暴漲，受困十天，四月底才抵達台北的八里，再渡過淡水河前往對岸的淡水。五月初，一行人繼續從淡水上溯淡水河，抵達北投。

郁永河在北投、士林、天母一帶展開煉硫工作，僱請當地原住民開採硫磺土，並通告附近原住民部落可以拿硫磺土來交換布匹，再把硫磺土煉成硫磺。然而，煉硫工作進行得並不順利，期間不但遭遇颱風吹倒房舍、損壞工具，又有工人水土不服病倒，耗時整整半年才完成任務。最後，郁永河從淡水運貨上船，在十月下旬回到福州交差。

而今，一六九八年（康熙三十七年），郁永河把這段在台灣遊歷九個多月的見聞，寫成兩萬四千多字的《裨海紀遊》（又名《採硫日記》），書中以詩、文描述台灣西部的山林、河溪、氣候、物產，以及各種原住民族群的生活和風俗。

從書中可以看到，郁永河對原住民的態度雖免不了仍有漢人的優越感和成見，以教化、感化、同化來看待他們，但他也會讚賞原住民的熱情和質樸，並同情被漢人壓迫的原住民。

郁永河在書中也提及了台灣原住民女性的風情。他曾遇見裸露上身的婦人在舂米，即使看到客人也不在意。有一次在母系社會的番社接受招待，女主人倒酒後，自己先乾杯，再請客人喝，看到客人喝光就高興，不然就生氣；如果客人挑逗或戲弄她，女主人也不會生氣。

另外，郁永河在書中嚴厲批評某些漢人在番社作威作福的行為，也就是所謂的「社棍」，這些人以為原住民愚笨，就加以欺侮剝削。郁永河說，替官府收稅的「社商」都待在城裡，只委託「通事」去番社辦事，這些人都是在內地犯法的「奸民」，跑到番社來謀生，雖然懂得番情番語，卻為害無窮，不但娶番女當妻妾，還把番民當傭人，甚至奪取他們的財產。

漢人社商與通事坐在竹筏上，由原住民助其過溪。

特稿 郁永河牛車遊台

【本社記者／專訪】「耳畔時聞軋軋聲，牛車乘月夜中行。」這是郁永河在《裨海紀遊》中寫的詩句，他抵台後從台南到台北的行程，一路都以牛車代步。

郁永河表示，他原本打算搭船進入台江內海，再換小船靠岸，但因岸邊水淺，無法行船，只好改乘牛車上岸。他在台南府城時，看到文武官員出入都是坐轎，其他小官員則是騎黃牛出入，街道上也有很多載運貨物的牛車。

郁永河還說，他打聽到原來台灣不產馬，內地的馬又不方便渡海運來台，所以台灣雖然有一萬名駐軍，卻只有不到一千匹馬。

至於牛車，則是一般台灣民眾的交通工具，所以家家戶戶都會養牛。郁永河說，台灣盛產甘蔗，剛好牛又最喜歡吃甘蔗梢，正好不必另備草料。

郁永河坐牛車一路翻山越嶺，渡過了九十六條大小溪流，經過了二十七個各族原住民部落，沿途每到一個原住民部落就要更換牛車，一共花了二十天，才從台南抵達台北，不過其中有十天是因為遇到大甲溪暴漲，無法前進。郁永河說，他當時決定冒險過溪，但還是得靠原住民幫忙扶著牛車，「我雖然沒被淹死，但整個人都泡在水裡！」

行經苗栗時，郁永河看到原住民在捕捉野牛。原住民告訴他，新竹、桃園有成群的野牛，捕捉後只要加以馴養，就可以用來拉車。

台江內海有眾多商販來來往往，相當熱鬧。

郁永河抵達台南時，因沿岸水淺，改搭牛車上岸。

部落興學 廣招孩子來讀經

【一六九五年／台南報導】福建省台灣府新任知府靳治揚，下令在轄下台灣縣（台南一帶）、鳳山縣（高雄、屏東至台東一帶）的原住民部落設立「社學」。

一六九五年（康熙三十四年），靳治揚於從漳州知府調任台灣知府，上任後致力於招撫土番，並在番社廣設「社學」，聘請老師教授番童《三字經》《四書》等課程。原住民學童前往學習時，須著漢服，讀詩經。

台灣南部原住民學童前往社學學習的情況。

噶瑪蘭神奇之旅 從日本平安返台

【一六九二年／日本報導】兩名不明原因流浪到日本的宜蘭噶瑪蘭族人，已由前往日本貿易的台商帶回台灣。

日本官方並不清楚這兩人是怎麼來到日本的。但有日本商人說，他們可能是搭乘販賣蔗糖的台灣商船而來。台灣在荷蘭統治之前，就有商人前往日本貿易，直到大清帝國統治時，台灣與日本仍常有商船往來。

日本官方為此獎賞李廉和陳諧兩位台商，感謝他們幫忙把兩位噶瑪蘭族人巴弄（Paron）和礁巴里（Tapari）平安送返台灣，交由台灣縣政府處理。

社論 教化政策 收編、改造原住民

大清帝國近日開始在台灣原住民部落廣設「社學」，此舉勢必將加速原住民的漢化。

其實，台南的原住民部落早在荷蘭時代就已設立學校。從統治者的觀點來看，設立原住民學校最大的目的是企圖「改造」原住民，同時培育原住民人才，以利統治。大清帝國廣設原住民學校，施以漢學教育，在科舉制度下，將可預見未來「番秀才」的出現。

然而，若從多元文化的觀點來檢視，台灣的原住民文化從荷蘭時代就已日漸流失，進入清代後更將快速流失。

托運貨物至台灣西部各地
您最穩重的選擇
-牛車慢遞-

第三卷

十八世紀

1700年～1799年

台灣位於東北亞、東南亞交口，在荷蘭、明鄭時代都發揮了東亞航運樞紐的功能。然而，大清帝國的陸權思想卻壓抑了台灣的海洋性格，使台灣本來熱絡的國際貿易，變成台灣海峽的兩岸貿易。

清廷因擔心台灣再集結抗清勢力，限制台灣官吏三年任期、駐兵三年輪調，採取嚴格的渡台政策，並不准攜眷來台，造成台灣男女人口嚴重失衡。但閩粵人民因原鄉生活困苦，不斷偷渡來台。台灣也因吏治敗壞、社會不安，時常發生民變。

大量漢人前來台灣拓墾，雖然帶動台灣的開發，但也侵犯了原住民族的傳統領域及生活文化，引起原住民族的抗爭。台灣西部平原的平埔族群，面對強勢的漢人移民，被迫接受漢化的歷史命運。

十八世紀中葉，偷渡來台的漢人急速增加，漢人之間因分屬不同族群，為了爭奪土地、水源等利益而發生武裝衝突，例如「閩客鬥」、「漳泉鬥」等。

大清帝國雖然歷經康熙、雍正、乾隆三朝盛世，但此時英國轉為君主立憲，美國建立聯邦共和國，法國大革命推翻君主專制，工業革命也展開了。世界正在改變，而中國渾然不覺……

台灣史新聞

重點新聞

- ●〈康熙台灣輿圖〉完工
- ●學甲慈濟宮香火鼎盛
- ●鄭成功遷葬故鄉南安
- ●諸羅縣以木柵築城
- ●北港朝天宮建廟
- ●社論：一國兩制

台灣聚落定位盤
康熙指南新推出

置於掌心默想三秒鐘
欲知聚落方向即指出

康熙台灣輿圖繪成

宮廷御製 寫實標注西部聚落

【一七○四年／北京報導】大清帝國宮廷終於完成了〈康熙台灣輿圖〉的繪製工程，這幅以中國傳統山水技法所畫的台灣單幅地圖，以長五公尺多的卷軸，呈現十七世紀末、十八世紀初台灣西部的景觀。

中國歷代繪製的地圖，因為具有政治及軍事目的，向來由軍方掌管，並不對外公開。本社記者透過祕密管道，親眼見到了這幅絹質、彩繪的卷軸台灣地圖（今國立台灣博物館珍藏），全圖橫長五百三十六公分、縱寬六十六公分，十分精美。

軍方人士透露，〈康熙台灣輿圖〉由清宮畫家根據各種相關文字及地圖資料，於一六九九年至一七○四年（康熙三十八年至四十三年）間繪製完成。

當本社記者把這幅卷軸地圖放在地上、完全展開來時，看圖視點落在台灣海峽上空，俯瞰台灣西部，台灣島及澎湖群島統統呈現「橫躺」狀態。圖的方位變成上東、下西、左北、右南，最上是山，最下是海岸及澎湖群島，最左是基隆，最右是恆春半島。全圖無法看到整個台灣島，只能從左到右呈現基隆到恆春半島的台灣西部景觀。

雖然這幅地圖沒有經緯度，比例、形狀也不甚準確，但相對位置卻大致無誤。全圖以山水畫的寫實手法，畫出地形、山川、道路、港口、城市、軍營，及漢人聚落（庄或里）、原住民聚落（社）等。

輿圖就是疆域地圖，〈康熙台灣輿圖〉只呈現台灣西部，看不到宜蘭及「後山」的花蓮、台東，顯示在十七世紀末、十八世紀初期，大清帝國統治台灣的行政控制力僅及於西部。

台灣最早保生大帝廟

學甲慈濟宮 香火盛

【一七○一年／台南學甲報導】學甲（今台南市學甲區）興建保生大帝廟，這是台灣最早的保生大帝廟（又稱大道公廟）之一。

學甲一帶本來是原住民西拉雅族地區，明鄭時代即有漢人前來開墾，後來搭了一間草寮，供奉福建泉州同安「慈濟宮」的鄉土醫神保生大帝，庇佑居民免於瘟疫、疾病之苦。

一七○一年（康熙四十年），學甲耆老看到保生大帝神威顯赫、香火愈來愈盛，遂募款興建保生大帝廟。

台南市亦有一奉祀保生大帝的興濟宮（今台南市北區成功路），相傳建於荷蘭或明鄭時期。

鄭氏父子遷葬泉州南安

魂歸故里 建祠招魂

【一七○○年／泉州南安報導】在台灣開創明鄭政權的鄭成功，遷葬故鄉福建泉州南安。

鄭成功之孫、鄭經次子鄭克塽自一六八三年降清後，被迫遷居北京。後來才以台灣隔海太遠、掃墓困難為由，上疏請求遷葬內地。

康熙皇帝於一七○○年（康熙三十九年）下詔，詔書中稱鄭成功為「明室之遺臣，非朕之亂臣賊子」，並派官員護送鄭成功及鄭經兩柩歸葬南安，建立祠堂。

鄭成功父子從台南遷葬南安（今南安市康店村覆船山）的鄭氏祖墳地，鄭克塽也依照閩南習俗，舉辦招魂儀式。

鄭氏父子遷葬福建泉州南安，圖為鄭成功夫婦像。

〈康熙台灣輿圖〉範圍僅及台灣西部，與大清帝國在台灣的行政控制力相符。

清帝國不築城政策轉變
諸羅縣築起木柵城

【一七〇四年／嘉義報導】台灣府諸羅縣在縣府所在地諸羅山（今嘉義市）以木柵築城，這是大清帝國在台灣興築的第一座城。

大清帝國自一六八四年統治台灣後，因為擔心明鄭餘黨復出的可能性，決定在台灣實施「不築城政策」，以防止抗清勢力據城而戰。

台灣府下原設有台灣縣、諸羅縣、鳳山縣三縣，初期由於諸羅縣漢人居民不多，諸羅縣政府僅設於佳里興（今台南市佳里區），直到今年才遷到諸羅山。

然而，由於嘉義一帶出現了不少民變，諸羅縣政府擔心無城可守，決定築城自衛，成為台灣一府三縣的第一座城。

諸羅縣城以木欄圍成，設有東、西、南、北四個城門。

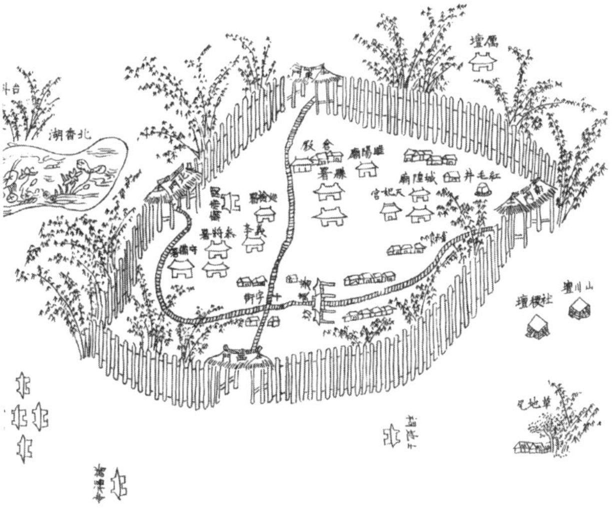

諸羅縣城，大清帝國在台灣興建的第一座木柵城。

湄洲分靈　笨港天后宮建廟

【一七〇〇年／雲林北港報導】由笨港（笨港溪入海口，笨港溪即今北港溪）居民捐地蓋成的小媽祖廟（一八一二年遷建新廟，改名「朝天宮」，以紀念分靈自福建莆田湄洲島祖廟「朝天閣」），已成為台灣重要的媽祖廟之一。

笨港早自明鄭時代就有福建漳州和泉州人前來開墾，人口愈來愈多。一六九四年（康熙三十三年），佛教臨濟宗樹璧禪師攜湄洲島「朝天閣」媽祖神像入居笨港，笨港居民租了一間簡陋的民房供奉海神媽祖，並請樹璧禪師主持。

一七〇〇年（康熙三十九年），自明鄭時代即來笨港開墾、經商致富的泉州同安人陳立勳，捐地蓋了一間小媽祖廟，同樣請樹璧禪師擔任第一代住持，香火愈來愈盛，後來稱為笨港天后宮。

笨港天后宮。

社論　一國兩制

大清帝國既攻下台灣，卻一度想放棄，雖把台灣併入版圖，但對這塊明鄭故土又相當不放心，採取了很多與內地不同的管制措施。

滿族當政的大清帝國對台灣有很多擔心：擔心太多漢人前往台灣集結抗清勢力，遂實施嚴格的渡台政策，渡台不但要申請，船隻要檢查，也不能攜眷；擔心潮州海盜眾多，乾脆不准潮州人來台。

大清帝國也擔心台灣官吏坐大，因此明定任期三年，不得攜眷，以把家眷留在內地當「人質」；擔心台灣駐兵叛變，就限定三年輪調，同時不准在台募兵；擔心台灣私造兵器，明文管制鐵鍋等鐵製品輸入，更不准私自鑄鐵；擔心抗清勢力據城而戰，下令不准築城，卻直到民變發生時才發現，叛民雖無城可據，官方同樣無城可守。

這樣的統治思維與方法，不僅無利於台灣發展，遲早還會出事。

編按：一七五〇年代笨港溪河道南移，笨港分成兩半，北笨港即今雲林縣北港鎮一帶，南笨港即今嘉義縣新港鄉一帶。笨港在一七九九年發生水災，笨港天后宮被洪水沖毀，後來南笨港居民在一八一一年新建奉天宮，北笨港居民在一八一二年新建朝天宮。

台灣史新聞

泉州陳賴章墾號 定案 台北大規模開發 啟動

「陳賴章」墾號申請開墾台北獲准。圖為「陳賴章」墾號人員開墾情況。

重點新聞

- 陳賴章墾號開墾台北
- 社論：台北淡水愈形重要
- 東港東隆宮建廟
- 哈雷預言彗星再來
- 蘇格蘭與英格蘭統一

【一七〇九年／台北報導】由福建泉州、漳州人出資合作，以「陳賴章」團體之名向大清帝國要求開墾台北的申請，日前獲准，「陳賴章墾號」將成為漢人大規模開發台北之始。

大清帝國雖然統治台灣，官方卻不主動開墾，而是開放給民間開墾。但開墾之前必須申請開墾權，申請開墾權的人稱之為「墾主」，先說明開墾範圍，經官方審核未與別的墾主重疊，並且未侵犯原住民土地，才能取得墾照並招攬佃農開墾。墾主在規定時間內開墾成功，並向官府繳納糧稅後，才算取得墾地的所有權，成為業主。

由於大型開墾案需要大量的資金，遠非個人所能負擔，有些人往往以合股的團體名義申請開墾權，稱之為「墾號」。

在以前的荷蘭和明鄭時代，漢人開墾的地方主要在南部。進入清代以後，來台漢人愈來愈多，開墾的地方也從南部逐漸擴大，往南到高雄、屏東，往北到台中、新竹。但台北除了淡水一帶之外，在漢人眼中仍是化外之地。

十八世紀初的閩、粵地區已因人口太多而面臨缺糧窘境。一七〇五年至一七〇七年的台灣則因連續三年饑荒而免繳糧稅。為此，大清帝國鼓勵內地民眾前來台灣開墾，希望可以多徵糧稅，解決缺糧問題。

一七〇九年（康熙四十八年），原本住在嘉義的陳憲伯、賴永和、陳天章、陳逢春、戴天樞等五名泉州人士，合股以「陳賴章」（陳賴章不是個人名字）為墾號，向台灣府諸羅縣提交開墾台北「大加蚋」（又作大佳臘，今中和、萬華、新莊、泰山、關渡和八里一帶）的申請，又設「陳國起」、「戴天樞」墾號，總面積約一百平方公里。

如此大規模的大型開墾案，一提出申請即受到各方矚目，經諸羅縣政府核准後，「陳賴章」墾號的相關人員如今已在台北，準備動工。

愈來愈多的漢人來台開墾，已是不可抗拒的時代潮流。「陳賴章」墾號的獲准開墾，可以預見未來前往台灣北部開墾的漢人將愈來愈多，當地的原住民也勢將遭受衝擊，被迫遷移、漢化，甚至走向凋零滅絕的命運。

大清帝國雖然規定漢人開墾時不得侵犯原住民的土地，卻無心或疏於管理。一名官員坦承，漢人為了尋找開墾的土地，在與原住民接觸時，以豬、酒、布料等物品，或採取不合理的分紅方式以騙取原住民土地的事件，時有所聞。

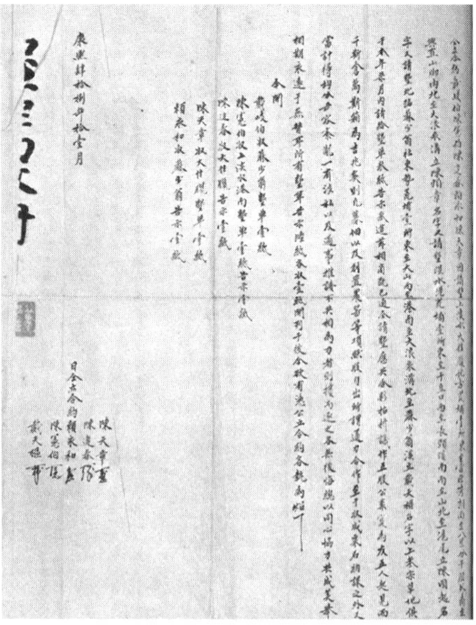

陳賴章、陳國起、戴天樞三墾號合股開墾大加蚋地區之合約。

社論 北台吞吐口：淡水 台灣新穀倉：台北

「陳賴章墾號」於十八世紀初取得大清帝國官方墾照在台北開墾時，台北淡水一帶的港口，其實已經開始慢慢熱鬧起來了。

在陳賴章墾號之前，已有些漢人違法在台北開墾，大清帝國准許福建泉州、漳州以及台灣南部的人來台北擴大開墾，因為這將促進台灣稻米的生產，解決福建的缺糧問題。

然而，由於從台灣出口到福建要課稅，走私因此相當盛行，台北生產的稻米往往直接從淡水出海，走私到福建去，尤其是淡水，更可以直接對渡到福州。

此時，大清帝國官兵正在追緝海盜鄭盡心。鄭盡心是福州人，一名私販米穀、活動於福建以北海域的海盜。傳說他已經逃到台灣，潛伏在台北淡水一帶。

根據日本資料顯示，此一時期的台灣，每年仍有約十艘商船前往日本長崎貿易，淡水作為台北港口的角色已愈來愈重要了。

溫王信仰首開爐 東港東隆宮建廟

【一七〇六年／屏東東港報導】東港（今屏東縣東港鎮）居民興建東隆宮，宮內奉祀溫王爺，成為台灣溫王信仰之始。

溫王爺，又稱溫府千歲，本是唐太宗的大臣兼將領溫鴻，立下豐功偉業，因奉旨巡視天下而在海上遇難。相傳溫王爺死後成神，追封為「代天巡狩」以訪查民情、監督地方政府，後人因此建立「溫王船」供奉神位。福建沿海後來也出現了溫王爺在海上顯靈護航的傳說。

一七〇六年（康熙四十五年），相傳東港海邊漂來寫著「東港溫記」的木頭，東港居民認為這是溫王爺想在東港立廟，遂在此地建立東隆宮，取「東港興隆」之意（今以燒王船的祭典著稱）。

祀奉溫王爺的東隆宮，為東港人民的重要信仰。

英國天文學家哈雷 大膽推算彗星周期

英國天文學家哈雷。

【一七〇五年／倫敦報導】英國天文學家哈雷發表彗星天文學專書，指出一四五六年、一五三一年、一六〇七年、一六八二年繞過地球的彗星，事實上是同一顆彗星，並預言這顆彗星將於一七五八年再次繞過地球。

哈雷在擔任英國格林威治天文台長時開始研究彗星。他後來認識了牛頓，並在擔任牛津大學教授期間，以牛頓的「萬有引力定律」推算所有已被發現彗星的周期，集結於一七〇五年發表。

哈雷彗星是人類第一顆記錄的彗星，在東方及西方都有相關的文獻記載。按照哈雷的計算，這顆彗星環繞太陽的周期是七十六．一年。

編按：一七五八年這顆彗星果然再來，被命名哈雷彗星。

英國合併蘇格蘭 走向世界超強國

【一七〇七年／倫敦報導】歐洲大陸西北方不列顛群島上的英格蘭王國與蘇格蘭王國，今合併為大不列顛王國（今英國的主體）。

蘇格蘭原本是英格蘭北方的獨立國家，兩國於一七〇七年通過「聯合法案」，合組大不列顛王國，新政府與議會設於倫敦西敏寺。

統一合併為大不列顛王國（簡稱英國）之後，十八世紀初的英國國力也愈來愈強，在亞洲的勢力已逐漸超越西班牙和荷蘭，走向世界超級強國。（一八〇一年再與北愛爾蘭合併成為「大不列顛與北愛爾蘭聯合王國」，今英國全稱。）

大不列顛王國國旗。

台灣史新聞

重點新聞

- 清製〈康熙皇輿全覽圖〉
- 社論：半個台灣
- 清重申嚴禁無照渡台
- 康熙六十大壽
- 特稿：傳教士馮秉正

新繪康熙皇輿全覽圖
首見經緯線 傳教士抵台測繪

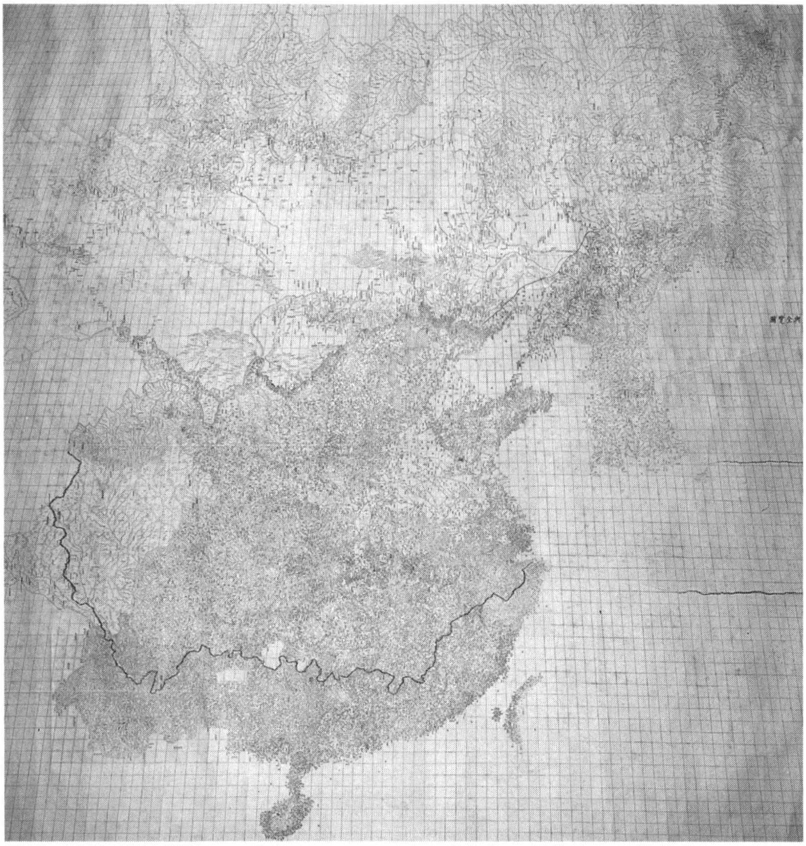

馮秉正等耶穌會傳教士繪製的〈康熙皇輿全覽圖〉全圖。

【一七一四年／台灣報導】大清帝國以西洋科學方法繪製第一幅全國地圖〈康熙皇輿全覽圖〉，為了繪製新的台灣地圖，派了三位西洋傳教士來台測量，新繪製的台灣地圖將以經緯度準確呈現台灣西半部的樣貌。

一七〇八年（康熙四十七年），康熙皇帝下令繪製〈康熙皇輿全覽圖〉，由雷孝思等幾位歐洲耶穌會傳教士，以及中國相關官員、專家學者等十多人負責執行，計畫以三角、天文測量法及梯形投影法，前往全國各地實地測繪。地圖比例尺為一比四十萬，地圖範圍東北至庫頁島，東南至台灣，西至伊犁河，南至海南島，北至貝加爾湖。

這是中國歷來第一幅有經緯網的全國地圖（一七一八年完成），雖然經緯度不夠精確，但相對位置無誤，將為大清帝國的近代地圖立下基礎。

一七一〇年至一七一四年間，雷孝思帶領馮秉正、德瑪諾兩位耶穌會傳教士前往河南、江浙、福建等地測繪，最後來到澎湖和台灣。一七一四年（康熙五十三年）四月十八日至五月二十日，他們三人分工在台灣西半部測繪，馮秉正負責南部，以三十三天完成。

本社記者透過管道看到了〈康熙皇輿全覽圖〉中的台灣地圖，與過去以中國傳統山水畫、台灣海峽上空視點、左北右南的台灣西半部地圖大不相同，而是以西方標準地圖北上南下的方位，呈現台灣西部的平原、海岸及澎湖群島。至於台灣東半部則未標地名，或只寫上「大山番界」。

社論 總是半個台灣

大清帝國雖用科學方法繪製〈康熙皇輿全覽圖〉，還派西洋傳教士來台實地測量，但畫出來的地圖上，仍然只見半個台灣。

西洋人在十七世紀前就畫出了形狀完整的台灣島，荷蘭人統治台灣時也派船環島測量，以繪製台灣全島地圖。這些都是真正符合科學精神的作法。

反觀中國人，一方面缺乏海洋眼光，一方面比較「現實」，雖然畫的是台灣地圖，卻只畫有中國人居住的台灣西半部，難怪西洋人會說，台灣東半部不是中國的領土。

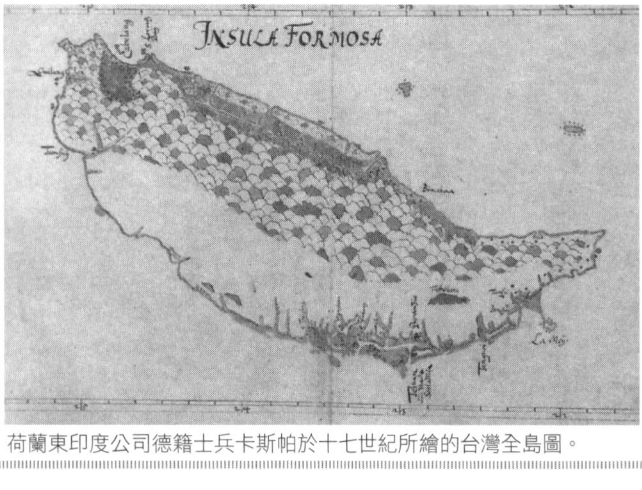

荷蘭東印度公司德籍士兵卡斯帕於十七世紀所繪的台灣全島圖。

重申禁無照渡台令
清頒令防杜遊民滋擾問題

【一七一一年／台灣報導】由於來台遊民愈來愈多，大清帝國重申嚴禁無照偷渡來台的禁令。

大清帝國一六八四年時即已頒布渡台禁令，規定渡台必須先在原籍地申請獲准，亦不准攜帶家眷，而且廣東潮州人不准來台。但此一禁令顯然未能發揮管制的作用，閩、粵沿海地區由於人口多、耕地少，民生困苦，偷渡來台的人愈來愈多，有些有機會開墾，有些則是變成遊民。

有鑑於此，大清帝國於一七一一年（康熙五十年）重申「禁無照渡台」命令，規定申請來台依親、探訪親友者，必須告知親友姓名和住址；申請來台經商者，則須告知住處。所有申請來台者都要說明停留時間，才會發照。此外，官府人員如非因公出差，同樣不准發照。

台灣府知府周元文表示，很多偷渡來台的人，在福建、廣東就是失業的「遊手之民」，這些人個性本非馴良，在台灣又沒有家室顧忌，所以愈來愈刁蠻，已常有偷竊行為，如果加上飢寒交迫，將對地方造成極大危害。

賀慶康熙六十壽誕
樂工獲封御前清客

【一七一三年／台灣報導】適逢大清帝國康熙皇帝六十大壽，全國熱烈慶賀了一、二十天，宮廷也舉行祝壽大典，五位福建泉州南管（南音）音樂家進宮演出，獲得康熙皇帝賞識，賜封五人為「御前清客」。

一七一三年（康熙五十二年）農曆三月十八日是康熙皇帝六十歲生日，皇族及文武百官聚集在太和殿向康熙皇帝拜壽。吳志、陳寧、傅庭、洪安、李義五人則在御前演奏南管，為康熙皇帝祝壽。康熙皇帝非常喜歡，賜予涼傘、宮燈與「御前清客」頭銜。消息傳出後，南管從此被稱為「御前清音」。

中國的南管、北管音樂，以南管先傳入台灣。早在一六九七年，福建省福州府人員郁永河前往台灣北部採硫，先在台南停留準備時，就看到赤崁的媽祖廟前有人在表演南管酬神了。

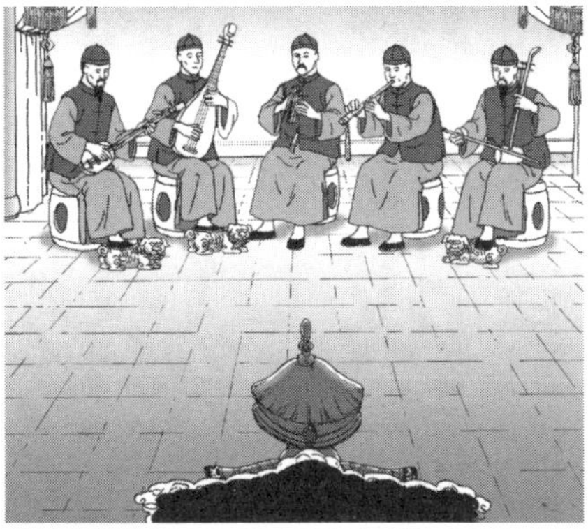

五位南管音樂家，於康熙御前獻藝。

台灣蠔咬　台灣地圖只畫西半部

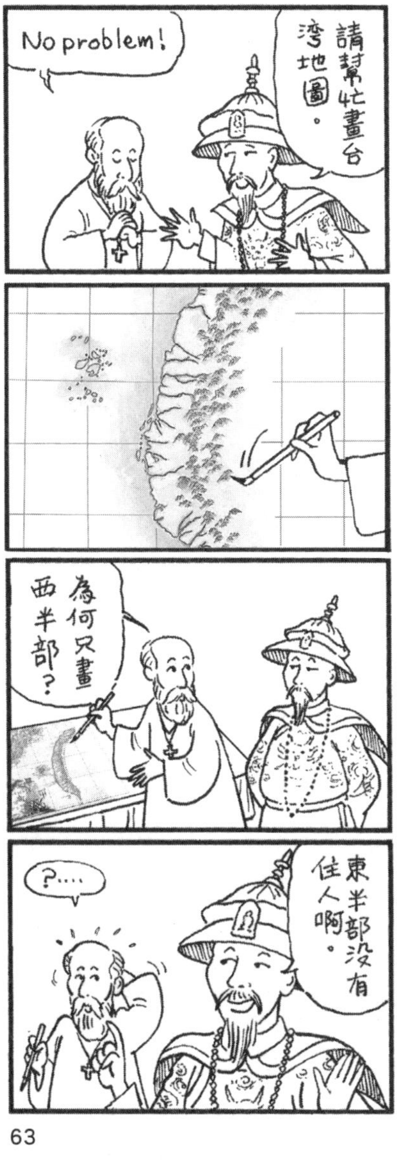
請幫忙畫台灣地圖。
No problem!
為何只畫西半部？
?....
東半部沒有住人啊。

特稿　馮秉正：原住民真讚

【本社記者／專訪】「我對台灣印象最深刻的是原住民！」來台灣測繪地圖一個多月的法國籍傳教士馮秉正，稱讚台灣原住民雖然生活簡單但心地善良，擅長跑步和打獵。

傳教士馮秉正當初是主動申請來中國傳教的，他在一七〇三年抵達澳門後，先在廣州學習中文，練就了一口流利中文，也能用中文寫作。近年來因參與〈康熙皇輿全覽圖〉測繪工作，他已遊歷了中國南方好幾個省。

第一次來到台灣的馮秉正，目前已經參觀了台南的台灣府，他看到街道兩旁都是商店，擺滿絲綢和瓷器等各種商品，行人很多，非常熱鬧。為了測繪地圖，馮秉正跑了南台灣很多的地方，他認為「福爾摩沙」美麗之島的確名不虛傳，而且物產豐富，尤其是水果，令人印象深刻。

不過，馮秉正也觀察到，中國人的統治力並未遍及整個台灣，因為台灣被高山分成東西兩半，西邊屬於中國，東邊則還是原住民的世界。

馮秉正主動提及了他對南台灣原住民的印象。他看到原住民用標槍打獵，可以射到七、八十步遠，射中獵物後立即飛奔趕上，「跑得好快，恐怕騎馬也追不上！」他也看到原住民用簡單的弓箭射雉雞，「射得好準，就像歐洲人用火槍一樣！」

另一方面，馮秉正相當同情被漢人欺壓的原住民。他看到漢人通事貪婪又殘忍，利用職權剝削原住民。雖然他曾向福建官員反映此事，福建官員聽了卻沒有任何回應。

馮秉正說，在中國人眼中，原住民野蠻粗鄙，但原住民不自私、不為利，「原住民的生活哲學才更接近真理！」

使用標槍與弓箭打獵的台灣原住民。

台灣史新聞

重點新聞

- 羅漢腳已成社會隱憂
- 社論：熱鍋社會
- 英在廣州設立商館
- 彰化八堡圳完工
- 鳳山龍山寺建廟

羅漢腳成社會隱憂

閩粵偷渡男淪遊民 鬧事、路倒、客死

遊民經濟條件不佳，常常在廟中席地而睡。

【本社記者／專題報導】無數閩粵沿海居民為了討生活，冒死偷渡來台，但台灣並不等於移民天堂。由於大清帝國的不當政策，愈來愈多移民在台灣淪為「羅漢腳」（男性單身流浪漢），雖然值得同情，卻已造成社會不安。

自明朝末年以來，中國閩粵沿海即因人口過剩，民生困苦，很多民眾想前往海外發展。大清帝國雖然把本來視為化外之地的台灣併入版圖，卻未思考讓閩粵沿海居民有計畫地移民台灣開墾，反而因擔心台灣再度成為明鄭餘黨或抗清勢力的基地，下令實施嚴格的渡台禁令。但禁令再嚴，仍然禁止不了偷渡潮。

大清帝國的渡台禁令亦規定來台者不准攜帶家眷，已在台者亦不准遷眷來台，更加造成台灣社會男女比例的嚴重失衡。

針對福建漳泉居民「唐山過台灣，心肝結歸丸」（海外華僑稱故鄉為唐山）的說法，本社記者訪問一名偷渡者，為何心肝揪成一團？這名花錢偷渡、即將登上小船的男子說，如果不是在家鄉活不下去，他也不想冒險去台灣，那麼小的船要渡過水深、風浪大的「黑（烏）水溝」，有人說「六死三留一回頭」，所以大概只有三成的成功機會吧。

不管是有照或無照偷渡，好不容易來到台灣的男人，還要面對找不到伴侶的問題，所以有人說「一個某，較贏三個天公祖」。有些人幸運入贅母系社會的原住民家庭，有了妻子也有了土地；多數人則因無妻無子而自嘲「無某無猴」，或說「穿衫破肩胛頭」，衣服破了沒人幫忙補。

這些男人往往以臨時工為生，但常無事可做，變成遊民。一名遊民說，他們是「有路無厝」，雖然有路可走，卻無家可歸。

本社記者跟著幾位遊民走到廟裡，這裡是他們晚上睡覺的地方。遊民往往就躺在廟裡羅漢神像的腳下，因此被稱為「羅漢腳」。很多羅漢腳淪為乞丐，遂有「乞食伴羅漢」之語，形容羅漢腳跟乞丐只是一線之隔。

還有人說：「紅柿上樹頭，羅漢腳仔目屎流。」因為柿子紅了就是冬天來了，羅漢腳想到即將來臨的飢寒交迫日子，眼淚就流了出來。

一名遊民想到自己的命運，說自己以後一定是「病無藥，死無蓆」，死了都沒有草蓆覆蓋、「死沒人哭」的「路旁屍」。

因為有愈來愈多的遊民客死路邊，善心人士在路邊蓋了「有應公」（大眾爺）廟，祭拜孤魂野鬼。有人感嘆：「少年若無一遍（擺）憨，路邊哪有有應公？」

然而，儘管遊民的遭遇值得同情，卻也經常成為社會的隱憂。許多遊民聚在一起吃喝嫖賭之餘，常常演變成聚眾鬧事，再加上「輸人毋輸陣，輸陣歹看面」，愈來愈多的遊民成群結黨、互相照顧，意氣相投者往往變成「結拜」、「換帖」兄弟，打群架的事件因此層出不窮。

為了祭拜客死路邊的遊民而蓋的「有應公」廟。

社論 熱鍋社會

大清帝國統治台灣僅僅三十五年，由於吏治敗壞，遊民太多，社會宛如加溫熱鍋，已預告官逼民反事件的一觸即發。

大清帝國對台灣採不信任統治，因擔心派來的官員在台灣坐大，規定官員任期以三年為限，且不准攜帶家眷，以便留在內地當「人質」，讓本來就視來台為畏途的官員們，來台之後更是無心治理。台灣民間因此出現「三年官兩年滿」的俗語，就是指這些官員做完兩年後，因為知道即將被調回，即不再用心做事，倒是趁機搜刮財富。

除此之外，大清帝國還規定，在台灣開墾必須先經申請，獲准以後才能放行，很多以偷渡或賄賂等不法手段取得執照的人，雖然開墾成功，卻擔心被官府以私墾、盜墾定罪，給了官員更好的貪污機會。

上有眾多貪官污吏，下有成群結黨的遊民，這樣的台灣，還能不亂嗎？

英國商館落腳廣州

【一七一五年／廣州報導】英國最近已在中國廣州設立商館，預料將擴大對中國的貿易，並在東亞貿易競爭中超越比英國先來的荷蘭、西班牙和葡萄牙。

自十六世紀中葉以來，歐洲海上強權都希望從中國廣東口岸建立「海上絲綢之路」，為此，葡萄牙占領了澳門，西班牙、荷蘭和英國則紛紛與廣東海商貿易。大清帝國在一六八五年實施「開海貿易」政策後，在廣東、福建、浙江和江蘇設立了通商口岸及海關，廣州黃埔港成為中國對外貿易的重要港口。（一七五七年關閉福建、浙江和江蘇海關，僅留廣州。）

英國東印度公司早自一六九九年，就已經開始進入廣州貿易，主要出口絲綢、瓷器和茶葉，今年則直接在廣州設立商館，預料將成為中國最大的貿易國。

英國東印度公司旗幟。

清代全台最大水利工程 彰化八堡圳完工

【一七一九年／彰化報導】半線（彰化）仕紳施世榜建造的「八堡圳」（施厝圳）已於日前完工啟用，將引濁水溪之水，灌溉彰化平原的農田，對中台灣農業發展產生重要貢獻。

大清帝國統治台灣後，甫開墾彰化平原即面對缺水問題。墾首施東之子施世榜自一七〇九年（康熙四十八年）就開始招募流民，建造水圳，在鼻仔頭（今彰化縣二水鄉）設圳頭，挖掘渠道，引進濁水溪之水。如今，工程總算在歷經十年之後，於一七一九年（康熙五十八年）完工。

「八堡圳」（清代全台灣最大的水利工程）以其流經彰化地區十三個堡的八個堡而得名，未來預計灌溉大半彰化地區的一百零三個庄，將使彰化地區的耕地大量增加。

由施世榜負責建造的八堡圳，歷經十年竣工。

鳳山龍山寺建廟 顯靈傳說 形塑觀音信仰

【一七一九年／鳳山報導】鳳山（今高雄市鳳山區）龍山寺完工，奉祀佛教觀世音菩薩，這是台灣最南的龍山寺。

這座廟宇沿用泉州晉江安海龍山寺祖廟名稱。據傳，一七一九年（康熙五十八年），一名福建泉州人來到鳳山，看到一口井，想取水來喝，就把隨身攜帶的泉州晉江安海龍山寺之觀世音菩薩香火包取了下來，掛在井邊一棵番石榴樹上，離開時卻忘了把香火包帶走。

入夜後，番石榴樹上的香火包發出了光芒。鳳山居民認為是菩薩顯靈，便決定把那棵番石榴樹雕成觀世音像，建廟奉祀。

鳳山龍山寺，又稱「觀音寺」。

台灣蠔咬 羅漢腳

那個人是羅漢腳。
羅漢腳是丐幫嗎？
羅漢腳打得過無影腳嗎？

鴨母王抗清 全台震動

內訌引爆閩客械鬥 義軍勢力瓦解

朱一貴集結群眾，起兵對抗大清帝國。

重點新聞

- 朱一貴抗清失敗
- 清廷設巡台御史
- 社論：大義滅清之憂
- 黃叔璥作《台海使槎錄》
- 康熙去世，雍正即位
- 增設彰化縣、淡水廳

【一七二一年至一七二二年／台灣、北京報導】大清帝國在台灣吏治敗壞，終於爆發第一次大規模民變！福建漳州人朱一貴帶頭起事，聯合屏東潮州人杜君英共同抗清，一度攻下台灣府城（台南），但朱、杜兩人卻因利益互鬥，演變成閩客械鬥，最後雙雙兵敗被捕，解送北京處死。

一六九〇年出生的朱一貴移民台灣後，曾在官府擔任基層員工，後來在羅漢門（今高雄市內門區）發展養鴨事業，因做人豪爽，交遊滿天下。很多人稱朱一貴為「鴨母王」，相傳他可以指揮鴨子如行軍般走路，他養的母鴨生蛋都有雙黃。還有人說他常宰鴨招待朋友，但不論殺了幾隻，隔天鴨寮裡的鴨子一隻也不會少。

一七二一年（康熙六十年）三月，朱一貴因不滿鳳山縣官府強徵糧稅並欺壓百姓，與朋友共商反抗大計，大夥推舉他為首領，並因為他姓朱，遂要他以明朝皇帝後裔為號召，召集群眾反清復明，在高雄岡山聚集千餘人，準備起事。此時，杜君英也在屏東粵籍人士（粵籍包括潮州人與客家人）地區響應。兩人決定分路進攻。

登高一呼之下，總共聚集了兩萬人，其中大部分為遊民。

四月下旬，戰事爆發。七天之內，朱一貴攻下台灣府，杜君英攻下鳳山縣，其他地區的抗清勢力紛紛響應，震驚全台，大清帝國官員逃往澎湖。抗清群眾中，部分前明鄭軍隊部將擁立朱一貴為「中興王」，國號大明，並大封群臣，恢復明制，廢除大清的薙髮令。

然而，朱一貴與杜君英卻為了爭奪王位而分裂，閩粵兩股勢力互相攻擊。戰事擴散到粵籍的客家聚落，屏東六堆的客家人為了保衛鄉土，起而反擊朱一貴勢力，引發大規模的閩客械鬥，為台灣第一次大規模的閩客械鬥。

五月初，大清帝國兩萬軍隊渡海抵達台灣，客家人組成義民軍協助清軍作戰。朱一貴軍隊與清軍在台南安平大戰，朱軍節節敗退。後來朱一貴被捕，其餘的抗清勢力也隨之瓦解，杜君英同樣被捕。

一七二二年（康熙六十一年）二月，朱一貴與杜君英等抗清首領在北京被處死。相傳朱一貴從容就義，被處以五馬分屍（凌遲）極刑，死時才三十二歲。

朱一貴死後，台灣民間傳說，玉皇大帝封朱一貴為「台南州城隍綏靖侯」（今台南市開山路小南城隍廟奉祀），「鴨母王」的故事更加廣為流傳。

清設巡台御史 考察吏治民情

【一七二二年至一七二三年／北京報導】大清帝國下令設立「巡視台灣監察御史」，直接從北京派遣官員前往台灣考察吏治及民情。

一七二一年發生朱一貴事件後，大清帝國為了直接掌握台灣現況，避免再次發生動亂，決定設置巡台御史，滿、漢御史各一人，任期一年。

一七二二年（康熙六十一年）六月，第一任巡台御史漢人黃叔璥與滿人吳克禮抵達台灣就任。一年屆滿後，因康熙皇帝去世，雍正皇帝即位，兩人被留任一年。

社論 沒有大義 如何滅清

台灣社會在大清帝國官逼民反的氛圍下，閩籍朱一貴與粵籍杜君英聯合抗清，本來是「反清義舉」，想不到一場節外生枝的閩客械鬥，讓客家人變成了「大清義民」，反過來協助清軍對付朱軍。

朱一貴抗清事件有兩個值得觀察的重點：第一、前來台灣開墾的各種族群，除了語言、文化背景不同，還有利益、競爭的衝突，閩粵之外，閩又分漳州與泉州，粵也分潮州與客家，族群之間的矛盾，挑起容易，磨合困難。此次大規模閩客械鬥，已讓台灣族群關係蒙上陰影。第二、抗清有其正當性，但高舉義旗的反抗軍才贏得初勝就開始爭權奪利，相互內鬥，甚至傷害無辜的平民。沒有大義，如何滅清？

《台海使槎錄》呈現翔實民風

【一七二四年／台灣報導】第一任漢人巡台御史黃叔璥在台任職兩年（一七二二年至一七二四年）後，完成《台海使槎錄》一書，為台灣留下珍貴的文化紀錄。

黃叔璥因為講北京官話，在台灣與人溝通要靠翻譯及「筆談」（漢字文化圈不同語言者以漢字來溝通），但他認真考察台灣地方民情、漢人與原住民的衝突、原住民生活等，呈報朝廷。

《台海使槎錄》近九萬字，內容包括記錄台灣人文地理的「赤崁筆談」，以及記錄台灣原住民文化的「番俗六考」、「番俗雜記」。

進士出身的黃叔璥，把他對原住民文化的觀察寫在「番俗六考」裡。他認為「番社不一，俗尚各殊，比而同之不可也」，所以依居處、飲食、衣飾、婚嫁、喪葬和器用等六個項目，有系統地分別記錄不同番社的情形，最後還附上以漢字記音的「番歌」。

黃叔璥記錄了台灣原住民文化，圖為原住民協力建屋的情形。

康熙去世 雍正即位

【一七二二年／北京報導】康熙皇帝因病去世，由今年四十五歲的皇四子胤禛即位，年號雍正。

一七二二年（康熙六十一年）十二月二十日，康熙皇帝因感染風寒不治逝世，享壽六十九歲。康熙八歲就即帝位，在位六十一年，在世時已是中國歷史上最有成就的皇帝之一。

康熙皇帝曾因不喜歡太子胤礽而廢之，卻引起眾皇子爭奪王儲，遂復立，但後來再廢。從此不立太子，臨終前才傳位於皇四子胤禛。

雍正皇帝像。

調整行政區 設彰化縣、淡水廳

【一七二三年／台灣報導】大清帝國日前決定在台灣府原本的台灣、諸羅、鳳山三縣之外，增設彰化縣、淡水廳，這是大清帝國統治台灣三十九年來，第一次調整行政區域。

大清帝國於一六八四年在福建省下設立台灣府（台南）時，台灣府下轄台灣縣（台南一帶）、諸羅縣（部分台南至嘉義以北）以及鳳山縣（高雄、屏東至台東一帶），其中諸羅縣轄區極大，從嘉義以北到噶瑪蘭（宜蘭），經費、人員及兵力等都嫌不足，行政控制力薄弱。

發生朱一貴事件後，為了治理的需要，並配合台灣各地愈來愈多的開墾人口，大清帝國於一七二三年（雍正元年）把台灣的行政區域改成一府四縣一廳。諸羅縣虎尾溪以北改歸彰化縣，彰化之名則取自「彰顯王化」之意。

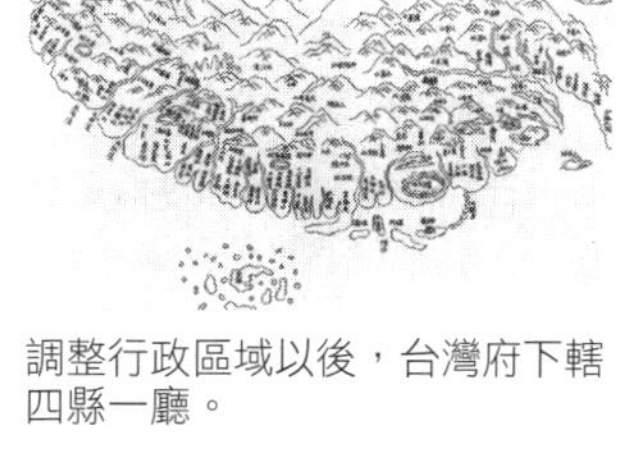

調整行政區域以後，台灣府下轄四縣一廳。

台灣蠔咬 朱一貴薑母鴨

朱一貴薑母鴨
朱
薑母鴨為什麼都用母鴨？
不是啦！
薑母鴨的薑是用薑母。
噢，了解。
薑母鴨的鴨一定要用公鴨。
呱呱～

台灣史新聞

重點新聞

- 台海兩岸貿易熱絡
- 大關帝廟晉升祀典武廟
- 社論：被壓抑的台商
- 諸羅縣取締父母會
- 台灣府增設澎湖廳
- 台灣府縣加強築城防禦

兩岸貿易激增

郊商帶動府城繁榮、百業發展

台南貿易港口鹿耳門。

【本社記者／專題報導】由於台灣與內地的貿易日漸熱絡，台灣府城（台南）商家為了避免惡性競爭，聯合成立商業公會，稱為「郊」（「郊」即漳泉話「交關」的「交」，交易的意思），參與公會的商號則為「郊商」。台南郊商帶動了台南的繁榮與台灣經濟的發展。

大清帝國統治台灣初期採取消極政策，直到一七二一年發生朱一貴抗清事件後，才開始整頓內政，包括派遣巡台御史、調整行政區域畫分等。另一方面，由於來台開墾的人愈來愈多，海峽兩岸的貿易量也不斷擴大。

台南安平自荷蘭時代以來就是台灣最主要的貿易港口，因此也是台灣郊商最早出現的地方。著名的「府城三郊」：蘇萬利、金永順和李勝興等三家商號，於一七二〇年代陸續組成。蘇萬利與福建以北的地區貿易，金永順與閩粵地區貿易，李勝興則是台灣本島貨物買賣的總批發商。

一位台南郊商表示，台灣出口以糖、米和花生油等農產品為主，進口則以絲綢、瓷器、五金、建材以及雜貨等手工業產品為主。

另一位台南郊商說，從荷蘭時代以來，台灣主要生產蔗糖，但大清以後大都改種稻子，所以米的產量增加很多，剛好可以賣往缺糧的閩粵地區。

經濟學家則認為，在台南郊商的經營下，台灣生產的米、糖等農產品因外銷增加而帶動了產量增加，也使進口的生活用品得以賣到台灣各地農村。

另一方面，台南郊商的興盛促進了台南地區宗教、文化、教育及公益發展。台南郊商祭祀特定的神明，並組成神明會、選出爐主，最重要的神明是保佑海上平安的「水仙尊王」，主祀大禹。康熙年間，往來台南、福建的商人合資興建了台南水仙宮（今台南市神農街），建築規模不輸台南大天后宮。

此外，台南郊商還熱心推動文化活動，並贊助教育、救濟貧窮，使台南成為人文薈萃的台灣府城。

大關帝廟晉升祀典武廟 台灣唯一官建關帝廟

【一七二五年／台南報導】大清帝國日前將台灣府城的大關帝廟晉升為「祀典武廟」（今台南市永福路二段），成為台灣唯一的官建關帝廟。

大關帝廟相傳為明鄭寧靖王府的關帝廳，清康熙末年曾經重修。雍正皇帝因為企圖消除中國民間的反抗滿清思想，一方面反對將宋朝抗金（大清原被稱後金）名將岳飛與關公兩人並祀，一方面決定提升關公的地位，追封關帝祖宗三代為公爵，並將全國的大關帝廟改為官祀。

一七二七年（雍正五年），祀典武廟除了農曆五月十三日關帝聖誕祭祀之外，也會在春秋兩季由官方舉行祭典。

府城關帝廟已晉升為祀典武廟，為全台唯一官建關帝廟。

社論　降級的貿易 被壓抑的台商

大清帝國自一六八五年實施「開海貿易」政策，在廣東、福建、浙江、江蘇設通商口岸（海關），台灣雖屬大清帝國，但並非四個通商口岸之一，台灣的海外貿易，遂演變成大部分是大清帝國國內與台灣海峽的兩岸貿易。

台灣位於東北亞、東南亞交口，本是東亞航運的樞紐，在荷蘭和明鄭統治時代都發揮了東亞貨物集散地的功能。然而，大清帝國的陸權思想卻壓抑了台灣的海洋性格，不准台商到國外貿易。

一七二○年代以後，台灣雖出現「府城三郊」等商業集團，但轉口貿易的性格逐漸褪色，對外貿易的掌控權落入廈門商人手中，台灣變成只是輸出農產品到中國而已，非常可惜。

防範互助團體起事
父母會遭取締

【一七二六年至一七二八年／嘉義報導】諸羅縣近年來出現台灣最早的會黨組織「父母會」，此會雖屬於地方性民間互助團體，卻因違反大清帝國律法，屢遭取締治罪。

來台開墾的漢人常常需要互相幫助，父母會的宗旨是由會員互相出錢、資助父母等尊親的喪事，是一種民間互助團體。由於會員之間以兄弟相稱，所以還會戴孝、送葬。

但在大清帝國官府眼中，民間抗官事件往往因會黨介入而擴大，因此對於各種異姓結拜兄弟的組織，尤其是歃血為盟、焚表結社，皆可依「謀反未行律」國法治罪，首犯杖斃，從犯流放或發配。

諸羅縣在一七二六年（雍正四年）有蔡蔭等人組父母會，推蔡蔭為大哥；一七二八年（雍正六年）則有湯完、陳斌等人組父母會，推湯完為大哥。儘管以上兩會皆被官府依法處置，但父母會的本質是喪葬互助團體，所以一直存在於民間。

行政區改制 澎湖廳增設

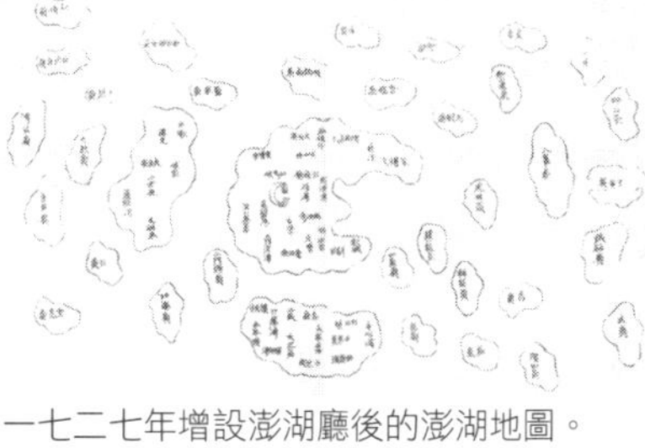
一七二七年增設澎湖廳後的澎湖地圖。

【一七二七年／澎湖報導】有鑑於澎湖戰略及交通地位的重要，大清帝國決定在台灣府下增設澎湖廳，台灣行政區域從一府四縣一廳，改為一府四縣二廳。

朱一貴事件後，大清帝國著手調查台灣的行政區域，於一七二三年（雍正元年）在原屬諸羅縣的轄區內，增設彰化縣和淡水廳。今年則進一步在原屬台灣縣的轄區內，增設澎湖廳。

目前的行政畫分為一府四縣二廳，也就是台灣府下轄台灣縣、鳳山縣、諸羅縣、彰化縣、淡水廳、澎湖廳。

朱一貴事件教訓
台灣府縣加強築城 提防民變

【一七二七年／嘉義報導】大清帝國雍正皇帝下令加強台灣府、縣的築城及防禦工事，以因應朱一貴事件後可能再次發生的民變。

大清帝國一六八四年在台灣初設一府三縣時，採取的是不築城政策，以防抗清勢力據城而戰。直到一七○四年，諸羅縣因擔心民變發生，才以木柵築城。

然而，一七二一年（康熙六十年）朱一貴率領民兵在七天內攻下台灣府後，由於台灣府並未築城，清廷開始出現是否築城的爭議。一派認為，若當初築城，就不會被輕易攻下；另一派則認為，正因未築城牆，清軍後來才能順利反攻、平定民變。

康熙皇帝支持不築城，雍正皇帝則主張築城，自一七二三年（雍正元年）起下令台灣府、縣加強築城防禦，台灣府開始築城，諸羅縣的木柵城則進一步改築土城。一七二七年（雍正五年），諸羅縣更加蓋東、西、南、北四座城樓，並各設兩門大砲。

緊鑼密鼓的築城工事。

台灣史新聞

反奴役 原民聯合起義 開殺戒 清廷大軍剿滅

台中大甲西社道卡斯族率領眾原住民發起抗官行動，大舉攻入淡水同知衙門。

重點新聞

- 中部原住民聯合抗官
- 大甲溪以北畫歸淡水廳
- 原住民渡海向雍正祝壽
- 社論：原住民之重
- 在台居民獲准遷眷來台

【一七三二年／彰化、台中報導】繼南部發生漢人抗官的朱一貴事件後，近來原住民也爆發了大規模的抗官事件。這場台灣中部各社平埔族大多數皆投入其中的抗爭，最後在大清帝國從內地調派大軍鎮壓下，事發一年後宣告平息，原住民死傷慘重。

台灣原住民長期遭到通事欺侮、社商剝削、官員壓迫。而對台灣中部的原住民來說，愈來愈多漢人從南往北開墾，不但侵犯他們的傳統領域，還騙取他們的土地，嚴重影響他們的生計。

一七三一年（雍正九年）底，設立在台中沙鹿的淡水同知衙門因為興建工程所需，徵調附近的原住民上山伐木，因勞役嚴苛，引起原住民不滿。

一七三二年（雍正十年）一月，台中大甲一帶的大甲西社道卡斯族，聯合附近幾個社的千餘名原住民，發動抗官行動，攻擊淡水同知衙門，殺死官兵、焚燒官署。官員逃到彰化縣城，向台灣府求援。

三月，大清帝國派兵前往彰化，一面鎮壓，一面招撫。六月，竟有官員的表親為了爭功，扣押幫忙官府運送糧食的五名大肚社原住民，並上報謊稱這五人是作亂的原住民。

大肚社原住民前往彰化縣府討回公道，縣官卻不予理會，因此爆發了第二波抗官行動。大肚社聯合十餘社約兩千名原住民，圍攻彰化縣府與附近的漢人村落，在台灣中部（今苗栗縣、台中市及彰化縣）各社原住民紛紛響應之下，抗官事件繼續擴大。

大清帝國調兵渡海增援，十月起攻擊參與抗官的台灣中部各社原住民。到了十二月，原住民有的被剿滅，有的投降。台灣中部自一六四〇年代起出現的跨族群、跨部落「大肚王」，也在此戰中瓦解。

大規模的「番亂」平定後，大清帝國下令把大甲西社改名「德化社」，沙轆社改名「遷善社」，牛罵社改名「感恩社」，貓盂社（今苗栗縣苑裡鎮）改名「興隆社」，並把彰化的瞭望山改名「定軍山」（今八卦山），建「鎮番亭」。

大清帝國經此一事件，態度已有所改變，開始重視漢人開墾侵入「番地」的問題，並減少原住民的勞務及「番餉」（原住民賦稅）。

大甲溪以北行政區 畫歸淡水廳管轄

【一七三一年／台中報導】大清帝國調整彰化縣的轄區，把大甲溪以北撥給淡水廳管轄。

台灣的開發從南往北。清領之初，台灣府轄下有三縣：鳳山縣、台灣縣和諸羅縣，其中諸羅縣的轄區涵蓋嘉義以北。一七二三年（雍正元年），原屬諸羅縣的轄區內增設了彰化縣和淡水廳，彰化縣轄區涵蓋虎尾溪以北，淡水廳署則暫設彰化縣，淡水廳首長淡水同知負責稽查北路。

而今，一七三一年（雍正九年），大甲溪以北由彰化縣改撥給淡水廳管轄，至於淡水同知衙門則改設台中沙鹿。

編按：同知是官職，清代的同知有兩種，一是在台灣府協助知府，一是在地方負責海防、捕盜等。

雍正爺五秩晉六聖壽
德化社組團來閩獻賀

【一七三四年／福建報導】大清帝國日前安排二十多名台灣原住民前往福建省城參加雍正皇帝的祝壽活動，這是清代台灣原住民第一次在官方安排下渡海參訪內地。

一七三四年十二月十三日（雍正十二年農曆十月三十日）是雍正皇帝五十六歲生日。大清皇帝生日是舉國同歡、全國慶賀的日子。台灣原住民渡海拜壽的行程，經台灣官員向福建高層報請獲准之後，由德化社（原大甲西社）通事林秀俊，帶領慶福和萬年等二十餘名原住民參加。

一行人出發之前，由台灣官員贈送銀牌、旅費和衣帽，並派員護送搭船。林秀俊等人在農曆十月九日抵達福建，在專人照料下停留了二十餘天，農曆十一月三日搭船返台。

事後，福建官員向雍正皇帝奏報：「海外各社番黎不辭跋涉重洋叩祝聖壽，皆緣前次剿撫得宜，使野性之番既畏天威，更感皇仁，今又得見內地之衣冠儀制、政教兵威……」

據此推測，台灣原住民渡海向雍正皇帝祝壽一事，實為官方在大甲西社抗官事件之後的刻意安排。

端坐龍椅的雍正皇帝。

淡水廳德化社的熟番與番婦。

社論　吏治敗壞　不可承受之重

大清帝國平定大甲西社抗官所引起的「番亂」以後，對台灣中部原住民造成了什麼樣的傷害？

七、八年後，官員劉良璧於一七四〇年（乾隆五年）前往台灣中部考察。他寫了一首長詩（〈沙轆行〉，詩中描述大清帝國當年出動大軍，攻打台灣中部原住民部落：「調兵更遣將，蕩平落大荒，危哉沙轆社，幾希就滅亡」，卻不知這個部落後來變成：「皇恩許遷善，生者還其鄉，番婦半寡居，番童少雁行。」

大清帝國以為，只要把沙轆社改名「遷善社」，原住民改過遷善就沒事了，卻不知這裡的女人有一大半成為寡婦，也看不到成群結隊嬉戲的兒童了。

劉良璧在詩末寫著：「夜深風颯颯，獨坐思茫茫，司牧人難得，惘然太息長。」他應該是個好官，才會知道問題出在吏治敗壞，因而感嘆好的地方官難得。

台灣的吏治敗壞，原住民比漢人承受更大的痛苦，因為他們還要面對漢人開墾的壓力。原住民只是抗官，並沒有說要「反清復明」，大清帝國的大軍卻在部落裡大開殺戒。

大清帝國未能事前防範原住民抗官事件，只在事後檢討，已無法彌補對原住民造成的巨大傷害。

負役太重勞累時
別忘了來瓶
牛力
像我們一樣
有精神哦！

赴台人士　准攜遷眷

【一七三二年／台灣報導】大清帝國首次改變渡台禁令。日後台灣男性居民的內地眷屬，凡經地方官同意，即可入籍台灣。

大清帝國統治台灣之後，規定渡台者不准攜帶家眷，已在台者也不准遷眷來台。此一禁令造成台灣男女人口失衡，眾多「羅漢腳」隱然成為民變主因之一，官員為此奏請取消不准攜眷、遷眷的規定。

今年，一七三二年（雍正十年），大清帝國准許有妻子在內地的在台居民，可以遷眷來台；年滿四十且無子嗣的台灣文武官員，也可攜眷來台。

台灣史新聞

重點新聞

- 清禁民番通婚
- 社論：矛盾的算計
- 泉州人建艋舺龍山寺
- 台灣府城建風神廟
- 雍正去世，乾隆即位
- 特稿：艋舺本是獨木舟

民番通婚禁止

羅漢腳入贅巧取家產　威脅番社生存

結婚雙方以原住民儀式慶祝的熱鬧場景。

【一七三七年／台灣報導】近年來，漢人男子與原住民婦女通婚愈見普遍，已造成原住民的社會問題。大清政府日前下令禁止民番通婚，違規的漢人男子將處以杖罰。

荷蘭時代，受招攬來台耕作的漢人可以攜眷，雖仍有漢人與原住民婦女結婚，住進原住民部落，但當時漢人人口不多，對原住民社會並沒有影響。

明鄭時代，除了大量軍隊，漢人也愈來愈多，使得男人找不到妻子的情況非常普遍，很多軍人強搶原住民婦女為妻。

大清帝國治下，來台者不准攜眷、遷眷，偷渡來台的人大都變成「羅漢腳」。由於漢人婦女不多，更迫使漢人娶原住民婦女為妻。事實上，自明鄭時代以來，即有人口販子專門從閩粵沿海抓女人來台灣販賣。

台灣平埔原住民多為母系社會，由女子繼承家業，男子入贅女家。漢人的父系社會則完全不同，大清帝國律法也不承認女子擁有家業的主權，因此讓有心的「羅漢腳」有機可乘：如果與原住民婦女結婚，就可以住進女家，進而取得家產。

一七二二年至一七二三年（康熙六十一年至雍正元年）擔任第一任巡台御史的黃叔璥就表示，他當年看到很多漢人與「番女」結婚，有的番女也喜歡漢人，但太多漢人娶番女為妻妾，以至「番民」老了卻沒有妻子，番社人口日趨減少。

曾於一七三二年（雍正十年）上奏、要求准許已在台定居者得以搬眷的大學士鄂爾泰說，台灣居民已有數十萬，他們各自開墾、謀生，如果因為沒有家室而娶「番婦」，恐怕會擾亂、危害社會。

在一七三七年（乾隆二年）奏請禁止「漢民」與「番婦」通婚的巡台御史白起圖也說，擔心有些漢人存心入贅番社以侵占土地。

而今，大清政府已於一七三七年（乾隆二年）明文規定：台灣「民人」不得與「番人」結親，違反規定者必須離婚，「民人」還要罰杖打一百，當地的通事、官員也都會受到降級處分；如果已經娶妻並生子者，則安置在本地成為「民人」，不准再與番社往來。

雖然大清政府禁止漢番通婚，但台灣吏治敗壞，地方官執行此一禁令的意願和能力明顯受到質疑，未來恐怕仍防不勝防。在民間，一般漢人男子大多嚮往與原住民婦女結婚。一名漢人男子說，這樣一來有了妻子也有了土地，「有食擱有掠！」

社論　矛盾的算計

大清帝國統治台灣後，早自一六九五年（康熙三十四年）就在「番社」廣設「社學」，聘請老師教授「番童」《三字經》、《四書》等課程，明顯採行同化政策。但同化政策應鼓勵「漢番通婚」，如今卻又下令禁止，豈不矛盾？

禁止通婚的立意雖然在於保護原住民，卻又違背人情之常，非治本之法。大清政府若不想讓漢人騷擾「番婦」，只要准許漢人攜眷來台即可；如果不想讓漢人侵占「番地」，只要做好開墾規畫，不是更能保護原住民的權益？

所以，問題出在大清政府統治台灣的態度。如果一直提防有人會在台灣反清復明，一直把台灣看成化外之地而不用心治理，各種問題自然層出不窮。

泉州人建艋舺龍山寺
三邑移民合資 自晉江安海分靈

【一七四〇年／台北報導】艋舺（今台北市萬華區）龍山寺昨日落成，奉祀佛教觀世音菩薩，成為台北最早、最大的民間佛教寺廟之一。

福建泉州人和漳州人在一七〇九年（康熙四十八年）以「陳賴章」墾號為名，成為台北第一批開墾者，漸漸在艋舺形成台北最早的漢人聚落之一。

到了一七三八年（乾隆三年），艋舺一帶仍然持續發展，泉州府三邑：晉江、惠安、南安的移民，從泉州晉江安海龍山寺分靈至艋舺，合資建廟，以保境安民，並沿用祖廟龍山寺的名稱。

艋舺龍山寺沿用了祖廟泉州晉江安海龍山寺之名。

漁夫、海商信仰 府城設官立風神廟

【一七三九年／台南報導】台灣府城風神廟（今台南市民權路三段）日前完工，主祀風神，這是台灣最早且官立的風神廟。

風神是中國古老的信仰，受到各朝重視。傳說風神持有可以放出強風、控制風勢的葫蘆，後來與雨神、雷神、雲神合而為一後，成為漁夫和海商的信仰，保佑航海安全、一帆風順。

一七三八年（乾隆三年），大清政府下令全國各地的文武百官，每年春秋兩季都要祭祀風神。隔年，一七三九年（乾隆四年），台灣府城官建風神廟（南河港安瀾橋邊），並在風神廟前興築「接官亭」，以迎接下船上岸的文武百官。

台灣府城風神廟是台灣第一間風神廟，前方為「接官亭」。

雍正去世 乾隆即位

【一七三五年／北京報導】大清帝國雍正皇帝日前因病去世，由二十四歲的四皇子弘曆即位，年號乾隆。

一七三五年（雍正十三年）十月八日，雍正皇帝因工作過勞暴卒（一說因服用含有水銀的丹藥中毒而死），享年五十七歲。

然而，民間盛傳，雍正皇帝是被反清俠女呂四娘刺殺的。

雍正皇帝四十五歲即位，在位十三年，勤於政事，每天工作到凌晨。他改革了康熙皇帝晚年趨於鬆散的吏政，並延續了康熙皇帝為滿清統治中國打下的基礎。

甫即位的乾隆皇帝。

吉風標
捉住好運
掌握吉位
府城風神廟
限量發送中

特稿 艋舺 本是獨木舟
番舟聚集處 淡水河岸繁榮區

【本社記者／特稿】在一六九八年（康熙三十七年）的《裨海紀遊》（又名《採硫日記》）裡，作者郁永河曾提及，他前一年四月底從台北八里乘坐海船渡過淡水河到淡水時，「視沙間一舟，獨木鏤成，可容兩人對坐，各操一楫以渡；名曰莽葛，蓋番舟也。」

郁永河說，原住民獨木舟叫「莽葛」，此為漢字譯音，不同寫法如「文甲」、「莽甲」、「蟒甲」、「蟒葛」等，後來以有「舟」字邊的「艋舺」通行。當年淡水河岸的原住民，皆以獨木舟載運農產品，與漢人交易。

福建泉州人一七〇九年成為台北第一批開墾者，他們沿著淡水河岸一路發展。其中有一處逐漸繁榮，又因獨木舟聚集，遂被稱為「艋舺」（日治時代改名萬華），艋舺因水上交通方便，隱然已成為台北的貨物集散中心。

台灣史新聞

原民分生熟對待
納稅、徭役重 熟番漢化深反受欺

宜蘭的木瓜社原住民為生番。

重點新聞

- ●原民分生熟
- ●社論：熟番的命運
- ●大龍峒保安宮建廟
- ●在台居民再禁遷眷來台
- ●清禁駐台武官購置田產
- ●台南建三山國王廟

【本社記者／專題報導】大清政府依統治需要，把台灣居民分成大陸來的「民」、台灣原住的「番」，後者又分成「熟番」、「歸化生番」和「生番」。

在中國的官方文獻中，台灣自明朝末年被稱為化外之地的「東番」，明鄭時代因移民而有民、番之分，漢人聚落稱「民社」，原住民聚落稱「番社」；清代的「社」大都指原住民聚落，漢人的民社改稱「庄」。清康熙晚年，開始把已歸化的生番稱為熟番。到了乾隆初年，又再區分為熟番、歸化生番和生番。

大清政府依照番社的納稅與服勞役的程度進行區分。熟番必須納稅、服勞役，生番不在管轄之內，歸化生番（簡稱化番）介於熟番、生番之間，納稅較少並不服勞役。

由於熟番大都住在平地，所以又被稱為「土番」，漢人民間則稱呼他們為「平埔番」。生番多半住在山區，故被稱為「野番」、「山番」，甚至「兇番」。

如果以漢化程度來區分，熟番接受漢化，化番因漢化低而被歸類生番。大清政府在熟番的番社設「社學」，教導番童學習《三字經》、四書和五經等。有的熟番接受教化，移風易俗，甚至薙髮。

大清帝國的台灣官員表示，熟番、化番和生番的區分並非根據種族或血緣，而是根據是否編籍、納糧、應差，以及漢化程度、歸化情況，因為官府對各地番社的分類可能改變，所以台灣熟番番社的數量也會變動。

一位官員私下說，熟番接受漢化，反而成為漢人欺負的對象，生番不受教化，又住在山區、神出鬼沒，漢人對他們甚為恐懼。

日月潭的石印社化番。

社論 熟番的歷史命運

大清政府先把台灣住民依教化與否，區分成漢、番兩類，再以漢化及歸化的標準分成熟番、化番和生番三類。然而，此一分類法又是流動的。

由於前來台灣開墾的漢人愈來愈多，並已入侵番境，官府對番社的態度是「抗爭就討伐、歸順就教化」，這樣下去，官府眼中的熟番將愈來愈多。

台灣各地原住民一般以「社」為單位，這是部落認同的主要對象之一。台灣西部平原眾多的「番社」，因為最先與入侵的漢人接觸、衝突，並被迫接受教化、漢化，遂被統治者給予統一的「熟番」稱呼，而有了共同的歷史命運。

同安人供奉保生大帝 大龍峒保安宮 建廟

【一七四二年／台北報導】大龍峒（今台北市大同區哈密街）保安宮日前建廟，奉祀保生大帝，這是台灣北部最早的保生大帝廟。

大龍峒本是原住民「巴琅泵」（大浪泵）社所在地。福建泉州人來台北開墾時，大龍峒比艋舺稍晚，但比大稻埕早。

一七四二年（乾隆七年），前來大龍峒開墾的福建泉州同安移民，從原鄉同安慈濟宮分靈至大龍峒，以柴板搭建小廟，供奉醫神保生大帝，廟名「保安宮」取其「保佑同安」之意。

泉州三邑（晉江、惠安、南安）人在艋舺建龍山寺（一七三八年），泉州同安人接著在大龍峒建保安宮，分庭抗禮。（保安宮後來繼續擴建，成為台灣最大的保生大帝廟。）

大龍峒保安宮為台灣北部最早的保生大帝廟。

遷眷來台證照 再度停發 渡台禁令 改變反覆

【一七四〇年／台灣報導】大清政府再次禁止在台居民遷眷來台。

大清政府原於一七三二年（雍正十年）首次改變渡台禁令，規定已在台居住者，如在內地有眷屬，經地方官同意，即可遷眷來台。八年之後，一七四〇年（乾隆五年），大清政府以台灣民眷都已來台，即使因故遲延者也是極少數為由，下令停止發給來台證照。

大清帝國統治台灣後即規定不准攜眷來台，已在台者也不准遷眷來台，多年下來已造成台灣男女人口失衡的社會問題，因此有官員奏請取消不准攜眷、遷眷的規定，但是也有官員反對。大清政府曾經一度准許遷眷，如今卻又再禁止。

一名官員表示，大清政府雖想解禁，卻又有所顧忌，以後恐怕仍會反反覆覆。

尊清髮廊
薙髮技術一流
若不好看免錢

台灣蠔咬　半生不熟番

駐台武官 嚴禁設田產

【一七四四年／台灣報導】大清政府頒令禁止駐台武官設「官莊」開墾田園，以防侵占民間漢人及原住民的土地。

清朝皇帝原本特准有戰功的武官在台灣設立官莊，武官取得無主土地後，自行招攬佃農開墾，即成為自己的田產，但卻引發眾多弊端。

以施琅為例，他打敗明鄭政權後，因取得功勳，設立了很多官莊，但後來官莊卻剝削佃農、窩藏偷渡客，且仗勢不受地方官的管制，問題直到施琅死後都無法解決。直到一七一四年（康熙五十三年），大清政府才下令把施琅的功勳地收歸國有。

又如藍廷珍平定朱一貴事件後，武官亦獲特准設立官莊，卻發生奪占漢人田產，以及奸猾之徒攀附武官之名、假借官莊侵占原住民土地的弊端，後來被認為是引起大甲西社抗官事件的遠因。

為此，乾隆皇帝於一七四四年（乾隆九年）下詔，「嚴行禁絕」武官設官莊，並調查歷任武官所設莊田，如果有侵占漢人田產或原住民土地的情事，應秉公清查，「民產歸民，番地歸番」，不得再啟事端。

台南三山國王廟 落成

【一七四二年／台南報導】廣東潮州人在台南設三山國王廟，供奉原鄉守護神三山國王。

相傳宋朝時，潮州巾山、明山、獨山（今廣東省揭陽市揭西縣河婆鎮北方的三座山）的三位山神曾現身化解皇帝的危難，後來被封為「國王」。民間祭祀三山國王（揭西霖田祖廟）以化解水災、旱災及兵災。

一七四二年（乾隆七年），台灣的潮州籍官員及商人合資在台南建三山國王廟，又稱「潮汕會館」，供同鄉祭祀及住宿。

台灣最早的三山國王廟在屏東九塊厝（屏東縣九如鄉九塊村），相傳建於明鄭時代。

台南三山國王廟，又稱潮汕會館，供奉三山國王。

台灣史新聞

重點新聞

- ●孟氏發表《論法的精神》
- ●社論：原住民的墮胎風俗
- ●新竹建城隍廟
- ●台北石牌勒碑為界
- ●桃園關龍潭陂

法律有區域特性
孟德斯鳩引述西拉雅風俗

法國思想家孟德斯鳩。

【一七四八年／巴黎報導】法國思想家孟德斯鳩發表了一本闡述行政、立法、司法三權分立的著作，並在書中引述台灣原住民（西拉雅族）的風俗。

孟德斯鳩這本《論法的精神》主要探討行政、立法、司法三權分立的概念，其法學及政治理論引起了廣大回響，被認為是自希臘時代亞里士多德《政治學》之後的巨著，很多國家都已規畫發行該書譯本（中國在一九一三年由嚴復中譯，譯名《法意》）。

孟德斯鳩一六八九年出生於法國波爾多，早年在波爾多大學修習法學，畢業後曾任律師、議員和學者。他本身具有法國男爵的貴族身分，卻公開批評封建、專制的政體，反對自古以來君主藉宗教取得統治權力的「君權神授」說法。

孟德斯鳩在《論法的精神》中，一方面強調法治的重要，一方面主張法治國家應該有行政權、立法權和司法權三個不同的機關，三權分立，相互制衡。他支持英國的君主立憲政體，力主應以三權分立的制度，讓君主立憲遠離專制政體。

孟德斯鳩認為，任何事物都有對應的法律，一個地方的法律必然對應那個地方的土地、氣候、風俗和宗教，所以各國才有不同的法律。

在談到風俗對法律的影響時，孟德斯鳩引述了一百多年前日耳曼籍基督教牧師喬治．康德迪午士的著作《台灣略記》裡台南原住民的相關記載。康德迪午士在一六二七年由荷蘭東印度公司邀請前來台南，曾於新港社（台南新市）傳教，對台南原住民有深入的觀察和了解。

孟德斯鳩在討論以立法限制人口時，引述台南原住民婦女在三十五歲前不得產子，如果懷孕，必須由女祭司（或稱女巫，西拉雅族稱紅姨、尪姨）強行墮胎的風俗；討論宗教如何影響法律時，則引述台南原住民如果在特定季節（每年約三個月）未裸體而穿衣，或不聽「鳥占」（遠行或出獵前聽鳥聲卜吉凶）而行事者，都會受到神的處罰。

孟德斯鳩認為，法律與風俗的關係錯綜複雜，所以他的研究「首先是研究人」。他在歐洲知識界以博覽群書、學識淵博著稱，對法律、政治的獨到見解受到高度肯定。

DE L'ESPRIT
DES
LOIX
OU DU RAPPORT QUE LES LOIX DOIVENT AVOIR AVEC LA CONSTITUTION DE CHAQUE GOUVERNEMENT, LES MŒURS, LE CLIMAT, LA RELIGION, LE COMMERCE, &c.
à quoi l'Auteur a ajoûté
Des recherches nouvelles fur les Loix Romaines touchant les Succeffions, fur les Loix Françoifes, & fur les Féodales.
Nouvelle Edition Revuë & Corrigée
TOME SECOND.
A AMSTERDAM,
Chez CHATELAIN.
M. D.CC. XLIX.

《論法的精神》書封。

社論　墮胎風俗　恐是牧師誤記

能夠注意到海角一隅的台灣原住民風俗，孟德斯鳩果然博覽群書。但是，台南原住民婦女在三十五歲之前如果懷孕就必須墮胎的說法，聽來卻頗為可疑。

康德迪午士在《台灣略記》中寫到的台南原住民墮胎風俗，似乎別無他例，因此特別引起注意（一七九八年馬爾薩斯發表《人口論》也以此一墮胎風俗佐證）。然而，康德迪午士對此一墮胎風俗的紀錄是否正確呢？

首先，在醫學不發達的時代，婦女太常墮胎會不會傷害身體？何況女祭司是用「壓腹」的方式墮胎。其次，婦女在三十五歲以後還適合生育嗎？尤其是在人類平均壽命還不是很長的年代。還有，當時原住民不知計算時間，如何得知三十五歲之齡？

就算此一紀錄為真，墮胎風俗的產生是否就是為了控制人口？或許人類學家會有不同的看法。

台北設立石牌　畫定墾殖範圍

【一七四六年／台北報導】由於陸續前來台北開墾的漢人，與當地原住民馬賽人（或稱凱達格蘭人）常因土地問題引起爭端，清廷日前特別立碑勒文，禁止漢人侵入原住民土地。

十八世紀以後，前來台北開墾的漢人已愈來愈多，雖然漢人開墾的土地有其規定界限，但仍有些漢人與原住民另訂土地契約，還有些漢人侵入原住民的領域，因此兩造雙方不斷發生糾紛，甚至驚傳殺人事件。

今年，一七四六年（乾隆十一年），淡水廳淡水同知曾日瑛開始在台北各地漢人與原住民的交界處設立石碑，並刻上「奉憲分府曾批斷東勢田南勢園歸番管業界」等碑文，作為漢人與原住民土地的界限。

編按：淡水廳界碑位於今台北市北投區石牌一帶，捷運淡水線石牌站站前廣場。

淡水廳界碑，標誌漢人與原住民土地交界處。

守護竹塹眾民　官方建城隍廟

【一七四八年／台灣報導】由竹塹官方（今新竹市）興建的城隍廟落成完工，主祀城隍爺。

城隍原意是城牆及護城河，後來成為守護城池的神明，再演變成城隍的民間信仰，城隍爺有如陰間的地方官，城隍廟有如陰間的衙門，負責監察人間的官吏及民隱。

新竹本是原住民道卡斯族竹塹社所在，漢人在十八世紀開始較大規模的開墾，形成閩南人及客家人的聚落，後來以莿竹圍城，稱為竹塹城。

一七四七年（乾隆十二年），淡水廳（暫設在彰化縣）淡水同知曾日瑛倡議建立城隍廟，並由新竹第一代墾首王世傑子孫獻地建廟。一年之後，建於竹塹西門街（今新竹市西門市場）的城隍廟竣工，將成為台灣最重要的城隍廟之一。（新竹城隍廟最早是縣級的縣城隍顯佑伯，後來升為府級的府城隍綏靖侯，一八八九年新竹仕紳在祭祀疏文中晉升為省級的都城隍威靈公。）

與漢人簽地契不吃虧
請找好幫手
信義地契仲介

桃園新闢龍潭陂　台地農業獲生機

【一七四八年／桃園龍潭報導】桃園龍潭開闢陂塘（今龍潭大池）以灌溉田地，這是清代桃園最早的私設埤圳之一，預期將能帶動龍潭一帶的發展。

桃園是一處土壤貧瘠的台地，地勢高，河谷水位卻低，本來不利農作，但台地表面覆蓋的紅色黏土層相當適合儲水，當地墾民遂堆築黏土，攔截山泉、雨水流入河中，形成陂塘。

一七四八年（乾隆十三年），桃園原住民霄裡社通事知母六，招攬漢人佃農一起在龍潭開闢陂塘，最初因塘中布滿野菱，稱為「菱潭陂」。後來因為若遇久旱，只要在潭邊祈雨，必降甘霖，改名「靈潭陂」；又因相傳潭中曾出現黃龍，也稱「龍潭陂」。

龍潭陂面積四萬五千餘坪，水深丈餘，又名「菱潭陂」或「靈潭陂」。

台灣史新聞

人口激增 搶地再升溫
原漢、閩客、漳泉 火併頻傳

海上再險惡，仍有偷渡者甘冒風險，放手一搏。

重點新聞

- 人口急增，族群衝突惡化
- 漳州人建芝山巖惠濟宮
- 朝鮮難民漂流台灣
- 台灣首長方邦基海上遇難
- 社論：偷渡者之歌
- 富蘭克林證明電的現象

【本社記者／專題報導】自大清帝國統治台灣以來，台灣的漢人人口不斷增加，一七五〇年（乾隆十五年）前後更是急速增加。大量的漢人不但侵入原住民的生活領域，漢人彼此之間也爆發嚴重的武裝衝突。

根據推估，台灣的漢人在一六八四年剛併入大清版圖時約為十多萬人，到了一七五〇年（乾隆十五年），已增加到五十多萬人，尤其是乾隆年間增加更快。這種人口增加的速度，主因正是移民所致。

然而，康熙、雍正和乾隆皇帝都對閩粵沿海居民採取嚴格限制移民的渡台政策，為何台灣的移民人口仍然大量增加？可見絕大多數移民都是偷渡來台的。

台灣的移民人口雖然快速成長，政府卻沒有因應的整體規畫，渡台禁令開開禁禁，對原住民的政策也是頭痛醫頭、腳痛醫腳，難怪衍生愈來愈多社會問題。

在無能的大清政府治下，前來開墾的漢人移民首先侵入原住民的生活領域，引起原住民的抗爭，隨著移民從南往北擴展，受到影響的原住民也愈來愈多。另一方面，漢人移民愈來愈多，彼此之間因分屬不同族群，常為了爭奪利益而發生衝突。

例如：福建人與廣東客家人之間的「閩客鬥」，福建人中漳州人與泉州人之間的「漳泉鬥」，泉州人中又有三邑（晉江、惠安、南安）人與同安人之間的火併。此外，不同庄、不同姓、不同職業之間，也都可能爆發衝突。

芝山巖惠濟宮落成
漳州勢力精神指標

【一七五二年／福州報導】福建漳州人在八芝蘭（今台北市士林區）興建的芝山巖惠濟宮已落成完工，奉祀原鄉漳洲的開漳聖王。

開漳聖王是唐朝開墾福建漳州的陳元光將軍，勤於吏治，對漳州發展有很大的貢獻，死後成為漳州人的鄉土神明。

漳州人於十八世紀中葉來到八芝蘭落腳，附近有一座高約五十公尺的小山丘，很像故鄉漳州的芝山，遂以芝山為名（後來被稱為芝山巖或芝山岩），並在芝山建廟。

福建漳州人興建的芝山巖惠濟宮，奉祀開漳聖王。

而今，一七五二年（乾隆十七年），芝山巖惠濟宮落成，東側是奉祀觀音佛祖的芝山巖，西側是奉祀開漳聖王的惠濟宮，惠濟宮後殿是文昌祠。

朝鮮船遭遇海難

七位船民漂流至台灣獲救

【一七五二年／福州報導】一艘朝鮮國（今韓國）小船日前在海上遭遇大風，漂流到台灣中港海邊（今苗栗縣竹南鎮中港溪口）擱淺，船上金有太等七名朝鮮人被救上岸後，送往福建省城福州，交由涉外單位處理後，已遣送回國。

一七五二年（乾隆十七年）初，這艘朝鮮船在中港被救起，當時船上只有一個鍋子及一些濕了的米。清廷官員照例撫卹，先將七名難民送到台南的台灣府，再經廈門送到福州，沿途安排妥善照顧。

接受清廷官員訊問時，七人雖然不通漢語，但有一人能寫漢字，寫出自己的名字金有太，以及其他六人的名字：金有丁、金貴萬、金日貴、金白伊、金昌貴、金水昌。

金有太以漢字說明，他們七人來自農莊，在黑山島（今韓國西南方）海上遇到大風，漂流十二天後來到中國，希望可以早日返回家鄉。

大清帝國乾隆皇帝對於漂流到中國沿海的外國船隻，早已通令相關官員「加意撫卹」，可動用公帑賞給衣服、糧食，修理船隻，並將船上貨物歸還，以示乾隆皇帝「懷柔遠人之至意」。一七三七年（乾隆二年）的詔文中即說：「朕胞與為懷內外，並無歧視外邦民人，既到中華，豈可令一夫之失所？」

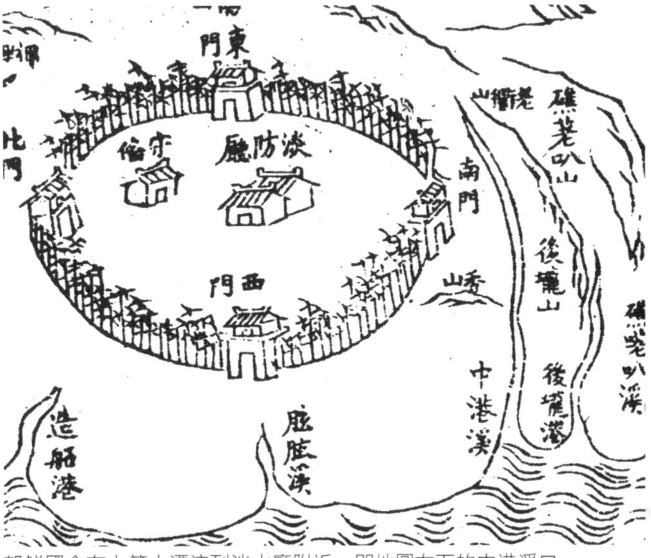

朝鮮國金有太等人漂流到淡水廳附近，即地圖右下的中港溪口。

強颱掀風浪 傾覆述職路

台長官方邦基 海上遇難

【一七五〇年／台灣報導】強烈颱風侵襲台灣，台灣最高首長方邦基不幸遇難。

一七五〇年（乾隆十五年）農曆八月，強烈颱風侵襲台灣中南部。大水沖倒了眾多房舍和田地，毀損一百餘艘商船。

台灣知府兼代台灣道（台灣軍政首長）方邦基原定從台南搭船出發，前往福建省城福州述職，卻不幸在海上遇到颱風，漂流一個晝夜後到了興化府的南日島（今福建省福清縣），座船撞上礁石沉沒，隨從二十一人僅四人生還。

方邦基為浙江仁和人，一七三〇年（雍正八年）進士，曾任台灣縣、鳳山縣知縣、台灣府海防同知，一七四七年（乾隆十二年）升任台灣知府，一七五〇年（乾隆十五年）兼代台灣道。

投保追夢險
照顧您家人
－台灣夢保險公司－

富蘭克林風箏實驗

冒險證明電的現象

【一七五二年／美國報導】英國「十三州殖民地」（英國在北美洲十三個殖民地的總稱）的科學家富蘭克林以風箏引導空中閃電的實驗，證明電的現象。

富蘭克林鑽研電的現象，去年就發表著作《電的實驗與觀察》，奠定電的基礎理論。今年，一七五二年，富蘭克林帶著兒子在費城做了一項冒險的實驗，他在風箏上綁著金屬，把空中的閃電引導下來，再用指尖觸摸，結果身上麻了一下。他告訴兒子：「這就是電！」

今年四十六歲的富蘭克林同時也是一位出版商、作家、政治家。

編按：富蘭克林後來成為美國獨立運動的領導人之一，參與起草〈美國獨立宣言〉。

科學家富蘭克林。

社論　墾民不管六死三留一回頭

台灣納入清朝以後，漢人急速增加，實際上是偷渡客前仆後繼的結果。

在大清帝國的渡台禁令下，偷渡來台風險極大，「六死三留一回頭」就道盡了箇中辛酸，而且即使成功登岸，也要面對新環境的挑戰。

文人藍鼎元曾於一七二一年隨清軍將領藍廷珍來台平定朱一貴事件，他後來在台灣住了一年多，寫下一首「偷渡詩」，感嘆：「纍纍何為者，西來偷渡人」「哀哉此厲禁，犯者仍頻頻。」

一般認為偷渡客是因原鄉窮困才來台討生活，但除了經濟因素之外，或許也有對自由的嚮往吧！與其待在沒有機會的內地，不如勇闖海外、尋找新天地。

台灣史新聞

重點新聞

- 熟番從漢姓、習漢俗
- 新莊興建大眾廟
- 淡水廳署遷至新竹
- 台灣首位進士王克捷
- 新疆併入大清版圖
- 大英博物館對外開放
- 社論：賜姓之後

歸化須改漢姓習漢俗
原住民「溯根」中原堂號

平埔族人，風俗習慣與漢人並不相同。

【一七五八年／台灣報導】大清政府日前下令，要求歸化的台灣原住民學習漢人習俗，改用漢人姓氏。

一七五八年（乾隆二十三年），大清帝國繼廣設社學之後，推動更進一步的同化政策，諭令台灣熟番「盡習漢俗，薙（剃）髮蓄辮，穿戴冠履，從漢姓，令同姓不婚。」

一位清廷官員表示，熟番的血統觀念和風俗習慣與漢人不同，他們不用姓氏，除了父母之外沒有伯叔、甥舅的親戚，祭拜祖先的方式漢人也無法理解。

對於台灣平埔原住民來說，改從漢姓是很大的改變。一位原住民說，他們會祭拜祖靈，也懂得區別不同的血緣，但不像漢人使用姓氏，他們只有名字，採用連名制，在孩子的名字之後再加上母親或父親的名字。

大清政府要求熟番改用漢姓、漢名，賜給的姓氏包括潘、鑾、陳、劉、戴、李、王、錢、斛、林、黃、江、張、穆、莊、鄂、來、印、力、鍾、蕭、盧、楊、朱、趙、孫、金、賴、羅、東、余、巫、莫、文、米、葉、衛、吳、黎等。

賜姓之中，選用潘姓者最多。一位改姓潘的原住民說，清廷官員說姓潘最好，因為這個字有水、有米、有田。在台中的岸裡大社，潘即是全社最多人使用的通姓。

此外，有些番社依照招撫官員的姓來改姓，例如官員姓金，全社就跟著姓金，官員姓劉，全社就跟著姓劉，造成一社同姓的情形。

本社記者前往原住民部落考察，部分漢化已深的原住民認為，改從漢姓是件很自然的事，甚至還從漢姓譜系去找中原堂號（姓氏發源地）。但是也有些人說，漢姓漢名是給官府看的，他們在族人間的稱呼還是習慣用本來的名字。

彰化縣大肚社熟番。

新莊大眾廟
奉祀無主遊民

【一七五七年／台北新莊報導】台北新莊（今新北市新莊區中正路）興建了大眾廟，奉祀大眾爺。

新莊大眾廟本是一處「義塚」。台灣自大清以來，偷渡來的單身遊民愈來愈多，其中不乏死於非命、無處埋葬者，遂由地方官府或民間捐地興建義塚，埋葬無主屍骨，稱之為大眾爺、有應公。

一七五二年（乾隆十七年），台灣府台灣縣（今台南）知縣魯鼎梅捐出薪俸，在台南一帶買地蓋了三處義塚，存放六百二十餘具屍骨。

而今，一七五七年（乾隆二十二年），新莊已因台北的開發日漸繁榮，新莊大眾廟今日建廟，奉祀文、武大眾爺（文大眾爺指因貧病過世者，武大眾爺指因戰亂過世者），將成為新莊地區最大的廟宇之一。

編按：新莊大眾廟後來也供奉佛教地藏王菩薩，又稱新莊地藏庵。

淡水廳署北遷竹塹 與城隍廟陰陽並治

【一七五六年／新竹報導】台灣府淡水廳署將從台中沙鹿遷到竹塹（今新竹市），帶動新竹地區的發展。

一七三三年（雍正十一年），台灣府淡水同知徐治民在此以莿竹環植為城，故稱「竹塹」城。

台灣的政治區域是由南往北發展，大清政府隨之調整行政區域的轄區及官署。台灣府最初轄下的三縣為鳳山縣、台灣縣、諸羅縣，諸羅縣的轄區涵蓋嘉義以北，相當廣大。直到一七二三年（雍正元年），才在原屬諸羅縣的轄區增設彰化縣、淡水廳，彰化區的轄區涵蓋虎尾溪以北，淡水廳署則暫時設在彰化縣。到了一七三一年（雍正九年），彰化縣才把大甲溪以北撥給淡水廳管轄。

如今，一七五六年（乾隆二十一年），淡水廳署北遷到新竹。淡水廳署與新竹城隍廟並排，呈現中國政治陰陽並治的特色。

諸羅人王克捷 台灣進士首例

【一七五七年／嘉義報導】台灣府諸羅縣（今嘉義）人王克捷高中進士，成為台灣首位登科進士。

王克捷，字必昌，祖籍福建泉州晉江，幼年隨父渡台，住在諸羅。他在一七五三年（乾隆十八年）的鄉試中成為舉人。相隔四年餘，今年高中進士。

一七三九年（乾隆四年），清廷官員考慮台籍舉人前往北京應試又要渡海，又得千里跋涉，上奏請求如果台灣報考的舉人達到十位，即可在福建省名額中編一名給台灣（於福省中額內編「台」字號取中一名）。王克捷赴京考試時，台灣報考的舉人未達十名。

新疆併入大清版圖

【一七五九年／新疆報導】大清帝國軍隊在西域消滅了蒙古準噶爾政權，西域自此改名新疆。

新疆在西元前兩百年由匈奴統治，西元前六十年被中國漢朝併入版圖，後來長期由北方遊牧民族王國與中原王朝交替統治。

一七五九年（乾隆二十四年），大清占領西域，取「故土新歸」之意，重新命名西域新疆或新疆。

編按：新疆即今中國新疆維吾爾自治區，但支持東突厥斯坦獨立運動人士稱之東突厥斯坦或東土耳其斯坦。

大英博物館開放

【一七五九年／倫敦報導】大英博物館正式開放參觀，這是全世界最大、最著名的博物館之一。

六年前，名爵士漢斯．舒隆去世，將他生前收藏的大批珍貴文物、標本及書稿全數捐贈給國家。英國最後決定募款興建博物館，以保存並且展覽舒隆爵士的收藏。

這間位於英國倫敦的綜合博物館，於一七五九年一月十五日正式對公眾開放。

漢斯．舒隆爵士。

台灣蠔咬 姓潘最好

你們要改漢姓。
姓潘最好，潘字有水、米、田。
看來不錯。
……。
別中計，番就是住在水邊的番。

社論 賜姓政策 埋下認同危機

台灣原住民被賜姓之後，可以預見的是，一方面將與漢人同化，另方面也將加速傳統家庭、社會、文化的瓦解。

姓氏是中國傳統父系社會的制度，但台灣原住民多為母系或雙系社會，而且賜姓後常變成一社同姓，在同姓不婚的原則下，將產生大量的社外通婚，改變傳統的家庭及社會結構。

在番社念「社學」長大的原住民，不但將有漢姓漢名，還有虛擬的中原堂號，這樣發展下去，再過一兩代以後，原住民大概就會忘了自己是「番」，甚至反過來瞧不起未漢化的原住民是「生番」吧。

配合改習的道卡斯族中港社林合歡，身著漢服。

台灣史新聞

重點新聞

- 土牛溝畫分漢番界線
- 社論：台灣的種族界線
- 清繪〈台灣民番界址圖〉
- 台北瑠公圳完工
- 嚴禁閩人入台冒籍報考

土牛溝 分漢番

官設有形標記 防制越界

畫分漢番界線的土牛溝。

【一七六一年／台灣報導】大清政府在台灣中北部漢番無天然地界之處，修築「土牛溝」，畫分界線。

自統治台灣以來，大清政府一直試圖隔離漢人與原住民，以防漢人侵入原住民傳統領域，造成衝突。而今的乾隆時期，由於大量漢人來台開墾，與原住民的衝突擴大，除了大規模在番界立石、勒碑之外，近年來也開始在石碑旁修築一條有形的障礙。

一七六一年（乾隆二十六年），大清政府在「以山溪為界，其無山溪者，亦一律挑溝堆土，以分界線」的準則下，陸續修築完成一條「深六尺，闊一丈二尺」（深約一．八公尺，寬約三．六公尺）的大溝。大溝兩側挖出的土堆，狀似臥牛，稱之「土牛」，連同大溝稱之「土牛溝」。

在清廷官員眼中，這條「深溝高壘，疆界井然」的土牛溝，成為隔離漢番顯而易見的界線。一般來說，界線以西是漢人地區：界線以東、靠近內山的地區畫給熟番耕作、狩獵：內山則是生番的領域，已不在官府管轄範圍。

一位清廷官員坦承，此一作法能夠發揮「生番在內，漢民在外，熟番間隔於其中」的效果，藉由熟番守隘，把生番阻擋在內山，既防止生番侵入漢人地區，也不讓漢人「奸匪」勾結熟番作亂，或窩藏到內山裡去。

對漢人來說，雖然這條並不太寬的土牛溝並不構成越界私墾的障礙，但已變成有形的界線，具有警告違法的功能。

社論 有形無形的種族界籬

從荷蘭時代以來，台灣的統治者為了統治方便，一向以「隔離漢人與原住民」為原則。

荷蘭時代，除了採取以番制漢、以漢制番的挑撥種族矛盾政策外，也採取種族隔離政策，規定漢人不得住在原住民部落，並在原住民領域的邊界立碑禁止漢人越入。到了明鄭時代末期，還在要道豎柵防守，企圖困住原住民。

清代仍沿襲前朝種種隔離措施，康熙、雍正時期亦在漢番交界地帶立石、勒碑、設隘寮，並在地圖上繪出紅線的界線。到了乾隆時期，更進一步修築土牛溝。

但是，大清政府對土牛溝「生番在內，漢民在外，熟番間隔於其中」的安排，真的沒有別的目的嗎？為什麼要把熟番放在中間，讓熟番去負擔阻擋生番的任務？土牛溝從表面來看是為了族群之間的和平，其實也在操作族群之間的矛盾，對熟番（平埔族群）並不公平。

可見不管是生番、熟番，在大清政府眼中都不是「民」，而是異族的「番」。

番民地界碑，阻止漢人入侵原住民土地。

官繪台灣民番界址圖
巨幅彩圖訴說族群衝突史

【一七六〇年／台灣報導】大清政府繪製巨幅的〈台灣民番界址圖〉，明確標定漢人與原住民的分界線，南自枋寮、北至基隆。

一七六〇年（乾隆二十五年），閩浙總督楊廷璋為了釐清番界，聘人以中國山水畫法繪製這幅橫長六百六十六公分、縱寬四十八公分的單卷彩繪地圖，從台灣海峽上空俯瞰台灣西部，右起台灣南端的沙碼磯頭（今貓鼻頭、鵝鑾鼻），左至台灣北端的雞籠（今和平島）及雞籠杙（今基隆嶼）。

由於大清政府曾多次重新界定番界，〈台灣民番界址圖〉中有紅、藍兩條界線，紅線代表舊界線，藍線代表往內山移動的新界線。圖中也描繪了熟番、歸化生番的番社，以及界址、界碑、隘口等。

〈台灣民番界址圖〉局部。

歷二十二年 潤田一千二百甲
台北瑠公圳 終完工

【一七六二年／台北報導】福建漳州人郭錫瑠以二十二年時間，完成了重大水利工程金合川圳（後稱瑠公圳），長二十公里，將灌溉農田十二平方公里（一千兩百多甲），成為台北盆地最重要的灌溉水源。

郭錫瑠幼年隨著父親移民台灣，住在彰化，後來與漳州同鄉到台北中崙一帶開墾，學習到興建灌溉溝渠的經驗。

一七四〇年（乾隆五年），三十五歲的郭錫瑠變賣家產，設「金順興」墾號，計畫從新店溪青潭引水到中崙附近的錫口（今松山）。施工初期地勢險要，經過原住民傳統領域時常遭到攻擊，遂在高處建鼓亭看守，一發現原住民就擊鼓警戒（今台北市古亭地名由來之一）。

一七五三年（乾隆十八年），郭錫瑠與大坪林的「金合興」墾號交換水源，從大坪林大潭引水，鑿石、穿山，建「梘」（竹筒、樹幹等所製之溝渠）越過溪流（今景美溪）到公館。（梘的尾端閩南語地名「梘尾」，後來幾經雅化成「景美」，今台北市景美地名由來。）

而今，一七六二年（乾隆二十七年），這條經過新店、景美、公館、松山等地的灌溉渠道終於完成，原名金合川圳，但佃農因感念郭錫瑠的功勞，都稱為瑠公圳。

瑠公圳梘尾木橋。

優惠名額 福建生來搶
冒籍考台灣科舉 加強取締

【一七六四年／台灣報導】大清政府下令查禁福建人來台冒籍應試的不法情事。

台灣自一六八七年（康熙二十六年）開始舉行科舉考試，若考上生員（秀才），進入儒學，再到福建省城福州參加舉人鄉試。早年由於台灣文風不盛，報考人數並不多。後來大清政府特別給予台灣考生錄取的保障名額，報考者才漸漸增加，但也造成福建人來台冒籍報考的弊端。

一位知情人士表示，很多福建人都說「台灣蟳無膏」（沒有蟹膏），譏笑台灣考生很少真材實料，也很少渡海去考舉人。但台灣考生人少額多，錄取機會大增，使得很多福建人乾脆冒籍報考，就算沒機會考上官職，以後教書或在官府做幕僚的機會也很多。

一七六三年（乾隆二十八年）巡台御史李宜青來台巡訪時，台灣仕紳建議，不如取消台灣考生錄取保障名額，以免一再被冒籍；但李宜青認為不必，並面告台灣相關官員加強查禁冒籍現象。

一七六四年（乾隆二十九年）李宜青返回北京後，上奏查禁福州、興化、漳州、泉州的人冒名台籍報考。

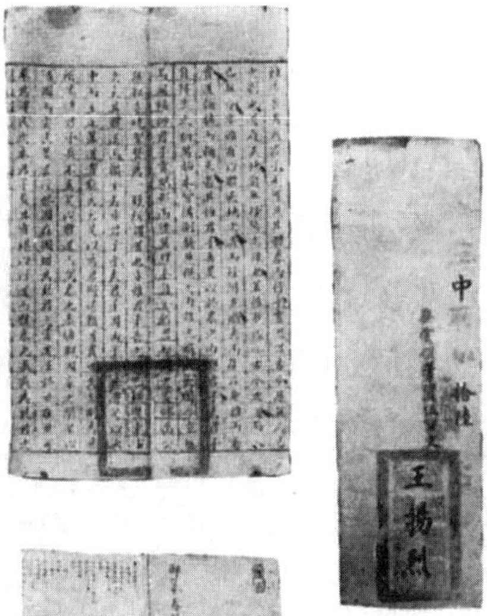

科舉考試的作答試紙。

台灣史新聞

重點新聞

- ●撒瑪納札公開道歉
- ●台灣府設理番同知
- ●阿里山通事吳鳳被殺
- ●瓦特改良蒸汽機
- ●社論：超級騙子

撒瑪納札認冒充台灣土著
捏造駭人風俗　死後出書道歉

《福爾摩沙史地記實》作者撒瑪納札。

【一七六五年／倫敦報導】自稱福爾摩沙（台灣）原住民的撒瑪納札，在出書六十年後過世，出版的回憶錄中坦承自己是個騙子，之前描述的福爾摩沙純屬虛構。

一七○四年（康熙四十三年），二十五歲的撒瑪納札在倫敦出版以拉丁文寫成，再翻成英文的《福爾摩沙史地記實》，當年一出版立刻成為暢銷書。他描述自己身分及傳奇的故事也使他成為名人，受到歐洲上層社會的歡迎。一七○五年，《福爾摩沙史地記實》推出修訂版，也開始出現法文、荷文等譯本。

撒瑪納札自稱在福爾摩沙出生、長大。根據他的說法，福爾摩沙曾被蒙古統治，後來一度獨立，但目前是日本屬地，日本皇帝則是中國人篡位的。撒瑪納札自稱為福爾摩沙貴族子弟，從小接受良好教育，十九歲時因受到他的家庭教師、耶穌會教士的欺騙，離開家鄉前來歐洲，在歐洲流浪、從軍，後來成為英國聖公會（英國國教）信徒。

撒瑪納札對福爾摩沙有一套完整的介紹，包括地理、歷史、法律、宗教、人種、動物、農產、服飾、音樂、藝術、建築、醫療、生命禮俗等，甚至寫出語言拼音字母，還以插圖畫出錢幣、房屋、船隻，以及從貴族到平民的穿著。

此外，撒瑪納札對福爾摩沙還有其他驚世駭俗的描述。例如：男人可以娶三至六名以上的妻子，有錢人可娶更多，但如無力贍養就會被斬首，所以娶妻前要通過財力調查。劊子手的酬勞就是被行刑者的屍體，可放掉屍血，在家開肉鋪。宗教節慶、魔鬼崇拜都要用兒童獻祭，新年獻祭會殺掉一萬八千名兒童，由祭司斬下兒童的頭，再剖開胸部取出心臟火化。

撒瑪納札的書出版以後，有人深信不疑，也有人提出質疑，但撒瑪納札都巧妙的閃避或強辯。在這本書的再版序文中，他還特別整理外界的二十五個質疑，以問答的形式進行反駁。

針對外界對他最直接的質疑：「你是福爾摩沙人，為什麼皮膚像歐洲人那麼白？」撒瑪納札解釋，福爾摩沙人的膚色本來很白，一般人因為常在戶外勞動所以膚色較深，但王公貴族、上層階級的人，不必在外晒太陽，膚色自然就白了。

他還說：「難道我有能力憑空想像與任何國家不同的宗教、法律、語言字母嗎？」

一七六三年，撒瑪納札在過世前寫下了回憶錄，說明《福爾摩沙史地記實》全部都是捏造，並在遺囑中表達抱歉與慚愧，請求上帝及世人寬恕。

然而，撒瑪納札的謎並未全部解開，雖然知道他出生於法國南部，從未離開歐洲，但他的真實姓名仍然是個問號。

《福爾摩沙史地記實》書中的福爾摩沙國王與王后。

新設南北路理番同知 專責處理原住民事務

【一七六六年／台灣報導】大清政府下令在台灣設立「理番同知」，這是台灣首次設立專責處理原住民事務的單位。

大清帝國自統治台灣以來，各種與原住民事務有關的法令與執行，以及原住民與漢人的衝突和交涉等，都由台灣各地所屬的縣廳負責。但因中央沒有統一事權的單位，無法應付各地不同的「番情」，成效不彰。

一七六六年（乾隆三十一年），台灣府設南北兩路理番同知，北路理番同知設在彰化縣，負責彰化縣、淡水廳；南路理番同知由台灣府海防同知兼任，負責台灣縣、鳳山縣。

編按：同知為官職，清代同知分為兩種，一在台灣府協助知府，一在地方負責海防、捕盜。

番漢習俗衝突 通事吳鳳遭戮

【一七六九年／嘉義報導】在阿里山鄒族部落擔任通事長達四十八年的吳鳳，已證實被當地原住民所殺害。

吳鳳是福建漳州平和人，幼年隨父來到台灣諸羅（今嘉義），二十三歲起擔任歸化生番阿里山番社通事，享年七十一歲。

吳鳳被殺有兩種說法。根據漢人的說法，吳鳳因反對生番獵殺漢人、取人頭獻祭，與生番發生衝突而被殺；吳鳳死後，英靈常在番社出沒，番社又發生瘟疫，生番從此不敢再殺漢人。

但阿里山原住民則說，吳鳳因剝削他們才被報復；吳鳳死後，他們也沒有改變傳統獵頭的習俗。

阿里山上的鄒族。

瓦特改良蒸汽機成功 機械動力可望掀革命

【一七六五年／英國報導】英國工程師詹姆斯．瓦特日前發表他所改良的蒸汽機，預料將掀起波瀾，帶動從手工勞動生產轉向機械動力生產的工業革命。

瓦特於一七三六年出生，從小因身體虛弱很少上學，由母親在家教育，極早就展現數學及機械天分。他曾擔任鐘表修理師，後來才轉而研究蒸汽機。

這款由瓦特製造出來的高效率蒸汽機，展現了以蒸汽帶動機械運轉的巨大能力，對蒸汽機的發展做出了重大貢獻。瓦特今年不滿三十歲。

英國工程師瓦特。

編按：國際功率單位「瓦特」即以瓦特命名。

台灣蠔咬　撒瑪納札

我是福爾摩沙人。
?
?
?
為何你的皮膚那麼白？
福爾摩沙不論男女都愛美白。
我每天都用美白面膜。

社論　超級騙子寫世紀偽書 荒誕情節騙倒全歐洲

撒瑪納札把台灣寫成如此固然匪夷所思，但他的書在歐洲引發討論，甚至成為暢銷書，更讓人匪夷所思。

荷蘭和西班牙都曾統治台灣，荷蘭人統治台灣三十八年，直到一六六二年才退出，距離撒瑪納札發表新書不到五十年，歐洲人竟然不知道台灣已納入大清帝國轄下？

當然，超級騙子總能自圓其說。有人問他一年要殺一萬八千兒童獻祭，國家人口豈不很快就滅絕？他回答這是政府規定，人民並未獻足，而且一夫多妻制可以彌補。

他還反駁荷蘭統治台灣時的基督教牧師康德迪午士在《台灣略記》裡，記載台灣原住民婦女三十五歲前不得產子一事：如果懷孕會被強行墮胎，「這不是對國家人口危害更大嗎？」「你們為什麼相信他，卻不相信我呢？」

撒瑪納札雖然遭質疑寫了偽書，但他胡扯的海角奇風異俗卻對當時的歐洲人深具吸引力，難怪他發明的「福爾摩沙語」甚至到了十九世紀，都還有語言學者拿去討論。

台灣意外成為歐洲世紀偽書的主角，可惜那個時代的台灣人幾乎都不知道這件事。（台灣於一九九六年發行中文版《福爾摩沙變形記》。）

台灣史新聞

重點新聞

- 匈國伯爵促殖民東台
- 社論：歐洲伯爵看台灣
- 大甲建天后宮
- 彰化縣出現小刀會
- 英宣布擁有紐澳主權

後山有意外訪客來訪
伯爵喜遊東台 慫恿各國來殖民

貝尼奧斯基一行人與阿美族互相攻擊，雙方皆有損傷。

【一七七一年至一七七二年／歐洲報導】因參與歐洲戰爭被俘，逃亡途中意外來到台灣的波蘭裔匈牙利伯爵莫利斯．貝尼奧斯基，在台灣東部待了半個月後回到歐洲，他大力鼓吹歐洲各國前往台灣東部殖民。

一七六八年，波蘭立陶宛聯邦因反抗俄羅斯帝國侵略而發生戰爭，貝尼奧斯基支援波蘭但戰敗被俘，被囚禁在西伯利亞最東邊的堪察加半島。一七七一年五月，貝尼奧斯基與二十八名士兵越獄成功，奪下一艘俄羅斯軍艦展開逃亡，經鄂霍次克海沿日本、琉球南下，試圖甩開在後追趕的俄羅斯海軍。

一七七一年（乾隆三十六年）八月二十六日，貝尼奧斯基等人漂流到台灣東部的秀姑巒溪口，一上岸就遭到阿美族攻擊，雙方打了起來。貝尼奧斯基後來還從軍艦上發砲，並放火焚燒阿美族部落，才離開向北航行。

八月二十八日，貝尼奧斯基等人抵達台灣東北部的蘭陽溪口，噶瑪蘭族帶著米、糖、柑橘、家畜等食物前來交易。

貝尼奧斯基登陸後，遇到犯案逃亡到此的西班牙軍人帕契可，得知台灣盛產米、糖、木材、礦物和其他相關人文地理，目前雖屬大清帝國統治，但東半部卻處於無政府狀態，因此產生殖民想法。

隨後，貝尼奧斯基及其士兵幫助當地某一原住民部落打敗了另一個部落，獲得該部落酋長贈送十二磅黃金、八百磅白銀。一行人於九月十二日離開台灣，返回歐洲。

一七七二年（乾隆三十七年），貝尼奧斯基回到歐洲，向人敍述他在台灣的經歷，並草擬了一份殖民台灣的方案，向各國展開遊說。他建議法國國王路易十五世把台灣納入殖民地，但未獲採納。

編按：在貝尼奧斯基過世之後，其妻整理回憶錄以及遊記：*Memoirs and Travels of Mauritius Augustus Count de Benyowsky*，於一七九〇年在英國倫敦出版。

波蘭裔匈牙利伯爵貝尼奧斯基。

社論　歐洲伯爵看台灣

歐洲伯爵竟然輾轉來到太平洋上的台灣，這是歷史永遠讓人驚奇的地方。

但是，由於當時的東台灣屬於無政府狀態，所以並沒有留下任何文獻記載，無法與貝尼奧斯基述說的東台灣故事互相印證。

貝尼奧斯基的敘述，可能有真，可能有假，或誇張之處。但他在台灣東北部遇到西班牙軍人卻並非不可能，因西班牙當時仍然統治菲律賓，也的確發生過被西班牙監禁在菲律賓的歐洲人，奪船北上，停泊在蘇澳一帶的事。不過，貝尼奧斯基說東部原住民頭目部眾高達萬餘人，則是誇張了。

另一方面，貝尼奧斯基以東台灣原住民酋長贈金一事，暗示當地產金，確實符合東台灣產金的傳聞。事實上，荷蘭人統治台灣時就曾到東台灣尋金。貝尼奧斯基以東台灣是產金的無主之地，遊說歐洲各國殖民，雖然沒有成功，仍然影響了歐洲人對台灣的認識。

大甲天后宮 擴建
香火日盛 將成台灣重要媽祖廟

【一七七〇年／台中大甲報導】大甲（今台中市大甲區）興建天后宮（今大甲區瀾宮）完工，預料將成為台灣重要的媽祖廟之一。

十八世紀以後，前來台中開墾的漢人愈來愈多，大甲一帶的大安港日漸熱絡。約莫四十年前，福建莆田湄洲島人林永興於一七三〇年（雍正八年）攜原鄉媽祖神像渡海來大甲定居。兩年後，當地居民獲得林氏同意，興建小廟，供奉湄洲媽祖神像，庇佑海上平安。

而今，由大甲林對丹等人捐建的天后宮已經完工，香火將愈來愈盛（後來以「鎮海安瀾」改名鎮瀾宮，今以「大甲媽祖遶境進香」著稱）。

大甲天后宮界石。

官府憂心結社謀反
彰化縣再查獲小刀會

【一七七二年／彰化報導】台灣府彰化縣出現「小刀會」民間組織，引起清廷關切。

男人出門帶刀本意原為防身，在福建、台灣都相當普遍，尤其台灣的羅漢腳身上大都藏有小刀。然而，帶小刀的人可能祕密結社為小刀會，甚至形成反清復明組織，向來為清廷所擔心。

有人說，結拜兄弟的朋友，如果有人打架，或被官兵欺侮，大家拿出小刀助陣，如此而已，「小刀會」這個名稱是官府說的。但一名清廷官員指出，小刀會可能隸屬於天地會，由於官府清查天地會，所以才改名避風頭。

福建漳浦縣官府最早曾在一七四二年（乾隆七年）查獲小刀會事件。相隔三十年後，台灣彰化縣大墩街（今台中市）再次查獲小販林達拜盟結成小刀會事件。

雖然部分台灣民間結社組織不具政治性，但大清帝國規定，只要是異姓兄弟歃血為盟、焚表結社者，皆可依「謀反未行律」治罪，為首者死刑。

庫克船長航行歷險
英國宣告紐澳主權

英國航海探險家庫克船長。

【一七七〇年至一七七一年／英國報導】英國航海探險家庫克船長率領軍艦奮進號（長約三十公尺的帆船），抵達澳洲東海岸，隨即宣布英國擁有澳洲主權。

一七六八年八月，英國皇家學會與皇家海軍組成太平洋探測隊，指派四十歲的庫克少校帶領九十四名船員以及科學家，前往南太平洋島嶼大溪地觀察天象，並尋找南半球的陸地。

庫克船長一行從英國出發，航向南大西洋，繞過美洲南端合恩角來到南太平洋，在一七六九年四月抵達大溪地，完成觀測工作後，繼續往西南航行，於十月抵達紐西蘭，旋即依照英國皇家海軍命令，宣布英國擁有紐西蘭主權。

庫克船長花費了半年時間探測並繪製紐西蘭航海圖，然後繼續往西北航行，在一七七〇年四月抵達澳洲東岸，再次宣布英國擁有澳洲主權。（一七七八年英國首批移民前往澳洲雪梨。）

庫克船長先沿著澳洲東海岸北上探測，再離開澳洲，繼續往西航行，經過印度洋，繞過非洲南端好望角，於一七七一年七月返回英國，順利完成任務，並晉升中校。他的此次航行被譽為「太平洋的哥倫布」。

台灣史新聞

重點新聞

北美十三州發布獨立宣言 主張天賦人權、主權在民

〈獨立宣言〉簽署時的情況。

【一七七六年／美國費城報導】英國北美洲「十三州殖民地」發布〈美國獨立宣言〉，主張天賦人權、主權在民，同時宣告脫離英國殖民統治，成為獨立國家。

英國進行海外殖民時，為了壟斷利益，在殖民地採取重稅及高壓政策，由於北美殖民地想自主發展經濟，遂與英國發生激烈衝突。此外，歐洲自十八世紀以來出現反對宗教、君主專制，提倡理性、知識、平等、自由、民主等思想的啟蒙運動，也帶給北美殖民地人民改變現狀的動力。

北美殖民地聯合設立的立法機構「大陸會議」於一七七四年九月在費城召開第一次會議，當時已決議訂定抵制英國貨的法案，但仍希望與英國和平解決衝突。

一七七五年五月，大陸會議再次於費城舉行，由於當時北美殖民地民眾已與英軍發生武裝衝突，會中決議組織軍隊，並任命喬治．華盛頓擔任「大陸軍」總司令，美國獨立戰爭隨之展開。

而今，大陸會議於一七七六年七月四日在費城發布了〈美國獨立宣言〉，宣示「凡人生而平等，造物主賦予生命、自由和追求幸福（個人財產）的權利」，以及「政府的權力由人民同意產生，人民有權改變或廢除，重新建立新政府。」這項宣言主要由政治家傑佛遜起草。

七月四日當日天氣炎熱，本社記者在費城與民眾聆聽〈美國獨立宣言〉的宣讀，無數民眾湧上街頭，教堂不斷傳出鐘聲，大家都在歡呼慶祝。有人說：「獨立是我們唯一的出路。」有人說：「我是美國人了，我覺得自由來臨了！」

很多民眾認為，雖然美國獨立戰爭還在進行，但是宣布美國獨立將鼓舞美國軍隊，讓他們更有信心打贏這場戰爭。（美國在一七八三年贏得獨立戰爭。）

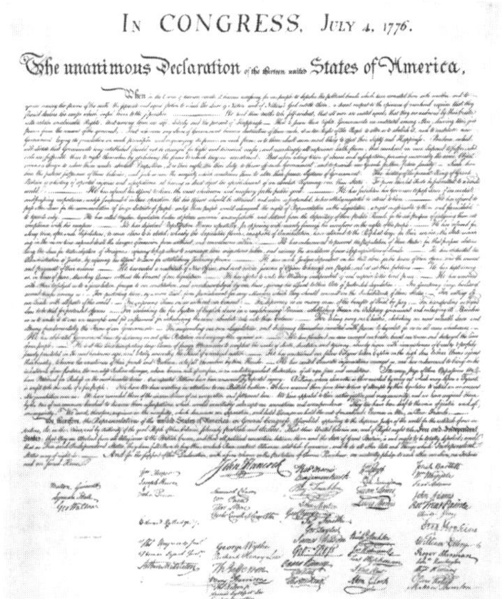

IN CONGRESS, JULY 4, 1776.

The unanimous Declaration of the thirteen united States of America,

〈獨立宣言〉與主要起草人傑佛遜。

官員渡台赴任 清廷准予攜眷同行

【一七七六年／台灣報導】大清政府改變渡台禁令，全面准許駐台官員得以攜眷來台。

大清帝國統治台灣後，規定渡台不准攜帶家眷，已在台者也不准搬眷來台。直到一七三二年（雍正十年），大清政府才首度准許有妻子在內地的在台居民搬眷來台，並准許年滿四十、無子嗣的台灣文武官員可攜眷來台。

而今，一七七六年（乾隆四十一年），大清政府終於准許派駐台灣的文武官員不論年齡、有無子嗣，都可攜眷來台。

大清政府在統治台灣九十二年後，總算完全開放駐台官員攜眷來台的規定。一位官員私下說，以前不准官員攜眷是因不信任官員，所以把家眷扣在內地做人質；現在准許官員攜眷，因為這樣才能讓官員安心辦公。

華僑首建共和政權

婆羅洲蘭芳國附清

【一七七七年／印尼報導】在東南亞婆羅洲（Borneo，印尼稱為加里曼丹島）西部發展的廣東潮州大埔客家人羅芳伯，宣布建立「蘭芳共和國」，這是海外華人建立的第一個共和國政權。

商人羅芳伯原本在西婆羅洲（今印尼西加里曼丹省）大城坤甸（今印尼西加里曼丹省首府）成立「蘭芳公司」，並設有防衛性的團練組織。但為了抵抗荷蘭、英國等歐洲勢力，今年羅芳伯決定把蘭芳公司改成「蘭芳大統制共和國」，附近有一些原住民部族也加入。

蘭芳共和國的首都設在坤甸，國家首長以半民主選舉的推舉而來，有時還會以擲筊產生，稱為「總長」。

蘭芳共和國成立後，將以蘭芳公司名義向大清帝國稱臣，以制衡歐洲人的威脅。（一九一二年大清帝國滅亡後，蘭芳共和國被荷蘭統治。）

首座現代化燈塔 完工

【一七七八至一七七九年／澎湖報導】澎湖西嶼（今澎湖縣西嶼鄉外垵村漁翁島西南端高地）燈塔日前完工啟用，這是台澎地區最早出現的現代化燈塔。

早年台灣海峽兩岸船隻往來大都經過澎湖群島，大清建國以來通航日漸頻繁，西嶼本來已設燈塔，但後來毀損。

一七七八年（乾隆四十三年），在台灣知府蔣元樞、澎湖通判謝維祺捐款支持，並向船戶及台南、廈門的郊商募款後，開始在原燈塔處重建新燈塔，塔前另建天后宮，兼管燈塔事務。

歷經了一年多的修築，西嶼燈塔已於一七七九年（乾隆四十四年）完工，以花崗石砌造，塔基五丈（約一五．二公尺），共七層，每層七尺（約二．一公尺）。西嶼燈塔點香燭燈油，將在每一個夜晚照亮鄰近海域。

西嶼燈塔為台澎地區最早的現代化燈塔。

琉球船迷航抵台 撫卹後原船遣返

【一七七六年／福州報導】兩艘琉球國（今日本沖繩縣）船隻漂流到台灣，被救上岸後，隨後再移送福建省城福州，交由涉外單位處理後，已遣送回國。

一七七六年（乾隆四十一年）農曆四月，一艘琉球船漂流到鳳鼻尾（今新竹縣鳳山溪一帶）擱淺，船上有向宣烈等三十四人；另一艘琉球船漂流到三貂角（今新北市貢寮區）海上，船上的田福等十人全是琉球主島西方姑米山（今久米島）居民，原訂搭船送米穀前往琉球國納稅，卻漂流到台灣來。

按大清政府通令，應對漂流到中國沿海的外國船隻特別撫卹，給予衣服、糧食，修理船隻，並歸還船上貨物，遣送回國。

琉球國人民像。

社論 大清盛世 孤絕於世

美國獨立了。處於「盛世」的大清帝國，大概沒注意到世界上出現了一個美國，甚至不知道正是因為英國企圖壟斷北美殖民地的中國茶葉貿易，才觸發了美國的獨立戰爭。

大清帝國康熙、雍正、乾隆三朝治下的中國，當時是世界上相當富裕的國家。然而，世界正在改變，大清帝國卻渾然不覺。

一七七六年，乾隆皇帝以國家財力擴建圓明園、欽定四十景，卻不曉得歐洲強權英國已從君主獨裁轉為君主立憲，英國北美殖民地美國正在變成聯邦共和國。乾隆皇帝傾全力編纂中國典籍《四庫全書》，卻不知道英國經濟學家亞當．史密斯，才剛剛出版提倡自由經濟的《國富論》。

同樣的，乾隆皇帝也忽視了工業革命的蠢蠢欲動。自從英國工程師瓦特改良蒸汽機以後，從手工勞動生產轉向機械動力生產的工業革命，已經在歐洲進行了。

台灣史新聞

重點新聞

- ●鹿港開港
- ●天地會來台發展
- ●清派兵平息彰化漳泉鬥
- ●社論：分類械鬥
- ●赫歇爾發現天王星
- ●美派中國女皇號來中國

鹿港開港 對渡泉州蚶江 帶動台灣發展 向北延伸

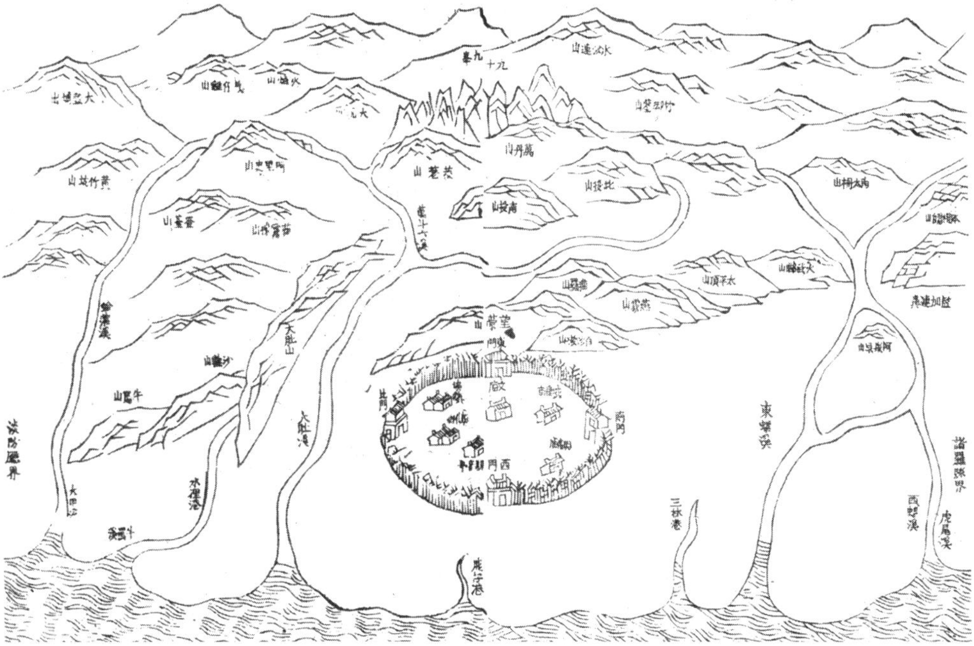
鹿港原稱「鹿仔港」，一七六四年的彰化縣地圖即已標出。

【一七八四年／彰化鹿港報導】大清政府日前拍板定案，設立鹿港為官方港口，與福建泉州蚶江（今泉州石獅市蚶江鎮）對渡，預料將帶動台灣中北部的發展。

大清帝國統治台灣以來，台灣不設國際港口，只設兩岸港口，唯一的「正口」在鹿耳門（今台南市安南區），與福建泉州廈門對渡，官方與民間各種兩岸間的往來，都必須透過正口，以利稽查和徵稅。

到了乾隆時期，由於前來台灣開墾的漢人愈來愈多，鹿耳門不敷使用，某些西部沿岸港口成為走私的管道。一七八四年（乾隆四十九年），大清政府終於決定在鹿港設立第二個正口。

一位清廷官員表示，鹿港開港有利台灣與內地之間的往來。鹿港到蚶江的航程只有鹿耳門到廈門的一半。

鹿港位於彰化海岸平原西北部，本是原住民巴布薩族的領域，自明鄭時期以來即有漢人渡海前來開墾，並發展漁業，成為台灣中部最早的鄉鎮之一。

有關「鹿港」地名的起源，一位鹿港居民說，先人剛到這裡，看到遍地是鹿，就把這裡叫做「鹿仔港」了。

隨著鹿港開港，在鹿港經營兩岸貿易的郊商愈來愈多。預料鹿港將逐漸成為台灣中北部的經濟、政治、文化重鎮。由於鹿港更加繁榮，台北開發後艋舺（今萬華）也很熱鬧，民間開始出現「一府二鹿三艋舺」的說法。

鹿港風光。

天地會來台 清政府關切

【一七八三年至一七八四年／彰化鹿港報導】以中國南方為根據地的民間地下組織「天地會」，近期來台發展，吸引了眾多民眾加入。

天地會在字義上來自「一拜天為父，二拜地為母」，因曾參與許多反清復明活動，引起大清政府的關切。

一七八三年（乾隆四十八年），福建漳州平和縣人嚴烟來台傳播天地會。

漳泉械鬥連三月 清派兵渡海平亂

【一七八二年／彰化報導】數月前於彰化縣莿桐腳（今彰化市）發生的漳州人、泉州人互鬥事件，演變成台灣中部地區大規模的「漳泉拚」，最後在福建省官府派兵從廈門渡海來台鎮壓之下，才徹底宣告平息。

一七八二年（乾隆四十七年），莿桐腳三塊厝有人演戲酬神，台下有漳州人與泉州人聚賭，因細故發生口角，兩邊打了起來，結果有泉州人被殺死。事情報上彰化縣官府未能解決，反而愈演愈烈，附近的漳州庄和泉州庄都捲了進來，相互砍殺、搶劫、焚庄，演變成全面性的漳泉互鬥。

事情一路發展，形成台中大里、南投、嘉義的漳州人，對抗彰化鹿港、雲林北港泉州人的局面，整個事件鬧了三個月。台灣知府雖曾帶兵前去排解糾紛，仍然控制不下來，造成民眾不安。

最後，福建水師提督率兵渡海鎮壓，整個事件才告平息。官府事後治罪，處死兩百九十人，流放三百二十人。相關官員也被處分，台灣鎮總兵官、台灣兵備道、台灣知府、彰化知縣、諸羅知縣等官員都被革職。

此一事件引起了海外注意，法國報紙報導，總共有五名官員、兩千民眾死亡。

漳泉械鬥，場面火爆，雙方皆有傷亡。

社論 分類械鬥 官方無力控制

十八世紀中葉以來，來台灣開墾的漢人大量增加，民間打鬥事件也愈來愈多，規模愈來愈大，使得台灣相關官員開始用「分類械鬥」此一專有名詞來上奏清廷。

分類械鬥指的是分門別類的武裝衝突。最主要是原鄉類，像福建人與廣東客家人之間的「閩客械鬥」，福建漳州人與泉州人之間的「漳泉械鬥」，泉州人中又有三邑（晉江、惠安、南安）人與同安人之間的火併。此外，不同庄、不同姓、不同郊商、不同職業之間，也都可能發生械鬥。

發生械鬥的原因，最主要是土地、灌溉水權等資源分配的衝突。族群之間發生大規模衝突時，官方一方面無力控制，一方面也會故意漠視甚至分化，以削弱可能存在的反清勢力。

事實上，分類械鬥的頻繁程度遠遠超過反清的政治抗爭，並需要經過不斷的仲裁與勢力範圍的確定，才能真正平息下來。

天文學重大超越 赫歇爾發現天王星

【一七八一年／倫敦報導】英國業餘天文學家赫歇爾三月十三日以自製望遠鏡觀測天空時，發現了天王星（一七八三年被證實）。

天王星是太陽系中距離太陽由近到遠的第七顆行星，人類自古以來僅知道水星、金星、火星、木星、土星，如今發現天王星是一項重大的超越。天王星每八十四個地球年環繞太陽公轉一周，與太陽的平均距離約為三十億公里。

一七三八年出生的赫歇爾本是位音樂家，三十五歲才對天文學產生興趣，並開始自製望遠鏡。赫歇爾這項驚人的發現讓他立刻成為名人，並獲選為英國皇家學會會員，全心投入天文學。

天王星發現者 — 英國業餘天文學家赫歇爾。

中國女皇號 紐約啟航 航向廣東 闢中美貿易

【一七八四年／紐約報導】美國政府於二月下旬派遣「中國女皇號」商船駛往中國，開啟美國與中國的貿易。

建造於一七八三年的「中國女皇號」是一艘三桅橫帆船，本來是美國獨立戰爭期間的武裝民船。在英國與美國簽訂巴黎和約後，改裝成商船使用。

一七八四年（乾隆四十九年）二月二十二日是美國獨立戰爭英雄華盛頓的生日，也是「中國女皇號」從美國紐約前往中國廣東的日子。華盛頓主持了「中國女皇號」的啟航典禮，並在典禮中表示，希望這艘懸掛美國國旗的船前往世界各地，與中國等國家建立新關係。

當時，美國與中國的貿易內容主要是輸出人參（花旗參），輸入茶葉。「中國女皇號」由前美國海軍軍官擔任船長，船上有美國政府的商務代表，以及幾名美國富商。（中國女皇號在一七八五年五月十一日返回紐約。）

中國女皇號的商務代理人山茂召。

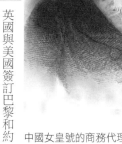

台灣史新聞

林爽文率農民反 撼全台
利用族群互牽制 清軍勝

林爽文於老衢崎被包圍，無處可逃，最終被逮。

重點新聞

- 林爽文起事震動全台
- 社論：中西民變
- 平亂義民共赴京朝覲
- 法國大革命推翻專制
- 泉州人遷建鹿港龍山寺

【一七八六年至一七八八年／台灣報導】繼朱一貴事件後，台灣爆發了更大規模的民變。年僅三十一歲、被官方視為台灣天地會首領之一的福建漳州人林爽文，以消滅貪官污吏為口號，號召農民起事，震動全島。清廷幾次派兵渡海鎮壓未果，最後靠著優勢兵力及義民軍協助，才讓這場歷時一年多的民變宣告平息，林爽文被解送北京，凌遲處死。

一七八六年（乾隆五十一年），被官方視為天地會黨人的群眾在台北抗官被捕，餘眾逃到大里杙（今台中市大里區）找當地豪強林爽文共商對策，官府則下令緝捕其他地區的天地會黨人。一七八七年（乾隆五十二年）一月，林爽文率眾在茄荖山（今南投草屯一帶）起事。

接連攻下彰化縣城、設在新竹的淡水廳城後，林爽文被推舉為盟主。他改彰化縣城為「盟主府」，戴起皇冠、穿上龍袍，建元「順天」，自稱「順天大盟主」，大封群臣。接著，林爽文率領數萬民眾圍攻諸羅縣城，莊大田亦在南部響應，攻下鳳山縣城。

林爽文聲勢大振，清廷派出數萬兵力幾次渡海鎮壓，都告失敗，相關官員全遭革職。直到乾隆皇帝以指派協辦大學士福康安以欽差大臣來台督導軍務，戰情才開始逆轉，林爽文在諸羅縣城旁的八卦山戰役失利，此後節節敗退。

遭圍攻半年的諸羅縣城解圍後，負責守城的台灣鎮總兵柴大紀上奏，如果失去諸羅縣城，台灣府城危矣，城內外還有四萬義民，「實不忍委之於賊，惟有竭力固守待援。」乾隆皇帝下詔，嘉勉柴大紀在糧盡勢急時的忠義表現，「古之名將，何以加茲？其改諸羅縣為嘉義縣」，並封他為「一等義勇伯」。

一七八八年（乾隆五十三年）二月，林爽文逃到老衢崎（今苗栗縣竹南鎮），被福康安聯絡當地泰雅族擒獲，解送北京。三月，莊大田亦在琅嶠（今屏東縣車城鎮）被捕、處斬，這場大清帝國統治台灣以來最大的民變至此遂告落幕。

清軍打敗林爽文、莊大田，除了擁有優勢兵力及裝備外，也得力於巧妙利用台灣閩客、漳泉、漢番的族群矛盾。由於林爽文、莊大田及其部眾大都是漳州人，清廷遂號召客家人、泉州人成為「義民」協助清軍，甚至連一些「歸化生番」都來助陣。

社論 民主新觀念 中西落差大

從世界的眼光來看，大清帝國平定台灣的林爽文民變事件時（一七八八年），新興聯邦共和國美國即將推選華盛頓為第一任總統（一七八九年），法國爆發推翻君主專制的大革命（一七八九年），連印尼華人也在荷蘭人的勢力下，成立了自保的「蘭芳共和國」（一七七七年）。

林爽文抗官雖有其正當性，但他在贏得初步勝利後卻以「皇帝」自居。乾隆皇帝雖然平定了林爽文「叛亂」事件，卻完全沒想到這是官逼民反造成的民變，甚至自許為「十大武功」之一，還以滿、漢、蒙、藏四種文字刻碑展示。

天賦人權、主權在民的新觀念，此時已在西方生根、萌芽，但仍未播種在大清帝國及其統治下的台灣。

社勇義民平亂有功 赴京朝覲乾隆天顏

【一七八八至一七八九年／台灣報導】在大清政府的安排之下，平定林爽文事件有功的台灣原住民（生番）以及義民首領，共四十二人，前往北京觀見乾隆皇帝，八個多月後才返台。

平定林爽文事件有功的福康安，奏准安排台灣歸化生番屋鰲社（苗栗、台中和平泰雅族）、阿里山社（嘉義阿里山鄒族）、大武壠社（台南大內、玉井西拉雅族群分支）、傀儡山社（屏東排灣族）四社的頭目及社丁等三十四人，以及義民首領八人，前往北京朝覲、受賞及參觀、旅遊。

屋鰲社頭目華篤哇哨一行，在一七八八年（乾隆五十三年）秋從鹿耳門搭船出發，先到福州，再走陸路，年底抵達北京，並在北京待了一個多月，直至一七八九年（乾隆五十四年）初夏才回到台灣。八個多月的赴京朝覲活動，來回一路都受到隆重的接待。

為嘉賞林爽文事件平定之功，乾隆為福康安建立生祠。

群眾攻陷巴士底獄 法國革命推翻專制

【一七八九年／巴黎報導】法國在七月時爆發大革命，推翻了君主專制政體。

一般認為法國大革命原因有三：一、法國王朝在一七五六年至一七六三年的「七年戰爭」中失去了太多海外殖民地，也失去了民心；二、歐洲自十八世紀以來出現的反君主專制，宣揚天賦人權、主權在民、君主立憲、三權分立等啟蒙思想已深入民心；三、美國在一七七五年至一七八三年間打贏獨立戰爭，建立聯邦共和國，鼓舞了法國人民。

一七八九年七月九日，法國平民階級（教士、貴族之外的「第三等級」）為了抵抗法王路易十六對他們加稅而組成的國民議會，宣布改為制憲議會，要求重新制憲限制王權。路易十六因統治權受到威脅，調集軍隊準備解散制憲議會。但從七月十二日起，巴黎群眾就以大遊行表態支持制憲議會，以人民力量對抗軍隊。

七月十四日，巴黎群眾攻下了象徵君主專制的巴士底監獄，路易十六被迫承認制憲議會。（法國大革命使法國陷入長期混亂，直到一八三〇年才完全平復。）

巴黎群眾攻陷巴士底監獄。

鹿港泉州同鄉 遷建新龍山寺

遷建後的鹿港龍山寺一景。

【一七八六年／彰化鹿港報導】鹿港泉州人合資遷建龍山寺，這座奉祀佛教觀世音菩薩的廟宇由泉州晉江安海龍山寺祖廟分香而來，也是台灣重要的龍山寺之一。

鹿港龍山寺舊寺在鹿港舊港虎頭澳附近，相傳創建於南明永曆期間（約荷蘭統治台灣時期），最早是泉州移民帶來觀音菩薩神像，建草舍供奉。

然而，鹿港自兩年前（一七八四年、乾隆四十九年）開港以來，成為台灣兩大官方港口之一，移民日增，商業繁榮，龍山寺信徒也愈來愈多，舊寺已不敷使用。

泉州都閫府大總兵陳邦光與泉州同鄉決定遷建鹿港龍山寺，新寺址選在遠離商區的「港底」，作為佛寺清修之地。建寺資金由泉州七邑晉江、惠安、南安、同安、安溪、德化、永春的人捐款，建材將從泉州運來，並聘請泉州匠師興建。

台灣史新聞

英特使團東來 祝壽乾隆 要求通商貿易 遭清拒絕

在禮儀問題上，馬戛爾尼只同意行單膝下跪禮。

重點新聞

- 英使要求通商遭清拒
- 安溪人建艋舺清水祖師廟
- 社論：大清與大英
- 客家人建新埔義民廟
- 台灣生番頭目進京祝壽

【一七九二年至一七九四年／英國、中國報導】大英帝國派遣特使團前往中國，要求中國開放市場，結果遭到大清帝國的拒絕。

大清政府對國際貿易有相當嚴格的限制，英國為了開拓中國市場，決定派人直接交涉。一七九二年九月，大英國王喬治三世任命馬戛爾尼為特使，率領英國皇家海軍軍艦獅子號等八艘船艦，共七百多人，以向大清乾隆皇帝祝賀八十三歲大壽為由，攜帶大批禮品前往中國。

經過九個月的航行，馬戛爾尼一行在一七九三年六月抵達澳門，向清廷官員表明向乾隆皇帝祝壽之意後（乾隆皇帝生日是陽曆九月二十五日），獲得允准，走沿岸海路到天津，再轉北京，並率領百人特使團直接前往熱河行宮避暑山莊，覲見乾隆皇帝。

由於馬戛爾尼以祝壽掩飾通商目的，乾隆皇帝以為英國前來朝貢，遂安排朝見、賞賜、宴客、看戲、遊覽等行程。但雙方隨即為「叩頭」一事發生爭執，馬戛爾尼不願向乾隆皇帝行三跪九叩之禮，認為有損英國尊嚴，只願單膝下跪。乾隆則認為不該稱馬戛爾尼為「欽差」，下令改為「貢使」。馬戛爾尼亦不滿帶來的「禮品」被改為「貢品」，使中英雙方變成不平等關係。

結果，乾隆皇帝取消馬戛爾尼的朝見，並減少賞賜。但馬戛爾尼為了達成交涉通商任務，答應在歡迎宴時行單膝下跪禮，在祝壽時再行三跪九叩禮。馬戛爾尼獻上各種儀器、槍砲、船艦模型等科技產品，乾隆皇帝則賞賜絲綢、絨、瓷器、玉器及各類工藝品。

直到最後，馬戛爾尼才向乾隆皇帝呈上英王信件，表明此行真正的目的，希望能與中國通商，也要求准許英國派人長駐北京設立洋行，並提供一個廣州小島給英國作為貿易基地，以及讓英國享有減免稅、自由傳教的權利。

乾隆皇帝得知馬戛爾尼真正的目的後非常生氣，寫信回絕英王，認為英國要求提供小島一事等同於侵犯中國領土。馬戛爾尼自知任務失敗，於一七九四年返回英國。

馬戛爾尼返國述職之時，同時提及了大清帝國與福爾摩沙關係脆弱，只要有外國介入，很快就會瓦解。

英國使臣馬戛爾尼。

艋舺清水巖完工 安溪新勢力崛起

艋舺清水祖師廟。

【一七九〇年／台北報導】福建泉州安溪在艋舺（今台北市萬華區）興建的清水祖師廟（艋舺清水巖）已於日前完工了，奉祀原鄉守護神清水祖師。

清水祖師俗名陳昭應，北宋福建泉州佛教禪師，因在安溪清水巖（今安溪縣蓬萊鎮）修道，被尊稱清水祖師，圓寂後更逐漸變成安溪的鄉土守護神，民間俗稱「祖師公」、「祖師爺」。

來台北開墾的安溪移民於一七八七年（乾隆五十二年）自安溪清水巖攜來清水祖師香火，募款修築清水祖師廟，並於一七九〇年（乾隆五十五年）落成完工。台灣的清水祖師信仰，以台北地區最為盛行（台北三大祖師廟為：三峽長福巖祖師廟、艋舺清水巖、淡水清水巖）。

安溪人在台北建清水祖師廟，彰顯泉州移民在三邑（晉江、惠安、南安，建龍山寺）、同安（建保生大帝廟）之外的另一股勢力。（艋舺龍山寺、大龍峒保安宮、艋舺清水巖，合稱為「台北三大廟門」。）

新埔義民廟 御賜褒忠匾

【一七九〇年／新竹新埔報導】客家人在新埔枋寮（今新竹縣新埔鎮下寮里）興建的義民廟落成，祭祀因林爽文事件身亡的客家義民，此廟將成為台灣重要的義民廟之一。

一七八七年（乾隆五十二年），林爽文抗清民變爆發，波及竹塹（今新竹）地區，新埔客家人為了保衛家鄉，組成一千三百人「義民軍」協助清軍。一七八八年（乾隆五十三年），福康安大軍在南部圍剿林爽文，新埔義民軍也南下支援。

新埔義民軍在林爽文事件中死傷慘重，新埔仕紳事後僱用牛車，前往戰場沿途收拾戰死者屍骨，總數將近三百具，全數安葬於枋寮山坡的「義民總塚」，並在墓前建廟。

而今，一七九〇年（乾隆五十五年），義民廟落成，因清廷賜「褒忠」封號表揚義民軍忠義精神，故又稱「褒忠義民廟」，廟前並設「褒忠亭」。

新埔枋寮義民廟。

部落頭目進京 慶賀乾隆大壽

【一七九〇年至一七九一年／北京報導】大清帝國乾隆皇帝歡慶八十大壽，安排台灣北中南十二位生番番社頭目前往北京、熱河行宮祝壽。

一七九〇年（乾隆五十五年）農曆八月十三日（陽曆九月二十五日）是乾隆皇帝「八旬萬壽」，因之擴大舉行慶典，不但舉國同慶，海外屬國也遣使祝壽。來自台灣的獅仔社（苗栗賽夏族）頭目懷目懷等十二人，不但由皇朝禮儀接待，往返全程都有專人隨行。

乾隆皇帝平定林爽文事件後，在〈平定臺灣告成熱河文廟碑文〉中寫到：「生番化外，然亦人類；怵之以威，脅之以惠。彼知畏懷，賊竄無地；遂以成擒，爽文首繫。」他看到「生番」遠道前來祝壽，再次稱讚他們協助擒獲林爽文的功勞。

社論　中英交手 國力落差被忽視

大英國王喬治三世派遣特使到中國見大清乾隆皇帝，可以看成當時東西兩大強國的「較量」。

傳統君主專制的大清帝國擁有自給自足的農業和手工業，康雍乾三朝更是文治武功超越中國任何朝代的「康乾盛世」。君主立憲的大英帝國則經歷工業革命，走資本主義、商品經濟，擴展海外貿易和殖民，即將成為雄霸世界的「日不落國」。

「三跪九叩」與「單膝下跪」或許僅是儀節的不同，但在禮品上，大清的瓷器、玉器，對上大英的儀器、火器，無疑是相當重要的較量。

當東方碰上西方，滿懷野心的大英要求大清開放市場，但卻缺乏正當性。閉關自守的大清則看不到世界的趨勢，也未發覺大英禮品所表現的船堅砲利，早已有能力轟開中國大門。

台灣蠔咬　接待生番頭目

台灣史新聞

吳沙頭圍占到五圍
家園遭侵 噶瑪蘭人抵抗

重點新聞

- 吳沙侵墾 噶瑪蘭族抗爭
- 社論：開蘭與滅族
- 嘉慶親政
- 荷蘭東印度公司解散
- 嘉義育嬰堂收養棄嬰
- 法國採公尺度量單位

在吳沙招攬下，千餘漢人整裝待發，準備前往宜蘭開墾。

【一七九六年至一七九九年／宜蘭報導】自從福建漳州人吳沙於一七九六年（嘉慶元年）率眾進入蘭陽平原（蛤仔難，後寫作噶瑪蘭，即今宜蘭縣）開墾以來，已逐步侵犯當地噶瑪蘭族的傳統生活領域。

宜蘭本是噶瑪蘭族的領域，西班牙人於一六二六年至一六四二年占領北台灣期間，曾來宜蘭傳教但未成功，荷蘭人也曾於一六五八年在宜蘭的哆囉美遠（今壯圍鄉）開設交易站，後來還有零星漢人前來開墾。到了十八世紀末，宜蘭已有三十六社、一萬多名原住民，雖畫歸台灣府淡水廳（廳治設於新竹）管轄，但政令鞭長莫及。

吳沙是福建漳州漳浦縣人，於一七七三年（乾隆三十八年）移民來台，住過淡水、基隆，隨後定居三貂（今新北市貢寮區），與原住民從事「番產」交易，常觀察開闊的蘭陽平原，興起前往開墾的念頭。

一七九六年（嘉慶元年），六十六歲的吳沙取得了淡水富商的資金，招攬了漳州、泉州、客家籍約一千名漢人（大都是漳州人），其中兩百名是有戰爭經驗的鄉勇，準備以武力為後盾，進入宜蘭北部開墾。

吳沙率眾進入宜蘭的烏石港後，立即堆築土圍以防堵原住民，並把當地稱作「頭圍」（今宜蘭縣頭城鎮），後來每到一處都堆築土圍（今有二、三、四、五圍的舊地名，五圍即今宜蘭市）。

除此之外，吳沙開墾時採用結首制，很多佃農合組一個小結首，很多小結首再合組一個大結首，使得「結」也成為小據點的地名（比如今日的一、二、三、四、五、六結）。

率眾開墾蘭陽平原的吳沙。

然而，當地的噶瑪蘭族看到吳沙等漢人大批入侵，非常恐慌，因而攻擊烏石港，雙方發生激烈衝突，吳沙之弟吳立戰死。此時，宜蘭爆發天花傳染病，傳說吳沙贈藥給原住民，雙方化解對立。

一七九七年（嘉慶二年），吳沙準備開墾二圍，因擔心被告發私墾，就向淡水廳申請開墾執照，但由於當時的宜蘭並不算是大清帝國的正式版圖，吳沙只取得了「吳春郁義首」戳印的憑單。他公開招佃開墾，吸引更多漢人，又試圖當大租戶，但並未成功。

吳沙於一七九八年（嘉慶三年）病逝，由姪子吳化帶領移民繼續往南開墾，從二圍、三圍逐步「圍」占當地原住民的領域。

社論 墾殖悲歡劇 上演宜蘭篇

大量漢人渡海來台開墾已過了一百年，台灣西部的平原及丘陵地也已大致飽和，開墾自此轉向東部的蘭陽平原。

於是，台灣西部開發的歷史在東部重新上演。清廷准許漢人開墾，卻無力保護原住民不受侵犯，原住民注定將先失去土地，再失去文化。

對於漢人來說，前往官府管轄之外的宜蘭開墾，確實需要拓荒的冒險及勇氣，難怪吳沙會被漢人奉為「開蘭英雄」。但對宜蘭的噶瑪蘭人來說，千百年來濱水而居，與世無爭，竟然就這樣無端又無辜地失去了家園。

噶瑪蘭人才剛剛遭到漢人的侵犯，他們還沒有想到自己將逐漸遭受「滅族」命運。歷史又要如何還給他們公平？

頭城開成寺內吳沙像及其祿位。

登基後的嘉慶皇帝。

嘉慶親政 先抄和珅

【一七九九年／北京報導】大清帝國乾隆皇帝去世，由三十九歲的嘉慶皇帝親政。

一七九五年（乾隆六十年），乾隆皇帝以即位時「在位時間不超過祖父康熙皇帝在位六十一年」誓言為由，宣布讓位給十五皇子顒琰，年號嘉慶。嘉慶皇帝本名永琰，為免避諱擾民，改名顒琰。

乾隆皇帝雖然退位，但這幾年仍以太上皇名義掌政，直到日前去世，享年八十八歲，實際掌政六十四年（中國歷代皇帝在位最久、最長壽）。

嘉慶皇帝親政後，旋即逮捕乾隆王朝大臣和珅，以貪污等罪名賜死，並抄其財產充公。民間有人說，清朝歲入七千萬兩白銀，和珅做官二十年貪污所得比清朝十五年歲入一半還多，順口溜「和珅跌倒，嘉慶吃飽」因而廣為流傳。

荷蘭東印度公司 宣布解散

【一七九九年／荷蘭阿姆斯特丹報導】成立一百九十七年，曾是世界海上強權並統治台灣三十八年的荷蘭東印度公司，於十二月三十一日因經營困難宣布解散，其財政與殖民地改由國家接手。

一六〇二年成立的荷蘭東印度公司，從一六二四年開始殖民台灣，一六六二年被鄭成功驅逐後，曾於一六六四年至一六六八年重回北台灣占據基隆，最後仍被鄭氏王朝驅逐。

荷蘭憑藉著荷蘭東印度公司之盛，在十七世紀創造了黃金時代，成為富強的資本主義國家，但自十八世紀與英國展開長期海上競爭以來，幾次戰爭都敗給英國，國力已顯衰退。一七九九年十二月三十一日，荷蘭東印度公司宣布解散。

嘉義設育嬰堂

【一七九六年／嘉義報導】嘉義日前設立了「育嬰堂」社會救濟機構，以收養愈來愈多的棄嬰。

漢人社會因重男輕女、生活貧困，本就有溺嬰、棄嬰的情形。清廷統治台灣後，由於採取禁止攜眷渡台政策，並沒有棄嬰問題，但乾隆以後漢人大量來台，禁止攜眷渡台政策也已放寬，遂常傳出溺嬰事件。清朝官府除了明令禁止外，同時鼓勵地方善心人士收養棄嬰。

一七九六年（嘉慶元年），嘉義由仕紳及民眾捐款，在嘉義城隍廟左堂設立育嬰堂。

阿姆斯特丹的總部見證公司的興衰。

測量長度 法國採公尺制

【一七九五年／巴黎報導】法國建立科學的度量衡，自此採用「公尺」（metre，希臘文測量之意）為長度單位，以及方便計算的十進位，並宣布全國實施這項「公制」單位。

歷經一七八九年大革命之後，法國社會充滿了革新氣氛，決定以科學方法來訂定長度單位。法國科學家以地球為標準，從北極或南極到赤道的經線定義為一千萬公尺（即整條經線定義為兩千萬公尺），以實際測量與天文觀察，算出長度後，再除以一千萬，得到公尺的長度。

法國將致力推廣公制單位，此舉實際上有利於科學研究及商業發展。（後來很多國家都採用公制。）

第四卷

十九世紀

1800 年～ 1899 年

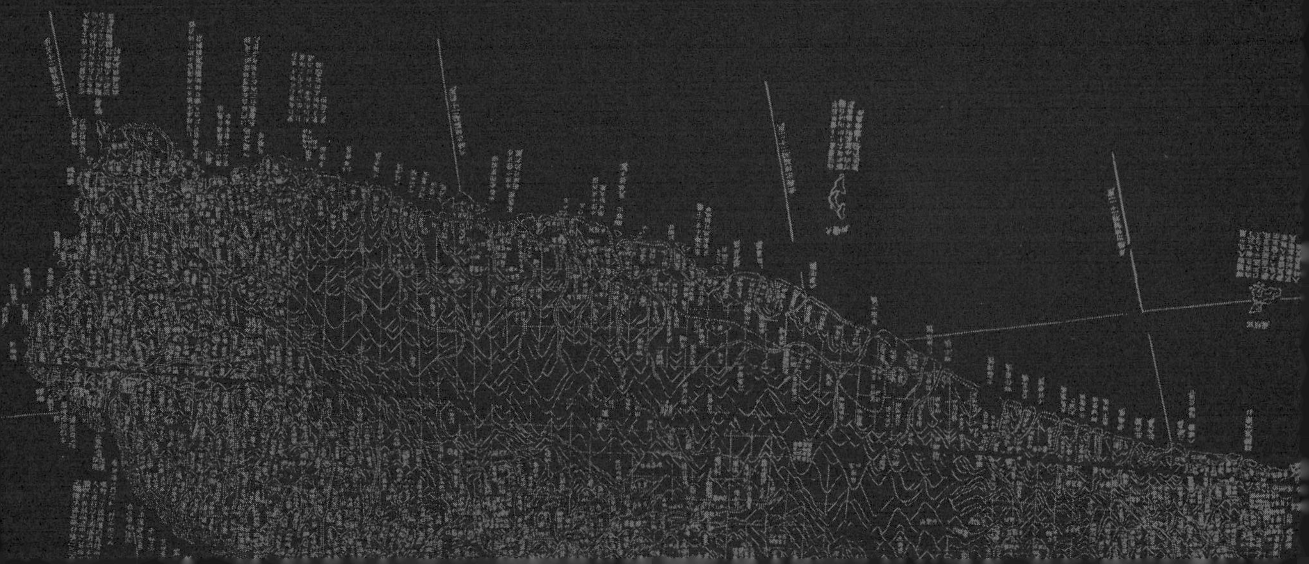

十九世紀，台灣的漢人移民仍繼續增加，在台灣西部開墾完成後，開始轉向東部的宜蘭、花蓮、台東。另一方面，因漢人入侵而影響生計的原住民部落，也展開了島內移民。

以英國為首的西方列強，不但走私鴉片到中國，更以武力打開中國閉關自守的大門。大清帝國在兩次鴉片戰爭失利，割讓香港，並開放通商口岸，包括台灣的安平港（附港高雄港）、淡水港（附港基隆港）。

這是台灣自大清統治一百七十多年來首次開放國際港口，除了發展國際貿易之外，西方天主教、基督教的傳教士也前來台灣。傳教士中有些還是醫師，在台灣行醫救人，並推展新式教育，傳播西方人文思想。

十九世紀中葉以後，台灣的生產事業從南部、中部的米、糖擴大到中北部、北部的樟腦、茶、煤，不但產業中心逐漸從南部轉到北部，政治中心也從台南變成台北。

日本在明治維新後崛起，學習西方的政治、經濟、社會、軍事、科技等，國力大增，並積極向外擴張，成為侵略中國的列強之一。大清帝國在甲午戰爭敗給日本，割讓台灣……

台灣史新聞

閩粵集團猖狂
勾結安南洗劫沿海

重點新聞

- 閩粵海盜勾結越南再現
- 海盜黃勝長被捕處死
- 美國買下法屬路易斯安那
- 社論：海盜與山賊
- 中國川楚爆發白蓮教民變

兩股不同勢力的海盜正在海上對戰 。

【本社記者／專題報導】十九世紀初以來，尤其是大清帝國乾隆末年至嘉慶初年，閩粵海盜集團再度出現，滋擾中國東南沿海的浙江、福建、廣東及台灣。海盜集團擁有武裝兵船，甚至還有槍砲，勢力強大，神出鬼沒，讓清廷官員窮於應付。

自明朝末年至今，中國閩粵沿海一向地少人多，謀生困難，加上官府剝削，很多人選擇移民到台灣或東南亞，也有人鋌而走險投身海盜。形成閩粵海盜特別多的情況。

這些從乾隆末年出現的閩粵海盜集團，首領有福建同安人蔡牽、廣東潮州人黃勝長等，尤其是蔡牽，更發展出自十七世紀鄭芝龍、鄭成功父子之後，中國海域最大的海盜勢力。

值得一提的是，這些十九世紀初的中國海盜集團大多與安南國（今越南）勾結，實力更加壯大，變成國際海盜集團。

一七九○年（乾隆五十五年），安南國的阮光平推翻黎氏政權，自立為安南國王，但舊政權仍有割據勢力。一七九二年，阮光平之子（景盛帝阮光纘）繼位，因與舊政權內戰，造成財政困難，為了籌措財源，遂招攬中國海盜，授予官位，提供兵糧，讓他們在東南亞及中國東南海上搶劫，再運回安南國銷贓。

與安南國有關係的中國海盜包括著名的廣東新會人張保仔，以及蔡牽、黃勝長等人，清廷官員稱之為「艇匪」。

蔡牽、黃勝長等海盜集團，常在中國東南海上、沿岸搶劫，有的甚至企圖在台灣各地登陸設立據點。為此，大清嘉慶皇帝下令廣東、福建、浙江三省的文武官員加強防備，並全力追緝。

安南國國王阮光平。

海盜黃勝長 擾台沿岸 敗走鹿港外海 被處死

【一八〇〇年／台灣報導】活躍於中國東南沿海的黃勝長海盜集團，日前於鹿港外海與清軍大戰時，因為颱風來襲，船損被捕，昨日已遭清廷凌遲處死。

黃勝長身世不詳，可能是廣東潮州人，據傳曾被其他海盜俘虜到安南國（今越南），後來成為與安南國勾結的「艇匪」。黃勝長蓄髮，自稱「總戎將軍」，打著「反清復明」旗號，常在浙江、福建、台灣、廣東及東南亞海面出沒，並伺機上岸掠奪。清廷官員防不勝防，非常頭痛。

一八〇〇年（嘉慶五年）夏，黃勝長率領二十艘船攻占八里坌港（今新台市八里區），搶劫並焚燒商船，淡水同知李明心率兵趕到，開砲反擊，雙方互有傷亡，黃勝長敗走。

兩天後，黃勝長逃到雞籠澳（今基隆港）準備以舢舨登陸，李明心的船艦已跟蹤而到，雙方再戰，逼使黃勝長再逃到外海，往南而走。

幾天後，黃勝長抵達鹿港外海，台灣軍事最高首長台灣鎮總兵，滿族出身的愛新泰出海應戰，此時颱風來襲，黃勝長座船翻覆，最後被俘。

黃勝長被捕後，清廷治以叛亂罪，凌遲處死。

沿岸用的舢舨船，用於沿岸及短程接駁用。

買進法屬路易斯安那 美國國土向西拓一倍

【一八〇三年／美國報導】美國日前以一千五百萬美元的代價，向法國買下法國在北美洲的路易斯安那屬地。

美國以每平方公里約七美元的價格，買下面積兩百一十四萬平方公里的法屬路易斯安那，使得原本位於北美洲東南部的美國領土，往西部大了整整一倍。

這筆土地交易案，美國第三任總統傑佛遜談判的對象是法國最高執政者拿破崙。拿破崙決定出售北美屬地給美國，除了向美國表達善意、讓美國更為強大以牽制英國之外，也想取得軍費，以應付他自己企圖征服歐洲的戰爭。

美國自一七七六年宣布獨立之後，很多美國人都希望美國能夠擴大領土。預料美國隨著國土面積愈來愈大、移民愈來愈多，勢必將快速發展，極有可能成為能與歐洲列強抗衡的美洲大國。

編按：這塊土地占今美國領土的百分之二十二，後來畫分很多州，同名的路易斯安那州只是其中一州而已。

美國向法國買下路易斯安那的交易情況。

社論 吏治敗壞 海盜山賊並作

大清帝國統治台灣，從一六八四年到十九世紀初年，雖然已經一百二十年了，但因未積極經營，加上吏治敗壞，統治力仍然非常薄弱。治台官員不但要應付海盜，還要應付隨著移民人數日增而在台灣各地出現的「山賊」。

這些被清廷官員稱作「山賊」的地方勢力，有些的確是村庄之外的「山寨」，但也有很多是地方官府管制不了的「地方角頭」。「山賊」可能是「流氓」，或從事非法生意，但也可能成為反抗貪官污吏的「義賊」，使得台灣民間出現「你靠官，我靠山」的說法，山就是指「山賊」。

清廷官員最怕「海盜勾結山賊」，像是蔡牽，就是有實力串聯「山賊」的大海盜。

白蓮教亂川楚三年

【一八〇〇年至一八〇三年／中國報導】這幾年，大清帝國境內爆發跨省、大規模的白蓮教徒武裝抗爭事件，清廷動用大批軍隊，用掉大筆軍費才予平定，國庫耗損嚴重，國力走向衰微。

白蓮教源自中國佛教淨土宗的分支白蓮宗，宋朝後成為民間祕密宗教結社。大清以來，白蓮教在河南、湖北、陝西、四川擁有眾多教徒，教徒大都是農民，信奉彌勒佛將降世拯救世人、改造世界，教中的錢財由教徒平分，教徒之間互相扶持、有難同當。

白蓮教的勢力在乾隆末年就已引起清廷的注意。一七九五年（乾隆六十年），川楚（四川及湖北、湖南）邊境集結無數飢民，由於傳出當地白蓮教徒計畫起事，清廷即以取締邪教為名，捉拿白蓮教徒，引發白蓮教徒以「官逼民反」號召起事。

清廷自一七九六年（嘉慶元年）開始平定「川楚教亂」（或稱「川楚白蓮教起義」）民變，足足耗時三年才稍微鎮壓下來（直到一八〇四年才完全平定）。

台灣史新聞

重點新聞

- 潘賢文率眾原民開墾宜蘭
- 大海盜蔡牽敗走鹿耳門
- 泉州人吳鞍建鶯歌窯
- 社論：島內移民
- 第一艘商用輪船問世

巴宰族潘賢文 率眾東墾宜蘭
中部平埔族 大規模翻山移民

潘賢文集結千人，翻山越嶺前往宜蘭。

【一八〇四年至一八〇七年／宜蘭報導】阿里史社（今台中市潭子區）的巴宰族原住民潘賢文，帶領台灣中部不同社、不同族的千餘名原住民，翻山越嶺，前來宜蘭尋找開墾機會，幾番波折，最後選擇在漳州籍漢人勢力未及的蘭陽溪南岸羅東等地開墾。

十八世紀中葉以來，台灣的漢人不斷大量增加，在台灣西部的平原和丘陵開墾完成後，漸漸轉向東部的宜蘭拓墾。漢人謀生不易，歸化的原住民同樣生活困難，除了勞役、納稅外，還常要承受漢人的欺壓。

熟番潘賢文本名大乳汗．茅格，他在競爭岸裡社總通事官職失敗又被控犯案後，聽聞泉州籍與廣東籍漢人正在開墾宜蘭，就邀集同社的原住民，以及台灣中部地區（今台中、彰化、南投、苗栗）的阿里史、岸裡、烏牛欄、阿東、東螺、北投、牛罵、大甲、吞霄、馬賽等社的原住民，組成跨部落的千人集團，一起冒險前往宜蘭開墾。

一八〇四年（嘉慶九年），潘賢文等人沿著大甲溪出發，從台中東勢入山，走過苗栗、新竹、桃園山區，再沿著大嵙崁溪（今大漢溪）上游翻山越嶺，一路跋山涉水，歷經千辛萬苦，抵達宜蘭的礁溪、員山一帶。他們發現漢人早已開墾到了五圍（今宜蘭市）。

潘賢文等人本是體格強壯的原住民，在原鄉中部地區不但有耕作的經驗，很多人還曾在近山隘口擔任防守「生番」的警衛，甚至擁有打獵的火槍，所以他們到了宜蘭之後，馬上成為一股勢力，對漢人造成威脅。

一八〇六年（嘉慶十一年），宜蘭發生漳泉械鬥，潘賢文等人與客家人一同加入泉州人集團，對抗人數最多的漳州人集團，結果失敗。潘賢文等人為此不得不往南跨越蘭陽溪，落腳羅東開墾。

一八〇七年（嘉慶十二年），清廷為了防止海盜在宜蘭外海出沒搶劫，或是更進一步上岸建立據點，以白銀、布匹贈予潘賢文等人，要求協助平定海盜。由此可見在清廷官員眼中，潘賢文「熟番」集團已是吳沙、吳化漢人集團之外的一方之霸。

然而，由於清廷對是否開放宜蘭開墾，舉棋不定，也未能建立公平的競爭原則，尤其潘賢文等人還被看作「流番」（非當地的原住民），其前景並不樂觀。

海盜大頭目蔡牽鹿耳門連吃敗仗

【一八〇六年／台灣報導】經常侵犯台灣鹿耳門、鹿港、淡水的大海盜蔡牽，日前在鹿耳門遭台籍水師將領王得祿擊潰。

蔡牽是福建泉州同安人，在福建招攬漁民及遊民組成海盜集團，並與安南國（今越南）勾結，勢力愈來愈大，形成乾隆、嘉慶年間最大的海盜集團，活躍於廣東、福建、浙江沿海。

相傳清軍為了捉拿蔡牽，下令製造大型船艦，蔡牽得到情報，賄賂船廠製造更大的船艦相抗。後來在清軍全力圍剿之下，蔡牽轉往台灣，在鹿港、鹿耳門、淡水搶劫。

一年多以前，一八〇五年（嘉慶十年），蔡牽計畫在台灣建立據點，便結合台灣中部的「山賊」洪四老等，開始散播「天時人事」的謠言，然後自稱「鎮海威武王」，建元「光明」，大封群臣，宣布起事抗清，並派部屬前往台灣南部吸收群眾，準備進攻台灣府城（今台南）。

今年春天，一八〇六年（嘉慶十一年），蔡牽率領船艦來到鹿耳門，被清軍大敗而逃。幾個月後，蔡牽再攻鹿耳門，結果仍被王得祿擊潰。（蔡牽一八〇九年在澎湖海域被清軍包圍，開砲自炸座船自殺。）

海盜蔡牽戰敗，鹿耳門沿岸盡是殘破的船隻與旗幟。

吳鞍建鶯歌窯發展現代陶業

鶯歌得名於似鸚之石。

【一八〇四年／台北鶯歌報導】福建泉州人吳鞍日前建立了鶯歌窯（今新北市鶯歌區），成為台灣現代製陶之始。

鶯歌因有一「鸚哥」狀巨石而得名，相傳在十七世紀末即有漢人前來開墾。一八〇四年（嘉慶九年），泉州晉江磁灶人（今泉州晉江磁灶鎮）吳鞍發現鶯歌一帶盛產黏土，由於磁灶自古以燒製陶瓷著稱，他便以原鄉技術在此設窯製陶。

因鶯歌附近還有山林及煤礦，並有大嵙崁溪（今大漢溪）流經，可發展水運，相當適合發展陶器產業，預料將成為台灣製陶重鎮。

首艘商用輪船美國試航成功

【一八〇七年／紐約報導】全世界第一艘以蒸汽為動力的商用輪船，八月在美國哈德遜河試航成功，開啟了人類航運史的新頁。

一七七五年以來，由於改良過後的蒸汽機已進入實用階段，歐美人士紛紛試圖以蒸汽製造「無帆之船」，作為商用輪船，並在速度及平穩度上競爭。

一八〇七年八月十七日，美國工程師富爾頓親自駕駛他以英國蒸汽機所製造的輪船克萊蒙特號，從紐約下水，順利抵達哈德遜河上游的阿爾巴尼。這項試航總共花費了三十二個小時，航行了一百五十英里（約兩百四十一公里）。過往相同的航程要花上四十八小時。

克萊蒙特號將自九月起在紐約、阿爾巴尼之間設定期航班。

在哈德遜河進行首度試航的克萊蒙特號。

社論　家園遭占墾　失根原住民島內流徙

閩粵漢人因生活困難而渡海移民，在逐步侵占台灣原住民的土地及傳統領域的同時，大概不會想到，有一天台灣原住民也會因為生活困難而在島內移民。

為了尋找新土地，潘賢文等人與漢人一樣，選擇前往還有大片開墾空間的宜蘭，但他們比漢人需要更大的力氣和無比的勇氣。想像一下，從台中走山路到宜蘭，一路上要穿越多少人跡罕至的山徑，在山裡還可能因侵入泰雅族領域而遭受攻擊。

由於大清政府一直未積極經營台灣，不但沒有好的開墾政策，也無力或疏於管理，對移民和原住民雙方都造成傷害。

潘賢文等人是第一批大規模島內移民的原住民，從原住民的地方移民到另一個原住民的地方，他們侵犯了噶瑪蘭人的權益，但自己的權益也沒有受到保障。一八一〇年，潘賢文因涉及漳泉械鬥案被處死，他的部眾在羅東開墾的土地也逐漸被漢人奪走，後來有人返回原鄉，有人則與噶瑪蘭人合作，共同前往三星開墾。

台灣史新聞

重點新聞

- ●日人落難花蓮終返鄉
- ●新港奉天宮落成
- ●北京圓明園完工
- ●社論：後山貿易
- ●台灣人口達兩百萬

日本船長北海道漂至花蓮 落難五載 奇蹟返歸故鄉

文助漂流至泗波瀾，全靠與阿美族交易食物才能生存。圖為阿美族女性。

【一八〇八年／台灣、福建、北海道報導】流落台灣四、五年的日籍人士，前「順吉丸」船長文助，已於年前回到日本。

一八〇二年底，日本蝦夷地（今北海道）居民文助等九人，搭船前往德川幕府江戶城（今東京）載貨時，意外漂流到台灣東海岸的泗波瀾（今秀姑巒溪入海口）。因水土不服，全船僅文助一人存活，在當地煮鹽與原住民阿美族換芋度日，流落台灣花蓮大港口（今花蓮縣豐濱鄉港口村）。

今年初，一八〇八年（嘉慶十三年），日本薩州（今九州鹿兒島縣西部）武士山下源吾郎，帶領二十二名水手搭船運送糧米，在海上遇到大風，因船隻毀損，眾人只好撈取糧米，坐上舢舨隨波漂流。三個月後，一船二十三人漂流到秀姑巒溪口，意外發現流落於此的文助，二十四人遂再坐舢舨南下，最後在屏東枋寮上岸。

清廷鳳山縣官員隨即對他們展開訊問，查無違禁物件，卻發現「難番」山下源吾郎「能識漢字」，便由山下源吾郎自行繕寫供詞。

山下源吾郎在供詞中供稱，日本人喜歡長刀掛身、短刀插腰，斧是劈柴用，剃刀是公用，一行人隨身攜帶物品就有長短刀四把、斧四把、剃刀五把；另有書籍三本，破爛不全，字體也難辨認，供稱為日本的曲本。

清廷官員依皇帝「懷柔遠人之意」慣例，撫卹這些日本難民，並將之遣送回國。先從鳳山縣送到台灣府，搭船到廈門，再送到福建省城福州。由於福建沒有往返日本的船，所以要再走陸路送到浙江，最後再等船送他們到日本長崎。

在福州時，清廷官員透過翻譯審訊文助，才了解文助的遭遇。原來，現年五十一歲的文助是日本箱館（今函館）人，原為「順吉丸」船長，一八〇二年底與八名水手搭船前往東京時，在海上遇到大風，漂流兩個多月後到達花蓮。

文助從一八〇三年起都住在花蓮，過了很久才知道自己住的地方離中國不遠。由於無船回去日本，直到一八〇八年遇到山下源吾郎等人，才有機會回到家鄉。

文助輾轉回到日本北海道故鄉後，接受本社記者訪問。他表示，很慶幸從北海道漂到花蓮還能不死，但很難過同伴一一死去，留下他一個人在險惡的環境下努力求生。

他還說，之前在花蓮的時候，看到原住民種稻、打獵、撈捕河魚和海魚，製作貝珠飾品，節慶時唱歌、跳舞，還有獵人頭遊行的習俗等等，他預備要把這些所見所聞好好記錄下來。

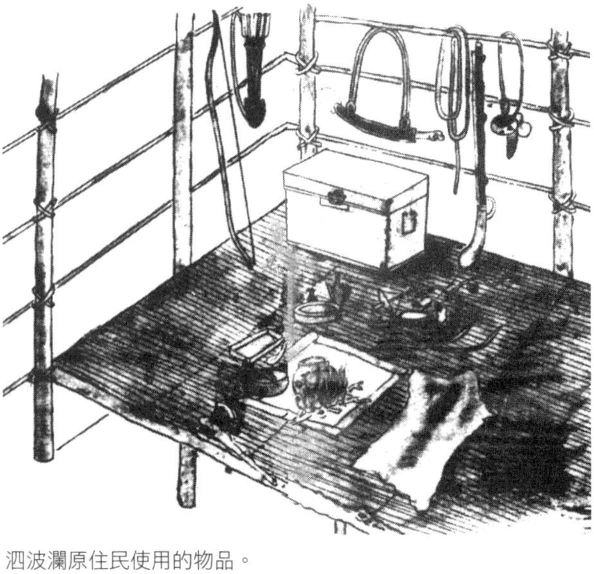

泗波瀾原住民使用的物品。

編按：文助後來口述出版《享和三年癸亥漂流臺灣チョプラン嶋之記》一書。

官員王得祿倡修 新港奉天宮落成

【一八一一年／嘉義新港報導】新港奉天宮（今嘉義縣新港鄉大興村）日前落成，主祀媽祖，預料將成為台灣重要的媽祖廟之一。

相傳在一六二二年，有移民攜帶福建莆田湄洲媽祖神像渡海前來笨港，稱為「船仔媽」。笨港居民在一七〇〇年（康熙三十九年）建廟供奉湄洲媽祖神像，後來稱為笨港天后宮。

一七五〇年代，笨港溪河道南移，笨港街市分成北笨港（今雲林縣北港鎮一帶）、南笨港（今嘉義縣新港鄉一帶）。一七九九年（嘉慶四年），笨港發生水災，笨港天后宮遭洪水沖毀。

後來，南笨港居民遷到新南港（後簡稱新港），當時位居福建水師提督一職的嘉義縣人王得祿，提議在新港重建媽祖廟。在王得祿捐俸與地方人士合資興建之下，全新修建的奉天宮已經完工。

編按：北笨港居民也在一八一二年重建媽祖廟，稱為「朝天宮」，即今北港朝天宮。

南笨港遷至新港後，重新修建信仰中心——新港奉天宮。

北京圓明園竣工

【一八〇九年／北京報導】圓明園在大清帝國嘉慶皇帝擴建、合組下竣工。這座大型皇家園林歷經四朝、歷時百年才建成，不但展現中國園林藝術、造景技巧的極致，甚至還包括歐洲傳教士設計與建造的歐式宮苑建築，被稱為「萬園之園」。

圓明園位於北京西北郊區，總面積三百五十公頃，由圓明園、長春園、綺春園（萬春園）組成，共有一百二十三處山水園景，園內還有各種建築及書畫收藏。

圓明園從一七〇九年（康熙四十八年）開始興建，到一八〇九年（嘉慶十四年）完成，代表了大清帝國康熙、雍正、乾隆三朝盛世的雄厚財力。

圓明園內富麗堂皇的歐式宮苑建築。

偷渡移民快速增加 台灣人口達二百萬

【一八一一年／台灣報導】台灣人口今年已達到兩百萬之數！

根據一八一一年（嘉慶十六年）台灣各縣廳的戶口統計，推估台灣漢人約一百九十萬人，已歸化原住民約十萬人。

根據學者估計，台灣在荷蘭時期總人口約十萬人，明鄭時期總人口約二十萬人。

自大清帝國統治台灣以來，台灣的漢人人口不斷增加，自一七五〇年（乾隆十五年）前後更開始快速增加。這種人口增加的速度，大都來自移民，且多半是偷渡客。

社論 後山貿易 貨暢全台

根據日本人文助口述他在花蓮大港口的經歷，原來在十九世紀初的台灣「後山」，那裡的「生番」已經有商業交易活動了。

位於秀姑巒溪入海口的阿美族大港口部落，不但利用秀姑巒溪與花東縱谷原住民貿易，如泰雅族分支、布農族，還與從台南搭船繞過枋寮、恆春北上來到大港口的漢人貿易。

大港口的阿美族用他們最擅長製造的貝珠飾品，以及採集來的木棉等，與花東縱谷的原住民交換獸皮、苧麻。他們自己也生產獸皮，並把獵得的肉用鹽醃製成肉脯，獸皮則與漢人交換鐵鍋、器皿、火槍。

他們還知道，有些漢人也喜歡貝珠，可以送給好幾個妻妾。

台灣蠔咬 文助漂流記

文助漂流記…
今後もよろしくおねがいします。
我每天看到太陽從海上升起。
一樣吃沙西米…
但我不知道我在哪裡？
FUAN

台灣增設噶瑪蘭廳
自淡水廳畫出 廳署設五圍

台灣史新聞

重點新聞
- 台灣府增設噶瑪蘭廳
- 台北商人漂流台南獲救
- 社論：台灣是圓的
- 林朝英建「重道崇文」坊
- 拿破崙征俄失敗

【一八一二年／宜蘭報導】大清帝國宣布在台灣府下增設噶瑪蘭廳，並且把廳署設在五圍（今宜蘭縣、宜蘭市），正式對台灣東北部的宜蘭進行直接統治。

清廷上次調整行政區域是一七三一年（雍正九年），台灣府下轄四縣二廳，分別為台灣縣、鳳山縣、諸羅縣、彰化縣四縣，以及淡水廳、澎湖廳二廳。淡水廳轄區涵蓋大甲溪以北，包括宜蘭。值得一提的是，淡水廳署直到一七五六年（乾隆二十一年）才往北遷到新竹。

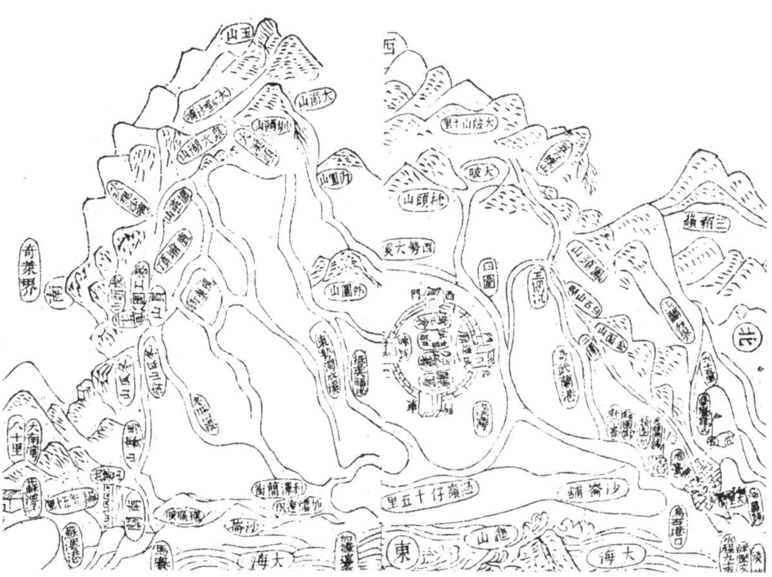

最新繪製的〈噶瑪蘭廳地輿全圖〉。

自吳沙在一七九六年（嘉慶元年）帶領大批漢人到宜蘭開墾後，宜蘭的漢人愈來愈多，不但侵犯原住民領域，造成雙方衝突，漢人之間也常發生械鬥，海上還有海盜伺機滋擾。為此，宜蘭有漢人和原住民向清廷官員表明，甚至主動做好戶口清冊，希望清廷能把宜蘭收入版圖，徹底解決宜蘭的治安問題。

嘉慶皇帝雖然在一八〇九年（嘉慶十四年）已知宜蘭北部居民高達六萬餘人，並協助抵禦海盜，亦批示宜蘭「自應收入版圖，豈可置之化外」，但因隨後發生了大規模漳泉械鬥，宜蘭收入版圖的計畫暫緩執行。

一八一〇年（嘉慶十五年），六十三歲的台灣知府楊廷理前往宜蘭籌備設廳一事，選擇在五圍（今宜蘭市）修築土城，並把當時漢人民間對宜蘭地名的寫法從「蛤仔難」改成「噶瑪蘭」。

而今，一八一二年（嘉慶十七年），大清政府正式設置噶瑪蘭廳，最高首長為「通判」，廳署將位於五圍。

台灣府增設噶瑪蘭廳後，台灣的行政區域從原先的一府四縣二廳，改為一府四縣三廳。

隨著風跟著潮 從宜蘭漂台南

【一八一二年／宜蘭報導】台北商人許三元日前本想用船載貨到宜蘭販售，不料遇上大風，船被吹到台南鹿耳門。

一八一二年（嘉慶十七年），艋舺（今台北市萬華區）賣香商人許三元想用船載貨到宜蘭販售，到了宜蘭快要入港時，卻突然吹起大風，經過三天三夜後，才被鹿耳門的海防人員發現，引他上岸。

鹿耳門海防人員表示，許三元的船在宜蘭遇到大風，研判被大風一路往南吹，沿著東台灣海岸再轉到南台灣海岸，幸好在鹿耳門獲救。

本社記者未能訪問到許三元本人，據說他上岸後仍驚魂未定。

許三元漂流到台南，被鹿耳門海防人員救起。圖為鹿耳門一帶地圖。

社論　繞過後山　台灣是圓的！

許三元很幸運，因為幾年前從北海道漂流到台灣花蓮的日本人文助，在阿美族部落住了好幾年，才知道自己人在哪裡。

第一任漢人巡台御史黃叔璥所寫《番俗六考》中，也記載了一個漂流的故事。一七二二年（康熙六十一年）夏，漳州把總（把總為低階武官）朱文炳在台南鹿耳門的船遇到大風，被往南吹再轉到東台灣，三天三夜後漂流到宜蘭。

朱文炳上岸時，原住民以為他是海盜，打算攻擊他，幸好有當地的何姓漢商解釋，才化險為夷。朱文炳接受原住民招待，臨走前想贈送銀錢，但原住民不收，後來改送布和舊衣。原住民很高興，用獨木舟載送朱文炳，第一天到三貂角，第二天到基隆，第三天到金山。

許三元從台北漂到台南，朱文炳從台南漂到台北，雖然方向相反，但都是經由東台灣海岸。正如文助所描述的，台南漢人與花蓮原住民之間有貿易關係，台灣的前山與後山（西部與東部）可走海路相通，台灣是圓的。

早在一六二五年，統治台灣的荷蘭人就以帆船繞島航行台灣一圈，畫出了第一張實測的台灣地圖。一七一四年，大清帝國雖找西洋傳教士繪製實測的〈康熙皇輿全覽圖〉，但只畫出台灣西半部。到了一八一二年，仍然只有東台灣的宜蘭部分被畫入版圖。

台灣知名書畫家林朝英獲准建坊　「重道崇文」坊即將落成

【一八一三年至一八一五年／台南報導】台灣知名書畫家林朝英，因捐錢修建台灣縣學文廟（今台南孔廟），榮獲大清嘉慶皇帝頒「重道崇文」匾額，賜「從六品」的「光祿寺署正」文官職銜，並准建坊。

林朝英是台灣縣（今台南）人，於五十歲時當選乾隆五十四年（一七八九年）貢生。出身富商家庭的他，繼承家業，熱心公益、樂善好施。一八一三年（嘉慶十八年）獲頒「重道崇文」匾額後，預訂於一八一五年（嘉慶二十年）建成「重道崇文」石坊。

林朝英具書畫、雕刻天賦，書法尤其精奇，融合中原正統及閩南特色，運筆宛如片片竹葉，人稱「竹葉體」。林朝英身兼書生、商人、仕紳、慈善家，更是台灣本土才華洋溢的藝術家，台灣很多廟宇都有他的墨跡。

林朝英墨寶。運筆宛如片片竹葉，人稱「竹葉體」。

編按：「重道崇文」石坊原建在龍王廟前，該廟在日本時代拆毀後，石坊遷到今台南公園。日本時代日籍文人尾崎秀真稱林朝英是台灣清代唯一藝術家。

拿破崙征俄之役　慘遭冬將軍痛擊

【一八一二年／俄羅斯報導】法國皇帝拿破崙率五十萬大軍遠征俄國之舉宣告失敗，僅兩萬人回到法國。

一七六九年出生的拿破崙，軍官學校畢業即以砲兵少尉從軍。一七八九年法國大革命推翻君主專制政權後，歐洲各王國擔心受到影響，組成反法聯盟，拿破崙則選擇加入反對保皇的革命派陣營。深具軍事天才的他，很快就擔任軍事將領並進入政治核心，最後成為法國的領導者。

一七九九年，拿破崙建立「法蘭西第一共和國」並擔任第一執政。一八〇四年，拿破崙改「法蘭西第一帝國」稱帝，占領歐洲廣大領土，並依法國大革命精神頒布實施「拿破崙法典」，影響巨大。

一八一二年九月，拿破崙大軍遠征俄國，初期雖然順利，但時序轉冬，俄國採取不迎戰的焦土策略，在天寒地凍中等待法軍兵疲馬困、糧盡援絕，再趁機追擊獲勝。雖然有英國媒體稱拿破崙是敗給俄國的「冬天將軍」，但此次敗北，實已宣告拿破崙王朝將走向敗亡。

編按：一八八二年俄國音樂家柴可夫斯基作品〈一八一二序曲〉首演，以紀念此一戰役。

法軍自俄羅斯撤退，圖中央持長槍以護衛後方士兵者，為當時的法軍元帥米歇爾。

台灣史新聞

重點新聞

- 違墾埔里　官府立碑禁止
- 南鯤鯓代天府遷建新廟
- 英使盼通商　清帝拒見
- 社論：不能不談的鴉片
- 印尼火山爆發　竹苗飄雪

違墾水沙連　埔眉大驚
官設新碑禁　形同具文

埔里一帶經常遭受漢人入侵開墾，圖為當地原住民之一，埔里社南番。

【一八一四年至一八一七年／南投報導】郭百年等漢人侵入原住民領域水沙連（今南投縣魚池鄉、埔里鎮、水里鄉一帶）開墾，殺害當地原住民，並造成邵族、泰雅族、布農族流離失所，經清廷官府查明處分後，已立碑禁止漢人入墾。

十八世紀以來，前來台灣開墾的漢人大量增加，西部平原及丘陵日漸飽和，開始轉往東部的宜蘭及中心地帶的南投。

一八一四年（嘉慶十九年），彰化、嘉義縣民郭百年、陳大用等，勾結水沙連隘丁首（番界警衛隊長）黃林旺、台灣知府衙門門丁（警衛）黃里仁，假借已故生番頭目的名義，向官府申請墾照，並謊稱因番社積欠番餉（原住民納稅），又沒錢買糧食，所以願意將祖先遺留在水里、埔里的土地，租給漢人耕作，並由墾首陳大用代納番餉、供給番社糧食。

隔年，郭百年等人取得墾照，大舉招攬千餘名漢人進入水沙連圍地開墾，引起原住民反抗。後來，郭百年等人更攻入埔社（布農族），殺人放火，占地築城，再招攬漢人開墾。埔社原住民迫於情勢，不得不往北越過眉溪，逃到眉社（泰雅族）。

一八一六年（嘉慶二十一年）冬，滿族出身的台灣總兵武隆阿獲悉此事，前往調查，並命令彰化縣府處理。但直到一八一七年（嘉慶二十二年），郭百年等人才被審訊，最後也只有郭百年一人遭到枷杖（上枷並杖責）處分。隨後，官府宣布取消郭百年等人的墾照，派兵前往水沙連拆除土圍、木柵城，在當地開墾的漢人則全數遭到驅離。

官府日前已在埔里盆地入口處立碑，明文規定禁令。北邊立在龜仔頭坪（今國姓鄉龜仔頭），刻「原作生番厲，不造漢民巢」；南邊立在風谾口（今集集鎮洞角），刻「嚴禁不容奸入，再入者斬」。

然而，整起事件已引起水沙連原住民的恐慌，尤其對埔社原住民造成很大的傷害。當地原住民認為，漢人與官府勾結侵入水沙連開墾，又殺人放火，結果只有郭百年一人受到輕微處分，非常不公平。

一名原住民更對官府提出質疑，認為官府沒有辦法防止漢人再度入侵。他還主張原住民得想辦法自己保護自己。

南鯤鯓代天府遷建新址
台灣最早王爺信仰中心

埔里地區族群分布複雜，圖為集集附近的布農族。

【一八一七年／台南報導】台南「南鯤鯓代天府」遷建新廟，新址位於槺榔山虎峰（今台南市北門區鯤江里），這是台灣最早的王爺信仰中心。

一六六二年，台灣仍為明鄭時代，當時台南外海的大沙洲之一南鯤鯓（鯤即鯨，鯤鯓比喻沙洲在海上有如鯨背），即建「南鯤鯓廟」，奉祀「五府千歲」。

千歲即王爺，相傳是上帝派來人間察善惡以降福禍的神，並可掃除瘟疫。五府千歲指五種姓氏的王爺，但常有不同的組合。

由於南鯤鯓廟因海嘯而毀壞，居民才決定在今年，一八一七年（嘉慶二十二年），遷址重建新廟。（後來南鯤鯓代天府被稱為「台灣王爺總廟」。）

英通商特使團復來 嘉慶皇帝拒絕接見

【一八一六年／英國、中國報導】大英帝國再度派遣特使團前往中國，期望改善雙方貿易關係，卻又再度因為「叩頭」覲見引起爭執，未能見到大清帝國皇帝。

一七九二年至一七九四年間，大英國王喬治三世任命特使馬戛爾尼前往中國，當時已為叩頭一事發生爭執，馬戛爾尼不願向乾隆皇帝行三跪九叩之禮，認為有損英國尊嚴，只願單膝下跪，隨之提出的通商等要求亦遭乾隆皇帝拒絕，無功而返。

一八一六年（嘉慶二十一年），大英國王喬治三世再度派宮廷大使阿美士德前來中國，希望覲見嘉慶皇帝。覲見前，儘管清廷官員再三提醒三跪九叩的禮節，阿美士德仍然只答應以「單膝下跪，點頭行禮三次，再重複這個動作三次」，代替三跪九叩等儀節。最後，嘉慶皇帝取消覲見，僅象徵性賞賜並禮遇阿美士德一行人。

阿美士德任務失敗，英國兩度試圖與中國談判通商皆無功而返，東西兩大帝國關係已蒙上陰影。

英國宮廷大使阿美士德。

社論　未談鴉片 貽生禍患

大英帝國兩度要求與大清帝國通商被拒，表面看來似乎與叩不叩頭有關，事實上則是大清帝國認為根本沒有通商的必要。

大清帝國經濟自給自足，自有理由拒絕通商，很可惜的是未能利用貿易談判的機會，解決英國商人走私鴉片到中國的問題。

長期以來，英國與中國的貿易呈現巨額逆差，因為英國要用大量的白銀向中國購買茶葉、絲綢、瓷器，但中國卻很少進口英國的貨品。一七七〇年代以後，英國想出了三角貿易的辦法：先把英國的紡織品等工業產品賣到印度，並在由英國控制的印度種植和製造鴉片，再把鴉片賣到中國，然後購買中國的貨品賣到歐美。

英國等國家販賣鴉片毒害中國人民的行為無疑是可恥的。大清帝國也發現這個問題，在一七九六年（嘉慶元年）宣布禁止鴉片進口。官方的英國東印度公司表面上停止向中國輸出鴉片，私下卻把鴉片賣給商人，再由這些商人走私到中國。

阿美士德前往中國時，從印度輸到中國的鴉片已愈來愈多；大清皇帝未能利用機會與阿美士德談判，向英國提出抗議，令人扼腕。

印尼火山怒 灰蔽天 氣候反常 竹苗降雪

【一八一六年／台灣報導】新竹、苗栗竟然下雪！昨天很多民眾都跑到戶外看雪，大呼不可思議。

台灣位於亞熱帶，一般只有冬天時高山才會下雪。一八一六年一月（嘉慶二十年農曆十二月），台灣彰化一帶降霜，新竹、苗栗一帶下雪。根據清廷官方紀錄，新竹地上「冰堅寸餘」，結了三公分的冰。

本社記者調查，一八一六年全球平均氣溫下降，全世界很多地方在夏天都出現低溫，甚至下雪，影響農作物生長，北美、歐洲糧食歉收，中國雲南也鬧饑荒。

學者研究後指出，這應是受到一八一五年印尼坦博拉火山爆發的影響，此一人類歷史已知最大的火山爆發，可能造成數萬人死亡；大量的火山灰遮蔽北半球天空，造成天氣反常。

由於一八一六年沒有夏天，有人稱之為「無夏之年」。

一八一五年坦博拉火山爆發，導致全球天氣反常。圖為坦博拉火山口。

台灣蠔咬　清皇帝與英特使

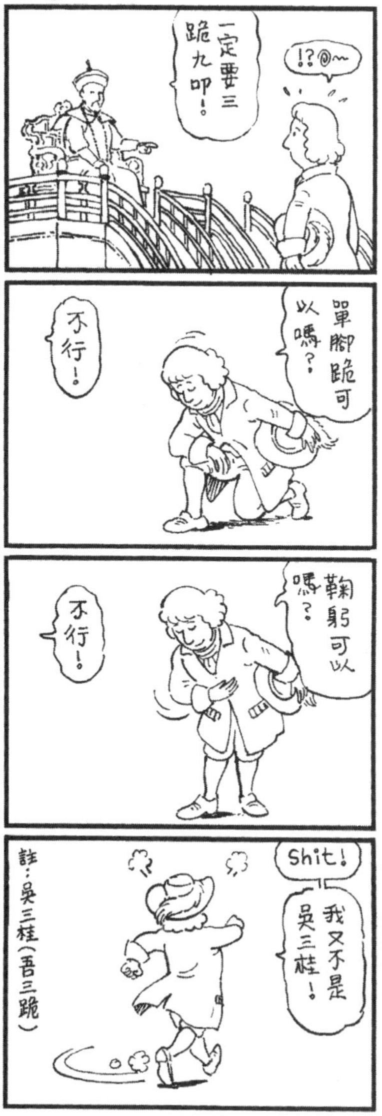
一定要三跪九叩！
!?@~
單腳跪可以嗎？
不行！
鞠躬可以嗎？
不行！
Shit!
我又不是吳三桂！
註：吳三桂（吾三跪）

來去水沙連 開闢新天地

平埔族集體遷徙 開墾埔里盆地

為抵抗漢人勢力，生番埔社布農族邀請中部各社熟番前來開墾。圖為卓社大山的布農族女子。

台灣史新聞

重點新聞

- 中部平埔族遷埔里
- 社論：大家都是一家番
- 鄭用錫成開台進士
- 草鞋墩換草鞋
- 嘉慶去世，道光即位
- 三峽發展藍染業

【一八二三年／台中、南投報導】台灣中部原住民各社因原居地生活不易，在埔里盆地原住民埔社的邀請下，陸續遷往埔里盆地開墾，形成埔里盆地歷來最大的移民潮。清廷官員認為這是「生番招熟番來開墾」，與漢人侵墾不同，並不打算干預。

一八一四年至一八一六年（嘉慶十九年至二十一年）間，郭百年漢人集團以武力侵入埔里盆地開墾，對當地本來人口不多的埔社布農族造成嚴重傷害。事實上，在郭百年事件之前，早已有零星漢人進入埔里盆地開墾。

為了抵抗漢人勢力，埔社決定透過水社（今南投縣魚池鄉水社村）的歸化生番邵族引介，大力招攬中部各社熟番前來埔里盆地開墾。

對中部各社來說，由於西部已在漢人開墾下大致飽和，生存空間受到擠壓，因此樂於接受埔社的邀請，從台灣中部往東而行，進入埔里盆地開墾。

自一八二三年（道光三年）以後，中部各社如巴宰族、道卡斯、拍瀑拉族、巴布薩族、噶哈巫族等，開始有人分批陸續前往埔里盆地南部埔社的領域開墾，彼此還簽了四項協定，內容包括「毋許侵入內山擾動生番」、「毋許恃強凌弱」、「毋許引誘漢人在彼開墾」、「毋許傭雇漢人在地經營」，違反者將被驅逐。

對於此事，大清政府高層本來認為埔里盆地屬於「水沙連生番地界」，應該禁止進入，但前來埔里盆地視察的台灣府北路理番同知（台灣中部和北部番政最高主管）鄧傳安，由於深刻了解郭百年事件後的埔社「社衰人少」，採取了諒解態度。

鄧傳安在報告中說，埔社生番「孤立自危」，急著想要招墾，即使被熟番同化也心甘情願，所以「其情可憫」；而且「此次越入之熟番，實緣生番招來，異乎當日漢民之強占者」，不必像以前用兵力予以驅逐。

由於官方採取「不必驅逐」政策，預料前往埔里盆地開墾的台灣中部原住民將愈來愈多。可以預見，埔里盆地本來已有南部埔社布農族、北部眉社泰雅族兩大族群，未來將成為多族群的園地。

中部各社熟番生存空間受擠壓。圖為埔里盆地的熟番平埔族農婦。

社論 喜迎打里摺 番親當互助

台灣中部原住民各社應埔里社原住民之邀，前往埔里盆地開墾，大家以原住民語互稱「打里摺」（音 ta-ri-tsi），即「番親」之意。

台灣各地原住民一般以「社」為單位，這是部落認同的主要對象之一。大清政府先把台灣住民分成漢、番，再以漢化與否分成熟番、生番。屬於熟番的各社原住民本來有不同的體質、語言、文化，卻在埔里盆地逐漸建立起跨族群的「熟番意識」，因為在這塊新的土地上，大家必須和平相處、一起打拚，大家也有了共同的命運。

「打里摺」文化後來吸引了更多的台灣中部原住民，讓埔里盆地變成多族群的園地。大家親切地互稱「打里摺」，大家都是一家番！

鄭用錫高中進士 台灣舉子第一人

【一八二三年／新竹報導】今年三十五歲、出身台灣竹塹（今新竹）的舉人鄭用錫，於今年科舉高中進士，轟動全台！

開台進士鄭用錫。

鄭用錫祖籍福建漳州漳浦縣，先人遷居金門，其父在一七七四年（乾隆三十九年）舉家遷至台灣後壠（今苗栗後龍）定居，鄭用錫即在後壠出生，一八〇六年（嘉慶十一年）全家搬到竹塹北郭。

竹塹在台灣並非文教發達、交通便利的大城，鄭用錫考中進士的成就，實屬難得，更引起全台的注目。

大清政府因考慮到台籍舉人前往北京考試要渡海又千里跋涉，於一七三九年（乾隆四年）下特准令，若台灣報考的舉人達十名，可以在福建省名額中編一名給台灣（於福省中額內編「台」字號取中一名）。

鄭用錫是第一位以「台」字號考中的台灣進士，又是台灣土生土長，消息一出，立即被譽為「開台進士」。

中衰帝國 道光接手

【一八二〇年／北京報導】大清帝國嘉慶皇帝九月初去世，由三十八歲的次皇子旻寧即位，年號道光。

一八二〇年（嘉慶二十五年）八月下旬，嘉慶皇帝前往熱河打獵，卻在抵達熱河行宮避暑山莊的第二天（九月二日）去世，享年六十一歲。死因可能是天氣太熱身體不適，另有一說是遭到雷擊。

嘉慶皇帝真正在位二十四年（扣除父親乾隆皇帝的四年太上皇），在位期間，大清國勢已從康乾盛世中衰。相傳道光皇帝是乾隆皇帝最疼愛的孫子，他即位後將立刻面對紛擾的國事。

甫即位的道光皇帝。

跋涉赴埔里 途經草鞋墩 補給著新履 又將舊鞋扔

【一八二三年／南投草屯報導】草鞋墩（今南投縣草屯鎮）的草鞋生意近期愈來愈好，因為路經這裡前往埔里的人愈來愈多了。

一八二三年（道光三年）以後，台灣中部原住民前往埔里開墾的人愈發成長。在此之前，已有零星的漢人進入埔里。

從台中、鹿港穿草鞋走路前往埔里，草鞋墩是中繼站及出入要道，很多人都在這裡休息、補給，並更換草鞋。

據說，由於廢棄的草鞋堆在路旁，像土墩一般，所以才有「草鞋墩」這個地名。

興植大菁、小菁 三峽藍染馳名北台

【一八二一年／台北三峽報導】三角湧（今新北市三峽區）移民種植藍染植物小菁（木藍）、大菁（山藍、馬藍）成功，準備開始發展藍染業，預期將逐漸帶動當地街道（今三峽老街，三峽民權街）的繁榮。

位於台北盆地西南的三角湧，因三條河流交會、起浪而得名（三合湧），在十九世紀初已逐漸形成漢人村落。一八二一年（道光元年）以後，三角湧移民在此種植藍染植物，用溪水漂洗，在溪畔曝晒染布，開創藍染業，成為北台灣重要的染坊街道。

根據文獻記載，藍染植物在十七世紀以後傳入台灣南部，後來因所做的藍染布品質比內地好，常銷往內地。

編按：三峽老街是台灣第一條街區型古蹟。

藍染植物——木藍。

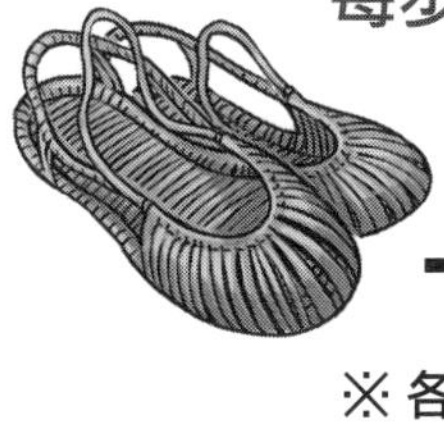
每步走得更好的選擇
不試可惜！
- 台腳 -
※各式草鞋量腳訂製專賣

台灣史新聞

重點新聞

●英船走私鴉片到台灣
●鹿港建文開書院
●社論：台灣阿片仙
●換取鴉片 私煎樟腦盛行
●貝多芬第九交響曲首演

英船窺伺 碇泊淡水基隆 大量走私鴉片 換取樟腦

淡水港為北部重要的貨物吞吐口，英國船近年屢次於此地停靠。

【一八二四年至一八二七年／台灣報導】一直試圖打開中國通商之門的英國人，這幾年也開始來台灣探查了，還把鴉片賣到台灣來。

早在一六七二年，英國東印度公司就與明鄭東寧王朝簽約，在台南安平設立商館，以台灣作為與中國、日本、東南亞的貿易轉運站。但是一六八四年大清帝國統治台灣以後，由於清廷把台灣視為地方，進出口須由廈門管轄，台灣從十六世紀以來的國際貿易傳統遂走向衰微。

這兩三年來，也就是一八二四年至一八二七年間（道光四年至七年），英國已有如傑姆西納號、米羅波號、豆勒號等雙桅或三桅帆船，停靠在台灣的淡水、基隆等港口，進行修理和補給。有人認為，英國船已經很久沒來台灣了，現在卻來停靠，一定別有目的。

由於之前有傳言指出，某些住在廣州的英國人建議攻占台灣，再加上有人直指，英國船在台灣沿岸長時間航行，似乎在進行測量、繪圖的工作，使得英國企圖攻占台灣的說法，益發甚囂塵上。

約三十年前馬戛爾尼的論述，同樣附和此一說法。英國在一七九二年至一七九四年間，曾派遣特使馬戛爾尼前往中國要求通商遭拒，馬戛爾尼返國述職時，就曾提及大清帝國與福爾摩沙關係脆弱，只要有外國介入，關係很快就會瓦解。

事實上，英國商人繼走私鴉片到中國東南沿海的廣東、福建、浙江之後，也開始走私鴉片到台灣的基隆、淡水、鹿耳門，以交換台灣民間私煎的樟腦。

台灣民眾本來就有吸食鴉片的習慣，英國人大量走私鴉片到台灣後，更促成很多商人致富，相對也損害台灣民眾的健康，並連帶引起社會問題。

鹿港文開書院落成

【一八二四年至一八二七年／鹿港報導】耗時三年，鹿港文開書院（今彰化縣鹿港鎮青雲路）即將於近日落成，這是台灣中部第一家書院，預期將帶動鹿港的文教發展。

鹿港在一七八四年（乾隆四十九年）由大清政府設為台灣第二個「正口」之後，商業繁榮，文風日盛，卻苦無學生求學場所。一八二四年（道光四年），台灣知府兼駐鹿港理番同知鄧傳安倡議興建書院，由鹿港八家郊商籌募資金。

而今，一八二七年（道光七年），書院落成在即，為了尊崇明鄭時期前來台灣的南明遺老、文學家沈光文（字文開），決議取名為文開書院。

鹿港文開書院。

編按：龍山寺、天后宮、文開書院，後被合稱為鹿港三大古蹟。

社論　台灣阿片仙、烏煙鬼

鴉片又名烏煙、阿芙蓉（阿拉伯文音譯），可用作麻醉藥。若非醫藥用，則是會讓人上癮的毒品。

英國在國內並未禁止進口鴉片，但英國人不愛吸食鴉片。英國人把鴉片賣到中國後，中國人卻愛上吸食鴉片，台灣更是出現了很多「阿片仙」。

台灣很早就有人吸食鴉片，最早的文獻記載在十八世紀初。一七二一年（康熙六十年）隨清廷將領藍廷珍來台平定朱一貴事件的文人藍鼎元，在一七二四年（雍正二年）寫成的《平台記略》一書中就說，台灣的鴉片館最初給予吸食者優待，但上癮者幾乎無一不傾家蕩產。

藍鼎元在書中說，吸食鴉片一開始可以「通宵不寐，助淫欲」，等到上癮之後，如不吸食就會「脫神欲斃」，只好再吸食，結果「三年之後，無不死矣」。他感慨地說：「鴉片傳入中國已十餘年，廈門多有，而台灣特甚，殊可哀也！」

事實上，台灣民間從官紳、商賈到工農，甚至連婦女，都有人吸食鴉片。雖然吸食鴉片的人被稱為「阿片仙」，或是精神萎靡，被罵像鬼一樣是「烏煙鬼」，很多人仍樂此不疲。

鴉片吸食者往往被稱為「阿片仙」或「烏煙鬼」。

鴉片交易的致命吸引力　私煎樟腦　蔚成風氣

【一八二四年至一八二七年／台灣報導】英國人近年來大量走私鴉片到台灣交換樟腦，使得需求高漲，很多民眾違法私煎樟腦，據查，連承辦修補官船業務的工匠也私下偷煎樟腦。

台灣樟腦樹多，主要集中在中部、北部的丘陵和山地，除了用作木料，還可煎製樟腦、樟腦油，用於藥物、香料、火藥等各種用途。台灣是全世界樟腦重要產區，在荷蘭時代或更早就有樟腦產銷。

大清政府於一七二五年（雍正三年）准許在台設立船廠修補官船，就是看中含油量高的樟樹可以做為製作戰船材料的「軍工料」，因此嚴禁民間私煎樟腦。然而，很多民眾在有利可圖下，仍違法繼續煎製樟腦。

值得一提的是，台灣樟樹生長在海拔五百公尺至一千五百公尺山區，若往愈高的山區砍伐樟樹，就會侵犯生番地界，所以常會遭到原住民攻擊。因此，必須僱用私人武力「腦丁」保護，才得以進入內山砍伐樟樹。

貝多芬第九交響曲　首演　觀眾起立五次　瘋狂鼓掌

【一八二四年／維也納報導】五十四歲的音樂家貝多芬新作《D小調第九交響曲：合唱》，昨天在維也納舉行首演，非常成功，觀眾起立五次瘋狂鼓掌。

貝多芬的《第九交響曲》於一八二四年五月七日在維也納卡特納托劇院舉行首演，由米雪埃．翁勞夫指揮。貝多芬則背對觀眾坐在舞台上，在每個樂章開始時提示節奏速度。

本社記者在現場欣賞這場音樂會，在演出全曲最後的〈歡樂頌〉大合唱時，管弦樂與人聲合唱融為一體，深深震撼了全場觀眾。

演出結束後，觀眾起立鼓掌，但耳聾的貝多芬並不知情，直到合唱團員請貝多芬轉過身，貝多芬才知道他的作品受到熱烈喜愛，又驚又喜。部分觀眾也到這個時候才知道貝多芬聽不見聲音，紛紛給予更大的掌聲。

華德梅勒於一八二三年繪製的貝多芬畫像。

一位樂評家說，貝多芬在耳聾之後還能挑戰命運，傾聽內心的聲音，創造偉大的作品，這種精神與他的音樂同樣讓人感動。

台灣蠓咬　阿片仙與烏煙鬼

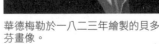

平埔族群大東徙

空間遭壓迫 群奔後山 衍生新緊張關係

噶哈巫大湳社前往埔里開墾，在當地落地生根。

重點新聞

- 平埔族群遷東台灣
- 社論：漢化之外的選擇
- 林平侯開墾桃園大溪
- 竹塹竹城改建石城
- 宜蘭挑夫大規模械鬥

【本社記者／專題報導】近一、二十年來，平原地區的原住民因生活空間受到大量漢人長期的擠壓，在無力反抗又無法承受之下，紛紛開始在島內尋找新的生活空間，很多人遷徙到東部去。

以中部原住民來說，在潘賢文帶領之下，千餘名中部原住民早在一八〇四年（嘉慶九年）就遷往宜蘭平原、蘭陽溪南岸羅東等地開墾。當時，宜蘭還未被大清帝國收入版圖，潘賢文一行人被清廷官員視為「流番」，意指「非當地原住民」。

一八二三年（道光三年）以後，在埔里盆地埔社原住民邀請下，中部原住民開始分批陸續遷往埔里盆地開墾，人數愈來愈多，已在數千以上。在清廷官員眼中，這些人是由埔社生番招攬去的熟番，故採默許態度，不予制止。

另一方面，自一八二一年（道光元年）以後，很多南部、東北部的原住民也開始前往還不在大清政府管轄之內，位於台灣東部的台東、花蓮等地。

台南、高雄一帶的西拉雅族是南部原住民的一支，他們穿越中央山脈到達台東，有些人後來還再往北遷徙到花東縱谷。另一支南部原住民，高雄、屏東一帶的馬卡道族則往南遷徙到恆春半島。

宜蘭一帶的噶瑪蘭族最早同樣被歸在大清政府管不到的「後山」，但就在宜蘭被收入版圖並於一八一二年（嘉慶十七年）設立噶瑪蘭廳之後，沒隔多久，這支東北部原住民也開始往更深的「後山」遷徙。

相傳，宜蘭的加禮宛社（今宜蘭縣五結鄉，加禮宛社語言與宜蘭其他社的噶瑪蘭族語言不同）等社的原住民，在一八三〇年代開始往南遷徙到花蓮（今花蓮市、豐濱鄉一帶），有些人後來再繼續向南，往台東方向遷徙。

平埔族原住民穿越中央山脈，在東台灣安居。

這場發生在十九世紀的台灣平埔族群大遷徙，起因不外乎受到漢人壓迫而遠走他鄉，他們長途跋涉，甚至穿越中央山脈才來到花東新故鄉。因此他們也與漢人渡台一樣吟唱悲歌，唱的曲調或許更為悲傷。

然而，遷徙到東台灣的平埔族群原住民卻也侵犯了東台灣原住民的生活領域，雖然東台灣相對地廣人稀，但如何與東台灣原住民和平相處，關係著平埔族群原住民未來的發展和命運。

社論　移民，漢化之外的選擇

台灣平埔族群大遷徙不光是為了生活，也是漢化之外的選擇。

台灣平埔族群原住民主要分布在西部平原，自十七世紀以來即面對荷蘭人、漢人的衝擊，十八世紀以後漢人愈來愈多，生活壓力更是愈來愈大。到了十九世紀，就連東北部宜蘭平原的平埔原住民也逃不過歷史的命運。

為了生存，平埔族群必須與漢人競爭，儘管他們向漢人學習，甚至漢化，但在競爭上還是居於劣勢。對他們來說，選擇遷徙到漢人勢力不及的東台灣，在生活和文化上都可以喘一口氣。

雖然多數的平埔原住民都已接受漢化，留在原社成為漢人，但還是有人不能適應，這些人遷徙到東台灣後，也把傳統文化保存下來。

板橋林家分支　林平侯投資開墾大嵙崁

【一八二九年／桃園報導】由台灣富商林平侯（板橋林家第二代）投資的陳集成墾號，最近開始開墾大姑陷（原住民語譯音，後改成大嵙崁，今桃園縣大溪鎮）。

大嵙崁是淡水河上游大嵙崁溪（今大漢溪）的港口，也是台灣最內陸的港口，水運交通十分便利，十八世紀末就有漢人前來開墾。

在台北新莊經營米、鹽而致富的福建漳州人林平侯，早在一八一九年（嘉慶二十四年）前後就為了逃避當地的漳泉械鬥，遷往相當具有發展潛力的大嵙崁。

一八二九年（道光九年），陳集成墾號開始開墾大嵙崁，將加速大嵙崁日後的發展。

編按：林家第三代後來在板橋以「林本源」商號發展，並建林本源園邸，即著名的板橋林家花園。

甫完工的竹塹城東門迎曦門。

竹塹竹城　升格磚石城

【一八二九年／新竹報導】竹塹（今新竹）把竹城改建為石城的工程，已於昨天竣工。

九十多年前，一七三三年（雍正十一年），台灣府淡水同知徐治民在此地以莿竹環植為城，故稱「竹塹」城。一八二六年（道光六年），竹塹進士鄭用錫（一八二三年「開台進士」）等人，以鳳山、台灣（今台南）、嘉義、彰化四縣都已先後改建石城為由，奏准淡水廳署所在的竹塹改建石城。

竹塹新城改以磚石建造城牆及四座城樓，並設砲台，於一八二九年（道光九年）完工。

宜蘭挑夫械鬥　斬十四犯

【一八三〇年／宜蘭報導】宜蘭兩家挑夫行上星期因搶生意而互鬥，結果造成二十多人被打死，最後清廷官員從台北調兵鎮壓，才平定整起事件。

台灣的人力運輸工作分成挑貨物的挑夫及抬轎子的轎夫，統稱為腳夫，在各地設有「夫行」。大清帝國治下的台灣雖然常發生分類械鬥，但像夫行這種職業之間互鬥的案子卻不多，較為特別。

一八三〇年（道光十年），噶瑪蘭城（今宜蘭市）一家磚瓦店開幕在即，當地的和興、福興兩家夫行都前去招攬生意，不料竟發生爭吵。磚瓦店最後決定讓兩家輪流，當眾抽籤，結果由福興夫行抽中先輪。

磚瓦店開幕當天，福興挑夫前往工作，和興挑夫卻來鬧場，雙方發生互毆，噶瑪蘭廳只得派兵驅離。第二天，福興挑夫前往和興夫行理論，雙方再度引爆械鬥。第三天，和興夫行集結六十多人前往福興夫行報復，結果有二十多人被打死，福興夫行則被燒毀。

噶瑪蘭廳由於兵力不足無法鎮壓，緊急報請上級支援。幾天後，援兵從艋舺（今台北萬華）趕到，逮捕犯案民眾。經偵訊審判後，犯案情節重者十四人斬首，四十八人充軍。

和興、福興兩家夫行的腳夫互相毆打，場面火爆。

台灣史新聞

閩客官共設金廣福墾號
設隘武裝開墾新竹山區

位於北埔的金廣福公館。

重點新聞

【一八三五年／新竹報導】在清廷官府的扶植下，由廣東客家人與福建人合作的「金廣福」墾號已正式成立，為武裝開墾組織，設隘（俗稱金廣福大隘）防番，範圍涵蓋竹塹（今新竹）地區最晚開發的廣大東南山區（今新竹縣北埔鄉、峨眉鄉、寶山鄉），這是台灣歷來最大的墾隘。

去年，一八三四年（道光十四年），台灣府淡水廳首長淡水同知李嗣鄴，為了防止內山的泰雅族及賽夏族侵擾淡水廳署所在的竹塹城（淡水廳城）及竹東、竹北地區，指示廣東客家人姜秀鑾、福建人林德修擔任墾首戶，一起募股申請墾號，並由官府捐輸協助，籌設隘守，招募隘丁。

「金廣福」墾號於一八三五年（道光十五年）開始運作，墾隘的指揮中心及營運總部「金廣福公館」設在北埔（今北埔鄉中正路），由姜秀鑾在山區負責隘防及開墾，林德修（不久去世，由周邦正接任）在竹塹城內負責洽公與經營業務。

「金廣福」三字，「金」有官方與吉祥之意，「廣」是廣東，「福」是福建，彰顯廣東人與福建人合作開墾的意義。竹塹地區的漢人移民中，客籍略多於閩籍，這種合作方式頗為符合當地族群生態。

淡水廳官員認為，「金廣福」墾號成立後，將能有效防堵內山原住民，促進整個竹塹地區的發展。

編按：「金廣福」墾號後來擴展至苗栗縣南庄鄉及三灣鄉。

社論　族群發展的反思

官方扶植的「金廣福」墾號是清代台灣規模最大的墾隘，共設有三十六處隘守，還有一支武裝部隊，不但有效發揮防堵原住民攻擊的功能，還很快地「開墾數千甲田地，歲入數萬石稻穀」（石是容量單位，一石稻穀約六十公斤）。

「金廣福」墾號的設立與影響可分成多方面探討。對新竹官府來說，金廣福成功運用了民間的資金和人力，達到防堵生番及開墾土地、擴大稅收的目的。對新竹的客家及福建移民來說，在當時那種閩客械鬥盛行的年代裡，金廣福創下閩客族群合作開墾的典範，也促進了閩客族群之間的和諧。

然而，對於新竹的原住民來說，漢人先侵犯了新竹平原原住民道卡斯族的生活領域，再壓縮新竹山區原住民泰雅族與賽夏族的生活空間，把台灣唯一的原住民紋面文化生活圈，再度擠向內山。

宜蘭的吳沙，新竹北埔的姜秀鑾，都是帶領鄉親篳路藍縷、以啟山林的族群英雄，但在稱頌族群英雄時，歷史不應該忘記其他被傷害的族群。

「金廣福」墾號開墾荒地成田地。圖為竹苗地區的平原與台地。

柯培元作〈熟番歌〉不忍原住民悲慘待遇

【一八三五年／宜蘭報導】「人畏生番猛如虎，人欺熟番賤如土。」宜蘭最高地方首長、台灣府噶瑪蘭廳通判柯培元日前寫了一首〈熟番歌〉，詩中流露對熟番的同情，引起不少共鳴。

柯培元是山東歷城人，一八三五年（道光十五年）農曆十一月十七日，由福建省甌寧縣（今福建省建甌市）知縣調任台灣府噶瑪蘭廳通判，但就任僅僅一個月，旋即去職。

善於詩文的柯培元在宜蘭任職期間，由於對當地原住民噶瑪蘭族所見所聞有感而發，寫了一首〈熟番歌〉，詩中描述熟番受到唐人（漢人）欺侮，田地被侵占後告官卻受歧視的事。

〈熟番歌〉全文：「人畏生番猛如虎，人欺熟番賤如土，強者畏之弱者欺，毋乃人心太不古。熟番歸化勤躬耕，荒埔將墾唐人爭，唐人爭去餓且死，翻悔不如從前生。傳聞城中賢父母，走向城中崩厥首，啁啾鳥語無人通，言不分明畫以手。訴未終，官若聾，竊窺堂，有怒容，堂上怒，呼杖具。杖畢垂首聽官諭：嗟爾番，爾何言？爾與唐人皆赤子，讓耕讓畔胡弗聞？吁嗟呼！生番殺人漢奸誘，熟番獨被唐人醜，為父母者慮其後。」

受漢人欺負的原住民，連在圖畫中也常被醜化。

特稿　為父母者慮其後

【本社記者／特稿】柯培元詩作〈熟番歌〉的最後一句：「為父母者慮其後」，有兩種不同釋讀。

第一種說法認為，柯培元本身是地方官，所以他奉勸地方的父母官應該善待熟番，多考慮熟番的後路。

第二種說法則認為，這句詩的父母指的是熟番，他們自己受苦，所以為了不讓後代同樣受到漢人歧視，不是趕快漢化，就是掩飾熟番的身分。

第二種說法或許說到了熟番的心理，讓人感嘆熟番的命運。

德國教士郭實獵辦中文雜誌 傳播西方思想、科技、文化

【一八三二年至一八三三／台南、廣州報導】德國籍基督教教士郭實獵，在廣州創辦中國第一本中文雜誌《東西洋考每月統紀傳》，希望讓中國人了解西方的思想、科學與文化。

郭實獵最早在荷蘭教會接受傳教訓練，曾在荷屬印尼向華人傳教。他還學習中文，以便前往中國傳教。郭實獵後來改為英國教會工作，於一八三一年至一八三三年間搭船航行中國沿海。

郭實獵曾在一八三二年從台南上岸考察，並分發基督教文宣品。他表示，中國自以為在世界的中央，把西方人當作「蠻夷」，他希望有機會向中國人介紹西方的文明、宗教、科技及政治制度。

《東西洋考每月統紀傳》於一八三三年八月一日創刊，郭實獵強調此一雜誌無涉政治，希望讓中國人了解西方人，並促進雙方友誼。

德國籍基督教教士郭實獵。

美國報紙建議：殖民台灣東南部

【一八三二年／美國報導】美國一家報紙撰文報導福爾摩沙近況，建議西方國家前往台灣東南部發展殖民產業。

美國費城《全國新聞與文藝記事報》在一八三二年七月十日的報導中說，台灣因為中國漢人移民與台灣原住民對立，情勢不穩；西方國家可以前往不受大清帝國管轄的台灣東南部殖民，一定會受到原住民的歡迎和合作，因為原住民並不想接受大清帝國嚴苛的統治。

報導中還說，台灣是很大的島嶼，有很多資源，而且鄰近中國，更有價值；台灣的土地、氣候也與中國相似，應該大量種植茶葉，這樣美國就可以大幅降低對中國茶葉的需求，讓中國茶葉不再奇貨可居。

報導中並指出，中國的大清帝國如果要開放澳門之外的港口，台灣的港口不應該被忽略，但西方國家對台灣的海灣、河流仍了解不多。

開台群英傳 Online
金廣福記
一段閩南人、客家人與原住民族群間的爭雄故事……
-道光十五年上線-

台灣史新聞

福建提供技術、市場
茶產業大興 北台灣奠基

重點新聞

- 台灣北部製茶業興起
- 社論：台灣茶
- 美對中國茶葉需求日增
- 高雄曹公圳完工
- 王得祿加太子太保銜
- 摩斯發明電報

台灣製茶業逐漸興起。圖為茶園內摘茶的情形。

【本社記者／專題報導】中國是產茶大國，獨占全球市場，十九世紀以來，台灣北部農民從福建引進茶樹及製茶技術，使得台灣的茶葉產業有了更進一步的發展。

人類喝茶起源於中國，最初用作藥物，後來變成飲料。中國最早的民間詩歌集，西元前五百年的《詩經》中，就有「誰謂荼苦，其甘如薺」（薺為甜菜）的詩句。西元七七〇年左右，中國唐朝的陸羽則寫了世界第一本有關茶的專書《茶經》。

中國自古以來發展種茶、製茶、喝茶的茶文化，分為南方、西南方、長江南、長江北四大產茶區，其中以南方的氣候最適合茶樹生長，尤其是福建山丘多，更是中國重要的產茶區。

台灣山區本來就有野生茶樹，在荷蘭統治時代，已有漢人採野生茶葉來焙製、泡茶飲用。根據十八世紀初清朝台灣文獻記載，水沙連（今南投縣）山區有很多野生茶樹，有的野生茶樹高達一丈有餘（約三公尺多）。

文獻還說，有些漢人透過通事取得原住民同意，上山採野生茶葉來焙製，據傳這種野生茶葉喝起來很清涼，可「解暑毒，消腹脹」，但因茶性極寒，原住民倒是不太敢喝。

十八世紀以後，前來台灣北部開墾的漢人愈來愈多，農作物主要是稻米，另有少量的甘蔗與茶。到了十八世紀末，台灣北部開始有人從福建武夷山大量引進茶樹，栽種在淡水河及其支流新店溪、大漢溪、基隆河的丘陵地帶，焙製茶葉的技術也由福建移民傳入。

乾隆末年，台北深坑、木柵一帶已有漢人租地種茶。嘉慶年間（一七九六年至一八二〇年），福建人柯朝在台北瑞芳一帶種茶豐收，很多人也跟著種起茶來。

道光元年（一八二一年）以來，桃園大溪、台北新店等地大量種植茶葉，製茶業逐漸興隆，茶商開始把台灣茶葉從台北銷往福州。

茶葉經過日曬後，還要進行炒、揉等加工。

社論　台灣茶　靜待出頭天

歐美國家的人愈來愈愛喝茶，台灣北部也開始種茶，如果能把茶葉外銷歐美，將大大促進台灣北部農業及商業的發展。

十七世紀初，荷蘭人已把中國茶輸往歐洲。十八世紀以來，英國成為喝茶大國，並影響了北美殖民地美國，使美國也大量進口中國茶（紅茶）。可以說，茶葉已與絲綢、瓷器並列，成為中國對歐美最重要的輸出品。

大清政府不允許台灣做國際貿易，台灣的海外貿易大都局限於台灣海峽的兩岸貿易，主要輸出台灣中南部生產的米、糖。

台灣北部製茶業興起之後，如果大清政府能夠在台灣開放國際港口，讓台灣茶輸往歐美，將使台灣茶葉出頭天。

美國酷嗜中國茶
台灣育茶　降低貿易依賴

【一八三六年／美國報導】美國的進口貨物中，茶葉的比率已超過一半，對中國茶葉的需求量愈來愈大，中國茶葉在美國市場甚至以拍賣銷售。

美國政府於一七八四年即派遣第一艘商船「中國女皇號」前往中國貿易，該船購買了大量茶葉返國銷售，造成轟動，獲利豐厚。美國後來又陸續派船前往中國購買茶葉，使得茶葉在美國進口貨物中所占的比率逐年升高，到了一八三〇年代已超過百分之五十。

美國報紙常刊登中國茶葉廣告，茶商甚至用拍賣方式銷售茶葉，以獲取更高的利潤。部分美國報紙因而主張在台灣種植茶葉，以大幅降低對中國茶葉的需求，以免讓中國茶一直奇貨可居。

曹謹闢圳　澤被鳳山平原

地方人士建造曹公祠，以感謝曹謹之功勞。

【一八三八年／彰化報導】由台灣府鳳山縣知縣曹謹負責開鑿的鳳山平原（後稱高雄平原）灌溉溝渠工程「曹公圳」，已於日前完工，將對南台灣的農業發展產生重大貢獻。

一八三七年（道光十七年），中國河南省人曹謹就任鳳山知縣，因前一年南台灣遭逢大旱，民不聊生，他下鄉巡視，找到下淡水溪（今高屏溪）水源，決定開鑿溝渠，從根本解決水荒問題。

而今，灌溉溝渠順利在一八三八年（道光十八年）完工。

過去，大清政府並不重視台灣的民間水利設施，不論是一七一九年（康熙五十八年）中台灣的八堡圳（施厝圳），還是一七六二年（乾隆二十七年）北台灣的瑠公圳，都是由民間力量完成的。

曹公圳與八堡圳、瑠公圳，合稱台灣清代三大水利工程。

編按：台灣府為嘉勉曹謹，於完工隔年贈名「曹公圳」。曹謹完成舊圳後，又在一八四一年開鑿新圳，灌溉整個大高雄地區農田。

王得祿封一品　加太子太保
台籍最高爵位　家鄉沾光改名

【一八三八年／嘉義報導】知名台籍武將王得祿由於協助平定嘉義民變，日前受封為一品官，加「太子太保」銜。王得祿家鄉嘉義縣溝尾庄因此改名「太保庄」（今嘉義縣太保市）。

一七七〇年（乾隆三十五年）出生的王得祿，據說祖籍江西，曾祖父隨清軍來台後，子孫就在台灣定居。王得祿早年招募鄉勇，協助清軍平定林爽文民變，投入清軍後戰功彪炳，擊敗蔡牽、朱濆等海盜集團，做到福建水師提督、浙江提督，成為清廷中最著名的台籍武將。

編按：王得祿後於一八四二年中英鴉片戰爭協防澎湖時病逝。王得祿是清代台灣人最高官位，其墓在今嘉義縣六腳鄉雙涵村，這是台灣最大的私人墓園，面積一．三甲，近四千坪，為國家一級古蹟。

摩斯電報問世　帶領通訊革命

【一八三七年／美國報導】美國發明家薩繆爾·摩斯發明了電報，帶領人類通訊走向新的里程碑。

十八世紀以來，西方科學家開始發現電的各種特性，美國科學家富蘭克林在一七五二年證明電的現象，也有人研究如何使用電來傳達訊息。

一八三七年，修習過數學、電磁學，也是畫家、作家的摩斯，發明了電報，並在美國取得專利。

編按：摩斯後來又發展以字母、數字以及標點符號編碼來拍發電報的「摩斯電碼」。

發明電報的薩繆爾．摩斯。

台灣史新聞

重點新聞

- ●清英爆發鴉片戰爭
- ●社論：誰是蠻夷之邦？
- ●英軍攻台失敗，二船觸礁
- ●特稿：清軍為何不敵？
- ●南京條約割香港 開五口

清英鴉片戰爭爆發 英艦連克沿海各城

【一八四〇年至一八四二年／中國報導】英國近年持續走私鴉片到中國，嚴重影響大清帝國國家財政及人民健康。清廷下令銷毀英國存放在廣州的大量鴉片，因而引發兩國戰爭，兩軍交戰後清軍節節敗退，清道光皇帝被迫與英國議和。

自十九世紀始，英國大量走私鴉片到中國，使得大清帝國舉國從官府、軍隊到民間，吸食鴉片者眾，不但造成白銀外流、國庫空虛，更使國民萎靡不振，社會風氣敗壞。知識份子魏源就提出警告：「鴉煙流毒，為中國三千年未有之禍。」

一八三九年（道光十九年），道光皇帝特派湖廣總督林則徐為欽差大臣，前往廣州禁煙。林則徐命令英商交出鴉片，切結不再販賣鴉片，並把沒收來的兩萬多箱鴉片在虎門海灘銷毀，轟動一時。英商認為林則徐損害了英商的財產，就此埋下戰爭的種子。

鴉片戰爭中的要角——林則徐。

不久後，香港九龍發生英國海軍酒醉鬧事，打死村民案件，林則徐要求英方依法交出兇手，但英方卻自行輕判了事，再度加深雙方嫌隙。

林則徐隨後下令停止與英國貿易，準備驅逐英國人出境。英國則決定派遣海軍艦隊前往中國，保護英國商業利益以及國民生命。

一八四〇年（道光二十年）初，林則徐宣布封閉廣州港口，英國開始討論是否採取軍事行動，最後在國會以些微票數通過出兵之舉。

六月，英國艦隊從印度出發，宣告雙方戰爭之始。英國艦隊採取直攻北京策略，八月已抵達天津大沽口外。道光皇帝感受到強大壓力，主戰意志轉弱，派人和談。

然而，由於英軍認為清方採取拖延戰術，遂從一八四一年（道光二十一年）初就展開攻擊，從南往北前進，邊談邊打，不斷打敗清軍。一八四二年（道光二十二年）初，英國艦隊開進長江。八月，進逼南京。道光皇帝見此無心再戰，準備完全接受英國提出的停戰條件。

至於在鴉片戰爭中力抗英軍的文武官員，林則徐以戰敗責任被遣戍新疆，台灣總兵達洪阿以虐殺被俘英軍罪名，送往北京刑部懲辦。

一八四二年七月，英軍攻占鎮江。

社論　民主人權 難掩侵略本質

鴉片戰爭一役，英國打敗中國，雖然獲得了戰利，卻葬送了道德。

十九世紀的西方國家多已擺脫專制統治，建立起天賦人權、三權分立等各種民主政權，並希望向全世界傳播基督宗教。但文明、開放的英國，卻是怎樣對待自己眼中政治專制、思想落後的中國呢？

英國在要求與中國通商不成後，竟以走私鴉片來平衡貿易逆差，完全不顧鴉片對中國人的危害。當中國起而反抗時，英國國會卻以兩百七十一票比兩百六十二票的比數，通過對中國採取軍事行動。雖然只是幾票之差，已足以反諷民主英國仍然是那個專制中國眼中的「蠻夷之邦」。

原來，英國人還是把利益擺在人權、道德前面。

英攻台不利 二船艦觸礁

【一八四一年至一八四二年／台灣報導】大英帝國與大清帝國爆發鴉片戰爭，英軍在中國內地無往不利，在台戰事卻一再失敗。

一八四〇年（道光二十年），大清政府在與英國開戰前，已下令台灣道姚瑩、台灣總兵達洪阿加強台灣防務，並指派人在台灣的水師名將王得祿參與協防。

姚瑩在台灣從北到南的港口設置海防砲台，尤其在基隆港的二沙灣山上新建砲台（今「海門天險」古蹟），以八門大砲正對港區。因台灣兵力不足，姚瑩遂招募鄉勇共同防衛。鄉勇雖不是正規軍隊，但愛鄉、保台的精神及戰鬥力猶甚清軍。

英國艦隊沿中國東南海岸北上時，由於擔心台灣守軍從後方攻擊，往往同步派船艦監視台灣。一八四〇年中到一八四一年中的紀錄顯示，英艦幾次接近鹿耳門、基隆港及台灣中部海岸。

一八四一年（道光二十一年）九月，英軍在中國內地戰事順利，英軍運輸船納爾不達號遂進入基隆港試探，並向二沙灣砲台開砲，擊毀一間兵舍。守軍隨即開砲還擊，打斷船桅，納爾不達號撤退，卻在和平島附近觸礁，共有三十二人死亡，一百三十三人被俘處決。同年十月，英艦再度企圖進入基隆港，同樣一登陸就被台灣守軍擊退。

一八四二年（道光二十二年）三月，三艘英艦轉攻台灣中部，結果來支援作戰的商船安妮號觸礁擱淺，多人被俘。

基隆二沙灣砲台。

特稿 清軍為何不敵英軍？

【本社記者／特稿】歷史上第一次中西兩大強國之戰，戰場在中國，英軍千里迢迢跨海而來，人數最初七千，增兵後不過兩萬，清軍是守方，又以逸待勞，為何打敗仗？

一般認為，英國經過工業革命洗禮，英軍船堅砲利，人數雖少，卻擁有優勢火力。然而，清軍也有大砲火槍，就算數量不如英軍多，應可用人數優勢來加以彌補，為何不敵？

從軍隊素質來看，英軍在歐洲累積了多場戰事經驗，一八一五年的滑鐵盧戰役更打敗法國拿破崙軍隊；清軍則自十九世紀以來就沒有戰爭，僅平定白蓮教民變及打擊東南沿岸海盜。從戰術來看，清軍分散各地，英軍則擅長海戰，予以各個擊破。

這場發生在中國本土的戰爭，堂堂大清帝國大軍敗給了來自「蠻夷之邦」的英軍，不只失去自信，也讓西方列強看到分食中國大餅的機會。

清簽南京條約 割香港 中國首宗不平等條約

【一八四二年至一八四三年／南京報導】由於大清帝國在鴉片戰爭中敗北，不得不割讓香港給英國，並開放廣州、廈門、福州、寧波、上海等五大港口給英國人貿易及居住。

清廷代表已於一八四二年八月二十九日，在停泊於南京下關的英軍軍艦上簽訂「南京條約」，除賠款兩千一百萬銀元外，並割讓香港、開放五大港口。這是中國對外第一個不平等條約。

然而，簽約以後，英國於一八四三年十月，以「南京條約」中開放五大港口通商只是綱領為由，要求再簽訂「五口通商章程」，雙方協定貨物關稅為百分之五（過去是百分之二十），英國擁有「領事裁判權」（英國人犯法由英國領事依英國法律治罪），英國可在五口各停泊一艘軍艦。

同月，英國又要求簽訂「虎門條約」，其中包含「最惠國待遇」，即大清帝國給予他國的優惠，英國也可同步享有。

清英雙方代表在英國軍艦上簽訂南京條約。

台灣蠔咬 鴉片戰爭

台灣史新聞

重點新聞

- 郭光侯上京告御狀
- 社論：清官不清
- 颱風重襲南台灣
- 美法跟進不平等條約
- 中台灣大地震

武秀才告御狀

遭誣謀逆 上京申冤仍判流放

民眾盼以稻穀折抵現銀納稅，沒想到一輛輛牛車全堵在往縣府倉庫的路上。

【一八四四年／台南、北京報導】台灣縣保西里（今台南市歸仁區）武生（俗稱武秀才）郭光侯（又名崇高），為民眾納糧遭官府刁難打抱不平，結果被官府以抗清謀反通緝，他憤而偷渡上京告御狀，最後雖獲平反，但仍因聚眾抗官之罪，被判流放新疆。

福建長期缺糧，台灣則產米，大清政府因此特別規定，台灣民眾要用稻穀納稅，不得折銀，以便直接運送到對岸的福建接濟。然而，海上交通經常不便，台灣積穀漸多，穀價隨之下跌。有些地方官遂下令從納穀改為納銀，並把稻穀折銀的價格訂高，使得台灣民眾必須用比往年多的稻穀去換銀來納稅，官員則用銀去購買低價的稻穀交差，從中謀取私利。

今年，一八四四年（道光二十四年），台灣縣知縣閻炘下令民眾以現銀納稅，台灣縣十九里二庄的民眾因無力納銀，採取觀望態度，最後在官方催促之下，只好把稻穀運往縣府倉庫，造成一路上牛車堵塞，稻穀堆積如山。閻炘見狀不但不接受稻穀，還下令處罰抗命者。

民眾請託平時見義勇為的郭光侯及幾名耆老出面，帶領大家前往台灣府說明，結果聚集了數千人之多。此時，台灣府官員卻以民眾中有人豎立反清旗幟為由，下令逮捕郭光侯等人。

郭光侯見地方貪官污污吏不可理喻，又擔心被捕後無法伸冤，決定直接前往北京告發。從台南安平港直接前往天津港的船隻只有郊商的商船，郭光侯在糖郊朋友協助下，躲在裝糖的大簍裡，搭商船前往天津。

郭光侯抵達天津後，天津當地的福建商人建議他去北京找擔任御史的福建晉江人陳慶鏞說明始末。以正直著稱的陳慶鏞非常同情郭光侯，上疏「郭光侯聚眾謀逆，前經降旨嚴拿，何以潛竄來京，有無別情，必應徹底根究」，代為伸冤。

後來刑部審訊了郭光侯，並為其平反，閻炘則被革職，台灣府相關官員也被降級。但郭光侯因聚眾抗官，仍被以「僨事」（敗事）之罪處「流刑」，流放新疆。

郭光侯為了申冤，躲在糖籠中偷渡至天津。圖中工人正在打包的貨物，即為糖籠。

社論 清官不清

郭光侯因打抱不平而得罪台灣官員，藏在商船糖簍裡偷渡到北京告御狀，他見義勇為的故事極富戲劇性，流放新疆的結局卻讓人遺憾。

然而，郭光侯事件讓人看清楚大清帝國統治台灣吏治嚴重敗壞的情形。

從內地來台灣任官三年就要回去的政策，造就了很多貪官污吏，難怪台灣民間批評「官毋驚你散，鬼毋驚你瘦」（官不怕你窮，鬼不怕你瘦），甚至咒詛「一世官，九世牛，三世寡婦」。一八四八年擔任台灣兵備道的徐宗幹還說：「各省吏治之壞，至閩而極。閩中吏治之壞，至台灣而極。」

郭光侯以「聚眾謀逆」被通緝，雖查明並未「謀逆」，最終仍以「聚眾」被判流放，讓人為他抱屈。大清帝國統治台灣，總是在防備「暴民」，卻忘了先有暴政，才有暴民。

颱風侵襲南台灣
海水逆灌 口湖三千人死

【一八四五年／雲林口湖報導】颱風侵襲南台灣，造成沿海地區海水倒灌，共有三千人死亡，隨後又發生饑荒、瘟疫，又造成三千人死亡，這是漢人渡台開墾以來最嚴重的災害之一。

一八四五年（道光二十五年）農曆六月七日晚間，颱風侵襲鳳山縣、台灣縣、嘉義縣沿海地區，台灣府官員以「大雨連宵，颱風間作」形容風雨。根據各縣報告災情，以嘉義縣、台灣縣最為嚴重。

嘉義縣知縣王廷幹表示，農曆六月七日入夜以後「狂風大雨，海漲異常」，象苓澳（下湖舊港，今雲林縣口湖鄉台子村蚶仔寮）的船隻十之八九被擊碎，街上店鋪、房屋全倒，事後查明共約三千人被淹死，已將屍體分男女掩埋處理。

由於災情慘重，官府已決定緊急動用公款、庫糧賑災，並奏報台灣災情及相關處理。

道光皇帝體恤死難民眾，敕封「萬善同歸」。

編按：口湖鄉後來建金湖萬善爺廟等廟宇祭祀死難民眾，並在每年農曆六月七日、八日舉行道教「牽水(車藏)」儀式超渡溺死冤魂。

罹難百姓的埋葬處——萬善同歸塚。

清英不平等約
美法跟進追加

與中國簽訂《望廈條約》的駐華專員顧盛。

【一八四四年／中國報導】眼見英國兩年前打贏鴉片戰爭後，與大清帝國簽訂不平等條約，美國與法國這一、兩年紛紛向大清帝國要求比照辦理，甚至進而要求更多。

英國自從一八四二年與大清帝國簽訂《南京條約》、一八四三年簽訂《五口通商章程》、《虎門條約》後，從中得到很大利益。美國與法國不想看到英國在中國獨大，竟也要求與大清帝國簽約，並依需要任意增加條款。

今年夏季，一八四四年七月三日，美國與大清帝國在澳門望廈村簽訂了《望廈條約》，再要求享有「治外法權」（外交豁免權），美國人不受大清帝國司法管轄，但若販賣鴉片，仍由大清帝國司法治罪。

法國則於今年十月二十四日與大清帝國在廣州黃埔港的法國軍艦上簽訂《黃埔條約》，並再要求傳教權。

這幾年之間，大清帝國陸續與英、美、法簽下不平等條約，並讓三國皆享有「最惠國待遇」（比照享有清朝給予的優惠），不但割讓領土，還喪失司法主權，已使大清帝國的國際地位大幅滑落。

中台大地震
奪命三百餘

【一八四五年／彰化、台中報導】中台灣昨天發生大地震，共計造成三百八十人死亡，四千兩百多間房屋倒塌。

一八四五年三月四日中午（道光二十五年一月二十六日午時），彰化縣（今彰化、台中一帶）發生大地震，彰化縣城屋瓦掉落、城牆搖動，官員、民眾都趕快跑到空地上。一小時後大地震停止，縣城內外有十二人被壓死，房屋與寺廟倒塌不計其數。

彰化縣府派人分別前往該縣所屬的十三個堡勘查，並統計人員死傷及房屋受損情形。

啟事
傳聲筒事務所
代寫訴狀 向官申訴
價格多寡 看案件計
上訴不成 保證退費

重點新聞

- ●英美覬覦台灣煤產
- ●社論：不同角度看台灣
- ●洪秀全建太平天國
- ●澎湖下鹹雨　災情慘重
- ●道光去世　咸豐即位
- ●〈全台紳民公約〉訂定

為了艦艇燃料 為了茶與樟腦
英美軍訪台 唱愛「煤」小札

一八四七年以後，英美軍艦紛紛前來基隆探查煤礦。圖為基隆鳥瞰圖。

【一八四八年至一八五一年／台灣報導】台灣在十七世紀中葉曾是歐洲海上強權荷蘭、西班牙的殖民地，今日身處十九世紀中葉，已併入大清帝國版圖一百六十多年的台灣，再度因為產煤，成為歐洲海上強權英國、美洲新興強權美國覬覦的目標。

歐洲在工業革命之後，船艦因改用蒸汽機而加強了航海能力，蒸汽的動力則來自煤和水。約莫十來年前，也就是一八三九年英國啟動鴉片戰爭前後，英美兩國都已注意到北台灣的基隆產煤一事。一八四三年以後，英美雙雙取得五口通商的權利，若能擁有台灣的煤礦，又有港口提供水，將大大提升遠洋船艦的續航力。

大清政府早知台灣產煤，卻立碑禁止民眾入山採煤，以防發生民變。但仍有民眾前往山丘煤層露出處挖煤，或撿煤到市場販售。

約自一八四七年以後，開始有英美軍艦駛抵基隆，除了向民眾購煤，也同步勘查煤礦，引起清廷官員關切。

一八四七年，英國軍艦前來基隆勘查煤礦，並帶樣本回英國化驗，報告中認為基隆煤礦質量俱佳，但因運費昂貴，並不符合經濟價值。

一八四九年，美國軍艦同樣從基隆帶走煤礦樣本，送回美國化驗，結果發現基隆煤礦的質量優於英國煤礦（當時英國是歐洲最大產煤國），建議向大清帝國要求准許在台灣設置儲煤站，以降低美國對英國煤的依賴。

一八五○年，英國軍艦來到基隆，向清廷官員要求購煤被拒。大清政府更因擔心台灣民眾私採煤礦與外國人交易，於一八五一年再度重申禁止採煤的命令。

一位往返台海兩岸的台灣商人認為，英美兩國從商業利益觀點出發，認為台灣的優點除了產煤，還產樟腦，又可發展製茶業，而且離中國很近，如果有機會殖民甚至占領台灣，他們將毫不猶疑去做。

社論

清廷恐民變 英美羨資源
一個台灣 兩個視界

中外觀點看台灣，竟是如此地不同。統治台灣的大清帝國戴的是政治眼鏡，只怕台灣發生民變。英國和美國戴的則是商業眼鏡，怎麼看台灣都是利益。

一七七○年代，因戰爭逃亡意外在東台灣待了半個月之久的波蘭裔匈牙利伯爵貝尼奧斯基，已鼓勵歐洲各國前往大清政府不管的東台灣殖民。

一七九○年代，前往中國要求通商被拒的英國特使馬戛爾尼在返國述職時指出，大清帝國與台灣的關係脆弱，只要有外國介入，很快就會瓦解。一八三○年代，一些住在廣州的英國人建議英國攻占台灣。

從英國獨立出來的美國對台灣興趣更大，從一八三○年代以後就對台灣充滿幻想：台灣鄰近中國，資源豐富，可以種植茶葉，還可以前往大清政府不管的台灣東南部殖民。

美國曾在一八○三年以一千五百萬美元買下法國在北美洲的路易斯安那屬地，如果用錢可以再買下台灣，為了商業利益，美國一定不會手軟。

太平天國興起 釀清代最大民變

【一八五一年／廣西報導】創「拜上帝會」的洪秀全，帶領萬名會眾在廣西桂平金田村（今廣西省貴港市桂平市金田鎮）建「太平天國」起事抗清，成為大清帝國歷來最大規模的民變。

洪秀全生於一八一四年（嘉慶十九年），廣東花縣（今廣州市花都區）人，出身耕讀世家，但屢試不中。一八四三年（道光二十三年），他參加廣東鄉試再度落選，看到基督教的傳教書籍，決定改信上帝，並創「拜上帝會」，稱耶和華為父、耶穌為兄，入會者一律平等，互稱兄弟姊妹。

洪秀全前往廣西傳教，訂定類似《聖經》十誡的「十款天條」，吸引愈來愈多會眾，並與馮雲山、楊秀清、蕭朝貴、韋昌輝、石達開結拜兄弟。

而今，一八五一年（咸豐元年），洪秀全建立太平天國，自稱「天王」，在占領廣西永安（今蒙山縣）後，封五位結拜兄弟為王，建立公有財產等制度。太平天國因拒絕大清薙髮習俗，被清廷稱為「長毛」。

洪秀全，自稱太平天國「天王」。

太平天國軍隊與清軍作戰中。

火燒風催鹹雨 醃漬澎湖

【一八五一年／澎湖報導】澎湖數月來「下鹹雨」，造成嚴重災害，官府將撥款救濟並延緩徵稅。

澎湖群島在風季期間本以風大著稱，若狂風挾帶海水而下，稱為「下鹹雨」，會使得作物在一夕之間枯萎，又稱為「火燒風」。風雨後，土地還會因含鹽量太高而無法耕種。

今年春季，澎湖「下鹹雨」災情嚴重，台灣府撥款並向富家募款，在台灣購買「薯絲」（俗稱番薯籤），運來澎湖救濟。

道光撒手 咸豐即位

【一八五〇年／北京報導】大清帝國道光皇帝於一八五〇年（道光三十年）二月二十五日去世，由二十歲的四皇子奕詝即位，年號咸豐。

享年六十九歲的道光皇帝在圓明園去世，他生前崇尚節儉，治國能力較為平庸，在位期間面臨鴉片禍國壓力，雖然決定與英國開戰，卻時和時戰，最後無條件議和，更開啟了大清帝國與外國簽訂不平等條約的惡例。

大清帝國經過康熙、雍正、乾隆三朝盛世，在嘉慶、道光兩朝已告中衰，咸豐皇帝一即位，便將面臨國內外眾多難題。

奕詝即位，年號咸豐。

全台紳民公約 防外國滲透

【一八五〇年／台灣報導】台灣兵備道徐宗幹日前訂定〈全台紳民公約〉，以防止外國人來台貿易及走私鴉片。

鴉片戰爭後，歐美國家勢力逐漸進入中國，台灣雖然不屬於五個開放通商的港口，但外國人依舊前來。徐宗幹認為「台灣非該夷應到之地」，「風聞夷人欲於台地貿易，如果成事，貽禍無窮」，遂訂定〈全台紳民公約〉，希望民眾遵行。

〈全台紳民公約〉共有六條：勤瞭望、聯聲勢、查奸細、選壯丁、籌經費、備器械。另有附約，嚴禁民眾採煤，「如遇刨挖者，即行圍捕送官。倘敢抗拒，格殺勿論。」

台灣史新聞

重點新聞

- 雞籠中元祭化解漳泉恨
- 麻豆文旦柚種植成功
- 社論：拚陣頭卡好
- 美將領主張占領台灣
- 英學者記錄台灣百合

雞籠中元普渡 消解械鬥仇恨
打破原鄉隔閡 各姓宗親輪值主祭

雞籠中元祭典放水燈。

【一八五五年／基隆報導】雞籠（今基隆）幾年來發生的漳泉械鬥死傷慘重，事後雙方決定每年共同舉行中元祭典超渡漳泉亡魂。如今，中元祭典將從今年開始按姓氏輪流主辦，藉由姓氏的血緣關係來打破原鄉的地域觀念，期望此後漳泉不再相鬥。

台灣漢人分類械鬥中，最常見的是以原鄉來區分彼此，像福建人與廣東客家人相鬥，福建人中漳州人與泉州人相鬥，泉州人中的三邑（晉江、惠安、南安）人與同安人相鬥。但以姓氏來看，漳州人、泉州人、客家人之間其實很多人同姓，若以姓氏來畫分族群，就打破了祖籍界限。

基隆原住民馬賽族（或稱凱達格蘭族）很早就與海外接觸，十八世紀以後開始有大批漢人前來，主要是福建人，先來的漳州人集中在港口地區，後來以安溪人為主的泉州人則集中在基隆河沿岸的七堵、暖暖地區，雙方以獅球嶺為界。清代台灣西部海岸的漢人移民都是泉州人，只有基隆例外。

一八五一年（咸豐元年），基隆的漳州人與泉州人在舫頂（今基隆市南榮路南榮公墓一帶）發生激烈械鬥事件，打死了一百零八人。正當隨時可能再啟釁端之際，雙方有識之士出面協調，先收集遺骸，建廟祭祀（今基隆市樂一路老大公廟）。

一八五三年（咸豐三年），基隆爆發瘟疫，人心不安。一八五四年（咸豐四年），基隆仕紳討論舉行中元普渡祭典，以超渡漳泉械鬥及瘟疫亡魂，並決定由各姓宗親會輪流擔任主祭。

每年農曆七月十五日是中國民間重要的中元節慶，融合了儒、釋、道的精神和禮儀，包括中國儒教官方祭祀厲鬼的「祭厲」、民間施捨幽魂的「施幽」，以及道教祈求地官大帝赦罪的「中元齋」、佛教超渡七世祖先的「盂蘭盆」。

基隆自一八五五年（咸豐五年）開始舉行中元普渡祭典，最早的十一個「字姓」，以抽籤決定主祭順序，即張廖簡、吳、劉唐杜、陳胡姚、謝、林、江、鄭、何韓藍、賴、許（劉唐杜、何韓藍多姓者，代表這些姓來自相同的祖先），稱為「張頭許尾」。

編按：後來加入的姓增加，共有十五個輪流主祭的單位，包含二十六個宗親會，共有四十多個不同的姓。

漳州文旦柚 茁壯在麻豆

【一八五五年／台南麻豆報導】麻豆（今台南市麻豆區）郭家種植的文旦柚愈來愈有口碑，近年已逐漸打響「麻豆文旦」名號。

文旦柚原產福建漳州，一七〇一年（康熙四十年）引進台灣，一七八八年（乾隆五十三年）由黃灌在安定（今台南市安定區）種植成功。後來，郭藥再分苗到麻豆栽種，總算於一八五五年（咸豐五年）前後，種出「皮薄肉白，汁多而甘如蜜」的文旦柚。

麻豆人說，文旦雖來自漳州，但麻豆氣候適合文旦柚生長，才能長出好吃的文旦柚。

麻豆文旦柚多汁好吃。

社論　拚陣頭　勝過打破人頭

中國傳統的中元普渡在基隆發揮了化解族群械鬥的功能，這是民間的智慧，也成為台灣漢人移民史上的典範。

以姓氏的血緣關係取代原鄉的地域觀念，依照姓氏來主辦中元普渡祭典，大家不再因祖籍不同而互鬥，變成在迎神賽會上競爭，正是民間所說：「拚陣頭，較好打破人頭。」

除此之外，由不同姓氏的宗親會輪流主辦中元普渡祭典，十多年才會輪到一次，輪到時傾全力辦好，這是良性競爭，也才能永續經營。

各種族群械鬥之後，常有很多無名或無人領回的死屍，不分閩客、漳泉，最後都被葬在一起，稱之「大墓公」、「老大公」、「大眾爺」。生前互鬥，死後合葬，豈不諷刺？

雖然族群械鬥的主要原因在於利益的爭奪，但原鄉認同的淡化將有助於族群之間的和諧。

編按：雞籠中元祭今已成為台灣規模最大的中元普渡祭典。

美國意見領袖　提議占領台灣

【一八五五年／美國報導】美國已有多名海軍將領、外交官、商人，主張美國應該占領或買下台灣，甚至殖民台灣。

美國自從英國獨立出來以後，就與英國一樣追求中國的商業利益，並注意到台灣的物產，以及台灣鄰近中國的地理位置。美國軍方曾於一八四九年前往基隆調查煤礦，並建議在台灣設儲煤站。

一八五〇年代，美國海軍將領培里、阿姆斯壯，美國外交官駐大清公使伯駕、駐日公使哈里斯、駐香港領事亞倫，以及廣州美商奈伊等人，都主張美國應該占領或買下台灣。

培里催促美國政府占領台灣，讓台灣成為美國在西太平洋永遠的軍事、商業、貿易、文化據點。哈里斯則建議買下台灣，作為商業以及軍事基地。曾來過台灣的奈伊也向美國國務卿馬西提出占領及殖民台灣的計畫。（後來美國因國內的黑奴問題及南北內戰而未處理這些提議。）

美國國務卿馬西，面臨是否殖民台灣的問題。

中元普渡沒煩惱　通通交給好幫手
好兄弟購物中心
可代送地府哦！

台灣蠔咬　族群械鬥

台灣百合　列正式紀錄

【一八五四年／淡水報導】第一位來台灣採集植物的英國植物學家、園藝學家福均，在北台灣淡水發現了台灣百合，這是台灣第一個被正式科學登錄的植物。

福均受僱於倫敦園藝學會，他依英清之間簽訂的《南京條約》，多次前往中國調查和採集植物，並收集中國人種茶、製茶的資訊，介紹給歐洲。

一八五四年（咸豐四年）四月，第三次來中國的福均搭乘美國船孔子號前往上海，途經台灣並在淡水停留一天。福均上岸後立即看到台灣百合，並用望遠鏡觀察這些在淡水河邊及山坡盛開的美麗白色花朵。

台灣百合以「福爾摩沙」為種名，屬於台灣特有種植物，在台灣分布很廣，從海邊到高山都可看見。台灣百合是台灣島上生命力最強的植物之一，又被稱為「野百合」。

台灣百合是台灣特有種。

台灣史新聞

重點新聞

- 清簽天津條約 台灣開港
- 社論：台灣恢復國際貿易
- 郭德剛抵高雄傳教
- 同安人建霞海城隍廟
- 達爾文發表演化論
- 惠安人建艋舺青山宮

清英法天津條約 台灣開港
安平、淡水列國際通商口岸

法籍神父馬賴在廣西西林遭處死刑。

【一八五六年至一八五八年／天津報導】大清帝國被迫與英、法簽訂《天津條約》，把台灣的安平、淡水列入中國新增加國際通商口岸。

根據大清帝國與英、美、法分別簽訂的《南京條約》、《望廈條約》、《黃埔條約》，可在十二年後調整變通，因此三國分別在一八五四年和一八五六年提出換約要求，但大清帝國予以拒絕，就此埋下再啟戰端的因子。

一八五六年（咸豐六年），廣東水師登上停泊廣州的英船亞羅號搜捕非法水手，並拔下英國國旗，英國要求道歉被拒，中英雙方互相攻擊。同年，法國神父馬賴在廣西西林被官府處死，由於大清政府事前未依約把馬賴交由法國領事處理，引起法國的憤怒。

一八五七年（咸豐七年）底，英法組成聯軍對大清帝國發動攻擊，攻下廣州。一八五八年（咸豐八年）四月，英法艦隊開抵天津大沽口，五月登陸並攻下大沽口砲台，六月攻進天津。大清帝國在英、美、法公使的威脅下，再度簽訂條約，此即《天津條約》。

根據《天津條約》，大清帝國除賠償英國四百萬兩白銀、法國兩百萬兩白銀之外，再增加開放牛莊（後改遼寧營口）、登州（後改山東煙台）、漢口（湖北）、九江（江西）、南京（江蘇）、鎮江（江蘇）、潮州（後改廣東汕頭）、瓊州（海南島），以及台灣的安平（台南）、淡水（台北）等十處通商口岸（海關），並允許可以在長江各口往來、遊歷及傳教。

一八五八年（咸豐八年），英國為了讓鴉片能合法進口中國，再與大清政府協議將鴉片改稱「洋藥」，開放自由買賣。鴉片自此在中國成為合法商品，對中國社會危害更大。

對台灣來說，這是自大清帝國統治台灣一百七十四年來，第一次在台灣開放國際港口。

編按：後來，英法擴大解釋，主張安平港應包括附港高雄港，淡水港則包括附港基隆港。

中英簽訂《天津條約》，其中內容涉及台灣開港。

社論　貿易重開放 迎黃金時代

台灣本是四通八達的海島，在荷蘭、明鄭時代做的是國際貿易，到了清朝雍正時期被限制只能做兩岸貿易，現在經由《天津條約》又恢復了國際貿易。

與兩百年前的台灣相比，十九世紀中葉的台灣人口多了一、二十倍，已達兩百多萬，土地開墾已從南到北再轉到東部，生產事業也從南部、中部的米、糖，擴大到中北部、北部的樟腦、茶、煤等。這時再來做國際貿易，不可同日而語。

台北新興的淡水港更準備好迎接黃金時代的到來。英國要在台灣設領事館，本來想設在台灣府所在的台南安平，後來決定改設在台北淡水（一八六四年再遷高雄），英國人已經看到了台灣北部發展貿易的潛力。

西班牙神父郭德剛來台

【一八五九年／高雄報導】天主教道明會西班牙籍教士郭德剛日前以六十二圓龍銀在前金（今高雄市前金區）近海地區買下一塊土地，用茅草、木材搭建了一間簡陋的傳教所（今高雄市前金區五福三路），即將展開在台灣的傳教工作。

大清政府在去年（一八五八年）依照《天津條約》解除了傳教禁令，西班牙屬地菲律賓的天主教道明會因此派遣郭德剛來台傳教。郭德剛先到廈門，再與廈門的中國教士及教友一起來台灣。

郭德剛一行人於今年五月十八日（日後成為台灣天主教開教紀念日）搭船抵達打狗（高雄）。由於官府及民間對西洋教士缺乏好感，郭德剛並不受歡迎，他前往鳳山縣府拜會時，甚至被關入牢房，兩天後才被英國商人救出。

郭德剛神父是西班牙統治北台灣（一六二六年至一六四二年）兩百多年後，第一位再來台灣傳教的天主教神父。

編按：郭德剛建立的傳教所後來改建成「玫瑰聖母聖殿主教座堂」。

郭德剛神父在前金搭建的傳教所。

大稻埕同安人 建信仰中心

【一八五九年／台北報導】大稻埕（今台北車站西北方，近淡水河濱一帶）興建的霞海城隍廟（今台北市大同區迪化街）已於日前竣工，將成為泉州同安移民在大稻埕的信仰中心。

進入十九世紀以來，艋舺地區（今台北市萬華區）的泉州移民愈來愈多，泉州三邑（晉江、惠安、南安）商人「頂郊」與泉州同安商人「下郊」（廈郊）常常發生衝突，摩擦不斷，終於在一八五三年（咸豐三年）發生「頂下郊拚」械鬥，同安人敗走，遷往大稻埕發展。

同安人在大稻埕以原鄉泉州同安霞城海邊城隍廟帶來的神像建廟，稱為霞海城隍廟，該廟雖因街道狹窄而不大（大約四十六坪），但象徵了同安人的團結。

演化論 達爾文正式發表

【一八五九年／倫敦報導】英國博物學家達爾文日前發表新書《物種起源》，提出物競天擇、適者生存的生物演化論。

一八〇九年出生的達爾文畢業於劍橋大學神學院，向來對地質學、生物學抱持高度興趣，曾隨英國海軍船艦前往世界各地調查研究。

達爾文在《物種起源》中指出，所有生物都是由原始形式經過「天擇」的過程長期演化而來，物種會隨環境而改變。

達爾文發表《物種起源》，提出生物演化的概念。

惠安同鄉 新建艋舺青山宮

【一八五九年／台北報導】艋舺（今台北市萬華區）新建的青山宮新廟，日前落成啟用，奉祀青山王靈安尊王，將成為泉州惠安移民在台北的信仰中心。

青山王是泉州惠安的鄉土守護神，在泉州三邑（晉江、惠安、南安）中也類似城隍爺。

五年前，一八五四年（咸豐四年），艋舺地區發生瘟疫，泉州惠安移民因此從原鄉泉州惠安青山宮分靈到艋舺，建廟奉祀之。而今，一八五九年（咸豐九年），新建的艋舺青山宮（今貴陽街）終於完工。

台灣史新聞

重點新聞

- 郇和介紹台灣特有種動物
- 英法聯軍火燒圓明園 清北京條約割讓九龍
- 咸豐去世 同治即位
- 瑷琿條約失黑龍江以北
- 社論：英法強盜雙雄

英領事郇和發表在台生態紀錄 台灣特有動物 國際曝光

英國駐台外交官郇和。

【一八六二年至一八六三年／台灣報導】英國駐台外交官、博物學家郇和，這兩年陸續在國際專業雜誌發表他在台灣觀察、記錄的特有種或特有亞種動物，包括台灣藍鵲、台灣藍腹鷴等鳥類，以及台灣獼猴、台灣黑熊等哺乳類動物。

郇和一八三六年出生於印度加爾各答，長大後赴英國念大學，後來輟學報考英國外交部駐外領事館公務員，隨即被派往香港、廈門英國領事館工作。

郇和從小就喜歡接觸大自然、收藏鳥類標本，在中國工作時，常擔任英軍的中文翻譯，也利用職務之便，順道考察中國南方和台灣的自然生態。

郇和在一八五六年就來過台灣，一八五七年還搭船在台灣環島航行。他在一八六〇年十二月從廈門調來台灣擔任英國駐台副領事（一八六五年升領事），讓他更能有系統的觀察、記錄台灣生物。

一八六二年（同治元年），郇和在倫敦動物學會的會報上發表一篇〈福爾摩沙的哺乳類動物〉，介紹特有種如台灣獼猴、台灣石虎，以及特有亞種台灣黑熊、台灣雲豹等，是這些台灣動物第一次被正式科學登錄。

一八六三年（同治二年），郇和在著名鳥類雜誌《Ibis》發表〈福爾摩沙鳥類學〉，介紹特有種如台灣藍腹鷴、台灣藍鵲，以及特有亞種台灣朱鸝等，這也是這些台灣鳥類第一次被正式科學登錄。

編按：郇和在台灣記錄近兩百種鳥類，超過台灣已登錄鳥類的三分之一。

台灣藍腹鷴是台灣特有種。

再訂北京條約 清割九龍加碼賠款
英法聯軍火燒圓明園 咸豐避走熱河

【一八六〇年／北京報導】清廷與英法兩國自一八五八年簽下《天津條約》後，這幾年因換約問題再啟戰端，清軍先勝後敗，最後英法聯軍攻入北京，火燒圓明園。清廷日前被迫再簽北京條約，割讓九龍給英國。

有鑑於一八五八年英法聯軍攻下天津大沽口，使得清廷被迫簽訂《天津條約》，清廷事後認為，只要加強大沽口防務，就可抵擋英法聯軍。此外，咸豐皇認為天津條約讓步太多，不但派人與英法交涉修改內容，也不希望英法公使前來北京換約，但都遭拒絕。

一八五九年（咸豐九年），英法公使率艦隊抵達大沽口，準備前往北京換約，清廷有意推託，要求改從大沽口北方的北塘登陸再前往北京，公使隨從只限二十人。英法聯軍拒絕，強行進入大沽口，雙方開戰，結果英法聯軍被打敗撤走。

一八六〇（咸豐十年）七月，英法援軍趕到，攻下天津。清廷派人到天津議和，但談判破裂，清軍擄走英法談判代表及士兵。英法聯軍隨後進攻北京，清軍戰敗，咸豐皇帝避走熱河行宮，由恭親王奕訢留守北京。

英法聯軍進入北京後，看到多名被俘的英法代表被清軍凌虐致死，就以報復為由，搶劫、焚燒圓明園。圓明園燒了兩天兩夜，共有太監及宮女三百多人葬身火海。

十月，恭親王奕訢代表出面議和，除了接受《天津條約》換約外，另再與英、法、美簽訂《北京條約》，內容包括割讓九龍給英國，對英法賠款各增至八百萬兩白銀，以及增開天津為通商口岸，准許傳教士買地建教堂等。

咸豐去世 六歲同治繼位

【一八六一年／北京報導】大清帝國咸豐皇帝日前去世，由六歲的長子載淳即位，年號同治，但由載淳的生母葉赫那拉，杏貞皇太后（慈禧）垂簾聽政。

咸豐皇帝於一八六一年（咸豐十一年）八月二十二日在熱河行宮避暑山莊去世，享年三十一歲。遺詔中指定肅順等八位大臣輔佐皇太子載淳為帝。

編按：後來咸豐皇帝妃子葉赫那拉氏與恭親王奕訢策動政變奪權。

六歲就即位的載淳，年號同治。

俄國趁火打劫 吞百萬里江山

【一八六〇年／北京報導】俄國趁英法聯軍入侵中國之際，乘虛而入，迫使大清帝國簽署《璦琿條約》，取得黑龍江以北約六十萬平方公里的土地，並由兩國共管烏蘇里江以東四十萬平方公里的土地，這是中國近代喪失最多領土的條約。

一八五八年，當第一次英法聯軍攻下大沽口、進軍天津時，俄國派遣軍艦前往黑龍江左岸的璦琿（今黑龍江省黑河市愛輝鎮），與黑龍江將軍奕山談判，聲稱來幫助大清帝國抵抗英法，條件是大清帝國必須廢除一六八九年（康熙二十八年）《尼布楚條約》針對中俄兩國領土的界定，並逼奕山簽下《璦琿條約》。事後，清廷未批准此一條約，並處分奕山。

一八六〇（咸豐十年）十一月，第二次英法聯軍之役結束，清廷與英、法、美簽訂《北京條約》後，俄國也要求與清廷簽訂《北京條約》，以確認《璦琿條約》效力，並認為這是取回他們在《尼布楚條約》中失去的領土。

社論 文明英法 強盜雙雄

英法聯軍遠征中國，攻入北京城，搶劫、焚燒圓明園，表面上大打勝仗，但從人類文明來看，卻是兩個號稱文明國家永遠的恥辱，也是人類文化藝術的損失。

一八六一年，一名曾參與英法聯軍攻打北京的英軍上尉，寫信給法國文豪雨果，詢問大文豪對此一勝利的看法。想不到雨果回信說：「勝利就可以當強盜嗎？」兩個強盜闖進圓明園，一個搶劫，一個放火，「在歷史面前，一個強盜叫法國，一個強盜叫英國！」

圓明園被稱為「萬園之園」，歷時百年才建成，展現中國園林藝術、造景技巧的極致。正如雨果所說，「圓明園是想像的藝術，也是偉大的東方博物館，像一座城市那麼大，由歲月所造成」，這是屬於全人類的財產。雨果在信末還說，希望這些搶來的贓物，有一天可以歸還中國。

對此，我們不敢期待，但希望記取歷史教訓。

被英法聯軍劫掠的圓明園。

台灣史新聞

重點新聞

- ●美直接與原住民議約
- ●社論：生番之地
- ●台灣北海岸發生海嘯
- ●美內戰落幕 解放黑奴
- ●戴潮春民變平息
- ●太平天國滅亡
- ●台灣首幢洋樓落成

原住民殺美船員 清官員拒插手

美國領事逕與頭目議約

美國海軍與恆春原住民發生衝突。

【一八六七年／台灣報導】美國商船遭遇海難，船上人員在台灣南端的恆春半島上岸後，卻遭原住民殺害。美國與清廷官員交涉，但沒有結果，就自行攻打原住民部落，並與原住民頭目談判、簽訂和平協議。

一八六七年（同治六年），美國商船羅妹號在巴士海峽七星岩觸礁沉沒，船長韓特夫婦及水手等十四人坐上舢舨，在台灣島南端龜仔用（或寫作姑仔律，今屏東縣恆春鎮墾丁一帶）上岸。不料上岸後遭排灣族攻擊，結果有十三人遇害。倖存的廣東水手逃到打狗（高雄），向官府報告。

美國駐廈門領事李仙得獲知此事後趕到台灣，要求清廷官員派兵前往處理，但台灣鎮總兵劉明燈、台灣兵備道吳大廷以「生番」凶悍不可理喻，而且「生番之地不隸中國版圖」為由，不願出兵。李仙得只得自行搭船前往事發地點調查，卻遭遇攻擊，無法上岸。

隨後，美國派兩艘軍艦、一百八十名軍人前往攻打排灣族部落，在英國商人必麒麟引導下，登陸恆春。但因不熟悉山中地形，又飽受毒箭和石塊的攻擊，指揮官海軍中校麥肯吉中箭身亡，美軍撤離。

美國再次強烈要求清廷官員出面，但清廷官員仍敷衍了事。最後，李仙得透過通事進入山區，親自會見排灣族頭目卓杞篤。

卓杞篤告訴李仙得，因常有海盜、洋人登陸傷害他們，所以才會報復。雙方溝通後簽訂協議，今後洋人如發生船難上岸時，只要舉紅旗，原住民就不會攻擊。

英國商人必麒麟曾協助美國軍艦登陸恆春。

社論 生番之地，歡迎侵擾？

美國商人發生船難，結果在恆春半島被排灣族原住民殺害一事，凸顯了「生番之地」是否為大清帝國領土的問題。

美國早就知道大清帝國以消極態度統治台灣，只管台灣西部，管不到也不想管東台灣。羅妹號事件發生以後，美國明知那裡是大清帝國不管的地方，但為了借助於大清帝國兵力，仍要求清廷出面處理。想不到，大清帝國官員竟直接講明：「生番之地不隸中國版圖。」

結果，美國自行攻打台灣的原住民部落，並與排灣族頭目談判協議，讓國際認知到台灣的「生番之地」不屬於中國，這對大清帝國來說並非好事。

另一方面，羅妹號事件也顯示了清廷官員的無能。連美國外交官都能透過通事進入「生番」部落，清廷官員為何不做？

海嘯強襲台灣北海岸
基隆、萬里、金山沿岸重創

【一八六七年／基隆報導】台灣北海岸日前發生地震並引起海嘯，六、七公尺高的巨浪瞬間湧進基隆，淹沒萬里、野柳、金山一帶，造成數百人死亡，無數房屋、船隻毀損，北海岸飽受重創。

一八六七年（同治六年）十二月十八日，台灣北海岸發生地震，震央推測可能在基隆近海的基隆嶼附近，隨即引發海嘯。據當時在基隆海關的英國人說，基隆港內的海水突然急速流向外海，一下子露出海底，海上的船彷彿擱淺在沙灘上，正當大家驚訝得講不出話來時，小山一般高的海浪湧進港內，把船隻全部捲到岸上，大水更淹沒了街道和房屋。

一名倖存的民眾說，很多民眾看到海水突然退去，海底到處都是活蹦亂跳的魚，紛紛跑去撿魚，想不到大浪隨即排山倒海而來，多人逃生不及。

另一位民眾說，基隆港的海水從清澈變成混濁，很多船都翻覆了，還有一艘沉船浮了上來。

這次地震全台都感受到震動，北海岸有些地方山崩地裂，因地震而引起的海嘯重創基隆、萬里、野柳、金山沿岸，甚至波及淡水。

美國南北戰爭落幕
正式廢除奴隸制度

美國第十六任總統——林肯。

【一八六五年／美國報導】歷經四年的美國內戰終於畫下句點，美國宣布廢除奴隸制。

美國自從獨立以後，北部和中部發展工業、資本主義經濟，南部則發展農業，實施黑人奴隸制度，雙方矛盾不斷擴大。反奴隸制的林肯於一八六〇年當選美國總統，南方隨即於隔年退出美國聯邦，另組「聯盟國」，林肯下令打「叛亂戰爭」，南北開戰。

從一八六一年打到一八六五年，聯盟國戰敗投降，結束了這場奴隸制度對自由勞動制度的戰爭，對美國社會影響甚鉅。

戴潮春反 連擾四載
霧峰林家、新竹林占梅等相助平亂

【一八六五年／台灣報導】繼朱一貴、林爽文事件後，台灣再度爆發大規模民變。戴潮春（戴萬生）帶領「八卦會」起事抗清，影響波及中南部地區。此一事件又稱「萬生反」。

戴潮春祖籍福建漳州，世居彰化縣四張犁（今台中市北屯區），家族是富有地主，因在地方辦團練以防盜匪，稱為八卦會，擁有相當勢力，與阿罩霧（今霧峰）林家有利益衝突。戴潮春原在官府任職，因家境富有被長官勒索，憤而辭官。

一八六二年（同治元年）大清政府查緝會黨，八卦會有人被捕，戴潮春在會眾推舉下起事，自稱「大元帥」，奉朱一貴、林爽文為先賢，隨後攻下彰化、嘉義縣城，恢復明制，發放糧食，號召民眾響應。

由於清廷當時忙著應付太平天國民變，無力兼顧台灣民變，清軍只得借助霧峰林家、鹿港泉州人、新竹林占梅等台灣地方勢力，再加上戴潮春勢力內部的漳泉內訌，最後才打敗戴潮春。

一八六四年（同治三年），戴潮春看大勢已去，就解散會眾，主動向官府投案，並稱是他一人所為、與會眾無關，隨即被斬首。但八卦會部分勢力仍繼續抗清長達一年餘，整個事件歷經四年才平息。

太平天國敗亡 二千萬人陪葬

【一八六四年／南京報導】洪秀全建立十三年的太平天國，在首都南京被清軍攻破後，宣告滅亡。

太平天國自一八五一年起事抗清，一八五三年攻下南京後，建都南京並將之改稱天京，展開西征與北伐。太平天國在全盛時期擁有百萬軍隊，占領長江中下游地區，但後來洪秀全分封的五王之間發生內訌，實力大傷。

太平軍崛起後，清軍無力抵抗。近幾年，靠著湖南各地團練組成的湘軍，以及湖南籍官員曾國藩的帶領，清軍逐漸反敗為勝，再加上今年洪秀全病逝，南京失守，太平天國旋即滅亡。

有人估計，太平天國民變總共造成了兩千萬人死亡。

台灣首幢洋樓 落腳打狗

【一八六五年至一八六七年／高雄報導】英商天利洋行兩年前在台灣打狗（高雄）蓋的台灣第一幢西洋樓房（今高雄市鼓山區蓮海路），租給英國領事館使用。

台灣打狗（高雄）於一八六四年（同治三年）開港，設立海關。開港隔年，即一八六五年，英商天利洋行在打狗蓋了一幢洋樓，這是台灣第一幢洋樓。這幢具歐洲新文藝復興風格的洋樓委由英國人設計，廈門工匠建造，紅磚、花崗石等建材也從廈門運來。

而今，一八六七年，天利洋行因破產在即，把洋樓租給英國領事館。

英國在打狗的領地。

台灣史新聞

馬雅各來台傳教

引進西醫 為長老教會奠基

重點新聞

- 馬雅各醫師來台傳教
- 社論：傳教士對台貢獻巨
- 福爾摩沙茶 風靡紐約
- 萬金天主堂落成
- 日本啟動明治維新
- 第一位攝影家來台

馬雅各傳教士全家福。

【一八六九年／台灣報導】四年前本來在英國伯明罕醫院擔任醫師的基督長老教會宣教師馬雅各，自願來台傳教、行醫，就此開啟了台灣西洋醫學的先聲，並在南台灣奠定基督長老教會的基礎。

英國蘇格蘭人馬雅各於一八六五年（同治四年）來到台灣，在台灣府城（台南）看西街（今台南市仁愛街）租屋，前面是禮拜堂，後面就是診所，稱為「看西街醫館」，成為台灣最早西醫院的雛形。

然而，當時官府及民間排斥西洋人，馬雅各以西醫免費為人治病，有些中醫師就以謠言中傷他，說「紅毛醫生取死人的心肝、眼睛做藥」，引起民眾包圍、丟石頭打破醫館門窗。最後，馬雅各等人還被官府驅離，遷往有英國領事館保護的打狗旗後（高雄旗津）。

一八六六年（同治五年），馬雅各在旗後租屋，蓋了一間教堂及可容納八名病患的醫館，是台灣第一間有病房的西醫院。馬雅各在打狗幫人治好瘧疾等病，逐漸化解了民間的疑慮。他還前往鳳山、台南一帶的原住民部落傳教，設立教會。

而今，一八六九年（同治八年），馬雅各把旗後醫館交給研究熱帶醫學的英國醫師、當時打狗英商的醫官萬巴德處理，自己再度回到台灣府城，在二老口許厝（今台南市衛民街、北門路交接）租屋設教會及醫館（被稱「舊樓醫館」），又在亭仔腳街（今台南市青年路）租屋設「亭仔腳禮拜堂」，開啟基督長老教會台灣府城教會的時代。

重回台灣府城行醫的馬雅各，這次已能用本地話與病人交談，又治好很多人的病，終於受到民眾的信任和尊敬，有些病人甚至遠從台中、埔里遠道而來。

接管旗後醫館的萬巴德醫生。

編按：一九〇〇年，舊樓醫館遷到今東門路的「新樓醫院」，可容納七十名病人，當時是全台灣最大的醫院。一九〇一年，馬雅各次子馬雅各二世醫師也來台灣在此任職。

社論 傳愛在台灣 傳教士貢獻大

自十六世紀中葉以來，西方國家前來東方的兩個主要目的是貿易及傳教。貿易常是以武力為後盾的重商與殖民主義，對東方國家造成很大的傷害。傳教則因兼有教育，較為正面，不過同樣是靠著武力簽約來保障傳教的自由及傳教士的安全。

十九世紀中葉以後，清廷統治下的台灣開放國際港口，開始有西方天主教神父、基督教牧師前來傳教，尤其有些傳教士是醫師，他們在台灣行醫救人、傳播西方人文思想，對台灣社會有很大的貢獻。

福爾摩沙茶 征服紐約客

【一八六九年／淡水、紐約報導】台灣茶最近以「福爾摩沙茶」為商標，在美國紐約試銷，這是台灣茶葉首次直接運到國際販賣，結果大受歡迎，預料將打開台灣茶的國際知名度。

在台北商人李春生協助下，英國商人杜德於一八六五年前往台灣北部地區考察茶葉種植的土質、氣候，一八六六年則引進福建泉州安溪茶種，貸款給農民，鼓勵種植，並收購所有茶葉運到廈門焙製。一八六七年，杜德先把茶葉運到福州焙製，再成功賣到澳洲，之後就在台北開設「茶館」研究製茶。

今年（一八六九年），杜德帶領裝載十二萬七千多公斤福爾摩沙茶的兩艘船，從淡水直接開往紐約銷售，開啟了台灣北部製茶事業的外銷市場。

用箱子來包裝茶葉，方便長途搬運。

萬金天主堂 在屏東落成

【一八七〇年／屏東報導】萬金天主教堂（今屏東縣萬巒鄉萬金村）終於在今年年底完工啟用，將成為台灣天主教的重要教堂。

天主教道明會西班牙籍教士郭德剛於一八五九年就來打狗（高雄）傳教，一八六一年，他從打狗步行到萬金傳教。兩年後，萬金蓋起土牆天主教堂，可惜一八六五年即因地震倒塌。

萬金新建天主教堂的開堂大典，已在今年年底舉行，這棟西班牙古堡式的教堂由福州、廈門工匠建造，以磚、碎石、石灰、黑糖、蜂蜜、木棉等混合做牆，木材是福州杉，聖堂大鐘則從西班牙運來。

萬金天主教堂可望成為台灣南部天主教重要教堂。

編按：萬金天主教堂在一九八四年由教宗若望保祿二世敕封「聖母聖殿」。

日本明治維新 全面啟動

【一八六八年／日本報導】日本第一百二十二代睦仁天皇自今年即位以來，除了宣布改元明治，還把首都從京都遷到江戶並改稱東京，同時以中央集權政府之力展開「明治維新」，學習西方進行政治、經濟、社會、軍事、科技等改革。

日本自十二世紀後進入天皇沒有實權的幕府將軍時代，德川幕府自一六三三年起實行保護主義的鎖國政策，直到十九世紀中才被歐美國家打破，被迫簽訂不平等條約。因此，日本有識之士及民間氛圍無一不支持大政奉還天皇，建立君主立憲政體，以利展開全面改革。

十六歲的明治天皇即位以後，隨即展開維新大業，這是明治天皇策士有理念、方法及目標的改革行動。「明治」取自中國《易經》中的「聖人南面而聽天下，嚮明而治」（南方代表光明，所以君王向明而治）；「維新」則取自中國《詩經》「周雖舊邦，其命維新」。

攝影家湯姆生來台 西拉雅族真實生活 鮮明入鏡

【一八七一年／南台灣報導】英國蘇格蘭籍攝影家湯姆生最近在南台灣拍攝人物、風景照片。自從攝影術一八四〇年代問世後，他是第一位來台灣的攝影家。

湯姆生在世界各地旅行攝影，並在一八七〇年前往中國，隔年準備回英國時，在廈門遇到在台灣傳教、行醫的同鄉馬雅各，受邀前來台灣，在馬雅各傳教的台南、高雄地區攝影。

湯姆生及助手帶著笨重的攝影器材及濕版玻璃版底片，在南台灣待了兩個月，拍下一些平埔原住民西拉雅族的生活照片。其中一張平埔族母親以背巾懷抱沉睡嬰兒的照片，非常動人。

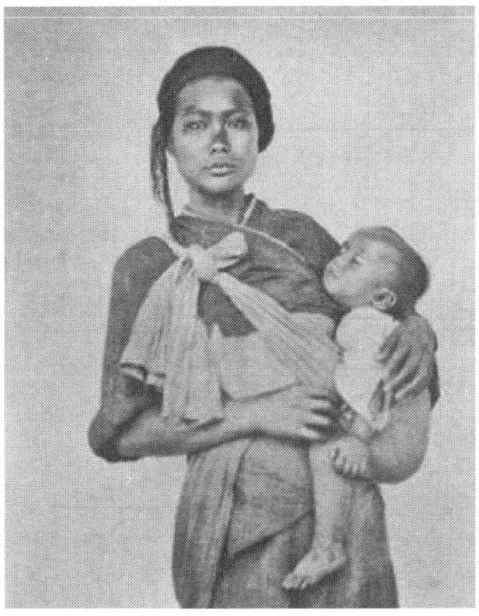

湯姆生鏡頭下的平埔族母親。

台灣史新聞

重點新聞

- 日軍攻打屏東牡丹社
- 馬偕抵淡水傳教
- 社論：日本崛起
- 同治去世 光緒即位
- 沈葆楨設台北府 行新政
- 宜蘭西皮、福祿械鬥

藉口保民 日軍強攻牡丹社

清簽北京專約 支付白銀五十萬兩

日本與牡丹社原住民交戰地——石門。

【一八七四年／屏東報導】日本以琉球人在台灣東南端八瑤灣（今屏東縣滿州鄉）發生船難，卻遭牡丹社排灣族原住民殺害為由，於今年五月發動「征台之役」，討伐並占領該地。最後在英國介入之下，大清帝國與日本於九月簽約，認可日本出兵之舉，並以非賠償名義給予日本五十萬兩白銀，為整起事件畫上句點。

此一「征台之役」是日本自一八六八年明治維新後首次對外出兵，並於事前聘請前美國駐廈門領事、曾在一八六七年處理美國商船羅妹號事件（美國人船難被台灣原住民殺害）的李仙得擔任外交及軍事顧問，並派日本海軍軍官樺山資紀前往調查。

琉球原為明朝屬國，十七世紀後因日本薩摩藩勢力侵入，所以一面向大清帝國朝貢，一面受日本控制。琉球船船難事件發生在一八七一年，當時共有六十六人在八瑤灣上岸，卻被原住民視為入侵者，共有五十四人遭到殺害，餘下十二人經漢人營救送往官府，遣返琉球。

事情發生兩年之後，日本外交官於一八七三年以被原住民殺害的琉球人其中有四名日本人為由，要求清廷官員懲罰原住民。結果，清廷官員再度搬出一八六七年對美國商船羅妹號事件的說法：「生番是我國化外之民，是否問罪由貴國處理。」

於是，一八七四年（清同治十三年，日本明治七年）五月，日本派陸軍中將西鄉從道、陸軍中校佐久間左馬太，帶領三千六百兵力，前往台灣攻占並招撫牡丹社等原住民部落。日軍雖然獲勝，戰鬥中僅僅折損二十多人，卻有六百五十多人死於水土不服。

同年九月，大清帝國與日本簽訂《北京專約》，日軍撤離台灣，清廷則承認日本出兵是為了「保民」，撫卹難民十萬兩白銀，並購買日軍在台灣修築房舍、道路的費用四十萬兩白銀（不用「賠償」名義以顧全顏面）。

政治觀察家認為，「牡丹社事件」讓大清帝國警覺到日本的野心，治理台灣將轉趨積極。

馬偕抵達淡水傳教

習閩南語 免費拔牙 旅行傳福音

【一八七二年／台北報導】加拿大基督長老教會牧師偕叡理於三月抵達台北淡水，展開傳教。

在加拿大基督長老教會指派之下，偕叡理於一八七一年前往中國傳教，到過香港、廣州、汕頭、打狗（高雄）等地。今年三月，二十八歲的偕叡理來到淡水落腳，他在日記中寫下他聽到上帝對他說：「就是這裡了。」

偕叡理已在淡水租屋設立教會，他打算向當地牧童學習台灣閩南語的生活用語，以便日後在台灣北部旅行傳福音，並幫人免費拔牙。台灣人都叫他「馬偕」（台灣閩南語發音，接近Mackay）。

馬偕及其學生嚴清華為民眾拔牙。

社論 日本崛起 走向黷武

日本以三年前的琉球船難事件出兵台灣，顯然是師出無名。然而，正在經由明治維新蛻變成為現代國家的日本，今已展露擴張主義的野心，並埋下軍國主義的種子。

日本與大清帝國同樣被歐美國家以武力打開國門、簽訂不平等條約，兩個國家也都力求改革以富國強兵，日本有明治天皇的維新運動，大清帝國則有同治皇帝的洋務運動。但日本是全面性維新，清廷僅僅重視西洋的軍事和技術，日本的改革較為扎實。

日本正在崛起，但從富國強兵走向窮兵黷武，並非日本之福。

同治去世 光緒即位

【一八七五年／北京報導】大清帝國同治皇帝於昨日去世，享年十九歲。四歲的載湉即位，年號光緒，仍由慈禧太后垂簾聽政。

同治皇帝因罹患天花（一說梅毒），於一八七五年（光緒元年）一月十二日去世，年僅十九歲。同治皇帝六歲即位後，由生母慈禧太后掌權，直到十八歲才親政，不料親政第二年即病逝。

同治皇帝是咸豐皇帝的獨子，因膝下無子，慈禧太后安排與自己血緣最近的載湉即位。載湉是醇親王奕譞（道光皇帝第七子，咸豐皇帝之弟）與葉赫那拉．婉貞（慈禧太后之妹）的二子。

慈禧太后一手主導載湉（光緒皇帝）即位，牢牢掌控政局。

沈葆楨增設台北府 解除渡海禁令 開山撫番

【一八七五年／台灣報導】台灣發生日軍侵台的牡丹社事件之際，由清廷派來台灣統籌相關事務的欽差大臣沈葆楨，展開了一系列新政，包括解除渡海禁令，調整行政區域、增設台北府，以及打開台灣西部與東部的交通。

一八七四年（同治十三年），沈葆楨來台加強戰備，在恆春建城，找法國工程師在台灣府城安平港建「億載金城」新式砲台，還把雞籠地名以「基地昌隆」改成基隆。

今年，一八七五年（光緒元年），沈葆楨宣布解除自一六八四年大清帝國統治台灣以來的渡海禁令，並在廈門、汕頭等地設置招墾局。

由於看到台灣北部的快速發展，沈葆楨以大甲溪以北新設台北府，並對全台的行政區域做了調整。台灣一八一二年（嘉慶十七年）的行政區域原本是一府四縣三廳，現改為二府八縣四廳。二府是台北府、台灣府，台北府下轄三縣一廳，即新竹縣、淡水縣、宜蘭縣及基隆廳；台灣府下轄五縣三廳，即彰化縣、嘉義縣、台灣縣、鳳山縣、恆春縣及水沙連廳、澎湖廳、卑南廳。

沈葆楨注意到台灣西部與東部的阻隔問題，因此分北路、中路、南路三路，同時打通前往「後山」的通道。北路由宜蘭蘇澳至花蓮奇萊（今花蓮市），中路由林圮埔（今南投縣竹山鎮）至花蓮璞石閣（今玉里鎮），南路由屏東射寮（今車城鄉射寮村）至台東卑南。（今僅存中路，即八通關古道。）

「開山」的同時，也進行「撫番」的原住民漢化工作，若原住民不受招撫起而反抗，則予以征伐。一般認為，沈葆楨「開山撫番」雖然打通了台灣東西通道，也傷害了原住民的生活和文化。

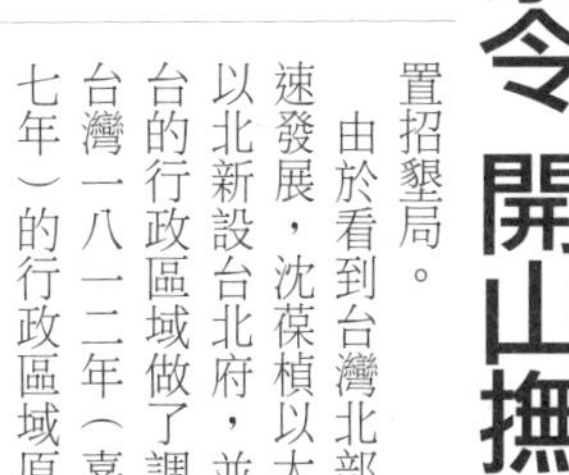
沈葆楨於台南安平所建之「億載金城」。

宜蘭樂工械鬥 西皮福祿相爭

【一八七四年／宜蘭報導】宜蘭西皮、福祿兩派樂工，日前邀集同黨，發生大規模械鬥，整起事件直到官府介入才告平息。

台灣分類械鬥中，因樂器、唱腔不同而互鬥者甚為罕見。西皮、福祿兩派同屬北管音樂，西皮使用以桂竹筒包裹蛇皮的胡琴（蛇皮音近西皮），奉祀田都元帥；福祿使用椰子殼做的胡琴（形狀像葫蘆），奉祀西秦王爺。

宜蘭在同治年間陸續發生西皮、福祿械鬥，尤其以今年（一八七四年，同治十三年）最為嚴重，共有兩千多人互鬥。（西皮、福祿械鬥後來還從宜蘭蔓延到瑞芳、基隆、金山等地。）

台灣蠔咬 馬偕與淡水牧童

恁教我講台語，我嘛來教恁講英語。
好呀！
英語的牛唸作狗（cow）。
牛是狗？
?
英語的狗唸作鹿（dog）。
狗是鹿？
?
英語的鹿唸作豬仔（deer）。

台灣史新聞

重點新聞

- 花蓮加禮宛事件
- 俄人發表台灣遊記
- 社論：撫番？剿番？
- 西螺三姓械鬥
- 首位「番秀才」陳寶華
- 愛迪生改良電燈

清軍攻剿花蓮平原原住民
加禮宛社群、撒奇萊雅族遭強遷

加禮宛社群與撒奇萊雅族結盟，共同抵抗清軍。

【一八七八年／花蓮報導】大清帝國在台灣實施開山撫番政策已近三年，奇萊平原（今花蓮平原）原住民日前發生抗官事件，清廷派兵前往討伐，造成原住民死傷慘重並被迫遷移。

清廷於一八七五年開始以軍隊打開台灣西部往東部的北中南三路通道，並在要地駐軍，鼓勵漢人前來開墾、經商。台灣鎮總兵吳光亮負責打通從林圮埔（今南投縣竹山鎮）到花蓮璞石閣（今玉里鎮）的中路，卻在打通過程中與原住民發生衝突。

花蓮平原上本有兩大原住民族群，一是加禮宛社群（南遷的噶瑪蘭族，在今新城鄉北埔村一帶），一是達固湖灣（今花蓮市國福里一帶）部落的撒奇萊雅族。自從漢人大批前來花蓮平原開墾後，就常常因為土地與水利問題與原住民發生衝突。

一八七八年（光緒四年），加禮宛社群原住民眼見駐紮在附近的清軍欺壓、詐騙本族族人，甚至凌辱婦女，便以游擊戰展開反抗。清軍認為此為挑釁之舉，準備前往鎮壓，加禮宛社群原住民則與友好的撒奇萊雅族人結盟，共同抵抗清軍。

結果，吳光亮從別處調來大軍，以優勢兵力和武器進攻花蓮平原，造成加禮宛社群原住民與撒奇萊雅族人共數千人死亡，撒奇萊雅族頭目遭凌遲處死並公開示眾。吳光亮為了分散二族的勢力，還強迫二族遷往他處，加禮宛社群往南遷，有些遷到東海岸平原（今花蓮縣豐濱鄉新社村），撒奇萊雅族人則隱匿在花蓮阿美族人地區。

加禮宛事件之後，清廷更加鼓勵漢人前往花蓮開墾、經商，使花蓮原住民的生活空間受到更多的壓迫。

俄國軍官發表台灣遊記

【一八七六年／俄國報導】俄國海軍准尉伊比斯日前發表了他的台灣遊記，介紹台灣的產業及原住民。

伊比斯是俄國愛沙尼亞（今愛沙尼亞共和國）人，他在一八七五年搭乘俄國軍艦抵達香港時，由於軍艦預計在香港長期停泊，他就請假來台灣遊歷。伊比斯在打狗（高雄）上岸後，花了整整兩個月考察台灣。

而今，一八七六年，伊比斯在聖彼得堡出版《海洋文集》一書，其中包含大篇幅的台灣遊記，介紹台灣的歷史、製糖業及原住民生活等，書中還有他畫的台灣原住民速寫。（一八七七年，伊比斯又在奧地利《地球儀》雜誌發表了介紹台灣的文章。

伊比斯繪製的西拉雅族公廨。

社論　「開山撫番」的真相

從前山到後山，大清政府統治台灣都快兩百年了，對待原住民的態度和方法還是沒有改變。「開山撫番」是官方說法，但對東部原住民來說，「開山」侵犯了他們的傳統生活領域，「撫番」則是鎮壓。

大清政府在台灣本就吏治敗壞，再加上沒有好的政策及執行能力，等到出事時，往往只有出兵一途，對漢人如此，何況是「化外之番」？

為了讓漢人開發山林的樟腦等資源，大清政府常採取的官方作法是「開山撫番」：招撫原住民，若不成就出兵討伐，把原住民趕入深山。

大清政府及漢人固然同聲讚揚官兵「開山撫番」的艱辛和效率，但歷史不該遺忘原住民遭受傷害、甚至滅族的命運。

西螺三姓械鬥落幕
惡鬥三年 致傾家蕩產

【一八七五年至一八七七年／雲林西螺報導】西螺一帶（今濁水溪南岸雲林縣西螺鎮、二崙鄉、崙背鄉）發生的廖、李、鍾三姓械鬥，經過兩年多慘烈互鬥，最近終於在官府介入下平息，但村莊皆已沒落。

西螺一帶本有廖、李、鍾三大姓，其中李、鍾是親戚關係，各自有居住村莊，廖姓貧農多，李鍾二姓則財勢較大，雙方因競爭經濟利益，又對迎神賽會應否鋪張有不同看法，常發生爭執，互相對立。

兩年多前，一八七五年（光緒元年），有李姓人士放縱自己養的白馬到廖姓村莊的田裡吃稻子，廖姓人士則用鐮刀砍傷白馬，引發衝突，當事人互相綁架、殺害對方的小孩，事情愈演愈烈，雙方各自召集人馬，變成集團械鬥，甚至毀壞對方的家園。

三姓械鬥一直打到一八七七年（光緒三年），各姓都付出慘痛代價，很多人傾家蕩產、田園荒蕪。最近，官府終於逮捕並處死帶頭份子，平定整起械鬥事件。

社學二百載 首見番秀才

【一八七七年／台灣報導】淡水廳熟番陳寶華日前考過了台灣府試，成為台灣第一位「番秀才」。

清代科舉考試的基本功名是生員，俗稱秀才。清廷為了推廣台灣原住民的漢化教化，自一六九五年（康熙三十四年）起在番社廣設「社學」，聘請老師教授「番童」《三字經》、《四書》等課程。

早在一八六八年（同治七年）台灣官員即提議「另列名額」給參加生員、舉人考試的「番民」，但直到今年才出現第一位「番秀才」，陳寶華成為第一位考取功名的台灣原住民。

清代秀才帽。台灣第一位「番秀才」也要戴上此帽。

台灣蠔咬　開山撫番

愛迪生成功改良電燈
選用碳化纖維燈絲 製造白熾燈

【一八七九年／美國報導】美國發明家愛迪生日前以改良的碳化纖維燈絲，成功製造電燈泡（白熾燈），現已開始大量製造，將改變人類的生活。

一八四七年出生的愛迪生，因不適應小學教育，上學三個月後，就由曾當過小學老師的母親在家自行教育。愛迪生的母親啟發了他的天賦，也鼓勵他自修、做實驗。

愛迪生這位發明家以擅長大量生產著稱。他買下電燈泡相關專利，與幾位銀行家合組愛迪生電燈公司，繼續深入研究，終於在一八七九年底公開展示改良成功的電燈泡。

愛迪生與其於一八七七年發明的留聲機。

編按：一八八〇年，愛迪生申請白熾燈專利時說：「我們將使電燈變得便宜，以後只有富人才會點蠟燭。」

台灣史新聞

重點新聞

●馬偕設牛津學堂
●印尼火山爆發 引起海嘯
●鵝鑾鼻燈塔啟用
●美船堵塞宜蘭烏石港
●社論：台灣洋女婿馬偕

馬偕設立滬尾牛津學堂 開創台灣現代新式教育

馬偕規畫的理學堂大書院完工。

【一八八二年／台北報導】前來台灣傳教的加拿大基督長老教會牧師馬偕，耗時兩年餘，在滬尾（淡水）設立牛津學堂，已於日前開學招生。這所西學堂可謂台灣現代新式教育之始。

馬偕自從一八七二年（同治十一年）在淡水落腳、設立教會後，常前往台灣北部地區傳教，還幫人免費拔牙，所以工作愈來愈順利。一八七八年，三十四歲的馬偕與十八歲的台灣女信徒張聰明結為連理，夫妻一起傳教。

馬偕除了傳教，也注意醫療。一八七三年，他在淡水租屋設立診療所，由一位洋商的私人醫師志願服務。後來美國有一位與馬偕同姓的船長遺孀馬偕夫人，為了紀念先夫，捐贈三千美元贊助馬偕在台灣的傳教工作，馬偕用這筆錢於一八八〇年（光緒六年）在淡水設立「滬尾偕醫館」，這是台灣北部最早的現代西醫院。

在傳教、醫療之外，馬偕也想到教育，因此決定在淡水設立新學堂。他在一八八〇年回到故鄉加拿大東部安大略省牛津郡募款，經由當地報紙報導，獲得鄉親響應，總共募得加幣六千多元。

而今，一八八二年（光緒八年），這所由馬偕規畫、監工興建的學校順利完工，中文名稱「理學堂大書院」，英文則為了紀念牛津郡鄉親捐款，取名「Oxford College」（牛津學堂）。

牛津學堂於今年九月舉行第一次開學典禮，共招收十八名學生。三年的課程中，除了基督教義之外，還規畫社會科學、自然科學、醫學理念、解剖學及音樂、體操等課程，並有中國文史。此外還有野外教學、參觀旅行、臨床實習，也相當重視學生的生活教育。

牛津學堂雖是基督長老教會學校，但在傳教之外兼具醫療、教育目的，與中國傳統科學的學校非常不同。

印尼喀拉喀托火山爆發

三萬六千餘人死 海嘯波及南美

【一八八三年／印尼報導】印尼的喀拉喀托火山於八月下旬爆發，引起海嘯，造成三萬六千四百多人死亡。

喀拉喀托火山噴發陣陣濃煙，直達天際。

印尼的坦博拉火山曾在一八一五年爆發，當時大量火山灰遮蔽了北半球天空，造成全球天氣反常。

喀拉喀托火山一八八三年八月二十日爆發時，連澳洲都聽得到響聲，之後更引起一連串海嘯，沖毀爪哇島、蘇門答臘島沿海地帶，波及夏威夷群島及南美洲，火山灰則遮蔽印尼及周圍地區整整兩天。

一八八〇年代的通訊、傳播技術已大有進步，也發明了攝影術。因此，喀拉喀托火山爆發後，不但統治印尼的荷蘭政府留下完整紀錄，歐美報刊也有報導，還有業餘攝影師拍下火山爆發時的景象，成為第一個引起人類注意的火山爆發。

預防觸礁 各國極力請建 鵝鑾鼻燈塔 竣工啟用

【一八八三年／屏東報導】鵝鑾鼻燈塔（今屏東縣恆春鎮鵝鑾鼻公園）落成啟用，成為台灣島最南端的燈塔。

鵝鑾鼻外海的巴士海峽由於七星岩暗礁密布，常造成各國船隻觸礁事件。美國船（一八六七年）、琉球船（一八七一年）都曾在此發生船難，船上人員上岸後則被當地的排灣族視為入侵者而遭殺害，引起外交糾紛。美國、英國及日本無不要求大清帝國在鵝鑾鼻建造燈塔。

一八七五年，大清政府委託英國皇家地理學會成員畢齊禮前往台灣的南岬考察建造燈塔的地點。畢齊禮等人與當地原住民頭目洽談，以一百兩白銀買下建造燈塔的土地。燈塔自一八八一年動工，施工期間駐兵守衛，歷經兩年餘完工，工程費用為二十多萬兩白銀。

鵝鑾鼻燈塔塔高二十一・四公尺，點亮後至燈火高五十六・四公尺。這座少見的堡壘式武裝燈塔，設有圍牆、壕溝及小型砲台，屋頂是蓄水池，可讓軍隊長期駐守。

鵝鑾鼻燈塔位於台灣的最南端。

美國船觸礁 截堵烏石港

【一八八三年／宜蘭報導】一艘美國多層甲板大船（俗稱夾板船）在宜蘭烏石港（今頭城鎮港口里）觸礁沉沒，阻礙船隻航行，嚴重影響宜蘭第一港口的發展。

烏石港以港內三塊巨大黑色礁石得名，因有河道可通頭圍（今頭城鎮）及五圍（今宜蘭市），向來是宜蘭對外的重要港口，贏得「石港春帆」美稱。烏石港於一八二六年（道光六年）設為「正口」後，商船往來更為頻繁，帶動宜蘭發展。

然而，一八七八年（光緒四年）山洪爆發，造成大量泥沙淤積在烏石港，今年又發生美國大船觸礁沉沒、堵住港口的事件，烏石港可能從此逐漸失去港口功能。

社論 洋女婿馬偕 對台付出恆久大愛

與過去前來中國、台灣的西方傳教士相比，馬偕在宗教之外還兼顧醫療、教育，對台灣社會貢獻良多，已屬難能可貴，而他娶台灣女子為妻、在台灣落地生根，更讓台灣人景仰。

張聰明俗名「阿蔥仔」，本是台北五股坑（今新北市五股區）人家的童養媳，十二歲時與她有婚約的男子過世，她因此受到養母虐待。馬偕在五股坑建教會後，以獎金鼓勵學生來教會學習羅馬字（台灣閩南語羅馬拼音）以閱讀《聖經》，阿蔥仔前來參加，而且成績第一名。馬偕在為她受洗時，把她的名字「蔥」改為諧音的「聰明」。

馬偕發現張聰明對《聖經》有不凡的領悟能力，對她的遭遇很是同情，進而產生愛情，兩人決定結婚。當時，西方傳教士娶台灣女子，台灣女子嫁給西洋人，都屬罕見，或許這就是上帝的旨意。

成為台灣女婿的馬偕，對台灣付出更大、更久的愛。張聰明也成為台灣婦女學習新知、自我成長的典範，牛津學堂創校後，她成為六位教師中唯一的女性教師。

編按：馬偕夫婦育有一子二女，都在台灣傳教。台灣獨特的「偕」姓，幾乎都是接受馬偕傳教的信徒及其後代。

馬偕與其全家福。

清法戰爭 台灣捲入熱戰
法占越南 司令歿於澎湖

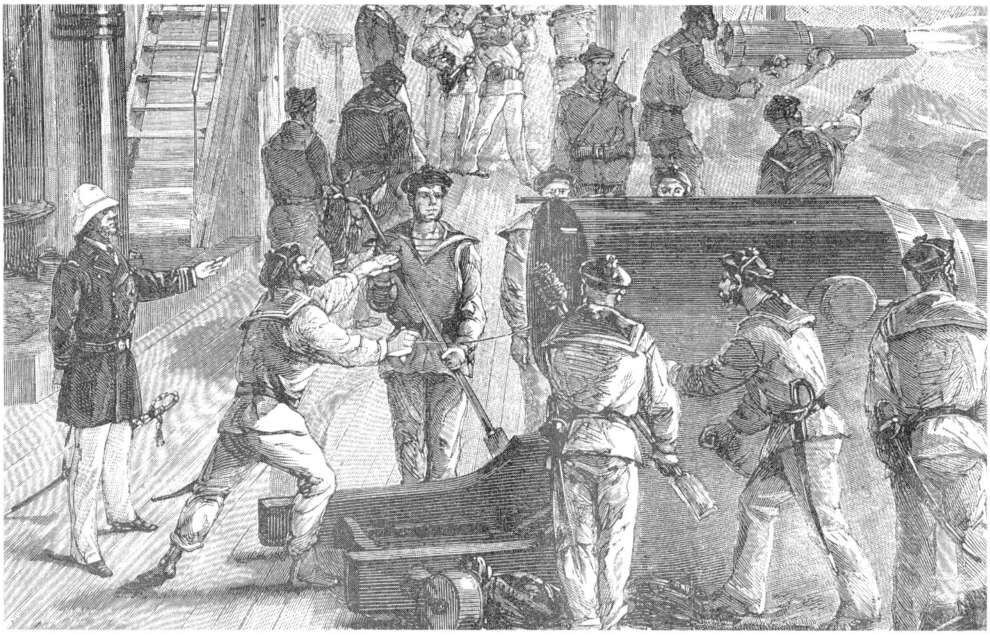

法軍在船上以大砲等武器攻打基隆，不久占領之。

重點新聞

【一八八四年至一八八五／台灣報導】法國與大清帝國這幾年為了爭奪安南（越南）宗主權而開戰，戰事甚至波及台灣，法軍攻下澎湖、封鎖台灣海峽、占領基隆，但在淡水被打敗。儘管雙方在海陸戰互有勝負，但清廷最後簽約把越南宗主權轉讓給法國。

越南本是大清帝國的藩屬國，但法國在十九世紀中葉以後入侵越南，越南被迫割讓西貢地區給法國，一面與法國議和，一面向清廷求援。一八七三年以後，法軍開始與清軍交戰，並逐步占領越南。到了一八八三年，越南形同已被法國控制。

一八八四年（光緒十年），法國展開海戰，由大將孤拔率領艦隊攻打中國東南沿海，先在福建福州馬尾港打敗大清帝國洋務運動中新建的福建水師，並摧毀馬尾造船廠，後來又打敗另一支南洋水師。法國艦隊隨後攻打台灣，占領澎湖、攻下基隆，但在進攻淡水時被擊退。

一八八五年（光緒十一年），法軍從基隆向台北進攻，無法攻下基隆與台北間的重要據點獅球嶺。另一方面，法國艦隊進攻浙江鎮海時失利，孤拔座艦被砲擊中。後來孤拔在澎湖因病去世，外傳他因傷重而死。

法軍在陸戰上並不順利，尤其在廣西鎮南關之役被清軍打敗，法軍死亡一千多人，消息傳回法國，法國政府已不想再戰。由於清廷大臣李鴻章同樣急於求和，在英國調停下與法國展開談判、簽約，法軍撤出澎湖，清軍撤出越南，越南正式成為法國屬地。

清法戰爭中，急於求和的李鴻章。

特稿 法蘭西水，食一點氣

【本社記者／特稿】清法戰爭期間，法國軍隊在基隆待了八個月，給基隆留下「法蘭西水，食一點氣」這句俗語。

法蘭西水就是汽水，是讓二氧化碳溶於水中，成為有氣泡的飲料。英國人在一七七〇年代發明汽水（蘇打水），隨後法國人研發製造汽水的機器，汽水逐漸在歐美國家流行開來。

相傳法軍占領基隆時，有法軍販賣汽水給基隆民眾，基隆民眾第一次嘗到這種「有氣的水」，稱之為法蘭西水。喝法蘭西水有什麼特別？就在「食一點氣」而已。

有人引申「法蘭西水，食一點氣」有賭一口氣的意思。基隆雖被法軍攻下，但也阻止了法軍進攻台北，這同樣是為了賭一口氣吧。

台灣建省 調整行政區 首任巡撫 劉銘傳出任

【一八八七年／台灣報導】清法戰爭後這幾年間，清廷對台灣的重視已化為行動，台灣府從福建省獨立出來建省，並由劉銘傳任台灣巡撫。

一八八四年清法戰爭波及台灣，淮軍名將劉銘傳被清廷派來台灣主持防務，不但在淡水打敗法軍，更成功阻止法軍從基隆進攻台北。一八八五年戰爭結束後，劉銘傳上奏〈條陳台澎善後事宜〉摺，主張設防、練兵、清賦、撫番四大政策。

事實上，清廷在一八八五年（光緒十一年）即宣布台灣建省，劉銘傳為首任台灣巡撫，但直到一八八七年（光緒十三年）才完成行政區域的調整，從一八七五年（光緒元年）的二府八縣四廳，改成三府十一縣四廳一直隸州。

台灣省下轄台北府（北路）、台灣府（中路）、台南府（南路）三府，以及台東直隸州。台北府下轄宜蘭縣、基隆廳、淡水縣、南雅廳、新竹縣，台灣府下轄苗栗縣、台灣縣、彰化縣、埔里社廳、雲林縣，台南府下轄嘉義縣、安平縣、鳳山縣、恆春縣、澎湖廳。

馬偕設淡水女學堂 開創台灣女子教育

【一八八四年／台北報導】前來台灣傳教的加拿大基督長老教會牧師馬偕，日前在淡水設立「淡水女學堂」，這是台灣第一所女子學校。

繼一八八二年（光緒八年）在淡水設立台灣第一所西學堂牛津學院後，馬偕於一八八四年（光緒十年）在牛津學院左側設立了女子西學堂淡水女學堂（今私立淡江中學），打破中國傳統「女子無才便是德」的觀念。

淡水女學堂第一期已招收三十四名女學生，大都是宜蘭噶瑪蘭族。台灣的平埔原住民女子比漢人女子更早接受新式教育。

台灣第一所女子學校——淡水女學堂。

巴克禮辦台灣府城教會報

台灣首份報紙 報導教會、政經新聞

【一八八五年／台南報導】英國基督長老教會牧師巴克禮博士在台南創辦了以「白話字」印刷的《台灣府城教會報》（今台灣教會公報），報導教會消息及政治、經濟等新聞，這是台灣第一家報紙。

白話字指的是用羅馬拼音字母拼寫廈門音的閩南語，《台灣府城教會報》若用白話字寫，就是：「Tâi oân hú siâ^{n} Kàu hōe pò」。一八八五年七月十二日是《台灣府城教會報》的創刊日，巴克禮在創刊詞中說，中國的漢字、文言文很難學，也很少人看得懂，所以才用白話字來印行。

一八四九年出生的巴克禮，一八七四年抵達廈門後開始學習閩南語，一八七五年來到台灣高雄，一八七六年落腳台南，並創辦台南神學院。

巴克禮曾返回英國蘇格蘭故鄉學習印刷並募款，一八八四年在台南開設台灣第一家新式印刷廠。

編按：一九三五年巴克禮在台南病逝，享壽八十六歲，一生奉獻給台灣長達六十年。

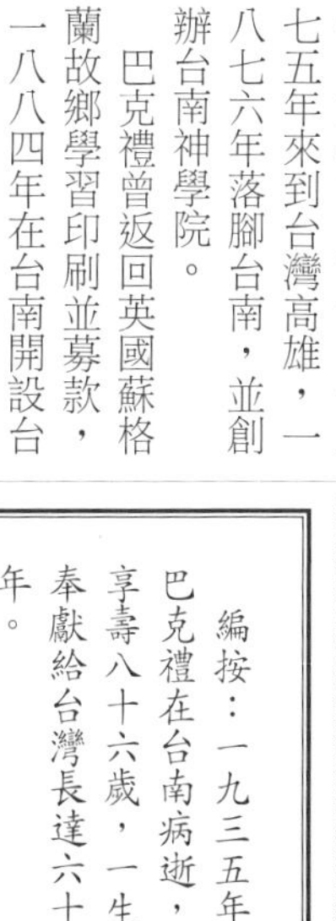

TÂI-OÂN-HÚ-SIÂ^{n} KÀU-HŌE-PÒ.

《台灣府城教會報》創刊號。

社論 羅馬拼音 化母語為文字

早在荷蘭時代，西方傳教士就曾教台灣人用羅馬拼音字母拼寫母語。當時在台南新港社的荷蘭牧師，先學習西拉雅語，再以羅馬拼音字母拼寫翻譯成原住民語的《聖經》、〈馬太福音〉等，好用來傳教。隨後，新港社開辦學校，牧師同樣教導原住民用羅馬拼音字母來拼寫母語。

台灣的「白話字」，最早是十九世紀由基督長老教會在福建廈門創造、推廣，以羅馬拼音字母拼寫廈門音的閩南語，一方面用來傳教（故稱教會羅馬字），也讓講閩南語的人擁有拼音文字。（後來同樣使用於台灣的客家語及各種原住民語。）

相對於文言文，白話字是「我手寫我口」，閩南語族群可以很快學會，並藉由《台灣府城教會報》這種白話字報紙來閱讀新聞、吸收新知，進而用白話字創作文學。

台灣蠔呸 汽水

台灣史新聞

劉銘傳推動新政

實業教育軍事　領先中國各省

重點新聞

- 劉銘傳推動新政
- 台北至基隆鐵路通車
- 甘為霖創辦盲人學校
- 社論：讓台灣盡情發揮
- 施九緞率農民抗官

第一任台灣巡撫劉銘傳。

【一八九一年／台北報導】台灣省首任巡撫劉銘傳任內實施新政，推動鐵路、郵政、電報、西學堂等洋務建設，成果大大優於中國其他各省，可惜因清廷政治派系鬥爭，最後辭職。

劉銘傳在一八八五年就任台灣巡撫，大力推動自一八七四年以來沈葆楨、丁日昌等官員在台灣的洋務建設。首要工作是加強戰備，除了購置新式大砲、訓練新式軍隊外，還發展軍火工廠。

劉銘傳相當強調交通建設，興建中國第一條官辦客運鐵路、鋪設台閩第一條海底電纜（淡水至福州）及台灣島內電報線、建立中國最早的新式郵政系統、購買新式輪船。他也重視台灣的茶葉、樟腦、硫磺、礦業等重要產業的發展，並為此設立鐵路局、電報局、郵政局、商務局、煤務局等專責單位。

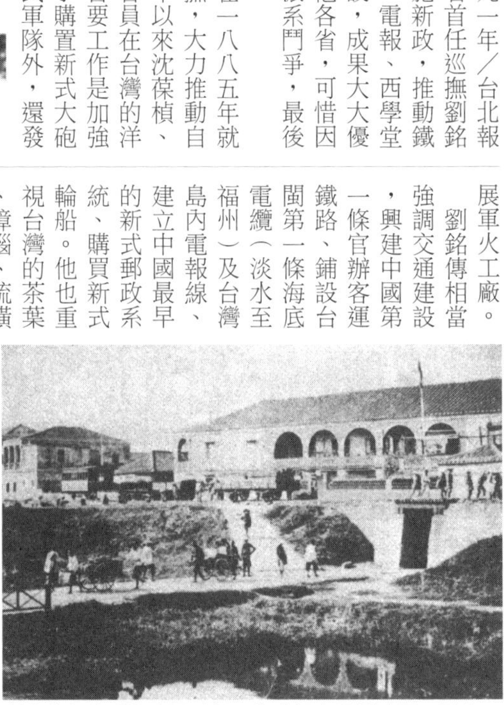

劉銘傳相當重視交通建設，為此設立了鐵路局。圖為大稻埕火車站。

在教育上，劉銘傳引進歐美新式教育，在台北設立官辦的西學堂，聘請西洋教師教授英文、法文、歷史、地理、物理、化學、數學、測繪，培養翻譯以及技術人才；後來又設立電報學堂，培養通訊人才。

在原住民事務上，劉銘傳除了加強撫番、開墾等政策，還在台北設立「番學堂」，希望培養通漢語的原住民，以利開發山林。但他為了開發樟腦等資源而以新式武器攻打原住民部落的作法，則對原住民造成了極大的傷害。

劉銘傳一向認為台灣「土沃產饒」，「宜使台地之財，足供台地之用」，為了籌措新政的財源，他下令加稅並展開全台土地丈量，以清查過去隱匿未報的田地，重新徵稅。

然而，劉銘傳改革過於急切，造成財政困難，還有地方官員假借改革勒索人民，引發民怨。再者，清廷內部李鴻章淮軍與左宗棠湘軍之間的鬥爭，也促使屬於淮軍的劉銘傳於今年辭職，告老還鄉。

劉銘傳在台灣的種種建設，包括街燈、自來水等，皆因經費不足，僅限於台北部分地區。他辭職以後，預料許多新政將因此半途而廢。

台北至基隆段鐵路完工通車

【一八九一年／台北報導】台北至基隆的鐵路日前完工通車，這是台灣第一條鐵路。

台灣巡撫劉銘傳於一八八七年開始向台灣仕紳募集鐵路資金，原規畫從基隆至台南，但因資金不足，只從基隆鋪設至新竹。向德國採購的兩部蒸汽火車頭則於一八八八年運抵台灣，命名「騰雲」、「御風」。

而今，一八九一年（光緒十七年），從台北大稻埕經松山、南港、汐止、八堵，再穿過獅球嶺隧道抵達基隆的鐵路已完工通車，採用窄軌系統，全長二十八．六公里。騰雲號、御風號火車頭將帶領開啟台灣的鐵路時代。

編按：台北至新竹段在一八九三年通車。日治時代興建縱貫鐵路，原基隆至新竹段因屬窄軌且品質欠佳，日本政府重建新路。騰雲號火車頭今陳列於台北市二二八和平紀念公園。

台北至基隆的鐵路需經過獅球嶺隧道，此為隧道的南坑門。

甘為霖創辦盲人學校

基督長老教會牧師甘為霖。

【一八九一年／台南報導】英國基督長老教會牧師甘為霖在台南創辦了「訓瞽堂」（今國立台南啟聰學校前身），這是台灣第一所盲人學校。

一八四一年出生的甘為霖，一八七一年前來台灣傳教。他先在白水溪（今台南市白河鎮）設教會傳教，後來遷到台南府城。

甘為霖是台灣盲人教育的先驅，他希望能打造盲人特殊教育體系，讓盲人獲得知識，並建立自尊和自信，所以展開籌備工作。他在一八八七年至一八八九年返回英國休假期間，在蘇格蘭故鄉募款五百英鎊，作為設立盲人學校的基金。再來台灣後，則著手籌備盲人使用的浮凸版書（盲人點字書）。

一八九一年（光緒十七年），甘為霖在台南府城租洪公祠，設立訓瞽堂盲人學校。

編按：訓瞽堂在清日甲午戰爭期間關閉。日本治台後，日本政府接受甘為霖建議設立官辦盲人學校。

社論 鬆綁 讓台灣盡情發揮

大清帝國一六八三年攻下反清復明基地台灣後，花了很多時間討論台灣的棄留，直到一六八四年才勉強把台灣併入版圖。此後，陸權的大清帝國對於台灣這個地處邊陲的海外之島，一直採取消極、限制的統治法。

兩百年後，船堅砲利的海上強權侵犯中國、覬覦台灣，大清帝國的視野才懂得轉向海洋，在籌組新式海軍的同時建置台灣省。原來，孤懸海隅的台灣，先不談土地肥沃、物產豐饒，光是戰略地位就是如此重要。

台灣開始受到大清帝國的重視，從沈葆楨到劉銘傳不過短短十七年，但光在劉銘傳擔任台灣巡撫的六年內，台灣就成為全中國最進步的省。由此可見，台灣本來擁有開放、活潑的海洋性格，只要讓台灣盡情發揮，就有無窮的潛力。

土地丈量處理失當 農民施九緞率眾抗官

【一八八九年／彰化報導】台灣巡撫劉銘傳為籌措新政財源，展開全台土地丈量的工作，但彰化縣處理不當，引起農民施九緞率眾抗官，釀成台灣建省以來最大民變。

官方清丈田地，農民若被查到「隱田」，就要多繳稅，因此普遍懷有抗拒心理。彰化縣官員在清丈田地時，因不論田地貧瘠隨意填寫丈單，造成農民抵制。官府則把兩名死刑犯押到街市處死，用以威嚇農民。

農民群起激憤，推選浸水庄（今彰化縣埔鹽鄉新水村）農民施九緞為首，召集數百人前往包圍彰化縣城，要求取回丈單。此一事件引起眾多農民響應，稱施九緞為「公道大王」。

劉銘傳聞訊後，派兵趕來彰化驅逐民眾，並撤換相關官員，整起事件才告平息。施九緞雖被官府通緝，但就此失去蹤影，相傳他在民間受到保護。

台灣史新聞

重點新聞

●甲午戰爭 台灣割予日本
●特稿：日軍進城
●台灣民主國成立
●社論：真假抗日
●台灣激烈抵抗日軍接收

甲午戰爭 北洋水師遭日全殲
清承認朝鮮獨立 割台澎、遼東半島

日本軍隊對清軍展開一波猛烈攻擊。

【一八九四年至一八九五年／中國、日本報導】大清帝國與日本為爭奪對朝鮮（今南北韓）的主權，雙方於一八九四年（清光緒二十年）爆發戰爭（該年干支甲午，清方稱甲午戰爭，日本則稱日清戰爭）。大清帝國戰敗，喪失朝鮮宗主權，割讓台灣、澎湖。

朝鮮長期是中國的屬國，但日本同樣試圖控制朝鮮。一八九四年，朝鮮發生內亂，清軍與日軍雙雙前往平亂，事後為撤兵問題發生爭執。結果日本聯合艦隊在朝鮮半島西方的豐島海域先攻擊大清北洋水師，也在朝鮮半島先行發動攻擊，不論海陸皆打敗清軍，兩國正式開戰。

隨後，聯合艦隊開進黃海攻擊北洋水師，雙方以主力對戰，經過五小時激戰，清方敗走，五艦被擊沉、四艦受傷，日方僅五艦受傷，取得黃海制海權。日軍在陸戰同樣取得勝利，控制朝鮮半島，並攻進中國遼東半島、山東半島。

一八九五年（清光緒二十一年，日明治二十八年），日軍占領澎湖以控制中國沿海，再對清軍展開攻擊，使得北洋水師全軍覆沒。清廷急於求和，派李鴻章為全權大臣前往日本，於一八九五年四月十七日在日本本州山口縣馬關（今下關市）簽訂《馬關條約》。

經此一戰，大清帝國承認朝鮮獨立，賠償兩億兩白銀，割讓遼東半島、台灣、澎湖。

編按：一九一〇年朝鮮被日本「併合」，俄、法、德為了自身利益，干涉日本取得遼東半島，後來日本歸還，但大清付出三千萬兩白銀作為補償。

特稿 南北雙城「迎接」日軍入城

【本社記者／特稿】日軍接收台灣在各地都遭到反抗，但在台北、台南二城是被「迎接」入城的。

台灣民主國的首都最先在台北，第一任總統唐景崧不戰而逃，台北城大亂，甚至發生軍隊搶劫，台北仕紳及洋商推派鹿港商人辜顯榮為代表，前往基隆迎日軍進台北城維持秩序。

台灣民主國隨後建都台南，第二任總統劉永福戰敗而逃，台南仕紳及洋商決定依台北模式，請在台南傳教的英國基督長老教會牧師巴克禮出面，迎日軍進城維持秩序。

日軍進入台北城。

但台灣民間對辜顯榮迎日軍進台北城卻有所議論，雖然台北城需要日軍維持秩序，辜顯榮可能也有此初衷，但他後來與日本政府的關係（被授勳、任官、給予經商特權，協助壓制台灣民主運動等），自有歷史評價。

短命台灣民主國 不滿五月即夭折

【一八九五年／台北報導】台灣官員及仕紳獲知大清帝國割讓台灣給日本後，立即成立台灣民主國並宣布台灣獨立，但這幾個月來幾位首長陸續逃往中國，台灣民主國成立不到五個月，已告滅亡。

馬關條約已於一八九五年五月八日生效，但在日本軍隊尚未抵達台灣接收之前，清廷暗中授意台灣官員宣布獨立，希望歐美國家為了保護自身在台利益，出面干涉日本獨占台灣。

台灣民主國於五月二十五日成立後，年號「永清」，建都台北，以「黃虎旗」為國旗，由台灣巡撫唐景崧任總統，甲午戰爭協防台灣的名將劉永福任大將軍，台灣中部仕紳丘逢甲任義勇軍統領。台灣富商板橋林家的林維源則被推為國會議長，但他婉拒，只捐了錢，並在第二天動身前往廈門。

五月二十九日，日軍在澳底（今新北市貢寮區）登陸，台灣民主國軍隊與日軍交戰大敗。六月四日，日軍仍在基隆，唐景崧已搭德國商船逃往廈門。丘逢甲接著攜眷逃往廣東嘉應州。日軍於六月十一日進入台北城。

劉永福隨後被推選為台灣民主國第二任總統，建都台南，並發行銀票、郵票以籌措軍費，仍不敵日軍，劉永福在日軍兵臨台南城時出逃廈門。十月二十日，日軍進入台南城，台灣民主國宣告滅亡。

清朝代表李經方登上位於基隆外海的日船橫濱丸，準備交割台灣。

社論　真抗日與假抗日

台灣宣布獨立，成立民主國。真的假的？只要看年號「永清」就知道了。

唐景崧在上任文告說，台灣是大清兩百餘年的疆土，「今雖自立為國，感念列聖舊恩，仍應恭奉正朔，遙做屏藩，氣脈相通，無異中土。」一個獨立國家會有這樣的獨立宣言嗎？

清廷簽下國際條約把台灣割讓給日本，由於缺乏抗日的正當性，遂授意台灣官員宣布獨立，並鼓動台灣人抗日，試圖引來國際干涉卻告失敗。台灣官員是假抗日，難怪唐景崧就職不到十天即潛逃。

但是，台灣民間卻是真抗日，尤其保衛鄉土意識濃厚的客家族群，面對武器精良的日軍，犧牲慘烈，讓人嘆息。

台灣蠔咬　台灣民主國

台湾民主國成立....
萬歲!
萬歲!
第二天
報告總統!議長落跑了!
第九天
報告總統!基隆淪陷了!
第十天
報告……
總統也落跑了!
人間蒸發

日軍接收台灣遭激烈抵抗 總督六月始政 十一月全島平定

【一八九五年／台灣報導】日本接收台灣這大半年來，遭到諸多反抗，尤其在客家地區，更是嚴重受阻。日軍雖出動擁有新式武器的三萬多兵力，仍然打了近半年才宣告平定，這是台灣島內歷來最大規模的戰爭。由於一八九五年是農曆乙未年，稱之為「乙未戰爭」。

馬關條約於一八九五年五月生效後，日本政府任命樺山資紀為台灣首任總督，原希望和平接收台灣，但在出發前，獲知台灣已呈備戰狀態，加派北白川宮能久親王率領日本天皇的近衛師團協助。

五月二十九日，日軍從澳底登陸，不到十天就占領台北城。六月十七日，樺山資紀舉行「始政典禮」，大清帝國統治台灣兩百一十二年至此終止。

日軍原以為南下接收會同樣順利，想不到在桃竹苗地區即面對由吳湯興領導的客家義勇軍游擊戰，中南部地區則是台灣民主國軍隊，屏東六堆地區同樣是客家義軍。日軍因此一再增援，日軍大將乃木希典還率領台灣遠征軍從屏東枋寮登陸。樺山資紀直到十一月十八日才向日本報告「全島悉予平定」，事實上各地仍有零星衝突。

此一戰役，日軍共有五百一十五人負傷、折損一百六十四人，死於瘧疾、霍亂等傳染病者高達四千五百人，在日本極有聲望的北白川宮能久親王也中彈死亡（或說死於瘧疾）。台灣軍民死亡人數估計超過一萬人。

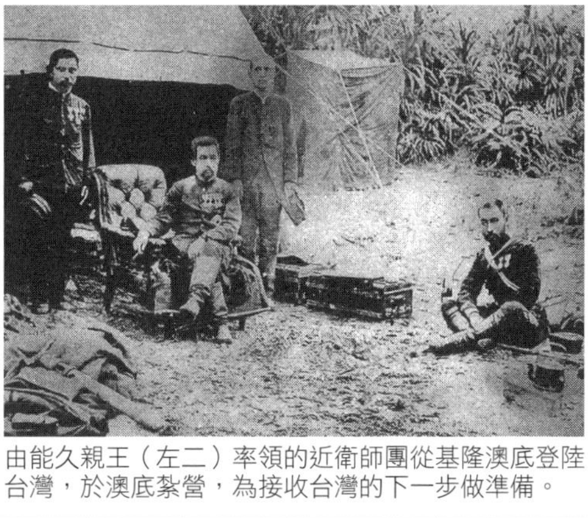

由能久親王（左二）率領的近衛師團從基隆澳底登陸台灣，於澳底紮營，為接收台灣的下一步做準備。

國民小學教育 在台實施
傳授日語 學童依台日籍分流上課

位於芝山岩惠濟宮後殿的芝山岩學堂。

重點新聞

- ●台灣實施國民教育
- ●台灣居民極少遷回中國
- ●《台灣日日新報》創刊
- ●台灣銀行印行紙鈔
- ●日本大力建設基隆港
- ●台灣進行全島土地調查
- ●台灣總督府醫學校成立

【一八九六年至一八九八年／台北報導】自台灣總督府於一八九五年（明治二十八年）六月十七日在台北舉行「始政典禮」後，首任學務部長伊澤修二即開始推廣日語教育，設立西式小學，使台灣從私塾教育進入國民教育時代。

曾留學美國的伊澤修二是日本首屆公費留學生，他主張在台灣實施「國家教育」，以免費、義務的教育方式普及「國語」日語，而來台灣的日本人則應該學習台灣的語言。

伊澤修二看到八芝蘭（今台北市士林區）文教氣息濃厚，把學務部遷到芝山岩惠濟宮後殿，設立學堂，並從日本內地招募楫取道明、關口長太郎、中島長吉、桂金太郎、井原順之助、平井數馬等六位教師來台。一八九六年，芝山岩學堂改名國語學校第一附屬學校。一八九八年，改名八芝蘭公學校（今台北士林國小前身），成為日本在台灣實施教育的創始地。

然而，一八九六年一月一日卻發生了楫取道明等六位教師遭到反日群眾殺害的事件，震驚日本。台灣總督府為「六氏先生」（先生即老師）舉行盛大的追思典禮並立碑紀念，日本首相伊藤博文親撰碑文。

總督府學務長伊澤修二。

「六氏先生」像。前列由右開始為關口長太郎、楫取道明、桂金太郎，後列右始為平井數馬、井原順之助、中島長吉。

伊澤修二並未受到此一事件影響，繼續在台灣重要城市設立「國語學校」（師範學校），以及招收一般學齡生及成年生的「國語傳習所」，除了教授「國語」日語外，還有音樂、數學等課程。

一八九八年，台灣總督府設立了台灣學童就讀的「公學校」、日本學童就讀的「小學校」，建立初等國民教育制度，招收八歲以上、十四歲以下的學童，上課科目包括修身、作文、讀書、習字、算術、唱歌、體操等。

編按：一九〇五年再設提供台灣原住民就讀的「蕃人公學校」，並自一九一〇年起採強制入學。

遷返中國台民 僅〇・一六%

【一八九七年／台北報導】因應大清帝國割讓台灣予日本，日本政府同意讓台灣居民在兩年內可以自由選擇國籍，結果有百分之〇・一六的台灣住民遷回中國。

清日馬關條約中規定，自一八九五年五月八日馬關條約生效日起，台灣居民可以在兩年內變賣產業遷回中國，期限過後留在台灣者則視為日本國民。

一八九七年（明治三十年）五月八日是台灣住民選擇國籍最後期限的「住民去就決定日」，台灣約兩百八十萬人中，共有四千四百五十六人遷回中國，其中大都是仕紳階級。

台灣日日新報 合併後再創刊

【一八九九年／台北報導】《台灣日日新報》已於五月六日創刊，成為台灣最大的報紙。

日本統治台灣後，日本人經營的《台灣新報》、《台灣日報》，在台灣總督府介入之下，合併成為官方色彩濃厚的《台灣日日新報》。

編按：《台灣日日新報》是日治時期台灣發行量最大、發行時間最長的報紙。後來還增加漢文版面，在一九〇五年至一九一一年間另外發行了《漢文台灣日日新報》。

台銀 印行鈔券

【一八九九年／台北報導】有鑑於台灣幣制混亂，日本政府決定設立台灣銀行，印製由台灣總督府發行的台灣銀行券，作為台灣通行的貨幣。

位於台北大稻埕的台灣銀行已開始營業，陸續印製紙鈔，使台灣各地使用百餘種貨幣的情形，逐漸獲得改善。

台灣銀行並負責提供貸款給在台灣的日本企業，一般民眾接觸的金融機構則是郵便所（郵局）、信用組合（信用合作社）。

編按：台灣銀行於一九〇三年遷至今台北市中正區重慶南路一段台灣銀行總行廳舍，今已成為台北市古蹟。

台日交通門戶 基隆港大改造

【一八九九年／基隆報導】台灣總督府著手展開基隆港的現代化工程，將打造基隆成為台灣與日本內地的交通門戶。

基隆從古就是北台灣的天然深水港，日本統治台灣後，發現淡水港有淤積及礁石阻礙大輪船航行的問題，又計畫興建以基隆起站的縱貫鐵路，決定大規模建設基隆港。

基隆港的建設由日本海軍主導，自一八九九年（明治三十二年）起展開五期工程，將以爆破清除內港礁石，設置碼頭、倉儲、貨運鐵路，並在外港興建造船廠、軍港、漁港，計畫使基隆港成為台灣第一大港。

基隆港為台日交通門戶，總督府已決定展開長期港口建設。

台灣全島土地調查 起跑

【一八九八年／台北報導】台灣總督府近日成立土地調查局，將對台灣的土地、地形、土地進行全面性調查，確定土地所有權。此一調查除了可增加政府稅收、保障土地買賣，也為即將進行的戶口調查做準備。

土地調查局將進行土地丈量、地籍調查等工作，由民眾申報私有土地，經丈量確認後，即登記為私人所有，否則就是國有土地。

此外，台灣總督府殖產部將同步進行林野調查，以掌握台灣的森林資源。

社論 台灣 殖民的實驗場

日本自一八六八年展開明治維新，全面學習西方的思想、觀念，以及政治、經濟、社會、教育、法律等制度，但封建的阻力在實行上常拖延了進度。

一八九八年（明治三十一年），台灣總督府為加強對台灣殖民地的管理及開發，由新任民政長官後藤新平展開一系列的改革及建設。與日本內地相比，在台灣實施改革比較容易推行，因為台灣本是移民社會，較少保守勢力，又因為台灣的殖民地地位，亦較少反對勢力。以土地調查來說，日本明治維新已三十年，仍因有阻力而未做，但在台灣卻可以馬上進行。

日本在台灣落實現代化，大致與日本內地同步，有些改革甚至更早，使台灣成為日本學習西方的實驗場。

總督府醫學校 正式設立 培育人才 改善島內醫療衛生

【一八九九年／台北報導】台灣總督府醫學校日前成立，這是台灣第一所西式醫學院。

日本統治台灣之初，因大量軍人死於傳染病等疾病，改善醫療衛生遂成當務之急。台灣總督府一八九五年即從日本內地派遣醫護人員，在大稻埕設立大日本台灣病院，一八九六年改稱台北病院（今台大醫院前身）。台北病院更於一八九七年設立醫學講習所，開始培養本地醫療人才。

台灣總督府醫學校（今台大醫學院前身）是預科一年、修業四年的正規醫學院。

總督府醫學校上課情形。

第五卷

二十世紀

1900 年～1998 年

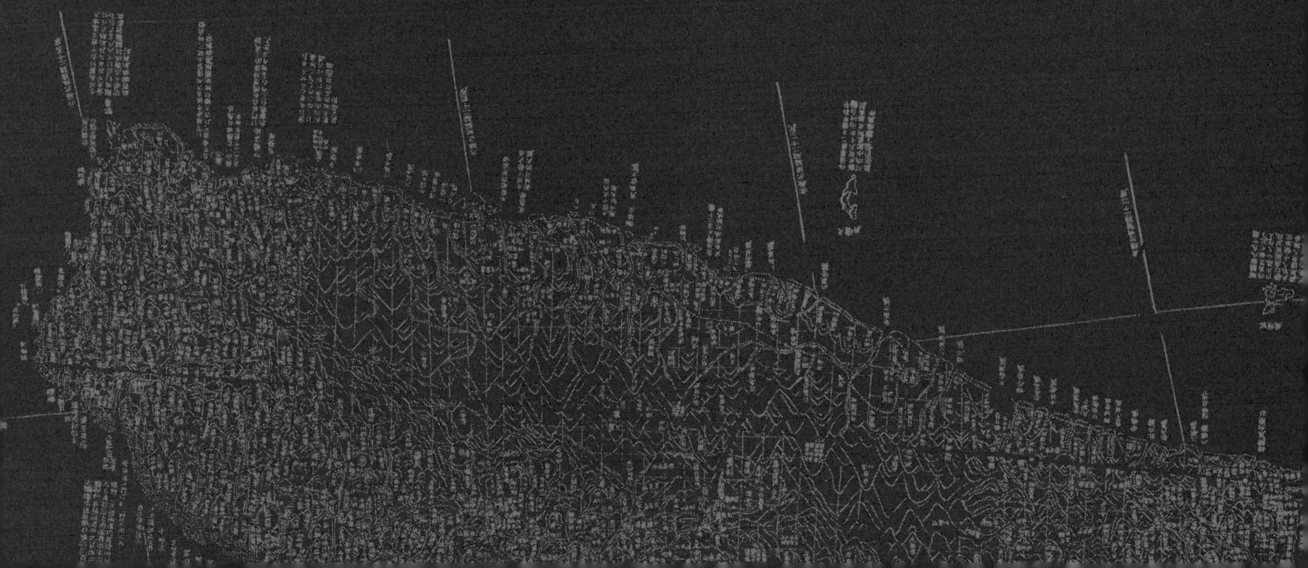

台灣進入日本統治時代，雖然是被剝削的殖民地，但也跟著日本走向現代化，包括公共衛生、醫療體系、公共建設、土地調查、戶口調查、紙鈔印行、國民義務教育，以及禁止婦女纏足等。

日本自一八九五年統治台灣以來，為了鎮壓各地層出不窮的大小抗日事件，一直任命武官為台灣總督，直到一九一九年任命文官田健治郎為第八任台灣總督，宣示台灣情勢已經穩定，從軍政走向法治。

日本在一九三五年舉行台灣博覽會，展現日本殖民成就，但在一九三七年發動侵略中國戰爭，在一九四一年發動太平洋戰爭，台灣被捲入國際戰爭，日本帝國也走向敗亡。

中華民國政府在一九四五年接收台灣，隨後中國發生內戰，國民黨被共產黨打敗，帶領一百五十萬中國各省軍民撤守台灣，對當時只有六百萬人口的台灣，在經濟、社會上造成結構性的衝擊。

台灣經歷中國國民黨威權統治，後來出現本土的民主進步黨，在政黨競爭下，逐漸發展出民主政治，並從一九九六年開始舉行四年一度的總統直接選舉。由於經濟繁榮、社會開放，台灣的多元族群展現了多元文化的活力……

台灣史新聞

重點新聞

- 總督府禁婦女纏足
- 伊能嘉矩為原住民分類
- 橋仔頭建新式糖廠
- 鳥居龍藏登上玉山
- 台灣神社落成
- 社論：多族群的台灣

辮髮纏足 官方下禁令

中醫師黃玉階成立社團 推廣天足

身穿傳統服裝的台灣婦女，寬大的褲腳中藏著三寸金蓮。

【一九〇〇年／台北報導】為了響應台灣總督府的政策，中醫師黃玉階昨天成立了「台北天然足會」，推行婦女纏足解放運動，並鼓勵父母讓女兒上學接受教育，開啟台灣婦女運動的先聲。

纏足是中國漢族婦女的習俗，至少在宋朝就有，最先範圍僅及中上階層婦女，後來普及一般婦女。纏足是從小以長布包裹、縫住女子足部，故意不讓足部正常發育，以致無法走路外出，這與漢族社會女子足小為美、男主外女主內的觀念有關。

皇室是滿族的大清雖然反對婦女纏足，但無法改變漢族觀念。清代的太平天國同樣反對婦女纏足，近代的中國知識份子則認為婦女纏足是社會落後的象徵。台灣的漢族婦女同樣有纏足習俗，只有客家婦女因要幫助耕作而少有纏足。

台灣總督府在統治台灣之初即指出，台灣社會有三大陋習：吸食鴉片、婦女纏足、男人辮髮。男人辮髮不方便、不衛生，最早來自滿族男人的習俗。吸食鴉片影響精神和健康，但很多人都有此嗜好。婦女纏足傷害婦女身體，被視為不文明。

對於鴉片，台灣總督府雖禁止一般民眾吸食，但考量財政收入，准許領有牌照的煙癮者可購買官方專賣的鴉片膏。但是對於辮髮、纏足，台灣總督府採取先宣傳再逐漸禁止的政策。

黃玉階是從清朝時代就在台北大稻埕開業的中醫師，進入日本時代後，於一八九七年取得漢醫執照。他在一九〇〇年（明治三十三年）成立台北天然足會，推廣讓婦女「解纏足」的運動，初期共有四十多位仕紳、商人參加。

台北天然足會認為，婦女纏足將阻礙社會進步，除了發行刊物推廣「天然足」外，還規定會員的女兒不得纏足，會員的兒子應該拒絕與纏足婦女結婚。台北天然足會也主張男人斷髮，但可穿唐裝。

鴉片為官方專賣，圖為工廠正在包裝鴉片膏。

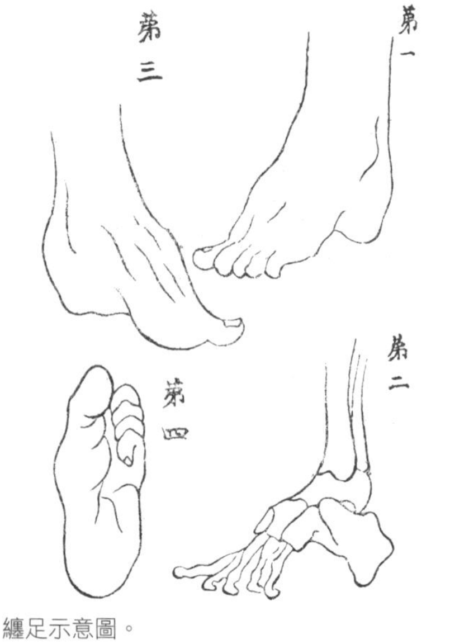

纏足示意圖。

台灣原住民族分類體系 日學者伊能嘉矩初建構

【一九○○年至一九○二年／台北報導】日本人類學家伊能嘉矩近年來踏查台灣各地原住民部落有成，成為首位對台灣原住民族進行學術分類學者。

一八六七年出生的伊能嘉矩，幼年學過漢學，念大學時因參加學運被退學，曾任報社及雜誌編輯，後來加入東京人類學會，隨日本人類學大師坪井正五郎學習人類學，再學滿文、朝鮮語、日本北海道原住民愛奴族語。

一八九五年，伊能嘉矩應聘前來台灣總督府工作，又學台灣閩南語、泰雅族語、馬來語，並展開對台灣原住民族的研究。

一九○○年（明治三十三年），伊能嘉矩與同事粟野傳之丞共同發表由台灣總督府民政局出版的《台灣蕃人事情》，建構台灣原住民族分類體系，依分布地區及文化特質分成八族：泰雅、阿美、布農、曹（鄒）、賽夏、排灣、漂馬（卑南）、平埔，其中的平埔族再分成十族（後來有所修正，一直沿用至今）。

伊能嘉矩也加入了台灣總督府自一九○一年起展開的台灣舊慣調查，並在一九○二年發表《台灣志》。

> 編按：一九○四年伊能嘉矩再發表《台灣蕃政志》，一九○八年返回日本仍繼續台灣研究，一九二五年病逝後，他的學生把他有關台灣歷史文化的研究編成《台灣文化志》。

鳥居龍藏來台 登上玉山
四度田野調查 拍攝珍貴原民影像

【一九○○年／台北報導】在台灣進行原住民族踏查研究的日本人類學家鳥居龍藏，日前登上了全日本（包括殖民地台灣）的第一高山「新高山」（玉山）。

一八七○年出生的鳥居龍藏，因不適應學校，小學二年級就被退學，學習都靠自修，後來加入東京人類學會，隨日本人類學大師坪井正五郎學習人類學。

近四、五年來，也就是一八九六年至一九○○年，鳥居龍藏受東京帝國大學委託派遣，來台灣進行了四次人類學田野調查。他的足跡遠達台灣外島蘭嶼、綠島，並橫越中央山脈、攀登玉山，留下珍貴的台灣原住民族影像資料、蘭嶼原住民雅美族（或稱達悟族）風俗研究，及台北圓山貝塚等考古遺址調查報告。（鳥居龍藏後來獲東京帝大博士學位，任教東京帝大，並曾任中國燕京大學客座教授。）

社論 精采台灣 多樣族群

大清帝國依照歸化與否來分類台灣的原住民，即熟番與生番，或稱土番與野番。

大清政府第一任巡台御史黃叔璥在台任職兩年（一七二二年至一七二四年）後，在他所寫的《番俗六考》中，把原住民依居住地區分成十三個部落群，即北路諸羅番十種、南路鳳山番三種，其中熟番、生番混雜，並非嚴謹的分類。

日本人類學家則以語言、文化來為台灣原住民做人類學分類，發現居住在台灣平原、高山的原住民，竟然有近二十種不同的族群。

伊能嘉矩、鳥居龍藏等日本人類學家在台灣上山下海的踏查，留下寶貴的資料紀錄，成為研究台灣文化者的典範。

橋仔頭設立新式糖廠 台灣現代製糖事業里程碑

【一九○二年／高雄報導】日本三井財團於一九○○年成立的「台灣製糖株式會社」，在創立兩年之後，於今年在橋仔頭（今高雄市橋頭鄉）興建台灣第一座機械式製糖廠，被視為將開啟台灣的現代製糖事業。（今為古蹟，並設橋仔頭糖廠藝術村。）

台灣第一座機械式製糖廠——橋仔頭糖廠。

台灣神社落腳劍潭

【一九○一年／台北報導】台灣總督府在台北劍潭山頂（今圓山大飯店）興建的「台灣神社」落成，將成為台灣最重要的神社。

台灣神社是為了紀念一八九五年因接收台灣任務而去世的北白川宮能久親王，由日本建築師設計，並由日本工匠建造，連周邊環境都做了整體規畫。

台灣神社是日本人在台灣所建的第二座神社，第一座神社是把台南延平郡王祠改名的開山神社。一八九六年，日本人看到延平郡王祠後殿奉祀鄭成功日籍母親田川氏，將之改為神社。（台灣神社在一九四四年升格為台灣神宮，卻因為一架飛機在附近失事墜落，而被大火燒毀。）

位於劍潭山的台灣神社。

台灣史新聞

瞄準林業資源

後藤新平視察阿里山 歌頌吳鳳

重點新聞

- ●後藤新平視察阿里山
- ●日俄戰爭爆發
- ●台灣人口普查 亞洲首例
- ●社論：吳鳳神話
- ●龜山發電所啟用

台灣民政長官後藤新平。

【一九〇四年／嘉義阿里山報導】台灣總督府民政長官後藤新平日前前往嘉義阿里山視察森林資源，從漢人得知清代通事吳鳳的傳說後，授意擴大解釋吳鳳「殺身成仁，感化生番」的故事，作為教化山區原住民的論述，以利政府開發山林。

台灣總督府殖產部自一八九八年起即展開台灣的林野調查，發現台灣的森林資源豐富，擁有檜、樟、楠、柏、杉等優質高價值林木，並有嘉義阿里山、台中八仙山、宜蘭太平山三大林場。

一九〇〇年，台灣總督府殖產部人員在阿里山發現廣達三公頃的廣大原始森林，其中有大量紅檜。後藤新平獲知後，決定開發阿里山森林，下令再調查阿里山森林區周邊環境及交通運輸，並同步計畫修築阿里山鐵路。（阿里山鐵路在一九一二年通車。）

一九〇四年，後藤新平帶領林學專家、鐵路工程師等人員，與嘉義官員一起前往阿里山視察林況。在聽到漢人提及吳鳳的傳說後，後藤新平指示嘉義官員收集吳鳳相關資料，自己還寫了一首追悼吳鳳的詩：「一死成仁見偉才，混蒙天地豁然開，口碑千古靈如在，服冕乘風策馬來。」

據傳，吳鳳曾在阿里山鄒族部落擔任通事（翻譯）長達四十八年之久，一七六九年為當地原住民所殺，享壽七十一歲。吳鳳被殺有兩種說法：漢人說，吳鳳因反對生番獵殺漢人、取人頭獻祭，與生番發生衝突而被殺；吳鳳死後，英靈常在番社出沒，番社又發生瘟疫，生番從此不敢再殺漢人。原住民則說，吳鳳是剝削他們才被報復，他們也沒有因此改變獵頭習俗。

日本人根據漢人的說法，重新編寫了吳鳳的故事：吳鳳長期受到阿里山番的尊敬，阿里山番要求吳鳳提供可以獵頭的人，吳鳳決定犧牲自己，以感化生番消除惡習，就說某日某處將有穿紅衣、戴紅帽、騎白馬的人出現。阿里山番殺死那個人之後，才發現是吳鳳，從此痛改前非，不再獵頭。

阿里山林場擁有豐富的林木資源。圖為阿里山扁柏林。

台澎監控俄艦東來
日敗俄 踞亞洲首強

【一九〇四年至一九〇五年／中國東北報導】這兩年來，日本與俄國為了爭奪在滿洲（中國東北）的利益，雙方爭戰不休，俄國艦隊一度從歐洲開來遠東，台灣甚至進入戒嚴狀態。日本連續在陸戰和海戰告捷後，已和俄國簽訂和約，為這場戰事畫下句點。

日俄雙方自一九〇四年二月起在大清帝國領土滿洲開戰，大清帝國被迫宣布中立。日本在旅順二〇三高地陸戰與對馬海峽（日本海）海戰雙雙取得勝利後，在美國調停之下，於一九〇五年（明治三十八年）九月和俄國簽訂和約，結束戰爭。

日俄戰爭開打以來，為了支付龐大軍費，日本總共發行了五次國債，殖民地台灣貢獻約五分之一額度。又因俄國波羅的海艦隊一度繞過非洲好望角，經印度洋前往東北亞戰場，台灣、澎湖在一九〇五年五月至七月間實施了歷史上第一次戒嚴。

日本打敗了俄國，除鞏固朝鮮半島，也控制了滿洲南部。但這場戰爭不但造成俄軍傷亡約十二萬人、日軍傷亡約八萬人，更造成無辜的滿洲居民約兩萬人傷亡，以及無數財產損失。

這場大規模的戰爭也被視為亞洲黃種人打敗歐洲白種人之戰，日本不再是過去被迫與歐美列強簽訂不平等條約的國家，已成為亞洲第一強國，日本海軍被視為與歐美海軍並列。

一九〇五年，日俄代表團簽訂樸茨茅斯條約後合影。

台灣人口普查 領先亞洲舉辦

【一九〇五年／台北報導】台灣歷史上第一次的現代人口普查已調查完畢，資料顯示，不包含生番在內，台灣居民共約三百零四萬人。

這項人口普查在一九〇五年（明治三十八年）十月一日至三日進行，主要由警察執行，動員七千四百零五人。調查結果顯示，台灣共有四十八萬七千三百五十三戶住家，五十八萬五千一百九十五個戶口，總人口數三百零三萬九千七百五十一人，其中男性一百六十一萬餘人，女性近一百四十三萬人。

歐美先進國家皆有每十年舉行一次人口普查的政策，以掌握國情，作為施政依據。日本政府在一九〇二年已公布《國勢調查法》，明文規定每十年舉行一次國勢調查（即人口普查），當時預定在一九〇五年舉行包括殖民地台灣在內的全國首次國勢調查。

然而，由於日俄戰爭於一九〇四年爆發，暫停了日本內地的人口普查，台灣則按計畫進行，名稱改為「臨時台灣戶口調查」。台灣成為亞洲第一個舉行現代人口普查的地區。

社論 走味的吳鳳神話

一百三十多年前漢人的吳鳳傳說，再被日本人塑造成了吳鳳神話。

吳鳳被殺的原因有不同說法。吳鳳死後，阿里山原住民仍然保持獵首傳統，但在台灣總督府授意下，嘉義官員編寫了吳鳳傳記，為吳鳳立碑、建廟，並由台灣總督親自主祭。吳鳳事蹟也被改編成歌舞劇，編入日本（包括日本統治下的台灣、朝鮮）的小學教科書裡，甚至再被歐美的道德書引用。

日本人操作吳鳳神話，具有理番及開發山林的政治目的，但阿里山原住民不知哪一天才有能力提出抗議？

為了製造吳鳳神話，日人為吳鳳重建廟宇。

龜山電所啟用供電
照亮台北城區夜晚

【一九〇五年／台北報導】龜山發電所（今新北市新店區與烏來區交界處）已於昨日完工啟用，這是台灣的第一座發電廠，預料將開啟台北的電燈時代。

台灣巡撫劉銘傳曾於一八八八年（清光緒十四年），在台北城以小型蒸氣燃煤發電機發電，提供官府及部分街道電燈使用，但為時僅僅一個月。

日本統治台灣後，日本民間公司來台發展電力事業，成立「台北電氣株式會社」，計畫利用新店溪支流南勢溪的水位落差，在龜山興建水力發電所。但台灣總督府認為電力事業應歸入公營範圍，收購公司，另成立「台北電氣作業所」，興建龜山發電所。

昨日，一九〇五年（明治三十八年）十月十五日，龜山發電所已經完工啟用，送電到二十公里外的台北三市街（台北城內及萬華、大稻埕），讓此區的夜晚大放光明。

龜山發電所是台灣第一座發電廠。

台灣彩票超夯

吸金吸到日本 開辦九個月喊停

台灣總督府發行的台灣彩票甫推出即造成搶購風潮。

台灣史新聞

重點新聞

- ●台灣彩票戛然而止
- ●社論：彩票政治
- ●建設打狗港
- ●度量衡器改由官營
- ●北埔發生抗日事件
- ●台灣縱貫鐵路通車
- ●光緒去世 溥儀即位

【一九〇六年至一九〇七年／台灣報導】日本政府特許台灣總督府發行的台灣彩票（彩券），雖然大受歡迎，卻突然就宣布中止，開辦期僅短短九個月。

二十世紀初，發行彩票是引起議論的財政政策，雖然有助於政府財政和社會公益，但也被批評將助長民眾投機心理和賭博風氣，所以多數歐美國家及日本並未發行彩票。不過，在菲律賓、新加坡、澳門、香港、華南等地已有民營彩票，吸引台灣民眾購買。

日本法律禁止發行彩票，認為將助長民眾賭博歪風，更違反民眾儲蓄美德。但台灣總督府因財政收入不足，又認為台灣人本來就好賭，一直想在台灣發行彩票。台灣總督府主張，與其讓台灣人去買海外彩票，造成資金外流，不如由台灣總督府公辦彩票，吸引台灣人甚至海外中國人來買，達到增加財政收入的目的。

日本政府為此特許台灣總督府得以發行不定期的台灣彩票，但規定收入不得充作一般行政費用，只能用於慈善、衛生、文化上。

獲得特許以後，台灣總督府於一九〇六年（明治三十九年）六月十三日宣布將發行台灣彩票的消息，第一期台灣彩票在十月十八日上市，發行四萬張，每張五圓，賣出二十萬圓，而總彩金十五萬圓，占百分之七十五。彩金則分頭彩一張獎金五萬圓、二彩兩張獎金各一萬圓等，並明定於十二月十五日公開搖獎。

台灣彩票推出後立刻造成搶購風潮，每張漲到七、八圓以上，供不應求，且有百分之四十賣往海外。台灣總督府達到預期目的，繼續發行第二期，除了增加發行張數，還提高每張售價及中獎彩金。

始料未及的是，日本內地買台灣彩票的熱潮愈來愈盛，甚至凌駕台灣，售價也比台灣貴很多，引起在日本內地能否買賣台灣彩票的法律爭議。

到了一九〇七年（明治四十年）三月二十日，台灣總督府已發行第四、第五期彩票，不料在尚未開獎前，突然宣布無限期中止發行，令人錯愕。

台灣彩票每回公開搖獎都牽動廣大民眾的心。圖為台灣彩票抽籤器。

社論 彩票與人性

台灣彩票發行五期、開獎三次就停辦，議論紛紛。

台灣彩票熱賣，雖然造成投機份子哄抬彩票價格，甚至發生變造彩票號碼詐領獎金的案件，但並不是停辦主因。台灣彩票的吸金對象本來設定為海外中國人，結果卻吸走了很多日本人的錢，還在日本內地引起法律爭議，恐怕才是停辦關鍵。

台灣彩票發行之前，日本人說「好賭」是漢人的民族性。但從台灣彩票在日本內地熱賣的情況看來，日本人「好賭」個性不遑多讓。

其實，夢想一夕致富是人性，哪裡都一樣。

鐵路通車 活絡交通線
打狗港現代化 大舉進行

【一九〇八年／高雄報導】台灣總督府著手展開打狗港（高雄港）現代化工程，使其成為台灣南部最大港。

日本統治台灣後，看到台灣米、糖從打狗港出口頻繁，計畫大舉建設打狗港，但當時因經費不足而擱置。直到今年，一九〇八年（明治四十一年），台灣縱貫鐵路通車，打狗港的建港及相關工程得以開始進行。

台灣總督府分別對台灣南北兩大港口打狗及基隆進行現代化工程，以停靠大輪船。

打狗港進行建設工程，以供大輪船停靠，但今仍可見帆船身影。

採用日式標準
度量衡器 改為官營

【一九〇六年／台灣報導】台灣總督府昨天宣布，日後度量衡器改由官營，所有交易一律使用日式度量衡。

日本統治台灣後，發現台灣的幣制及度量衡制混亂，隨即展開改革。台灣總督府繼一八九九年發行台灣銀行券統一貨幣後，於一九〇六年（明治三十九年）決定大力整頓並統一度量衡，規定必須使用官方製造的度量衡器，並動用警力全面禁止使用舊式度量衡器。

一般認為，台灣的幣制與度量衡制確立後，將有助商品經濟的發展，促進台灣與日本內地之間的經濟流通。

結合隘勇、腦丁、賽夏族
蔡清琳北埔抗日潰敗

【一九〇七年／新竹北埔報導】新竹北埔近日發生武裝抗日事件，客家人蔡清琳聯合北埔山區的隘勇、腦丁及賽夏族原住民，殺死當地日本官民五十七人，台灣總督府派軍隊鎮壓，平息整起事件。

曾任基層警察的蔡清琳因與日本警方結怨，計畫報復。一九〇七年（明治四十年），他利用北埔山區民眾不滿日人高壓統治的心理，謊稱清軍即將從新竹海港登陸、光復台灣，組成「復中興聯合隊」，攻擊北埔的日本警察、官員及眷屬，震驚全台。

待日軍開抵北埔，蔡清琳部眾隨即潰散，賽夏族發現清軍未到，才知受騙，殺死蔡清琳交給日軍。日軍則逮捕了一百餘名涉案人員，處死九名首腦，其餘受到判刑或處罰。

北埔事件前，北埔支廳員的合照。

縱貫鐵路通車
基隆到高雄 西部城鎮連一體

【一九〇八年／台灣報導】台灣縱貫鐵路終於通車！從基隆到高雄的台灣西部主要城鎮已連成一體，這是台灣交通史上的重大成就。

「興建縱貫鐵路」是日本統治台灣的主要施政計畫之一。台灣總督府於一八九九年就從日本內地邀請鐵路工程師長谷川謹介來台，規畫縱貫鐵路及相關的車站、支線等工作。

台灣雖然在清代時曾由台灣巡撫興建從基隆到新竹的鐵路，但在日本人的規畫下幾乎全部重做。台灣縱貫鐵路分別從南北施工，最後在中部接軌。

台灣縱貫鐵路在一九〇八年（明治四十一年）四月二十日通車營運後，又於十月二十四日在台中公園舉行盛大通車典禮。

編按：縱貫鐵路在苗栗至台中段經過山區行車緩慢，後來再興建從竹南至彰化的海線。

於台中公園舉辦的縱貫鐵路通車儀式。

光緒身亡 溥儀繼位

【一九〇八年／北京報導】大清帝國光緒皇帝日前去世，掌權的慈禧太后立三歲的溥儀為帝，年號宣統。

一九〇八年（清光緒三十四年，日明治四十一年）十一月四日，光緒皇帝死於砒霜中毒（疑似被害，真兇待查），享年三十八歲。

光緒皇帝四歲即位後一直被慈禧太后控制，成年親政後試圖改革，曾任用康有為、梁啟超等人進行變法維新，但因不敵慈禧太后勢力而失敗，被軟禁在瀛台至死。

台灣史新聞

重點新聞

- 中華民國建立
- 日本鼓勵移民台灣
- 社論：移民政策差很大
- 石坂莊作在基隆設圖書館
- 瀛社成立
- 梁啟超啟發非武力抗日

武昌起義 推翻大清
中華民國終結兩千年帝制

革命成功，孫中山被選為中華民國臨時大總統。

【一九一一年／中國報導】由中國民主革命先驅孫中山（本名孫文）號召的革命黨人，十月十日在武昌（今湖北省武漢市武昌區）起義成功，成立中華民國湖北軍政府，共有十五個省響應。大清帝國走向滅亡，結束中國兩千年的封建帝制。

孫中山是廣東省香山縣（今中山市）人，一八六六年出生，青少年時期接受西式教育，後來鼓吹革命，於一八九四年在美國檀香山（今夏威夷）創立興中會，同時展開革命行動。

一九〇五年，革命黨人在日本東京創立中國同盟會，孫中山被推為總理，宣示「驅除韃虜，恢復中華，建立民國，平均地權」，即民族、民權、民生三大主義，號召人民推翻滿清政府。

興中會、中國同盟會陸續在台灣成立分會，籌募經費，傳播孫中山的革命思想，孫中山亦曾於一九〇〇年來台，爭取日本支持策動廣東惠州起義，結果失敗。

近幾年來，興中會、中國同盟會及其周邊組織，歷經二十多次大小起義都告失敗。就連一九一一年四月二十七日（農曆三月二十九日），中國同盟會集中全力、長期準備的廣州黃花崗起義，最後仍然以失敗收場。

一九一一年十月十日，革命黨人轉向長江流域，結合大清帝國新軍內部支持革命的勢力，終於在武昌起義成功（史稱辛亥革命）。當時，孫中山人在美國，對武昌起義成功感到相當意外，但這顯示革命果實已經成熟。

一九一一年十二月二十九日，孫中山由十七省代表選舉為中華民國臨時大總統。

武昌起義中，起義軍的三英寸口徑大炮正在開火。

編按：中華民國於一九一二年的元旦開國，在南京成立臨時政府。二月十二日，清宣統皇帝退位，清朝在入關統治中國兩百六十八年後滅亡。

總督府設立模範農村 獎勵日人移民東台灣

【一九一〇年／台灣報導】台灣總督府日前成立了協助日本內地人民移民台灣的專責單位「移民事業委員會」，提出各種獎勵措施，並計畫在東台灣建立移民模範農村。

日本本來就有人口過剩的問題，明治維新以來更因死亡率下降、出生率上升，造成人口快速增加。日本政府學習西方作法，鼓勵大和民族前往南美洲等海外地區發展。日本取得台灣後，台灣自然成為日本移民的目標。

在此之前，皆由民間私營機構辦理日本人移民台灣的事務，但因成效不彰，台灣總督府決定改為官營，並進行相關調查。由於台灣西部早已開發，人口也已飽和，不易取得大塊耕地，台灣總督府因此把日本內地農民移民的目標設在台灣東部。

而今，一九一〇年（明治四十三年），台灣總督府除了成立移民事業委員會，還在移民地點同步設置移民指導所。日本官方對移民有嚴格規定，除了須具備良民身分、農業經驗外，還要攜眷前來，並有永遠住在台灣的決心。但獎勵措施非常優渥，包括免費使用土地十三年，小孩免繳學費三年，以及交通、房屋、醫療、農具等各種補助。

台灣總督府鼓勵日本移民至台灣東部。圖為台灣第一個官營移民村「吉野村之家屋」。

社論　清、日移民政策 大不同

日本取得新領土台灣之後，為了協助日本內地人民移民台灣，設立移民事業委員會，規定移民必須攜眷，還提出很多獎勵措施，移民地點也已規畫妥當。

這不禁讓人想到台灣的上一個統治者大清帝國，同樣是剛把台灣併入版圖，在內地也一樣有人口過剩的問題，移民政策卻與日本完全相反。事實上，大清帝國根本沒有移民政策，只有禁令，尤其還強調禁止攜眷，更不用說是協助、獎勵、安置移民、發展移民事業了。

大清帝國統治台灣兩百多年，直到最後二十年才解除渡海禁令，或許受限於時代視野，但是政府對人民的態度，歷史自有評價。

石坂文庫促進基隆社教

【一九〇九年／基隆報導】久居台灣的日本人石坂莊作憑著一己之力，捐款在基隆開設「石坂文庫」圖書館（今基隆市義一路台灣銀行基隆分行旁），免費開放及借閱圖書，這是台灣第一家私人的現代圖書館。

石坂莊作是日本群馬縣人，生於一八七〇年，曾當過教師。他在一八九六年來到台灣，曾在《台灣日日新報》工作，也曾在基隆、台北擔任公職，並在基隆經營「石坂商店」。

石坂莊作看到基隆缺乏圖書資源，於一九〇九年（明治四十二年）捐款興建木造兩層樓房的石坂文庫，藏書八千冊（後增至兩萬冊），設有閱覽室、目錄櫃、新書陳列室，以及運動設備等，對基隆的社會教育有很大貢獻。

石坂莊作捐款開設的石坂文庫圖書館。

梁啟超訪台二周 鼓吹非武裝抗日

【一九一一年／台灣報導】中國思想家、政治家梁啟超，應台灣霧峰林家林獻堂邀請來台遊歷，啟發台灣知識份子對日本政府採取非武裝的議會抗爭運動。

一八七三年出生的梁啟超是廣東新會人，曾參與清光緒皇帝的變法維新，失敗後流亡日本，並遊歷美國。林獻堂在日本旅行時遇見梁啟超，邀他來台灣一遊。

今年三月，梁啟超帶著女兒梁令嫻從日本神戶搭船抵達基隆，在台北待了五天，再前往霧峰林家公館。他總共在台灣停留兩個星期，會見很多台灣仕紳、詩人。

林獻堂請教梁啟超，在日本異族不平等的統治下，台灣人應該如何應付？梁啟超說，台灣可以學習愛爾蘭，愛爾蘭最初以武力抵抗英國，但都被英國軍警鎮壓、殺害，後來改變策略，結交英國朝野，以取得參政權。

梁啟超來台，啟發台人的非武裝抗日活動。

瀛社成立

【一九〇九年／台灣報導】台北詩人日前成立了「瀛社」，讓北台灣也有了詩社。

台北詩人洪以南、謝汝銓成立的瀛社，與台中霧峰林家林幼春、林獻堂及蔡惠如等人在一九〇二年成立的櫟社，以及台南詩人蔡國琳、連雅堂等人在一九〇六年成立的南社，為日本時代三大古典漢詩社。

北中南三大詩社除了鼓勵作詩、聯詠，常在《台灣日日新報》漢文版發表詩作，也參與燈會猜謎，推廣漢文化及文學風氣。櫟社的組織較為嚴密（後來還參與抗日活動）。

台灣史新聞

重點新聞

- 太魯閣征伐 原民危殆
- 社論：原民悲歌
- 明治去世 大正即位
- 鐵達尼沉沒 千餘人罹難
- 台北出現汽車客運
- 羅福星抗日失敗
- 一次大戰爆發

垂涎山地資源 日全面剿番
太魯閣族抵抗到底 近乎滅族

佐久間左馬太（左）親自督軍攻打太魯閣原住民，於立霧溪東南岸建立指揮處。

【一九一四年／台灣報導】為了開發台灣山地豐富的森林及礦產資源，第五任台灣總督佐久間左馬太對山地原住民採取全面討伐的政策。日前，佐久間左馬太動員上萬兵力攻打花蓮太魯閣族部落，太魯閣族原住民奮勇抗戰，最後因擔心滅族而投降。

日本統治台灣以來，為了開發山林，對山地原住民採取招撫政策，但未能成功。日本政府決定改變政策，改派曾在一八七四年參與牡丹社事件、後來升為大將的佐久間左馬太擔任台灣總督。佐久間左馬太認為，山地原住民擁有槍枝武器，這是對山林開發最大的威脅，必須先予解除武裝。

佐久間左馬太先在台灣總督府設「番（蕃）務本署」，派人對台灣全島山區的「番地」進行資源調查、地形測量及地圖繪製，再於一九一〇年提出「五年理番計畫」，編列大筆預算，準備以軍力迫使全台山地原住民歸順，之後則交由警察管理。

佐久間左馬太「剿番」的次序是北番（泰雅族）、太魯閣番、南番（布農族等），但日軍一開始就遭到激烈抵抗，只好不斷增加軍力及攻擊次數。

一九一四年（大正三年），日軍攻打太魯閣番，事前仔細布局、全力動員，以五、六倍以上的兵力及新式武器，從南投、花蓮兩路圍攻。已經七十歲的佐久間左馬太親往督戰，相傳他因失足墜崖受傷。太魯閣族雖只有兩千多勇士，仍抗戰到底；但寡不敵眾，最後因擔心滅族而投降。

「理番總督」佐久間左馬太的強硬政策，迫使台灣各地山地原住民共繳械兩萬多把槍，從此抵抗能力大減，族群人口及傳統文化也受到嚴重傷害。

佐久間左馬太失足受傷的斷崖，位於立霧溪東南岸。

社論 生番熟番 俱是悲歌

「人畏生番猛如虎，人欺熟番賤如土。」一八三五年，噶瑪蘭廳通判柯培元同情熟番，寫了一首〈熟番歌〉。曾幾何時，人不再畏「生番」，甚至是「人欺生番賤如土」了。

一八七五年以後，清廷官員沈葆楨、劉銘傳以新式武器「開山撫番」，使山地原住民飽受打擊。到了日本時代，官方更以現代化軍隊的機槍、山砲等新式武器攻進山區，山地原住民更加無法抵擋。清代設隘勇來防堵山地原住民，日本時代再加入地雷、電流鐵絲網。

為了漢人、日本人的開發，台灣從平原到山地的原住民都難逃大劫。

明治謝世 大正登台
維新有成 日建明治神宮紀念

【一九一二年至一九一四年／東京報導】日本明治天皇日前去世，由三十三歲的皇太子嘉仁即位，年號大正。

一九一二年（明治四十五年）七月三十日，明治天皇因病去世，享壽六十歲。明治天皇以明治維新著稱，學習西方思想、文化、制度及科技，發展資本主義，讓日本成為世界強國，在對外戰爭中打敗中國及俄國，並取得台灣、朝鮮殖民地，同時也埋下軍國主義的陰影。

一九一四年（大正三年），日本政府把明治天皇神格化，在東京建明治神宮（今東京澀谷區）。

大正天皇將接續明治維新奠定的基礎，帶領日本持續穩定發展。

鐵達尼號首航便遇劫
一千五百餘人葬身大西洋

撞擊冰山後即將沉沒的鐵達尼號。

【一九一二年／大西洋報導】世界最大的豪華客輪鐵達尼號，不幸於首航第四天在大西洋撞到冰山沉沒，共計有一千五百二十二人罹難，這是非戰爭時期最慘重的海難。

鐵達尼號長約兩百六十九公尺、寬約二十八公尺，排水量為四萬六千多噸，一九一二年四月十日從英國南安普頓出發，在法國、愛爾蘭港口上客，準備橫渡大西洋開往美國紐約，船上有一千三百多名乘客及近九百名船員。

不料，鐵達尼號於四月十四日晚上十一點四十分撞到冰山，第二天凌晨兩點二十分船身裂成兩半沉沒。最近的輪船趕往救援，僅七百零二人生還。

於「京都御所」行即位禮的大正天皇。

台灣公車初面世
客運首見台北行

【一九一三年／台北報導】台北出現從市區到圓山的汽車客運，成為台灣公共汽車之始。

一九一三年（大正二年）一月，日本商人在台北成立自動車（汽車）公司，經營租車業務，並提供從台北市區與圓山之間的客運服務。台灣總督府一九〇一年在圓山建台灣神社，吸引眾多民眾前往朝拜。

編按：一九一八年以後，日本商人在台北成立有規模的民營公共汽車事業。

羅福星抗日未成 遭捕遇害

【一九一三年至一九一四年／苗栗報導】據稱是中國同盟會一員的羅福星在台策畫抗日行動，準備在苗栗起事時，被日本警方查獲拘捕，最後被處以死刑。

一八八六年出生的羅福星，祖籍廣東，母親據說是葡萄牙裔印尼人。他曾隨家人定居台灣苗栗，後來又遷回廣東，並加入中國同盟會，曾參與一九一一年的廣州黃花崗起義。

羅福星主張台灣與中國革命軍結合，以武力推翻日本殖民統治。他於一九一二年重回台灣後，即以「驅逐日人，恢復台灣」宣言招募同志，並從中國走私武器，準備起事。

一九一三年，羅福星在苗栗成立「抗日志士大會」，卻被日警查獲，被迫逃亡，後來在淡水被捕，並於一九一四年（大正三年）三月和二十名抗日份子一同被處死。

歐洲爆發一次大戰
日本藉機對德宣戰

【一九一四年／歐洲報導】歐洲地區爆發兩大國家陣營的戰爭（史稱第一次世界大戰），全世界其他國家目前已陸續加入，日本也參戰。

歐洲列強為了爭奪經濟利益，加上民族主義滋長，在競相擴軍、尋求結盟下，終於在一九一四年七月爆發戰爭。「同盟國」包括德國、奧匈帝國、土耳其、保加利亞等。「協約國」包括英國、法國、俄國等。

日本則於九月加入協約國對德國宣戰。日本參戰，除了因為與英國有結盟關係，主要是為了與德國爭奪在中國山東半島的利益。

由於科技進步，這場戰爭已出現許多新式武器，包括坦克、潛水艇、戰鬥機等，以及毒氣等化學武器，並使用電訊設備。

編按：後來義大利、美國加入協約國，中華民國也在一九一七年加入。

台灣史新聞

重點新聞

- 余清芳神諭抗日失敗
- 社論：靠神話起義？
- 總督府博物館新館落成
- 圓山動物園開幕
- 台中中學校成立

余清芳假託神諭抗日 遭敉平
西來庵事件牽連八百餘人判死刑

由台南監獄押往臨時法庭的西來庵事件相關人等。

【一九一五年／台北報導】台灣近日爆發日本統治二十年來最大的漢人武裝抗日事件，余清芳等人在台南西來庵王爺廟策畫抗日，以神諭號召民眾起事，結果失敗，共有八百八十六人被判死刑，但在日本國會及國內外輿論的壓力下，僅處決九十五人。

一八七九年出生於屏東市的余清芳，念過私塾和公學校，曾在台南擔任基層警察，但以涉嫌詐欺遭撤職。他熱中台灣民間宗教，常在廟宇擔任扶乩生，後來在台南參加「齋教」活動，因對信眾宣傳抗日，被捕入獄。但他出獄後又在西來庵宣傳抗日，並號召信眾、成群結黨。

一九一五年（大正四年），余清芳到處散布消息：神明指示，日本統治台灣二十年，氣數已盡，台灣即將出現「神主」，幫助台灣人驅逐日本人，建立「大明慈悲國」，未來將減輕稅賦，現在參與革命者可論功行賞。

日本警方獲知後，展開逮捕行動，余清芳則以大明慈悲國「大元帥」名義起事，宣稱將有中國軍隊協助，率眾攻打噍吧哖（今台南市玉井區）一帶的官署，殺死多位日警及眷屬，並占領虎頭山。但日軍隨即趕到，打敗余清芳部眾，並展開搜山，最後逮捕余清芳等近兩千人到案。

台灣總督府在台南設置臨時法庭審理此案，結果有八百八十六人被判死刑，四百五十三人被判有期徒刑。由於判刑極重，引起各方關切，因此日本政府在執行余清芳等九十五人的死刑後，以大正天皇即位為由特赦，將其餘的死刑犯改判無期徒刑。

余清芳的西來庵事件（又稱噍吧哖事件）落幕後，台灣總督府已拆除西來庵，並打算整頓台灣的民間宗教。

策畫抗日的余清芳。

社論 靠神話起義？

「神明降詔，日本統治台灣二十年，氣數已盡。」這種宗教語言能成為台灣抗日、革命的理由嗎？都已經進入二十世紀（一九一五年）了，余清芳仍假借宗教迷信號召革命，難道不知中國已有追求民主共和的辛亥革命嗎？難道以為宗教法器、符咒可以打敗日本帝國的現代化軍隊嗎？西來庵事件牽累了太多無知民眾，令人扼腕。

余清芳起事後，宣稱會有中國軍隊協助，同樣也是「神話」。清廷已簽訂國際條約把台灣割讓給日本，中國如何公然幫台灣抗日？清廷雖暗中策動台灣官紳成立「台灣民主國」，卻又任其自生自滅，就是最好的例子。一八九九年潛逃廈門的台灣抗日份子簡大獅，即使自稱「大清之民」，仍被清廷引渡回台，交由日本政府處理。

總督府博物館新館落成
巴洛克建築風 館藏台灣自然史

台灣總督府博物館新館。

【一九一五年／台北報導】台灣總督府博物館（今國立臺灣博物館）位於台北新公園（今二二八和平紀念公園）的新館落成，將成為台灣最重要的自然史博物館。

台灣總督府博物館（最早全稱是台灣總督府民政部殖產局附屬博物館）於一九〇八年即成立並開放參觀，館址設於原彩票局（台灣彩票已在一九〇七年停辦），這是台灣第一座博物館，以台灣自然史為特色，開館時有一萬多件展品。

這幾年，台灣總督府博物館向民間募款興建新館，並於一九一三年拆除台北新公園內的天后宮後動工，於一九一五年（大正四年）完工啟用。

台灣總督府博物館新館由日本建築師設計，融合了西方文藝復興及巴洛克的建築風格，並配合台灣氣候及台北都市計畫，成為極具代表性的仿西洋古典式建築。

台北圓山動物園開幕
民眾參觀踴躍 深具觀光潛力

【一九一五年／台北報導】由台北廳政府設立的公營動物園（台北市立動物園，今木柵動物園前身）最近開幕，參觀民眾絡繹不絕。

一九一三年底，日本人片山竹五郎帶領馬戲團來台灣巡迴表演，大受歡迎。片山竹五郎對飼養動物很有興趣，又覺得台灣的氣候比日本內地適合熱帶動物，興起把動物留在台灣開動物園的想法。他說，他以前在日本養猩猩，都很難活過三個月。

一九一四年，片山竹五郎又向國外買了一些動物，在圓山設立民營動物園，吸引很多人參觀。

台北廳政府一九一五年（大正四年）買下圓山動物園後，擴充設備，補充台灣本土的哺乳類、爬蟲類、鳥類動物，並再向國外購買了一些珍禽異獸。開幕當天展出的動物共有七十種、一百四十八隻，參觀的民眾非常踴躍。

預料圓山動物園將成為台北及外縣市學生、民眾重要的休閒場所。

向殖民當局成功爭取教育權
台中中學校 仕紳聯合創辦

【一九一五年／台北報導】為了讓台籍小學畢業生有機會在台灣念中學，台灣仕紳聯合創辦了「台灣公立台中中學校」（今台中一中），成為專門培育台灣學子的中學。

日本時代的教育制度分成初等教育、普通教育、高等教育。初等教育的教育機構是給台灣人念的小學「公學校」、給日本人念的小學「小學校」，普通教育的教育機構是男生的「中學校」及女生的「高女」（高等女學校）。

但按照台灣總督府的規定，「中學校」只招收日籍男生。因此，台灣子弟念完公學校之後，在台灣就沒有中學可以就讀，除非前往日本內地留學。

鑑於日本殖民教育對台灣人的不公平，林獻堂、林烈堂、蔡蓮舫、林熊徵、辜顯榮等台灣仕紳，合資向台灣總督府申請設立專供台灣子弟就讀的台中中學校，並於一九一五年（大正四年）創校，這是台灣人向日本殖民政府爭取教育權的象徵。

編按：台灣總督府在一九二二年頒布第二次「台灣教育令」，台灣人與日本人才得以在同一教育制度下學習。

台灣公立台中中學校，第一所專供台灣子弟就讀的中學校。

圓山動物園有駱駝、獅子、斑馬等動物，吸引許多民眾前來參觀。

台灣史新聞

行政區大重組
州郡洗牌 地名簡化美化日本化

重點新聞
- ●台灣行政區大改制
- ●文官田健治郎任台灣總督
- ●社論：假地方自治
- ●連橫發表《台灣通史》
- ●一戰落幕　民族自決興起
- ●台灣總督府建築落成

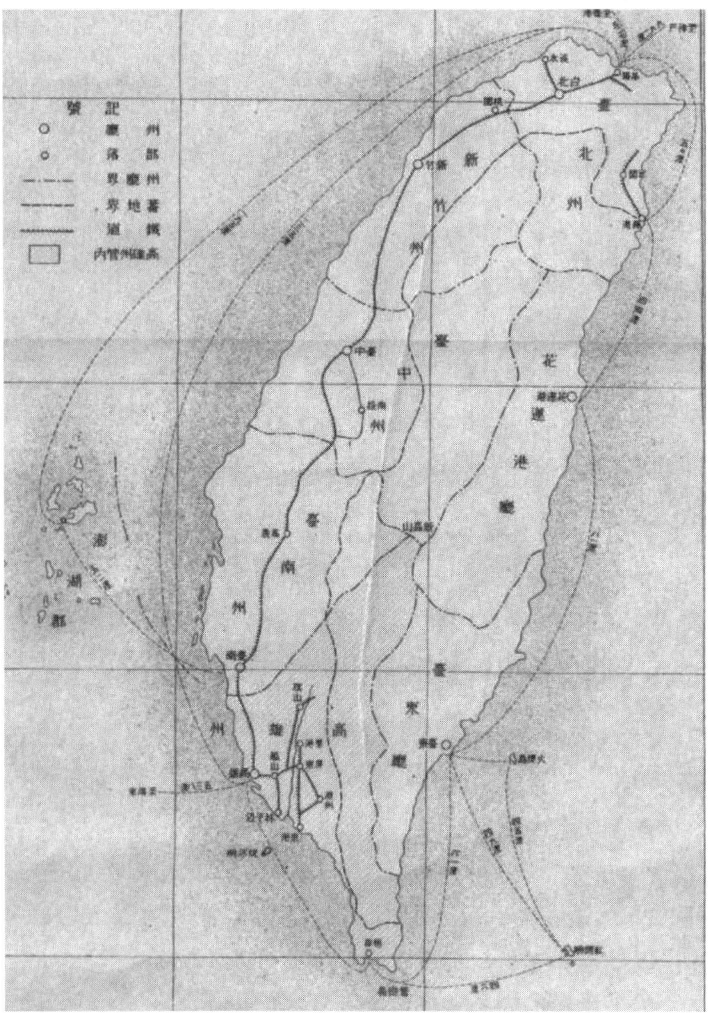

行政區畫改制後的台灣全島圖。

【一九二〇年／台灣報導】台灣總督府正在進行自統治台灣以來最重要的行政區域畫分及地方制度改革，實施「州廳─郡市─街庄」三級制，改變了很多台灣的舊地名。

台灣行政區域於一九二〇年（大正九年）改成西部設州、東部設廳。西部的五州是台北州（今北基宜及桃園地區）、新竹州（今竹苗地區）、台中州（今中彰投地區）、台南州（今雲嘉南地區）、高雄州（今高屏地區）。

五州之下轄三市、四十七郡（市與郡同級）。三市是台北市、台中市、台南市。四十七郡之下轄兩百六十三個街、庄（街、庄相當於今鄉、鎮）。

東部的二廳是花蓮港廳、台東廳（後來增設澎湖廳成為三廳），下轄六支廳。

在地方官制上，州設「州知事」，市設「市尹」，郡設「郡守」，街、庄設「街長」、「庄長」，全部都是官派。所有的州、市、街、庄都設「協議會」，但協議會的議員也是官派，而且議長由州知事、市尹、街長、庄長兼任。

藉由這次大幅調整行政區域，總督府也更改了很多舊地名。更改地名的原則主要是簡化、美化，以及把台灣閩南語、客語讀音改成日語讀音的漢字。

例如：大里杙改成「大里」、草鞋墩改成「草屯」、二八水改成「二水」、打狗改成「高雄」、艋舺改成「萬華」、三角湧改成「三峽」、茄冬腳改成「花壇」、噍吧哖改成「玉井」、鹹菜甕改成「關西」等。

此外，一些日本內地的地名直接取代台灣的舊地名，例如：錫口改成「松山」、牛罵頭改成「清水」、葫蘆墩改成「豐原」、林圮埔改成「竹山」、港仔墘改為「小港」、阿公店改成「岡山」等。

日本人在花蓮、台東建立的日本移民村，更將原住民的舊地名改成日本味的地名，例如「吉野」（今花蓮縣吉安鄉）、「豐田」（今花蓮縣壽豐鄉）、「林田」（今花蓮縣鳳林鎮）、「瑞穗」（今花蓮縣瑞穗鄉）、「鹿野」（今台東縣鹿野鄉）等。

台灣總督 出現首任文官

【一九一九年／台北報導】第八任台灣總督田健治郎昨天就職，這是日本統治台灣二十四年來，第一次由文官擔任台灣總督。

日本自一八九五年統治台灣以來，為了應付各地不斷的大小抗日事件，向來任命武官為台灣總督。田健治郎於一九一九年（大正八年）十月二十九日就任台灣總督一事，代表著台灣情勢已經穩定，從軍政走向法治。

田健治郎畢業於東京帝國大學，曾任議員、遞信大臣（管理交通、通訊、電力的部長）。未來他的主要任務是實行日本政府對殖民地的「內地延長主義」，將台灣視為日本內地的延長，包括「內台融和」、「內台共學」、「內台共婚」等，這一方面是對台灣人與日本人一視同仁，但一方面也是同化政策，讓台灣人與日本人一樣盡國民義務、一樣效忠日本天皇。

社論　地方自治 都是官派的

台灣總督府第一位文官總督田健治郎就任後，實施地方制度改革，還設了議會（協議會），號稱地方自治，其實不堪檢驗。

先不說州、市、街、庄各種地方首長都是官派，既然有意設議會，為什麼議員也是官派，甚至議長都由地方首長兼任呢？議會沒有議決權，看來只是地方首長的諮詢機關，這樣的議會怎能監督地方政府？

田健治郎也號稱實施「內地延長主義」，先不爭論這對台灣人到底是平等還是同化，為何日本在內地是立憲國家，在台灣卻要違背日本憲法，不在台灣設置議會，而讓台灣總督同時擁有行政權及立法權，形同獨裁呢？

連橫發表《台灣通史》

【一九二〇年／台北報導】台灣文人、歷史學家連橫（連雅堂）日前出版《台灣通史》一書，這是第一部以台灣漢族為主體的歷史著作。

一八七八年出生的連橫，字雅堂，台灣台南人，曾任職報社，也是詩人。一九一八年至一九二〇年間，連橫自創「台灣通史社」，在兩年間陸續出版分為三冊、共約六十萬字的《台灣通史》。

《台灣通史》依司馬遷《史記》體例寫成，起自六〇五年（隋煬帝大業元年），迄於一八九五年（清光緒二十一年，日明治二十八年）清廷割讓台灣給日本。此書獲日本當局稱頌，有前任台灣總督明石元二郎、現任台灣總督田健治郎等高官題辭。

編按：《台灣通史》被認為有很多錯誤，約同時期的日本人類學家伊能嘉矩，使用較科學的方法撰寫台灣漢族、原住民族的相關著作。

《台灣通史》作者連橫。

第一次世界大戰落幕 民族自決催生新國家

【一九一八年／巴黎報導】歷經四年冗長戰役，第一次世界大戰終於結束，歐洲傳統帝國主義國家紛紛瓦解，世界各地興起民族自決風潮。

第一次世界大戰自一九一四年在歐洲爆發以來，「同盟國」（德國、奧匈帝國、土耳其、保加利亞等）與「協約國」（英國、法國、俄國等，後來義大利、美國、日本、中華民國等陸續加入）展開對戰。直到一九一八年「同盟國」戰敗為止，約有六千五百萬人參戰，造成一千萬人死亡、兩千萬人受傷，不但是人類歷史上最慘烈的戰爭之一，經濟損失更是難以計數。

此次大戰也造成俄國、奧匈帝國、德國、土耳其等傳統帝國瓦解，帝國下的各民族興起自決潮流，展開民族獨立運動。

戰敗國德國被迫簽下苛刻的和約。英國、法國雖然戰勝，但國力衰退。美國則擴大了軍事及經濟實力，日本也強化了在亞洲的地位。

法國元帥福煦於法國康邊簽訂停戰協議後的合照，象徵第一次大戰結束。

全台最高 總督府建築落成

【一九一九年／台北報導】歷時八年建造的台灣總督府廳舍（今中華民國總統府）即將落成啟用，這座台灣最高統治機關的建築，中央有六十公尺高塔，將是全台灣最高的建築，象徵日本殖民統治者的威權。

台灣總督府最初設在清代的台灣布政使司衙門（今遷至台北植物園內）所在，後來才提出興建計畫。經過一番競圖，建築師長野宇平治的設計勝出，再由台灣總督府營繕課技師森山松之助送往東京修改後定案，於一九一二年六月開工，工匠來自日本本土，在一九一九年（大正八年）三月完工。

台灣總督府新建廳舍是鋼筋水泥及磚造建築，地上五層，正面寬約一百四十公尺，側邊寬約八十五公尺，建地兩千多坪，總面積一萬多坪。整棟呈現西方文藝復興時代後期的建築風格，外觀華麗；正門朝東，代表旭日。

台灣蠔咬　日本人改地名

台灣史新聞

請設議會 聲聲喚
仕紳積極請願 日方置之不理

違反「治安警察法」的請願運動份子，於二審辯論後的合影。

重點新聞

- ●台灣議會設置請願運動
- ●杜聰明獲醫學博士
- ●蔣渭水創台灣文化協會
- ●社論：上醫醫國
- ●《台灣民報》創刊

【一九二一年至一九二三／台灣報導】近年來，台灣知識份子積極推動「台灣議會設置請願運動」，要求日本政府設置台灣議會，給予台灣人民自治的權利，這是台灣從武裝抗日轉為現代政治運動的開始。

日本接收台灣後，日本議會於一八九六年通過在台灣所實施的特別法律「六三法」（即法律第六十三號。六三法在一九〇七年改為三一法，但內容差異不大），將立法權授予原本即擁有行政權的台灣總督，形成沒有議會約束的專制體制。

早在一九一八年，台灣留日學生及知識份子就已發起「六三法廢除運動」，要求日本政府取消對台灣的特別立法，把台灣納入日本憲法體制。但後來有人認為，如果把台灣納入日本憲法體制，等於認同日本政府對台灣採行「內地延長主義」的同化政策。

兩種看法最後達成共識：藉由日本主張在台灣特別立法，要求日本特別在台灣設置由台灣人民選舉產生的「台灣議會」，以凸顯台灣自治，符合第一次世界大戰後興起的民族自決潮流。

一九二一年（大正十年）一月三十日，台灣仕紳林獻堂等人前往日本東京，第一次向日本議會提出「台灣議會設置請願書」。請願書說明：台灣不同日本內地，應該特別立法，但日本是立憲國家，應該讓台灣與日本內地同享憲政，把台灣總督的立法權還給台灣人民，並設置由台灣人民選舉產生、擁有立法權、預算審查權的台灣議會。對此，日本議會並未回應。

一九二三年（大正十二年），台灣議會設置請願運動份子試圖在台灣成立「台灣議會期成同盟會」，但遭台灣總督府禁止，結果轉往東京設立。隨後台灣總督府以違反「治安警察法」為由，取締全台的台灣議會設置請願運動份子（史稱治警事件）。

編按：台灣議會設置請願運動直到一九三四年中止，歷時十四年，共計請願十五次，皆未成功。

杜聰明 首位台灣博士
京都帝大頒予醫學博士學位

【一九二二年／台灣報導】杜聰明日前獲得日本京都帝國大學醫學博士學位，成為第一位獲得博士學位的台灣人。

杜聰明是台北淡水人，一八九三年出生。他以第一名考進台灣總督府醫學校（今台大醫學院），並同樣以第一名成績畢業，在台灣總督府中央研究所衛生部從事細菌學研究。

一九一五年，杜聰明考進京都帝國大學醫學部，繼續從事細菌學、藥理學研究，一九二一年返台在台灣總督府醫學校及中央研究所任職，並於今年獲得由京都帝國大學頒發的醫學博士學位證明。

在日本各帝國大學中，杜聰明是首位獲得醫學博士的非日本內地人士。

台灣第一位博士杜聰明。

蔣渭水創台灣文化協會
針砭「知識營養不良症」

【一九二一年／台灣報導】蔣渭水醫師在十月中旬成立了「台灣文化協會」，希望藉由對台灣民眾的文化啟蒙，進行政治及社會改革，向日本政府爭取民族自決的權利。

一八九一年在宜蘭出生的蔣渭水，畢業於台灣總督府醫學校（今台大醫學院），在校期間即關心國際情勢及世界思潮。一九一六年以後，他在台北太平町（今延平北路）開設大安醫院，常邀集學生與知識份子討論台灣的政治及社會問題，並認同六三法廢除運動、台灣議會設置請願運動。

蔣渭水結識林獻堂後，更強化了他對台灣民眾進行文化啟蒙的決心。一九二一年（大正十年）十月十七日，台灣文化協會在台北天主教靜修女學校（今靜修女中）召開成立大會，共有三百多位學生及知識份子參加，會中推選林獻堂為總理，蔣渭水擔任專務理事。

台灣文化協會計畫成立讀報社、文化書局、文化劇團等，除了前往各地演講、放映電影外，也將舉辦歷史、法律、衛生、政治、經濟等短期或長期的講習會。

台灣文化協會於十一月二十八日出版的第一期會報，刊出一篇由蔣渭水以日文寫的〈臨床講義：關於名為台灣的病人〉，他以台灣為患者，做出診斷，並開出處方。

蔣渭水表示，台灣人虛榮、迷信、短視、近利，缺乏公德心，不重視衛生，精神生活非常貧乏，對世界文化一無所知，可說是罹患了嚴重的「知識營養不良症」，必須推行文化運動，長期教育民眾，才能根本治療。

台灣文化協會講演團於新竹州支部《台灣民報》批發處合影。

社論 上醫醫國 教育為方

蔣渭水以擬人化來為台灣看病，他診斷台灣因「知識營養不良」而成了「世界文化的低能兒」，治療的方法則是學校、社會的各種教育，而且要馬上服用最大劑量，這樣或可在二十年內根治。

古人說「上醫醫國」，蔣渭水不愧上醫，他提出治療台灣的處方是教育，而教育是百年大計，本非一蹴可幾。

台灣經過清廷的消極治理，加上日本的殖民統治，正如蔣渭水所說，罹患了「長期的慢性病」，民眾很難覺醒。此時，台灣要推行民族教育及民主教育，本來就不是容易的事，但也如蔣渭水所說，再延誤就會病入膏肓了。

《台灣民報》東京創刊

《台灣民報》總批發處，位於蔣渭水的大安醫院隔壁。

【一九二三年／台灣報導】台灣留日學生於四月中旬在東京創辦了《台灣民報》，成為日本時代唯一由台灣人發行、代表台灣人立場的報紙。

《台灣民報》於一九二三年（大正十二年）四月十五日創刊，完全中文版，以半月刊形式發行，亦在台灣販售。

除了是台灣人推行各種政治及社會運動的重要媒體，《台灣民報》也報導國際新聞、介紹世界思潮及新知，並提倡白話文，將成為台灣新文學園地。

編按：《台灣民報》後來改成旬刊、周刊。一九二七年以增加日文版為條件，獲得台灣總督府准許遷到台灣發行。後於一九三〇年增資改組為《台灣新民報》，一九三二年成為日報。《台灣民報》在台灣的影響力，可與日本人辦的《台灣日日新報》相提並論。

台灣蠔咬 蔣大夫看病

台灣史新聞

重點新聞

- 蓬萊米育種成功
- 社論：蓬萊米與滷肉飯
- 張我軍引發新舊文學論爭
- 宜蘭線鐵路通車
- 特稿：台灣的白話文學
- 大正去世，昭和即位

蓬萊米育種成功
粳稻回銷日本 台人普遍食用

磯永吉任職的台灣總督府農業試驗場。此處專門進行農業改良。

【一九二六年／台灣報導】從日本內地引進的日本種粳稻，近年來在台灣試種成功，命名為「蓬萊米」，除了回銷日本內地，也逐漸成為台灣人普遍食用的稻米種類。

稻種依性質主要可分成秈稻、粳稻、糯稻三大類。秈米較硬、鬆散，糯米較軟、濕黏，粳稻則介於兩者之間。台灣氣候溫暖潮濕，非常適合稻米生長，南部地區一年可以收成二至三次。台灣本來的稻種只有秈稻和糯稻，主要生產秈米。秈米是台灣人主食，也是過去銷往華南的稻種。

日本統治台灣後，雖然看上台灣氣候適合種植稻米，但日本內地主要食用粳米，來台灣的日本人也吃不慣台灣的秈米，台灣總督府為此找日本稻米專家引進日本粳稻在台灣試種，直到一九二五年才由磯永吉種植成功。

磯永吉畢業於日本東北帝國大學農學系，一九一二年起任職台灣總督府農業試驗部門，曾赴歐美留學，考察華南、東南亞農業，並致力粳稻的育種及種植研究。磯永吉先選出優良的台灣秈稻，再與日本粳稻雜交，終於培育出可以在台灣生長的粳稻品種。

一九二六年（大正十五年）四月，台灣總督伊澤多喜男把磯永吉在台灣研究、種植成功的粳米命名為蓬萊米，名稱取自日本人稱台灣為「蓬萊仙島」。相對於新的蓬萊米，台灣本來的秈米則稱為「在來米」。

蓬萊米提高了台灣稻米的品質和產量，不但回銷日本內地大受歡迎，在台灣也有逐漸取代在來米，成為台灣人主食的趨勢。

成功培育蓬萊米的磯永吉。

編按：後來，磯永吉被尊稱為「蓬萊米之父」，一九四五年日本政府撤離後，他仍留在台灣擔任農業顧問，直到一九五七年七十一歲時才返回日本。

社論 蓬萊米與滷肉飯

米是東方人的主食，台灣俚諺說「一樣米飼百樣人」、「食飯皇帝大」，可見米食在台灣的地位。日本人引進粳稻在台灣改良、種植成功，使台灣除了糯米、在來米之外，又多了蓬萊米（粳米），豐富了台灣的米食文化。

台灣人過去吃在來米的白米飯，用在來米做成米粉、米台（篩）目、粿條、油粿、芋粿、菜頭粿等。蓬萊米出現後，取代在來米成為台灣人日常食用的白米飯。

在來米飯鬆散，蓬萊米飯則黏度適中，澆上滷肉汁，因飯粒較Q、能吸收肉汁，吃起來口感很好。「滷肉飯」、「爌肉飯」發展成為台灣的國民美食，蓬萊米功不可沒。

與賴和推動白話文學 張我軍引爆新舊文學論爭

台灣青年作家張我軍，於四月發表〈致台灣青年的一封信〉，引發新舊文學論爭。

【一九二四年／台灣報導】受中國五四運動新文學運動影響的台灣青年作家張我軍，分別於四月和十一月在《台灣民報》發表〈致台灣青年的一封信〉與〈糟糕的台灣文學界〉兩篇文章，批評台灣舊文學，提倡白話文學，引發台灣的新舊文學論爭。

《台灣民報》於一九二四年（大正十三年）四月二十一日刊出〈致台灣青年的一封信〉，文中批評台灣傳統文人不讀有用的書來應用於社會，只知做些似是而非的詩，這些詩文從不見真正有文學價值，「又不思改革，只在糞堆裡滾來滾去。」十一月二十一日刊出的〈糟糕的台灣文學界〉則批評台灣文學除了古典詩之外，沒有戲劇、小說等，傳統詩人寫詩又流於文字遊戲，甚且迎合權勢與日本官員酬唱。

推動白話文學的作家張我軍、賴和等人指出，台灣一班文士「守著幾百年前的古典主義之墓」，卻不知世界文壇的新理想主義、新現實主義，也不見日本和中國的文學已有新氣象。

以連橫等人為首的傳統文學家則認為，中國古文是台灣文學的基礎，因而輕視新文學運動。

宜蘭線鐵路 全線通車

【一九二四年／台灣報導】從基隆八堵到宜蘭蘇澳的宜蘭線鐵路今年全線通車，預料將帶動沿線煤礦業的發展。

台灣總督府自一九○八年完成西部縱貫鐵路通車後，自一九一七年起再動工興建宜蘭線鐵路，從八堵、蘇澳兩端施工，部分路段已陸續完工通車，今年預計全線通車，全長達九十七．六公里。

宜蘭線鐵路包括一條穿越雪山、全長五公里的草嶺隧道。據說宜蘭民謠〈丟丟銅〉就是描述火車通過草嶺隧道時，雪山水脈滴水的情景。日本籍技師吉次茂七郎為打通草嶺隧道，積勞成疾而殉職。

編按：草嶺隧道是日本時代台灣最長鐵路隧道，今福隆到石城間。

大正去世 昭和即位

新天皇曾以太子身分訪台

【一九二六年／東京報導】日本大正天皇於十二月二十五日去世，由二十五歲的皇太子裕仁即位，年號昭和。

一九二六年（大正十五年）十二月二十五日，大正天皇因病去世，享年四十七歲。大正天皇接續明治天皇的盛世，在位期間正逢第一次世界大戰結束，興起民族自決風潮，日本也走向民主化，被稱為「大正民主」。據傳，大正天皇有腦部疾病，精神狀態不太穩定。

即位的昭和天皇，曾於一九二三年（大正十二年）以皇太子身分來台灣訪問十天。他搭乘軍艦抵達基隆後，先前往台北，參加由台灣總督府安排的盛大歡迎會，再參拜台灣神社，之後才訪問新竹、台中、台南、高雄、屏東及澎湖，最後從基隆返回日本。

昭和天皇的年號隱含和平意義，但日本軍方近幾年卻積極擴展軍事，值得關注。

昭和天皇（前排正中）曾以裕仁太子身分至台灣訪問，與台灣總督田健治郎合影留念。

特稿 推白話文學 困難多

【本社記者／特稿】台灣作家張我軍在台灣推行中國白話文運動，但在日本統治下的台灣，主要語言是日本語及台灣閩南語，一般民眾並不熟悉在中國通行的北京話。

台灣文學以台灣人、台灣事為題材，在台灣通用的語言包括：官方的日本語及民間的台灣閩南語、客家語、原住民語。

然而，這些語言有很大部分無法轉寫成中國白話文，因此對於強調「我手寫我口」的白話文學來說，要用中國白話文來創作台灣文學，有其實踐上的困難。

事實上，日本殖民政權到了一九三○年代後期開始打壓中國白話文，以及基督長老教會的白話字（或稱教會羅馬字，以羅馬拼音字母拼寫廈門音的閩南語）。

台灣蠔咬 蓬萊米

吃飯時，飯粒不可掉在桌上。
嘖、嘖、
以前吃在來米，必須以碗就口，才不會掉飯粒。
真麻煩啊！
現在吃蓬萊米，比較不會掉飯粒…
吃壽司就更不會掉飯粒了！

台灣史新聞

重點新聞

- 在台漢人籍貫調查
- 台灣美術展覽會開辦
- 社論：本島人與內地人
- 台北帝國大學創校
- 台灣新八景出爐
- 台灣民眾黨成立

祖籍調查 福建最多
泉州約四成五、漳州占三成五

日本政府稱台灣人為本島人，稱日本人為內地人。本島人藥鋪具有濃厚的漢式風格，以賣中藥為主。

【一九二八年／台灣報導】根據台灣總督府的調查，台灣漢人有高達八成三來自福建，將近四成五祖籍福建泉州、超過三成五祖籍福建漳州。

日本統治台灣後，進行戶口調查及國勢調查，把台灣在籍居民分成內地人（來自日本）、朝鮮人、本島人（包括漢人、熟番、生番三大類，漢人再分福建、廣東及其他）、以及外國人（中國人）等。

直屬台灣總督的台灣總督府幕僚機關「總督官房」所設立的調查課，自一九二六年（昭和元年）開始調查台灣本島人中漢人的祖籍，並在一九二八年（昭和三年）出版《台灣在籍漢民族鄉貫別調查》一書。

根據這項調查，台灣漢人共約三百七十五萬一千六百人，來自中國福建省占百分之八十三．〇六，廣東省占百分之十五．六，其他省則占百分之一．三。

福建人中，來自泉州府占全台漢人的百分之四十四．八一，漳州府占全台漢人的百分之三十五．一七，汀州府占全台漢人的百分之一．一三，福州府占全台漢人的百分之〇．七二，其他還有永春州、龍巖州、興化府。

廣東人中，來自嘉應州占全台漢人的百分之七．九一，惠州府占全台漢人的百分之四．二，潮州府占全台漢人的百分之三．五九。

不過，福建、廣東只是行政區域的畫分，不代表語言系統完全相同。福建省的泉州人、漳州人講閩南話，但福州人講的福州話則屬閩東語言；廣東省潮州人講的潮州話雖接近閩南語，但廣東省的嘉應州人、惠州人，以及福建省的汀州人，都是講客家話。

內地人藥鋪為西式建築，所賣物品與西醫相關。

首屆台展 台北開辦

【一九二七年／台北報導】台灣總督府仿效日本東京「帝國美術院展覽會」（簡稱帝展），於十月下旬舉行了台灣美術展覽會（簡稱台展），成為台灣第一個大型美術展覽會，預料將對台灣美術發展產生重要影響。

旅居台灣的日本畫家石川欽一郎、鹽月桃甫、鄉原古統、木下靜涯，向台灣總督府建議舉行台展。一九二七年（昭和二年）十月二十二日，台灣總督府文教局台灣教育會主辦的第一屆台展，在台北市樺山小學校（今警政署所在）大禮堂舉行，共計展出一百多件名家作品。

編按：台展於一九二七年至一九三六年共舉行十屆，一九三七年因中日戰爭爆發而停辦。

社論 本島人與內地人

台灣為一移民社會，移民主要來自中國福建、廣東兩省的幾個府、州，但人口比例始終不明，拜台灣總督府所做《台灣在籍漢民族鄉貫別調查》之賜，終於有了明確的統計資料。

然而，清代台灣因漢人移民原鄉不同，發生閩南對客家、漳州對泉州、泉州三邑（晉江、惠安、南安）對同安等慘烈的族群械鬥，到了日本時代，日本統治者把台灣的漢人一律畫歸「本島人」，以與來自日本原鄉的「內地人」有所區別。

台灣的漢人移民雖然在清代已逐漸、自然地產生本土化與在地認同，例如在祭祖時從祭祀原鄉的「唐山祖」改為祭祀來台第一代的「開台祖」，但不同族群之間的緊張關係，卻要到日本時代才緩和下來。

日本採積極而強勢的態度來統治台灣，法制社會不容械鬥。日本又是異族統治，雖然台灣居民都是日本國民，但相對於來自日本的「內地人」，台灣各種祖籍不同的漢人，統統都變成了「本島人」。

讀者票選山川名勝 台灣新八景 出爐

【一九二七年／台灣報導】《台灣日日新報》上個月舉行了讀者票選台灣山川名勝的活動，獲選為「台灣新八景」的是基隆旭岡（今中正公園）、台北淡水、台中八仙山、南投日月潭、嘉義阿里山、高雄壽山、屏東鵝鑾鼻、花蓮太魯閣峽谷。

根據一六九四年（清康熙三十三年）《台灣府志》記載，當時的「台灣八景」為安平晚渡、沙鯤漁火、鹿耳春潮、雞籠積雪、東溟曉日、西嶼落霞、斐亭聽濤、澄台觀海，但這八景多在台南一帶，而且至今已相隔兩百多年。

此次票選活動於一九二七年（昭和二年）六月十日至七月十日間舉辦，由台灣發行量最大的報紙《台灣日日新報》，仿效日本國內報紙舉行讀者票選「日本新八景」的活動，在台灣舉行「台灣新八景」讀者票選。

《台灣日日新報》除選出「台灣新八景」，還由評審委員選出兩處「別格」（特選）：「神域台灣神社」（台北圓山）、「靈峰新高山」（玉山）。

台灣新八景之一：太魯閣峽谷。

台北帝國大學創校

【一九二八年／台北報導】台北帝國大學（今國立台灣大學前身）於今年四月創校，成為台灣第一所大學。

日本已在本國設立了東京、京都、東北（仙台）、九州（福岡）、北海道（札幌）等五所帝國大學，接著又於一九二四年在殖民地朝鮮（京城，今首爾）設立京城帝國大學。

台灣總督府自一九二二年起就著手規畫台北帝國大學的設立，一九二八年（昭和三年）四月創校開學後，將由歷史學者、教育長官幣原坦擔任第一任校長。

幣原坦表示，台北帝國大學將以地利之便，致力於台灣、華南、南洋的人文、農學及醫學研究。

台灣帝國大學創校，圖為該校正門。

蔣渭水成立台灣民眾黨

【一九二七年／台灣報導】蔣渭水醫師日前成立了「台灣民眾黨」，主張爭取地方自治、推動社會改革，這是台灣第一個政黨。

蔣渭水等人於一九二一年成立的台灣文化協會，這幾年由於內部發生左派、右派理念不合之爭，在左派取得控制權後，蔣渭水、林獻堂、蔡培火等人已經退出，另組台灣民眾黨。

台灣民眾黨在與台灣總督府談判條件後，獲准成立，一九二七年（昭和二年）七月十日為成立日，使用仿中華民國國旗的三星黨旗。三星代表台灣民眾黨「確立民本政治，建設合理的經濟組織，改廢社會制度的缺陷」的三大黨綱。

台灣民眾黨要求地方議會從諮詢機關改成議決機關，議員也由官派改成民選，並發起「打倒阿片（鴉片），打倒迷信，打倒惡習」的社會改革運動。

蔣渭水成立台灣民眾黨。

台灣史新聞

重點新聞

●霧社抗日 遭毒氣鎮壓
●社論：高山武士
●嘉農打進甲子園決賽
●雕塑家黃土水病逝東京
●八田與一興建嘉南大圳
●菊元百貨開業
●台灣地方自治聯盟成立

原住民霧社抗日

日軍毒氣鎮壓 台灣總督、總務長官下台

霧社原住民住處，遭到日軍燒毀。

【一九三〇年／南投霧社報導】台中州能高郡霧社（今南投縣仁愛鄉）發生賽德克族抗日事件，戰況慘烈，日軍最後出動飛機投擲毒氣彈。整起事件雖然在事發四十餘天後宣告平息，但是台灣總督石塚英藏因處理不當而遭撤職。

台灣總督府曾於一九一五年平定余清芳的西來庵事件，一九一九年起由文官田健治郎擔任台灣總督後，原以為不會再發生反抗事件，想不到今年竟發生霧社事件。

霧社事件的主因在於日本殖民政府對原住民長期的壓迫，包括開發山林資源破壞了原住民生活和文化，徵調原住民從事勞役，以及部分日本警察歧視、欺凌原住民所致。

整起事件從一九三〇年（昭和五年）十月二十七日開始。當日，霧社原住民的馬赫坡社（今廬山溫泉區）頭目莫那魯道，聯合其他五社原住民，利用日本警民舉行運動會、疏於戒備之際，攻擊並殺死一百三十四名日本警民，奪取大批槍枝及彈藥。

台灣總督府獲知消息後，立刻從各地調派軍警趕往霧社，除了使用大砲、機槍等武器，還出動飛機在山區偵察、投擲毒氣彈。原住民雖全力對抗，終仍不敵，最後莫那魯道自殺。

此一戰役，台灣總督府共派出兩千五百多名軍警，死亡二十八人；霧社原住民參與起事的六社共一千兩百多人，死亡六百四十四人，倖存者被迫集體遷村。

然而，台灣總督府違反國際公約，使用毒氣攻擊原住民，引起國際輿論批評。日本議會也質疑台灣總督府處理不當並追究責任，最後台灣總督石塚英藏、總務長官人見次郎等都遭撤職。

日本警察彈藥庫被奪取後的光景。

社論 武士道 求諸野

日本殖民政府以優勢軍力及新式武器攻打霧社原住民，先不說勝之不武，霧社勇士寧死不屈，讓日本人在台灣高山上看到了武士道的精神。

霧社勇士的領袖莫那魯道絕非莽夫，他與霧社各社頭目曾在台灣總督府安排下，於一九一一年前往日本內地參觀，見識了日本現代化的都市及軍校、軍隊、兵工廠。但為了尊嚴，他還是抗日。

霧社事件中，霧社原住民除了婦人與小孩外，所有的勇士都奮戰到底。在死亡的六百四十四人中，有兩百九十六人自知終將不敵，為了不受污辱而選擇自殺。

他們憑著勇氣或是祖靈信仰的力量自殺，多在大樹上吊，許多人在同一棵樹自盡，樹枝都彎曲了。在有武士道傳統的日本人眼中，這是何等悲壯的場景。

嘉農打進甲子園決賽

【一九三一年／日本甲子園報導】來自台灣的嘉義農林棒球隊，日前打進日本全國高校棒球聯賽一九三一年夏季甲子園冠亞軍決賽，這是歷來台灣代表隊在甲子園最好的成績，最後雖然無法奪冠，但是已經獲得日本棒壇極大稱譽。

嘉義農林學校（今國立嘉義大學前身）棒球隊成立於一九二八年，在日本教練近藤兵太郎的帶領下，取得一九三一年甲子園大賽的台灣代表權。

幾場賽事中，嘉農先以三比〇打敗神奈川縣的神奈川商工，再以十九比七打敗北海道的札幌商校、十比二打敗福岡縣小倉工校，但最後以〇比四敗給爭取三連霸的愛知縣中京商校。

黃土水病逝東京

【一九三〇年／東京報導】旅居日本的台灣雕塑家黃土水，近來潛心以台灣水牛為題，創作新作〈水牛群像〉，卻不幸於一九三〇年（昭和五年）十二月二十一日因腹膜炎病逝東京，享年三十五歲。

黃土水生於台北萬華，受當木匠的三哥影響，對雕刻產生興趣，念國語學校（師範學校）時才華洋溢，經師長推薦成為東京美術學校（今東京藝術大學）第一位台灣學生，也是第一位留日的台灣藝術家。

黃土水很快就在日本藝術界嶄露頭角，雕塑作品曾連續四年入選日本美術最高榮譽的「帝國美術院展覽會」（簡稱帝展），包括一九二〇年的〈蕃童〉、一九二一年的〈甘露水〉、一九二二年的〈擺姿勢的女人〉、一九二三年的〈郊外〉。

黃土水病逝東京池袋家中後，留下未完成的遺作〈水牛群像〉。

編按：〈水牛群像〉是高達兩百五十公分、長五百公分的大型石膏浮雕作品，現存台北中山堂，經文建會依文資法古物分級制列為國寶。

打造嘉南大圳 亞洲最大
八田與一 嘉南農業推手

【一九三〇年／嘉南平原報導】日本水利工程師八田與一以十二年時間調查、設計、興建的嘉南大圳，終於在四月上旬完工通水，這是亞洲最大的農田水利工程，使嘉義廳、台南廳（今雲林、嘉義、台南）嘉南平原的農田增加了三十倍。

一八八六年出生的八田與一，東京帝國大學工學部土木科畢業，一九一〇年即在台灣總督府土木局任職。他自一九一八年起投入調查嘉南平原水利灌溉情形，並規畫興建烏山頭水庫，開鑿水路溝通曾文溪及濁水溪，在一九二〇年動工。

嘉南大圳於一九三〇年（昭和五年）四月十日通水後，烏水頭水庫成為亞洲最大、世界第三大水庫，灌溉水道共一萬公里，解決了嘉南平原長期以來水災、旱災及鹽害的問題，預料將大幅增加稻米、甘蔗等農作產量。

正式通水的嘉南大圳。

台灣第一家
菊元百貨台北開幕

【一九三二年／台北報導】台灣第一家百貨公司菊元百貨店，昨天在台北榮町正式開門營業。（今台北市衡陽路、博愛路口，國泰世華銀行台北分行）

由日本商人經營的菊元百貨店，於一九三二年（昭和七年）十一月二十八日正式開業營運，吸引眾多民眾參觀。

這棟連頂樓瞭望台共七層的大樓，五樓為餐廳，店內並設有先進的升降電梯以及服務顧客的電梯小姐。

台灣第一家百貨公司——菊元百貨店。

台灣地方自治聯盟 自台灣民眾黨分裂

【一九三〇年／台灣報導】蔣渭水、林獻堂、蔡培火等人退出台灣文化協會之後，於一九二七年組成的「台灣民眾黨」，日前因發生左、右之爭，造成黨內分裂。林獻堂、楊肇嘉、蔡式穀等人於一九三〇年（昭和五年）另成立「台灣地方自治聯盟」，集中力量推動台灣的地方自治。

台灣蠔咬 菊元百貨的電梯

祝 菊元百貨
我們去搭電梯吧。
!!?◎~
我不敢搭。
為什麼?。
剛才有一個小姐進去，結果變成阿婆出來。
電梯又不是魔術箱…

台博會圓滿落幕

連展五十日 宣揚日本殖民成就

台灣博覽會第一會場全景。

台灣史新聞

重點新聞

●台博會 秀日殖民成就
●社論：博覽會背後
●陳儀盛讚台博會
●台灣舉行首次選舉
●呂赫若〈牛車〉嶄頭角
●關刀山大地震
●鄧雨賢發表〈望春風〉

【一九三五年／台北報導】由台灣官方和民間傾力舉辦的台灣博覽會，一連五十天的文化饗宴，總共吸引海內外約三百萬參觀人次，也帶動了台灣的觀光業。

台灣總督府於一九三三年底即公告將舉行台灣博覽會的訊息，由台灣總督中川健藏掛名總裁，並由總務長官平塚廣義擔任會長，全名為「始政四十周年記念台灣博覽會」，試圖向世界宣揚日本自一八九五年以來帶領台灣走向現代化的成就，並展現日本的實力。

雖然一九三五年（昭和十年）四月下旬台灣中部才發生大地震，對台灣造成不小影響，但台灣博覽會仍如期於十月十日至十一月二十八日舉行。展覽期間，台北車站和台北會場每天都湧入熱烈人潮，台灣五百二十一萬人口估計有三分之一前往參觀。

台灣博覽會的四十棟主建築裡，共有三十九個展覽館、三十萬件展品，包括產業館（傳統產業）、興業館（工業）、林業館、礦山館、糖業館、交通土木館等，以及有關文教、衛生、理番（原住民）的文化設施館。

台灣總督府為了鼓吹日本的南進政策，在台灣博覽會的宗旨說明「台灣是大日本帝國向南支（華南）、南洋發展的基地，在經濟和國防上占有重要地位」，還特別設立南方館、菲律賓館、泰國館等。

台灣博覽會的會場設在台北。第一會場在台北公會堂（今中山堂）及以南至三線路（今愛國西路），第二會場在台北新公園（今二二八和平紀念公園），另有一個分場在大稻埕，主要是南方館。此外，還有一個分館在草山（今陽明山），介紹台灣觀光景點。

其他州廳則設有地方分館，包括基隆水族館、板橋鄉土館（林家花園）、台中山嶽館、阿里山高山博物館、台南台灣歷史館、高雄觀光館（西子灣）、花蓮港鄉土館、台東鄉土館等。

博覽會中的古倫美亞唱片塔。

社論 博覽會 熱鬧的背後

台灣博覽會辦得有聲有色，成功達到日本殖民台灣四十年有成的宣傳效果。對殖民者來說，這是國家的光榮慶典；但對被殖民者來說，卻有不同的感受。

在台灣總督府的大力宣傳和動員下，台灣民眾如潮水般湧進台灣博覽會。他們好奇，也增長了見識，但並未與有榮焉。「現代化」都像殖民者所說那麼美好嗎？那也未必，楊逵和呂赫若的小說揭露了台灣博覽會背後更真實的人民生活。

此外，台灣博覽會設有「蕃屋」，把蘇澳寒溪（今宜蘭縣大同鄉寒溪村）的泰雅族人找來現場，當眾「表演」生活實況。這是西方殖民主義人種歧視的把戲，追隨西方的日本帝國也照單全收。

陳儀肯定台灣博覽會
訝異本地進步 指經濟應向台學習

【一九三五年／福建報導】剛從台灣博覽會考察回來的中國福建省政府主席陳儀指出，他對台灣的現代化成果感到驚訝，以後會再派人去台灣考察，福建在經濟上應該向台灣學習。

中國福建省政府也參與了這次台灣博覽會，在大稻埕分場設立閩南式的「福建省特產物介紹所」。

陳儀畢業於日本陸軍士官學校、陸軍大學，他在十月二十二日至二十八日參觀台灣博覽會期間，曾與台灣總督中川健藏會面，商討經濟合作事宜。

陳儀說，台灣在日本統治下快速進步，但中國卻在戰亂中停滯不前，「日本能，中國為何不能？」

福建省廈門市長王固盤也率團參觀台灣博覽會，他稱讚台灣的交通建設、公共衛生、社會治安。

台灣舉行首次基層選舉
自由派候選人大獲全勝

【一九三五年／台灣報導】台灣昨天舉行了首次選舉，雖然只是地方基層議員選舉，選舉人也有資格限制，但民眾參與熱烈，投票率高達百分之九十五。

經過「台灣地方自治聯盟」等政治團體多年力爭，台灣總督府終於開放有限制的地方自治，允許基層議員半數官派、半數民選，並在一九三五年十一月二十二日舉行第一屆市、街、庄議員選舉。

選舉人限定為男性，且須年滿二十五歲，年繳稅金五圓以上，並在當地住滿六個月。合格選民只約兩萬八千人。

由台灣仕紳楊肇嘉主導的台灣地方自治聯盟，由於推薦的候選人都具有大學學歷及正直人格，結果全部當選。

楊肇嘉表示，現行的地方自治限制太多，但考量政治現實，台灣地方自治聯盟不得不推派代表參選，雖然大獲全勝，仍須繼續努力，追求完全自治的目標。

福建省政府主席陳儀（前排左二）於台灣博覽會留影。

呂赫若首作控訴農村遭剝削

【一九三五年／東京報導】年僅二十二歲的台灣作家呂赫若，一月在日本著名的文學雜誌《文學評論》上發表了首篇日文小說〈牛車〉，備受文壇矚目。

一九一四年出生的呂赫若是台中潭子人，自台中師範學校畢業後，擔任小學老師，並展開文學創作。他雖出身地主家庭，但文學理念受到當代社會主義思潮的影響。

呂赫若的〈牛車〉刊登於一九三五年一月號《文學評論》，以一九三〇年代台灣農村為背景，控訴現代化並未造福農村，農民工作愈來愈辛勞，生活卻愈來愈困苦。

一九三四年十月號《文學評論》也刊出了另一位台灣作家楊逵的日文小說〈新聞配達夫〉（送報生），小說中同樣有台灣農民被剝削的情節。

關刀山大地震 三千二百人死

【一九三五年／台北報導】新竹州（今新竹、苗栗）和台中州（今台中、彰化）發生大地震，台灣全島甚至隔海的福州、廈門都感到震動。

一九三五年四月二十一日清晨六時二分十六秒，發生了芮氏規模七．一的新竹—台中大地震，震央位於新竹州關刀山（今苗栗縣三義鄉與大湖鄉交界處），造成三千兩百多人死亡、一萬兩千餘人受傷，房屋全倒一萬七千九百多戶、半倒三萬六千七百多戶，這是台灣歷來死傷人數最多的地震。

地震發生後，台灣總督府全力投入救災及重建工作。

鄧雨賢發表〈望春風〉

【一九三三年／台灣報導】流行音樂作曲家鄧雨賢近來發表的〈雨夜花〉、〈望春風〉、〈月夜愁〉等歌曲，深受民眾喜愛。

鄧雨賢是桃園龍潭客家人，一九〇六年出生，就讀台北師範學校時接觸西洋樂器，後來前往日本學習作曲。

一九三三年，鄧雨賢加入古倫美亞唱片公司，成為當紅作曲家。

編按：鄧雨賢以〈雨夜花〉、〈望春風〉、〈月夜愁〉、〈四季紅〉四首歌曲傳唱於世，合稱「四月望雨」。

台灣蠔吹　陳儀參觀台灣博覽會

台灣史新聞

中日戰爭爆發

台灣進入戰時體制 作日本南進基地

為了使台灣人發揚日本國民精神，於村落進行「國民精神」集會。

重點新聞

- 日本侵略中國
- 社論：台灣人的無奈
- 台灣國立公園預地定公布
- 楊逵創辦《台灣新文學》
- 江文也國際獲獎
- 英國廣播公司成立電視台

【一九三七年至一九三八年／台灣報導】日本軍國主義在向南支（華南）、南洋發展的南進政策下，近年頻頻侵略中國，發動戰爭。台灣總督因此再次改由武官擔任，台灣成為日本南進政策基地。

日本於一九三一年九月十八日發動入侵中國東北的戰爭（九一八事變，又稱滿洲事變）後，與中國的衝突已日漸擴大。一年多前，日本又於一九三七年（昭和十二年）七月七日攻擊中國河北北平（今北京）附近的盧溝橋（七七事變，又稱盧溝橋事變），並接連占領北平、天津，中日爆發全面戰爭，兩國進入作戰狀態。

日本自一八九五年接收台灣後，一直任命武官擔任台灣總督，直到情勢穩定，才於一九一九年起改用文官擔任台灣總督。然而，基於中日之間的緊張關係，在日本海軍的運作下，於一九三六年九月改派海軍將領小林躋造擔任第十七任台灣總督，以配合執行日本的南進政策。

小林躋造上任後，首先成立半官方、具開發公司及金融機構性質的「台灣拓植株式會社」，加強開發台灣未開墾的土地，提高各種事業的生產力，並在一九三七年盧溝橋事變後，提出「皇民化」、「工業化」、「南進基地化」三大施政原則，以因應戰局。

小林躋造主政下的台灣總督府，推行台灣人改日本姓名，表揚講日語的「國語家庭」，停刊報章雜誌的漢文版，鼓勵參拜日本神社，並在政治上解散台灣地方自治聯盟。為了配合日本內地的「國民精神總動員」計畫，台灣總督府也在台北設立「國民精神總動員本部」，引導台灣人發揚日本國民精神，以盡日本天皇子民的義務。

另一方面，台灣總督府致力提升台灣的工業水準，發展化學工業、重工業等軍需工業，在各地修築機場，規畫在台中梧棲興建「新高港」。

一九三八年（昭和十三年）三月，日本議會通過「國家總動員法」，台灣總督府也據此法條，動員台灣的人力與資源支援戰爭。

台灣總督府公布「台灣支那事變特別稅令」，以開徵戰時特別稅；又公布「經濟警察設置大綱」，把台灣經濟納入戰時體制；並且公布「台灣農業義勇團招募綱領」，招募台灣人前往上海種植軍用蔬菜。

小林躋造自一九三六年擔任台灣總督，推動皇民化、工業化、南進基地化。

社論　台灣人的無奈

大清帝國在甲午戰爭被日本打敗，把台灣割讓給日本，台灣人無力抗日，就這樣從中國人變成了日本人。四十二年後，當日本再度與中國發生戰爭，台灣人變成兩面不是人。

日本與中國開戰後，旋即在殖民地朝鮮實施志願兵制度，但同為殖民地的台灣，卻比朝鮮晚了四年才實施志願兵制度，就是因為擔心台灣人可能在中國戰場倒戈。日軍只招募台灣人擔任非正式軍人的「軍屬」（隨軍雇員、翻譯人員）、「軍夫」（軍中雜役）。在日本人眼中，台灣人亟需「皇民化」。

相對的，在日本占領的中國地區裡，有很多從台灣過去的行政、商業及技術人員，他們雖因擁有「日本籍」而有許多方便（有不少福建人利用關係取得台灣籍，以擁有日本籍），卻被中國人當成日本人，甚至「漢奸」。

這是歷史帶給台灣人的無奈。

三處國立公園規畫 公布

【一九三七年／台北報導】台灣總督府昨日宣布，指定「大屯」、「新高阿里山」、「次高太魯閣」為三處國立公園（即國家公園）預定地。

日本政府在一九三一年制定了「國立公園法」，台灣總督府則於一九三五年由官員及學者組成台灣國立公園委員會，依地形、景觀、生態等條件，訂定國立公園設置標準，並提出國立公園預定地。

經過兩年審查，台灣總督府於昨天公布大屯國立公園（今陽明山國家公園）、新高阿里山國立公園（今玉山國家公園、阿里山國家風景區）、次高太魯閣國立公園（今雪霸國家公園、太魯閣國家公園）三處國立公園預定地。

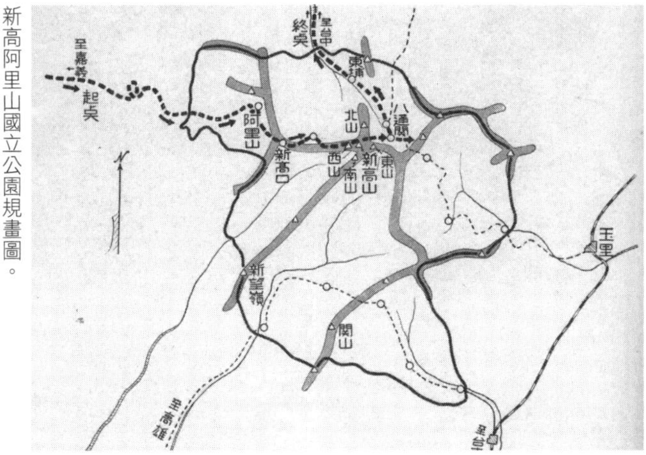

新高阿里山國立公園規畫圖。

編按：後來因戰爭影響並未設立。

《台灣新文學》創刊
倡漢文創作、民族自決

【一九三六年至一九三七年／台北報導】由台灣作家楊逵創辦的《台灣新文學》雜誌，提倡漢文創作、民族自決，在開辦一年半後被迫停刊。

一九三六年（昭和十一年）一月，楊逵與夫人葉陶為了文學理想，自力創辦《台灣新文學》，由於資金不足，創刊後時常向朋友募款。這本漢文、日文並刊的雜誌，漢文部分由賴和等負責，日文部分由楊逵負責，編輯委員及投稿作家大都是文壇的活躍份子。

《台灣新文學》的編輯方針傾向社會主義，關懷底層民眾，並具有民族意識，反對日本殖民剝削，引起台灣總督府的注意。一九三六年十二月，台灣總督府下令禁止刊出「漢文創作特輯」。

一九三七年（昭和十二年）六月，日本與中國關係呈現緊張狀態（七七事變前一個月），《台灣新文學》在發行十五期後停刊。

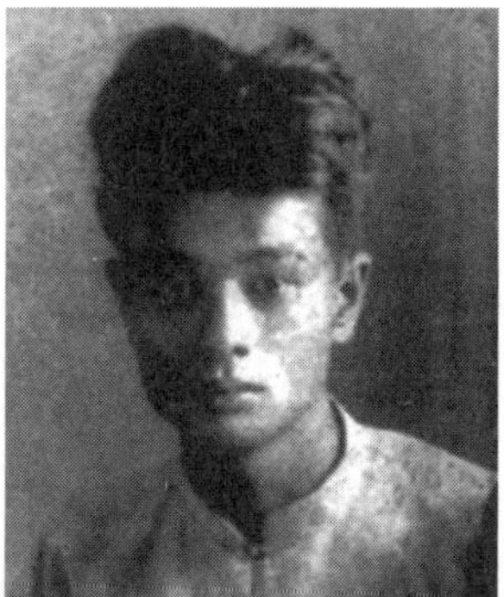

楊逵創辦了《台灣新文學》。

競逐柏林奧運文藝賽
江文也台灣舞曲摘銀

【一九三六年／柏林報導】台灣旅日青年音樂家江文也，以管弦樂〈台灣舞曲〉，在德國柏林奧運會文藝競賽中獲得作曲銀牌獎，成為首位揚名國際的台灣音樂家。

一九一〇年出生的江文也是台北三芝人，青少年即赴日就讀，逐漸展現音樂才華，曾於日本的聲樂、作曲音樂比賽中獲獎。

二十六歲的江文也以兩年前的作品〈台灣舞曲〉參加一九三六年柏林奧運文藝競賽，獲得銀牌，實屬難得。同時參賽的日本作曲家都未獲獎。

台灣音樂家江文也。

BBC電視 全球第一家

【一九三六年／倫敦報導】英國廣播公司（簡稱BBC）成立電視台，提供全世界最早的電視節目播放服務。

英國廣播公司自一九二二年成立以後，雖由英國政府資助，但保持獨立運作，為全國性的國家廣播電台。

而今，一九三六年十一月二日，英國廣播公司開始提供經常性的「電視服務」，預計播出新聞、戲劇、益智遊戲等節目。

台灣史新聞

重點新聞

- 德義日結盟　再爆大戰
- 花蓮港通航
- 日軍偷襲珍珠港
- 社論：台灣捲入國際戰爭
- 《民俗台灣》創刊
- 皇民奉公會成立

世界大戰再起

德義日結盟　共挑侵略戰爭

德義日三國結盟，德國柏林日本大使館外，掛上三國的國旗。

【一九四〇年至一九四一年／歐洲報導】第一次世界大戰結束僅二十年，近日又再爆發了第二次世界大戰，以英國、法國為主的「同盟國」軍事聯盟（後來俄國和美國也加入），對抗以德國、義大利、日本為主的「軸心國」軍事聯盟。

德國在第一次世界大戰戰敗後，被迫簽下苛刻和約，包括割地、賠款、限制軍備等，因負擔沉重，造成德國國內極端勢力興起，希特勒領導的納粹黨取得政權，重整軍備，再度掀起戰爭。義大利則由墨索里尼領導的法西斯黨掌權，專制獨裁並向外擴張，入侵北非阿比西尼亞（今衣索比亞）。日本同樣走向軍國主義，並在一九三七年全面入侵中國。

德國與義大利一九三六年即結盟為軸心國，日本則於一九四〇年加入，三國都走軍事擴張及侵略路線。

德國在一九三九年九月一日率先入侵波蘭，英國和法國雖然隨即對德國宣戰，並結盟為同盟國，但未開戰。直到德國在一九四〇年中入侵法國後，同盟國與軸心國的戰爭才迅速擴大。

一九四一年，先前與德國瓜分波蘭的俄國，因判斷德國終將攻打俄國，決定加入同盟國。實力強大的美國雖然支持同盟國，目前還保持中立，未決定是否參戰。

日本加入軸心國後，日本外相松岡洋右與德國總統希特勒進行會談。

花蓮港完工通航

【一九三九年／台灣報導】花蓮港已完工通航，預期將能解決花蓮地區的貨物運輸問題，促進當地各種產業及新興工業的發展。

花蓮港廳的廳治目前設在花蓮港街。台灣總督府自一九三一年起興建花蓮港街的商港，西依美崙山、東臨太平洋，預計在一九三九年（昭和十四年）完成，共有三座碼頭，可停靠三千噸級輪船。

花蓮港舊稱「洄瀾港」，因為由南北上的黑潮在此遇到突出地形，水流成洄瀾狀，故而得名。

編按：花蓮港街於一九四〇年升格為花蓮港市，今花蓮縣花蓮市美崙地區。

日襲珍珠港　美國參戰
歐亞太平洋　戰事合流

【一九四一年／太平洋報導】日軍於十二月偷襲美國海軍太平洋艦隊所在的夏威夷珍珠港（日本稱真珠灣）後，已引發太平洋戰爭，美國加入二次世界大戰。

日本依照向南支（華南）、南洋發展的南進政策，在一九三七年發動了侵略中國的戰爭，雖然耗費大量資源，卻深陷在中國戰事裡，因此計畫再進軍東南亞，以獲取更多資源來打長期戰爭。然而，東南亞是英國、荷蘭、美國的殖民地（菲律賓已於一八九八年成為美國屬地），日本為了防止美國從中阻撓其南進計畫，決定先摧毀美國海軍在太平洋的勢力。

一九四一年（昭和十六年）十二月七日（夏威夷時間），日本在未對美國宣戰之下，由山本五十六上將指揮，出動六艘航空母艦、三百五十多架各式軍機，以及多艘各式軍艦、潛艇，偷襲珍珠港，重創美國海軍太平洋艦隊，日軍相對損失輕微。

珍珠港事件後，美國隨即對日本宣戰，日本盟友德國、義大利緊接著對美國宣戰，美國亦正式對「軸心國」宣戰。已打了四年抗日戰爭的中國，也正式對日本宣戰，成為「同盟國」的一員。至此，第二次世界大戰的歐洲北非戰場、亞洲太平洋戰場，合流為一。

停在珍珠港的美國驅逐艦，因日本偷襲導致爆炸。

社論　台灣捲入戰爭浩劫

日本統治台灣，一方面視台灣為殖民地，一方面帶領台灣與日本同步現代化。但是，台灣也因日本而被捲入現代化的國際戰爭，飽受戰爭浩劫。

台灣在清代就曾被捲入國際戰爭，但都屬防衛性質，也只應付來自英國或法國的小規模軍力。在日本時代卻大不相同，日本攻打中國、東南亞，與美國開戰，台灣除了民眾被洗腦成為皇民之外，還得提供資源，動員人力，成為軍事基地。

日本雖然偷襲珍珠港成功，但也因此了解到美國實力強大，無法與之長期作戰，只能猜測美國可能妥協，不阻撓日本南進。

美國如果大舉反攻日本，台灣恐將淪為戰場。

報導本地民俗與文化　《民俗台灣》受歡迎

【一九四一年／台灣報導】日本人池田敏雄於一九四一年（昭和十六年）七月創辦了以日文刊行的《民俗台灣》，成為發表台灣民俗研究的園地。

池田敏雄在一九二五年隨家人遷居台灣，自台北師範學校畢業後，在台北萬華的小學任教，工作之餘致力台灣民俗的研究及整理，後來決定創辦相關雜誌。為了通過台灣總督府的審查，池田敏雄邀請學術界人士參與創刊，包括擔任台北帝國大學醫學部講座教授、在台灣研究體質人類學的金關丈夫。

《民俗台灣》於七月創刊後，寫稿者以台灣人居多，包括台灣文化界的陳紹馨、廖漢臣、楊雲萍等人，日本畫家立石鐵臣所作台灣民俗圖繪及木刻版畫，也成一大特色。

在台灣總督府大力推行皇民化政策的時代，《民俗台灣》被認為是異類雜誌，但卻相當受歡迎。

編按：《民俗台灣》發行至一九四五年一月，發行量曾達三千本，為台灣文化保留大量珍貴的資料。

皇民奉公會倡忠日　動員全台支援聖戰

【一九四一年／台灣報導】台灣總督府於一九四一年（昭和十六年）四月成立「皇民奉公會」，從各級政府到民間貫徹皇民化政策，以號召、動員台灣全民力量，支援日本的「大東亞聖戰」。

皇民奉公會成立後，將由台灣總督長谷川清擔任總裁，並設局、部，分層負責推行；地方政府州、廳、市、郡、街、庄都設分支部、分會，由各級地方官兼任首長。此外，皇民奉公會還有各種青年團、職業團體奉公團等外圍組織，讓每位民眾幾乎都是皇民奉公會的成員。

皇民奉公會不但教育台灣人效忠日本天皇，獎勵台灣人改日本姓名，還要台灣人公而忘私，包括在生活上節約，在經濟上增產報國。

台灣史新聞

重點新聞

- 美軍空襲台灣 戰火熾
- 台籍日本兵加入戰場
- 高砂義勇隊前進東南亞
- 社論：戰爭的代價
- 高千穗丸遭美潛艇擊沉

美軍狂轟猛炸

警報頻傳 台灣歷來最嚴重戰火

美軍空襲新竹日本空軍基地，戰鬥機 P-51A 與 P-38G 扮演要角，圖為 P-51A（主圖）和 P-38（左下圖）。

【一九四三年至一九四四年／台灣報導】美軍近來在太平洋戰事中展開反攻。美軍日前空襲台灣，造成巨大傷亡及損失，台灣民眾籠罩在炸彈威脅中，城市居民紛紛往鄉下疏散。

一九四三年（昭和十八年）十一月二十五日，美軍首次空襲台灣。美軍駐中國第十四航空隊從江西遂川基地出動軍機，轟炸台灣新竹的日本空軍基地及周邊設施，炸毀五十多架日本軍機。

主導此次空襲的第十四航空隊指揮官陳納德將軍認為，台灣各地的日本空軍基地對盟軍是一大威脅；從中國基地起飛的中美軍機，則可以在台灣海峽阻斷日本與南洋之間的海運。

雖然日軍加強台灣防空警戒，第十四航空隊仍於一九四四年（昭和十九年）一月十一日晚上小規模空襲南台灣，未命中軍事目標，卻炸毀大片民房。

在麥克阿瑟將軍的領導下，美軍在太平洋戰爭逐步勝利，於一九四四年十月進攻菲律賓。為了防止日本軍機從台灣、琉球空襲，美國軍機從航空母艦起飛，十月十二日空襲台灣、琉球，並與日本軍機在台灣東部外海爆發空戰。日本軍機因性能較差、飛行員訓練不足，損失三百多架。

幾天內，美軍從航空母艦及中國基地出動了兩千多架次軍機轟炸台灣，造成巨大的人員傷亡及財產損失。

美軍空襲使台灣遭受歷來最嚴重的戰火波及，住在城市的民眾紛紛「疏開」到鄉下，各地建「防空壕」、在山壁挖洞，大家聽到空襲警報就趕快跑去躲避，空襲過後可能還要面對親友被炸死或受傷的打擊。

正在撰寫《亞細亞的孤兒》的台灣作家吳濁流說：「台灣正在替日本帝國主義發動戰爭的罪行承擔苦難。」

> 編按：一九四五年以後美軍更常空襲全台，五月三十一日從菲律賓出動軍機密集轟炸台北，造成三千人死亡。美軍在一年半期間空襲台灣，總共造成約六千人死亡，數萬人受傷。

麥克阿瑟（右一）一九四四年十月進攻菲律賓萊特島。

從募兵到徵兵 台籍日本兵 派赴前線

【一九四二年至一九四四年／台灣報導】由於日軍在中國、東南亞及太平洋的戰爭頻頻失利，「台籍日本兵」近年已開始加入戰場。

日本自一九三七年與中國開戰以來，雖然對台灣人實施皇民化政策，但因擔心台灣人可能在中國戰場倒戈，向來只招募台灣人擔任非正式軍人的「軍屬」（隨軍雇員、翻譯人員）、「軍夫」（軍中雜役）。

一九四一年底太平洋戰爭爆發後，隨著戰況吃緊、兵源缺乏，自一九四二年四月起，台灣總督府實施了「陸軍特別志願兵」制度，開始向台灣人募兵。一九四三年以後，再實施「海軍特別志願兵」制度。到了一九四四年九月，更直接實施徵兵制。

雖然台灣人加入「台籍日本兵」必須經過精挑細選，但報名人數仍然相當踴躍，據信與皇民化政策成功有關。很多台灣人私下表示，當兵是因為不想與日本內地人有差別待遇，並認為這是憲法給予國民的權利與義務。當兵也是戰時民生凋敝的謀生之道。

戰爭需要，人人皆須動員。員林愛國婦人會為戰地軍人準備了梅干，並舉行獻納儀式。

編按：從一九三七年到一九四五年，台灣總督府招募軍屬、軍夫十二萬人，台籍日本兵八萬人，總共二十萬人，死亡三萬人。

高砂義勇隊 前進東南亞

【一九四二年至一九四三年／台灣報導】這兩年間，日軍已經陸續招募多批台灣原住民組成「高砂義勇隊」，前往東南亞戰場。

日本人過去稱台灣為「高砂」，台灣總督府在一九三五年進行國勢調查（人口普查）時，因稱原住民為「生番」有歧視之意，改成「高砂族」。

台灣總督府於一九四二年至一九四三年間招募了七個梯次、總共約四千人的高砂義勇隊，前往東南亞戰場作戰。一位自願當日本兵的台灣原住民說，軍人在部落的地位很高，「我去當兵，警察就不敢欺負我了！」

高砂義勇隊被派往東南亞戰場，第一批在菲律賓巴丹島擊敗美軍（但最後大都死在戰場）。一位曾與高砂義勇隊並肩作戰的日本兵說，台灣原住民勇敢、服從，又善於在叢林求生、作戰，讓人尊敬。

族人一同前往出征的高砂軍人家中探望。

美潛艇擊沉客貨輪 高千穗丸千人斷魂

【一九四三年／基隆報導】往來日本神戶與台灣基隆航線的客貨輪「高千穗丸」，在基隆外海遭到美軍潛艇擊沉，造成千人死亡，幸好有兩百多人獲救。

一九四三年（昭和十八年）三月十九日，八千一百噸級的高千穗丸，從神戶經門司（今九州福岡縣北九州市門司區）開到基隆外海彭佳嶼附近時，遭美軍潛艇以魚雷攻擊後沉沒。此一事件顯示太平洋戰爭的戰場已從海上逼近台灣，日本海上防衛能力受到質疑。

台灣旅日著名雕刻家黃清埕亦在此一船難中罹難。黃清埕畢業於東京美術學校（今東京藝術大學），雕刻作品曾入選日本「帝展」，獲得中國北平藝專（今中央美術學院）教職聘書後，與妻子鋼琴家李桂香計畫先回台灣再前往北平（今北京）就職，沒想到夫妻兩人雙雙葬身海底。

高千穗丸沉沒時，部分船上人員搭上小艇，漂流一天後遇到琉球漁船獲救，其中一位是就讀日本東京帝國大學醫學部的台灣學生郭維租。他在春假期間搭船返鄉，想不到碰上船難。

信仰基督教的郭維租說此一船難讓他「在太平洋中領受最隆重的洗禮」，今後他將效法史懷哲醫師終身致力大眾醫療工作。

編按：郭維租後在台灣行醫，二〇〇三年獲行政院衛生署頒發個人醫療奉獻獎。

社論 刀俎上的魚肉

台灣一九三五年才舉辦台灣博覽會，宣揚台灣的現代化成就，一九三七年就被捲入日中戰爭，以及後來的太平洋戰爭，摧毀了眾多建設成果。

台灣的國民所得接近日本內地，在亞洲排名第二，台灣人本來生活還算不錯，但發生戰爭後，農業及工業產值大幅衰退，所有物資都以軍用優先，民生逐漸凋敝。

隨著戰場上的失利，日本對台灣的壓榨也愈來愈多。台灣人與日本內地一樣，食物從配給到匱乏，連婦人要交出金銀飾品，家裡的各種金屬都要敲下來拿去熔化做武器。最後，台灣人還得「志願」受徵召前赴海外戰場，台灣本島也變成盟軍轟炸的目標，彷彿刀俎上的魚肉，任人宰割。

這又是歷史帶給台灣人的無奈命運。

台灣史新聞

重點新聞

- 二次大戰終 台灣光復
- 二二八事件爆發
- 聯合國成立
- 吳濁流發表亞細亞的孤兒
- 社論：台灣獨立意識

原子彈降伏日本

二次大戰終結 中國接收台灣

美軍在廣島投下第一顆原子彈，產生巨大的蕈狀雲。

【一九四五年／台灣報導】美軍八月在日本投下兩顆原子彈後，日本已宣布無條件投降，二次世界大戰終告結束。中華民國政府也於日前接管台灣，台灣歷經日本統治五十年後，再度易主。

第二次世界大戰分成東西方兩大戰場，西方戰場在希特勒自殺、德國投降後，同盟國已訂定五月八日為歐戰勝利日。但在東方戰場，日本在中國、東南亞的戰事陷入膠著，在太平洋的戰事雖然節節敗退，仍頑抗不降。

七月中旬，同盟國在德國柏林附近的波茨坦舉行會議，討論戰後問題。美國總統杜魯門、英國首相邱吉爾、國民政府主席蔣介石（蔣中正）於七月二十六日共同發表「波茨坦宣言」，強調打敗日本的決心，並呼籲日本無條件投降。

「波茨坦宣言」也重申一九四三年十一月二十七日美國、英國、中國三國領袖在埃及開羅以新聞公報形式發表的「開羅宣言」，此一宣言要求日本歸還台灣予中華民國。

美國為了提前結束對日戰爭，減少美軍傷亡，決定以新研發的原子彈發動攻擊。八月六日在廣島投下第一顆原子彈，八月九日在長崎投下第二顆，造成數十萬人傷亡，兩個城市各有一半以上的人口傷亡及房屋毀損。這是人類史上首次的核武攻擊。

八月十五日，日本天皇透過廣播發布終止戰爭的詔書，宣示第二次世界大戰結束。

中華民國國民政府為了接收台灣，於九月一日成立特別行政組織「台灣省行政長官公署」及「台灣警備總部」，由陳儀擔任台灣省行政長官，並兼任台灣警備司令。

十月二十五日，盟軍中國戰區台灣省受降典禮在台北公會堂（今中山堂）舉行，由陳儀代表中方受降。當天，台灣省行政長官公署開始運作，取代日本台灣總督府成為台灣最高行政機關。

在台北公會堂舉行的中國戰區台灣省受降典禮。

編按：一九五一年日本與同盟國簽訂舊金山和約，宣布放棄台灣、澎湖。

二二八瀰漫全台 台菁英慘遭屠戮
文化落差導致白色恐怖 埋下巨大後遺症

【一九四七年／台灣報導】台北市於二月底發生因查緝私菸而開槍誤殺圍觀民眾的事件後，迅即引發成蔓延全台的抗官及省籍衝突事件。事發至今，情勢雖已趨緩，對台灣所造成的種種傷害，難以計數。

國民政府接管台灣一年四個月以來，因台灣與中國分離長達五十年，已產生政治、文化上的隔閡。二次大戰結束之後，國民黨和共產黨在中國大陸進行內戰，國民政府一接收台灣，立即大量印製鈔票，把台灣民生物資運回大陸支援國民黨軍隊，使得二次大戰期間遭受重創的台灣經濟雪上加霜，造成嚴重通貨膨脹。

行政長官公署延續日本殖民政府的專賣制度、戰時經濟管控，而且變本加厲，被稱為「新總督府」，加上官僚貪腐、軍紀敗壞，引發龐大民怨。

除此之外，行政長官公署排除台灣人參政、擔任中高階公職，推行國語（北京話）時歧視台灣人母語，也轉化成為省籍衝突的因子。

一九四七年（民國三十六年）二月二十七日傍晚，台北市發生查緝私菸處置不當、開槍誤殺圍觀民眾事件，引發群情激憤，包圍警察局要求懲處，但未獲回應。二月二十八日，台北民眾發動罷工罷市，前往行政長官公署遊行示威，卻遭衛兵開槍掃射，造成民眾多人死傷，此一事件迅速蔓延全台。

台灣菁英馬上組成委員會，與行政長官公署談判，並提出政治改革的要求。行政長官陳儀表面上做了讓步，私下卻建議蔣介石派軍來台掃蕩，國民政府隨即派軍渡海來台鎮壓，並有計畫地捕害台灣菁英。掃蕩過程中卻不免濫殺無辜，造成更多平民傷亡，共計造成一萬八千人至兩萬八千人死亡。台灣陷入不知何時才會結束的白色恐怖。

二二八事件後，陳儀已被國民黨撤職，台灣行政長官公署也改為台灣省政府，由外交官出身的魏道明擔任主席，緩和了情勢。但二二八事件對台灣所造成的傷害及後遺症，恐難以彌補。

為抗議查緝私菸過當，一九四七年二月二十八日民眾於專賣局台北分局前聚集抗議。

編按：陳儀後來有意投共，遭蔣介石槍決。

死於國民政府軍隊槍下的台灣民眾。

聯合國誕生 促國際和平

【一九四五年／美國報導】為了防止再次發生大規模國際戰爭，各國日前相約成立國際組織「聯合國」。

在二次大戰期間，同盟國已開始構思成立聯合國。一九四五年六月二十六日，五十個創始會員國共同簽署聯合國憲章，並於十月二十四日正式成立聯合國。

聯合國的五個常任理事國是美國、英國、法國、蘇聯（後由俄羅斯繼承）、中華民國（後由中華人民共和國繼承）。

編按：一九五〇年聯合國總部大樓在美國紐約啟用。

刻畫台灣人認同錯亂
吳濁流發表《亞細亞的孤兒》

【一九四五年／台灣報導】台灣作家吳濁流日前發表日文長篇小說《亞細亞的孤兒》，內容描述台灣人既不是日本人也不是中國人的認同錯亂。

吳濁流是新竹客家人，一九〇〇年出生，台北師範學校畢業後擔任小學教師，喜歡文學創作，曾在中國以及台灣擔任報社記者。

吳濁流於今年五月完成的《亞細亞的孤兒》一書，內容描述日本時代一位台灣知識份子，因不滿日本殖民政府欺壓台灣人，自覺不是日本人，但前往祖國中國後，卻又被當成日本人，回到台灣後終於精神崩潰的故事。

這部小說探討台灣人處於中日夾縫中的「孤兒」處境，以及在身分認同上產生的矛盾。

社論 台灣獨立意識的萌生

在日本統治之下，台灣作家吳濁流在一九四五年五月寫出《亞細亞的孤兒》，描述台灣人既不是日本人也不是中國人的矛盾。五個月後，台灣已改由中國統治，但台灣人的矛盾仍然未除。

日本戰敗，台灣人熱烈歡迎祖國中國「光復台灣」，但台灣人隨即發現，中國人不信任台灣人，並且認為台灣人長期被日本統治已經「奴化」。在台灣人眼中，不論是一八九五年日本接收台灣，還是一九四五年中國接收台灣，隨之而來的都是武力鎮壓、殖民統治。

二二八事件之後，有些台灣人開始從吳濁流的「孤兒」處境中萌生台灣獨立意識，並在日本、歐美展開台灣獨立運動。

《胡志明》
吳濁流著　到處有售

台灣史新聞

重點新聞

- 中華民國退守台灣
- 台灣宣布戒嚴
- 社論：中國文化移植台灣
- 太平輪沉沒 千人罹難
- 舊台幣換新台幣
- 韓戰爆發 美軍協防台灣

民國退守台灣

中共建政 蔣氏在台建立強人統治

蔣中正「復行視事」後，將繼續行使中華民國總統職權。圖為蔣中正總統及其夫人。

【一九四九年至一九五○年／中國報導】中國國民黨建立的中華民國，與中國共產黨之間的內戰大勢已告底定，中國共產黨在「解放戰爭」勝利後建立中華人民共和國，中華民國則在「動員戡亂」潰敗後退守台灣，遷都台北，統治地區僅台灣、澎湖，以及福建的金門、馬祖（駐浙江舟山群島的十四萬軍民於一九五○年五月撤退）。

中國抗日戰爭在一九四五年八月結束後，曾合作抗日的國共間爆發內戰，雙方邊打邊談，到了一九四七年三月已全面開戰。中華民國政府本於該年十二月二十五日頒布《憲法》，但在一九四八年五月十日又實施優先於《憲法》的「動員戡亂時期臨時條款」，蔣中正則在五月二十日就任總統。

一九四八年以後，中國共產黨解放軍在幾次重要戰役中打敗中國國民黨軍，國共內戰形同大勢底定。一九四九年一月，就職中華民國行憲後第一任總統僅僅八個月的蔣中正，因軍事失利，在首都南京宣布下野，但仍以中國國民黨總裁身分掌握實權。解放軍則在一九四九年一月底進駐北京，四月攻占南京、五月攻占上海，迫使國軍於七月開始撤往台灣。

一九四九年十月一日，中華人民共和國在北京成立，由毛澤東擔任國家主席。解放軍繼續追擊國軍，先攻下廈門，再於十月二十四日渡海進攻金門，但因不擅海戰、後援不繼，在為時三天的金門古寧頭戰役中被國軍殲滅。當時在台北的蔣中正說：「這一仗打勝，台灣安全了。」

中華民國政府隨著國軍的敗退，接連幾次遷都廣州、重慶、成都，並於一九四九年十二月八日再遷都台北。蔣中正也在一九五○年三月一日「復行視事」，宣布繼續行使中華民國總統職權，台灣進入中國國民黨一黨專政、蔣中正個人獨裁的威權政治體制。

中華民國退守台灣後，中華人民共和國對台之文宣。

因應戰事 台灣宣布戒嚴

【一九四九年／台灣報導】為了因應國共戰爭國軍節節敗退的情勢，中華民國政府繼大陸地區之後，也宣布台灣同樣進入戒嚴狀態。

一九四九年五月二十日，台灣省政府主席陳誠頒布實施戒嚴令，宣告台灣、澎湖及其他島嶼處於戰爭狀態。

編按：到一九八七年七月十五日蔣經國總統宣布解嚴為止，戒嚴時期超過三十八年，世界罕見。

社論 中國文化全面大移植

不論是中華民國政府自稱的「轉進」台灣，還是被說成「流亡」台灣，都與一般王室、領導人、精神領袖的流亡政府大不相同，這是包括《憲法》、政體、政黨、軍隊、人民，以至於中國故宮文物的大遷移。

台灣在戰後大約有六百萬人口，但從一九四五年到一九五〇年間，約有一百五十萬中國大陸軍民遷入台灣，占了將近台灣人口的四分之一，對台灣的經濟和社會造成結構性衝擊。

但從多元族群、多元文化的觀點來看，這一波來台灣的中國人，不像清代大都來自閩粵，而是遍及中國各省，他們帶來的飲食、藝術等文化，大大豐富了台灣的多元文化。

太平輪沉沒
千名赴台難民葬身舟山海域

【一九四九年／浙江舟山報導】滿載國共內戰難民、從江蘇上海開往台灣基隆的太平輪，不幸於浙江東方舟山群島海域發生船難沉沒，估計近千人罹難。

國共內戰，國民黨敗退，大批難民帶著家產從上海搭船逃往台灣。因一票難求，很多人以金條或特權換取上船機會。兩千噸的太平輪，開船時擠滿一千名乘客和船員，還載運了許多貨物。

今年農曆除夕前一天，一九四九年一月二十七日（戊子年十二月二十九日）晚上十一點四十五分，超載、夜航、為逃避宵禁又未開燈的太平輪，在經過舟山群島海域時，撞上從基隆載運煤礦、木材等物資前往上海的兩千噸貨輪建元號，建元號、太平輪先後沉沒，船上人員大都溺死或凍死，只有三十幾人後來被澳洲軍艦救起，得以生還。

抑通膨 台幣舊換新
舊幣縮水四萬倍成廢紙

【一九四九年／台灣報導】中華民國政府為了抑制惡性通貨膨脹，將發行「新台幣」以取代「台幣」，台幣四萬元折合新台幣一元。

國民政府接收台灣後，於一九四六年五月起開始發行台幣，與日本時代的台灣銀行券一比一兌換。但中華民國政府大量印製台幣的同時，亦把台灣民生物資運往中國以支援國民黨軍隊，加上因戰亂來台的中國人愈來愈多，造成物價不斷上漲，台幣急速貶值。

有民眾抱怨，台灣產米，上海不產米，但台灣的米價竟比上海來得高。另有民眾指出，他要用整整一麻袋的台幣才能買到一碗麵，再這樣下去恐怕有錢也買不到東西。

一九四九年六月十五日，台灣省政府主席陳誠宣布發行新台幣，並限舊台幣必須在年底前兌換。此舉雖為幣制改革，但仍然會讓很多民眾儲蓄的舊台幣變成廢紙。

台灣海峽中立化
美主動協防台灣

【一九五〇年／台灣報導】韓戰爆發，美國為了確保西太平洋反共防線的安全，已宣布台灣海峽中立化，並派出美軍第七艦隊巡防台灣海峽。一般認為，美國此舉迫使中華人民共和國中止了渡海進攻台灣的計畫。

朝鮮半島在二次大戰後以北緯三十八度線為界，分為南、北韓，由美國及蘇聯分別管理，並在一九四八年建立大韓民國（南韓）、朝鮮民主主義人民共和國（北韓）。

與中華人民共和國、蘇聯同屬共產國家陣營的北韓，於一九五〇年六月二十五日進攻南韓，韓戰瞬間爆發。

兩天後，即六月二十七日，美國發表「韓戰聲明」，宣布協防台灣，並提出「台灣地位未定論」（台灣主權未定論），台灣如果遭共產勢力占領，將威脅太平洋地區的安全。

美國曾於一九五〇年一月表達不介入國共戰爭的態度，韓戰的爆發使美國改變立場，轉而支持台灣，保護了台灣的安全。

韓戰爆發後，南韓首都漢城旋即陷入戰火。

一九四六年發行的舊台幣。

台灣史新聞

重點新聞

- 美國軍經援台
- 省府新訂台灣八景
- 社論：美國時間
- 西螺大橋通車
- 台灣土地改革成功
- 南北韓停戰

美國提供台灣經濟上援助，圖為物資包裝常見的中美合作圖樣。

美軍經援台

年貸一億美元 穩定台灣財政

【一九五一年／台灣報導】韓戰爆發這幾年來，美國加強了對台經濟、技術、軍事等援助，也協助台灣的電力、交通、水庫等基礎建設，以及農林漁業、中小企業等產業發展，一般認為對台灣財政穩定和經濟發展有很大的貢獻。

台灣歷經太平洋戰爭、國共內戰的剝削，又湧進百萬中國大陸移民，因物資缺乏、物價上漲，造成惡性通貨膨脹。由於物資必須仰賴進口，僅靠米糖等農產品出口又無法賺取足夠的外匯以採購進口物資，使得政府稅收沒有增加，支出卻持續擴大，財政情況不斷惡化。

自一九五一年起，美國將提供台灣每年約一億美元的貸款，幫助台灣有效抑制惡性通貨膨脹，並解決缺乏外匯的困境。美援將投入台灣的基礎建設及國營、民營產業，預料將帶動台灣的經濟發展。（例如：美援棉花為台灣重要的紡織業打下發展基礎。）

在台灣民眾眼中，由於台灣很多道路都靠美援鋪成，所以出現了「美國出點仔膠，台灣出土腳」（美國提供柏油，台灣只出土地）的俚諺。

美援也提供麵粉、奶粉等民生物資，有人還把麵粉袋拿去做衣褲，上面印著「中美合作」的國徽及握手圖樣，甚至有「品質優良」、「淨重二十二公斤」字樣。

美國軍事援助技術團（簡稱美軍顧問團）則從一九五一年四月開始進駐台灣，台灣的美國人愈來愈多，並引進美國文化。

編按：美援對台灣經濟發展雖有很大貢獻，但美國希望藉由美援來加強台灣的自立及防衛能力，鞏固西太平洋的反共防線以符合美國的利益，卻也同時鞏固了中華民國政府在台灣的威權統治。美援持續到一九六五年止。

印有「中美合作」的鐵人牌麵粉。

省府制定台灣八景

【一九五三年／台灣報導】台灣省政府經過研究、討論後，日前公布官方認定的「台灣八景」，分別為：雙潭秋月（日月潭）、玉山積雪、安平夕照、阿里雲海、大屯春色、魯谷幽峽（太魯閣峽谷）、清水斷崖，以及澎湖漁火。

在日本時代，《台灣日日新報》曾於一九二七年由讀者票選台灣八景，當時選出來的是基隆旭岡（今中正公園）、台北淡水、台中八仙山、南投日月潭、嘉義阿里山、高雄壽山、屏東鵝鑾鼻、花蓮太魯閣峽谷，另有由評審特選的台灣神社（台北圓山）、新高山（玉山）。

社論　何來「美國時間」

美國援助台灣，雖然未能促使中華民國政府改變威權統治，但美援引進了美國的文化、民主觀念等等，豐富了台灣的文化，也影響了台灣未來的民主化。

在日本時代，台灣透過日本認識、體驗西方文化；進入中華民國接受美援時期，台灣直接接觸以美國為代表的西方文化。台灣民眾藉由美國的電影、電視節目、報章雜誌、文學作品，看到美國的價值觀和生活方式，在威權統治幾近窒息的社會氛圍中找到出口，很多人前往美國留學、貿易、移民，甚至發展台灣獨立運動。

在台灣民眾眼中，美國民主、進步、富強，似乎美國的一切都是好的。在台灣的美國人看來也都很優閒，台灣民間因此出現一句俚諺：辛勞的人常會自嘲沒有多餘的「美國時間」。

西螺大橋通車

美援資助 搭世界第二大橋

【一九五三年／台灣報導】拜美援之賜，橫跨濁水溪下游的西螺大橋完工通車，接通了台灣南北縱貫公路。

濁水溪位於台灣中部，因河面寬闊，阻隔台灣南北交通。清代，兩邊往來倚靠船渡。日本時代初年雖完成縱貫線鐵路，建有鐵路專用的濁水溪橋，但民眾若不是搭火車，來往濁水溪兩岸仍然須仰賴船渡。

台灣總督府自一九三七年開始興建連接南北縱貫公路的濁水溪橋，一九四一年已完成三十二座橋墩，卻因戰爭中止，工程停擺。中華民國政府遷台後，於一九五二年中以美援資助繼續興建，終於在今年一月通車。

西螺大橋長約一千九百三十九公尺，路寬約七．三公尺。（當時是世界第二大橋，僅次於美國舊金山金門大橋。）

西螺大橋已於一九五三年一月通車。

土地改革 快速成功

威權促效 帶動經濟發展

【一九五三年／台灣報導】這幾年來，中華民國政府以威權統治成功在台推行土地改革，使廣大佃農獲得減租並取得自有耕地，不但紓解了因土地分配不均而造成的社會問題，也促進了台灣整體經濟的發展。

蔣中正親信陳誠擔任台灣省政府主席、中華民國行政院長期間，於一九四九年實施「三七五減租」、一九五一年實施「公地放領」、一九五三年實施「耕者有其田」政策，使得地主釋出大量土地給佃農，換取國營事業的股票，不但達成土地改革的目標，也讓部分地主轉變為企業家，帶動工商業的繁榮。

國共內戰期間，中共同樣以土地改革贏得廣大農民的支持。中華民國政府在大陸時，因統治者大都是地主，很難放棄既得利益進行土地改革；但來到台灣後，作為一外來統治者，無此包袱。

土地改革在台灣能夠快速成功，必然與台灣的威權統治有關。台灣剛剛經歷二二八事件，又實施戒嚴令，陳誠還握有政治和軍事大權，使得地主不敢反抗。

另一方面，台灣地方領袖、仕紳大都是地主，藉由土地改革可以降低他們在地方上的影響，減少地方的反對勢力，這也有利於威權統治。

耕者有其田工作檢討會。

地方政府向農民宣導耕者有其田。

鏖戰三載 韓戰停火

【一九五三年／台灣報導】交火長達三年的韓戰日前停戰，但雙方僅簽訂停戰協議，並未簽下永久和平協議。

韓戰爆發以來，不論是支持南韓的美國、還是發動「抗美援朝」支持北韓的中華人民共和國，雙方皆有重大傷亡。一九五三年七月二十七日，南北韓簽訂停戰協議，以朝鮮半島北緯三十八度附近雙方實際控制的戰線，南北各兩公里設非軍事區。

一場韓戰，由於中華人民共和國的參戰，凸顯了台灣的戰略地位，使台灣被美國納入防禦體系；由於美軍向日本採購大量物資，所以也促進了日本的經濟發展，使日本能夠在二次大戰後快速復甦，逐漸成為經濟強國。

編按：南北韓雖各自獨立並加入聯合國，但戰爭並未真正結束。

台灣史新聞

重點新聞

- ●政府倡導麵粉代米
- ●社論：外省仔麵
- ●中美共同防禦條約簽訂
- ●核定九族原住民
- ●孫立人事件爆發
- ●大專院校舉行聯考

政府鼓勵麵食消費

消化美援麵粉 外銷米糧賺取外匯

尹仲容呼籲民眾「多吃麵，少吃米」。

【一九五四年／台灣報導】為了外銷食米賺取外匯，台灣自二月起推行「麵粉代米」政策，發展麵粉工業，鼓勵民眾多吃麵食代替傳統米食。

台灣人的主食是米，台灣產米，米也一直是台灣外銷的主力。戰後，有鑑於物資缺乏、外匯不足，負責穩定台灣經濟的中央信託局局長、行政院經濟安定委員會召集人尹仲容認為，台灣民眾應該「多吃麵，少吃米」，節省下來的食米不但可作為國防戰備儲糧，還可以外銷賺取寶貴外匯。

尹仲容自一九五三年就開始呼籲台灣社會發起麵粉代米運動。他認為，軍公教人員和一般民眾都要力行，這個運動才能成功，還說只要每人一周吃一天麵食，一年就能省下七分之一的食米。

而今，一九五四年二月，尹仲容把麵粉代米運動化為政府政策，在經濟安定委員會的工業委員會之下成立麵粉小組，調查台灣現有麵粉工廠的設備及生產力，全力發展台灣的麵粉工業，並將以政府力量促使民眾增加麵食，包括壓低麵粉價格、強制麵粉配售等。

台灣推廣麵食也與美國有關。美國在戰後為了推銷國內產量過剩的小麥，主導國際農糧體制鼓勵其他國家進口美國小麥，除了提供資金、設備及技術發展麵粉工業外，還建構麵食營養學，介紹麵食烹飪方法。

此外，美國不但在美援的民生物資中包含麵粉，還透過聯合國組織資助一些國家開辦學童營養午餐，讓麵食變成正餐，從小培養麵食的習慣。

在台灣降低糧食成本、美國推銷過剩小麥的政策下，台灣人已在改變傳統的米食習慣，逐漸增加麵食。

社論 台灣麵食新文化

麵食源自北方，台灣傳統以米食為主，日本時代開始引進日本及西洋的麵食，但並不普遍。戰後，在「麵粉代米」政府政策下，加上中國各省移民、尤其北方人帶來的麵食文化，南方海島台灣也逐漸發展出豐富的麵食文化。

台灣雖然地處亞熱帶，但小麥也可在秋末種植、春天收成。台灣種植小麥最早在荷蘭時代，日本時代在台中大雅還發展小麥種植區，但麵食向來只是台灣人的「點心」，像台南挑擔子賣的「擔仔麵」，即是小碗的湯麵。

戰後，吃麵的「外省人」帶來原鄉的各種麵食，包括燒餅、油條、饅頭、包子、餛飩、水餃、蔥油餅、麻醬麵、炸醬麵、大滷麵等，並融合台灣在地食材，創造了以辣豆瓣醬燉煮的川味紅燒牛肉麵。因此，很多「本省人」也開始以麵食為正餐。

台灣民間還出現了一句歇後語：「外省仔麵」，就是「免啦」（「麵」發音與台灣閩南語「免」同音）。

中美共同防禦條約簽訂 鞏固美國西太平洋反共防線

中美軍事合作，雙方軍人舉杯對飲。

【一九五四年／台灣報導】中華民國與美國日前簽訂《中美共同防禦條約》，大量美國軍人將來到台灣，進駐國軍部隊。

美國於一九五一年已派美軍顧問團軍援台灣，日前於十二月三日簽訂的《中美共同防禦條約》，主要作為軍事合作的法律依據，並涉及政治、經濟等的合作。美國為了建立西太平洋防線圍堵共產勢力，與日本、菲律賓等國都已簽訂相關條約。

《中美共同防禦條約》阻止中華人民共和國侵犯台灣和澎湖，但也約束中華民國如要「反攻大陸」須經美國同意。（此一條約在一九七九年美國與中華人民共和國建交後失效，但美國隨即訂定《台灣關係法》以取代。）

中美雙方交換飛機模型，象徵兩國的軍事合作。

核定九族原民 平埔未列入

【一九五四年／台灣報導】行政院內政部核定了台灣九族原住民名稱，日本時代被視為「平埔族」的原住民則被排除在外。

內政部以台灣省文獻會擬定、台灣省政府轉報的資料，於上個月核定台灣「山地九族」為泰雅族、賽夏族、布農族、曹族（鄒族）、魯凱族、排灣族、卑南族、阿美族、雅美族（達悟族）。

內政部此一核定大致沿用日本時代對台灣原住民族的分類，但日本時代分類為「平埔族」、戶籍資料註有「熟」（熟番）字的原住民，卻不在官方認定的九族原住民之內，被視為一般漢族，預料將加速台灣平埔文化的衰亡。

孫立人將軍遭整肅

【一九五五年／台灣報導】受美國支持的孫立人將軍被迫辭去總統府參軍長職務，並被軟禁在台中家裡，這是中華民國政府遷台後，最大規模的軍中整肅事件。

一九〇〇年出生的孫立人是安徽人，留學美國，自普渡大學土木工程系畢業後，投筆從戎，再進入維吉尼亞軍校，後來成為抗日名將。

在台灣，孫立人致力國軍現代化，曾任陸軍總司令，但他被認為親美、自傲，與國民黨黃埔系將領理念不合，又反對政工系統進入軍中，因而引起猜忌，慘遭整肅。

孫立人於一九五五年八月以密謀兵變、縱容屬下叛亂等罪名被拘捕，他的親信及屬下有三百人受到牽連。

然而，外界對孫立人評價很高，認為他是因「莫須有」的罪名遭到蔣中正、蔣經國整肅。（孫立人直到一九八八年才恢復自由。二〇〇一年監察院認為孫立人案是「被陰謀設局的假案」。）

遭整肅的孫立人。

大專聯招制度上路

【一九五四年至一九五六年／台灣報導】為了讓考生免去奔波之苦，台灣各大學、專科院校改採聯合招生考試。

戰後，台灣的大專院校各自舉行招生考試。一九五四年，台灣四所公立大學：國立台灣大學、台灣省立師範學院（今國立台灣師範大學）、台灣省立台南工學院（今國立成功大學）、台灣省立農學院（今國立中興大學）舉行聯考，成為台灣大學聯考之始。

一九五五年，國立政治大學加入聯考。一九五六年，台灣的公私立大專院校都加入聯考。

台灣蠔咬　川味牛肉麵

台灣史新聞

砲鎖金門 狂炸 44 天

共軍轟擊 47.5 萬發 國軍以美援巨砲成功反擊

金門發生激烈砲戰，圖為遭受砲火攻擊後的民宅。

重點新聞

- ●八二三砲戰爆發
- ●社論：台美中三角關係
- ●八七水災重創中南部
- ●台塑王永慶白手起家
- ●《文星》雜誌創刊
- ●警備總部成立

【一九五八年／台灣報導】這一個多月來，中華人民共和國對中華民國駐有重兵的金門發動以砲擊為主的戰役，解放軍在四十四天內對金門發射了四十七萬五千發砲彈，國民黨軍（國軍）力守並以美軍援助的巨砲反擊廈門，終於逼使解放軍放棄封鎖金門。

解放軍雖在一九四九年古寧頭戰役時登陸金門，卻被國軍打敗。一九五〇年韓戰爆發之後，美軍介入國共戰爭，解放軍攻台更為受阻，此後雙方雖無大戰，仍持續緊張對峙情勢。

一九五八年八月二十三日晚間六時三十分，解放軍突然從廈門對金門展開密集砲轟，在八十五鐘內發射了三萬多顆砲彈，全數瞄準這個僅一百五十平方公里的小島，有人形容「砲彈如雨般落下」。

解放軍除了砲擊外，也試圖封鎖金門，派出海軍、空軍，意圖阻止國軍的海空運補，但無法取得制空權。美國則依一九五四年與中華民國簽訂的《中美共同防禦條約》，派艦隊防衛台灣海峽，並為國軍運補金門護航。美軍與解放軍之間則避免直接發生衝突。

九月中旬，美軍十二門口徑兩百零三公厘的「二〇三自走榴砲」（又稱八吋砲）陸續運抵金門，國軍自此取得火力優勢，以重砲攻擊廈門。十月六日，解放軍宣布暫時停火。（後來採雙日停火，單日不一定砲擊）。

不論是解放軍還是國軍，這場「八二三砲戰」都造成了重大的傷亡，雙方的軍機、艦艇都有損失，金門則有兩百多名民眾傷亡、四千多間房屋毀損。台灣雖然不是戰場，卻有相當多台籍軍人在金門參戰。

美國國務卿杜勒斯與中華民國總統蔣中正已於十月二十三日發表聯合公報，美國認知金門、馬祖的防衛與台灣、澎湖的安全有關（一九五四年的《中美共同防禦條約》只提及台灣、澎湖），同時也表明反對中華民國以武力反攻大陸。

社論 絕妙三角關係

雖然砲火猛烈，但在本質上，八二三砲戰是一場政治意義高於軍事意義的戰爭。

中華人民共和國為何主打砲戰？為何不全力攻下金門？為何又突然停火？究竟毛澤東是攻不下？還是在測試美國防禦台灣的底線？

美國希望鞏固西太平洋的反共防線，但並不想與中華人民共和國開戰，所以主張中華民國自金門、馬祖撤軍，退守台灣，形成以台灣海峽為界的「兩個中國」，這樣最符合美國的利益。

儘管中華民國需要美國協防台灣，蔣中正卻反對放棄金門、馬祖，他仍然想反攻大陸，奪回國民黨曾經擁有的江山。

八二三砲戰轟動登場，草草結束，據傳可能是毛澤東與蔣中正的默契：台灣必須維繫與金門、馬祖的關係，才不會脫離中國、走向獨立。

在這種三角關係下，台灣人只是棋子，戰禍連年的金門人更是悲哀，只能撿拾滿地的彈殼製作「金門菜刀」。

空軍總司令部招生
待遇優勿失良機
請於九月九日前完成報名

八七水災重創中南部

災損達國民所得一一％ 政府緊急處分救災

【一九五九年／台灣報導】台灣中南部發生嚴重水災，預估受災居民超過二十四萬人。

一九五九年八月七日至九日，受到艾倫颱風引進西南氣流的影響，連下三天大雨，使得台灣西部沿海地區發生嚴重水災，從苗栗到高雄，無一倖免。

根據台灣省政府統計，共有六百六十七人死亡、四百零八人失蹤、九百四十二人受傷，房屋全倒兩萬七千多間、半倒一萬八千多間，農地損失高達十三萬多公頃，總損失超過新台幣三十五億元，約占年國民所得的百分之十一，對民生經濟造成衝擊。

蔣中正總統依《動員戡亂時期臨時條款》，頒布「緊急處分令」進行救災及重建。美國海軍在台灣海峽的艦隊出動直升機協助救援，美國政府並捐贈約新台幣一千萬元作為重建經費。

八七水災造成慘重損失，房舍嚴重損毀。

政府發行災後復興重建債券，歡迎民眾認購。

台塑開工 開啟塑化工業潮流

【一九五七年／台灣報導】台灣企業家王永慶創立了台灣塑膠公司（簡稱台塑）。

一九一七年出生的王永慶，小學畢業後曾在米店當學徒，後來自己開了米店，並經營木材生意致富。王永慶配合台灣的美援及計畫經濟，投入新興石化工業生產PVC塑膠粉，於一九五四年成立福懋塑膠公司，今年開工生產後，更名為台灣塑膠公司，預料將帶領台灣進入塑膠時代。

台灣塑膠公司董事長王永慶。

編按：台塑初創時是世界規模最小的塑膠製造廠商，甚至用牛車載運塑膠粉，但在王永慶經營下逐步發展，後來成為全球塑膠原料大廠，並擴大事業版圖，成為台灣最大的企業集團，王永慶更被譽為「台灣經營之神」。

文星創刊

【一九五七年／台北報導】《文星》雜誌創刊，將以月刊形式發行。

湖南籍作家蕭孟能一九五二年在台北開設「文星書店」，自今年一月起發行《文星》月刊，標榜「生活的、文學的、藝術的」，並表明「不按牌理出牌」。

在一九五〇年代的戒嚴、肅殺氣氛下，《文星》雜誌與一九四九年十一月由外省籍自由主義知識份子雷震、殷海光主編的《自由中國》雜誌，傳播人權、自由、民主、法治等觀念，預料將對台灣青年的思想啟蒙帶來巨大的影響。

警總防諜「寧枉勿縱」

【一九五八年／台灣報導】在蔣中正總統指示下，國防部於一九五八年五月成立了戒嚴體制下最大的情治機關「台灣警備總司令部」（簡稱警備總部、警總）。

國防部把台灣幾個負責治安的機構合併設置為台灣警備總司令部，下設北、中、南、東四個地區警備司令部。警備總部為了防止中國共產黨「匪諜」對台灣的滲透，採取「寧枉勿縱」政策。

編按：由於沒有公開的監督機制，警備總部常成為當權者打擊異己、戕害人權、管控思想言論、扼殺民主運動的工具。其「寧枉勿縱」政策也造成很多冤獄。在戒嚴時期，警備總部帶給台灣人民莫大的心理壓力，有人形容：「每個人心中都有個小警總。」

台灣史新聞

重點新聞

雷震籌組反對黨遭判刑《自由中國》雜誌查封

得知判刑結果，雷震家屬垂淚軍事法庭門前。

【一九六〇年／台灣報導】《自由中國》雜誌社長雷震因鼓吹民主、籌設反對黨，遭中華民國政府以叛亂罪逮捕並判刑，《自由中國》被查封。

雷震一八九七年生於浙江，留學日本，畢業於京都大學法學部，曾深獲蔣中正信任，參與政黨協商及制憲工作，並隨中華民國政府來台。

雷震信奉自由主義，於一九四九年創辦《自由中國》，一方面反對共產主義，一方面倡導民主、自由，批評中國國民黨一黨專政，並提出建言，成為一九五〇年代台灣最有影響力的異議媒體。

一九五四年，雷震因《自由中國》言論被註銷中國國民黨籍。一九五六年蔣中正七十歲生日時，《自由中國》推出「祝壽專號」，邀集海內外知識份子胡適、徐復觀等人撰文，力勸蔣中正遵守《憲法》，並批評蔣中正政權各種不當施政，自此成為當局的眼中釘。

蔣中正政權一向以團結一致「反攻大陸」來強化獨裁統治的正當性，一九五八年發生八二三砲戰後，美國雖然表明願意協防台澎金馬，但反對中華民國以武力「反攻大陸」，台灣內部要求民主、自由的聲音愈來愈大，《自由中國》積極展開籌組反對黨的相關行動。

今年五月，雷震發表了〈我們為什麼迫切需要一個強有力的反對黨〉，並聯合隨中國國民黨來台的中國民主社會黨、中國青年黨人士，以及台灣本土菁英李萬居、高玉樹、郭雨新、許世賢、吳三連等人，討論重新合組「中國民主黨」，引發政府黨政軍媒體的圍剿。

九月一日，台大哲學系教授殷海光在《自由中國》發表〈大江東流擋不住〉一文，強調組黨的正當性及勢不可擋。九月四日，警備總部以涉嫌叛亂逮捕《自由中國》社長雷震、會計師劉子英等人。劉子英被指控「匪諜」，雷震則以散播「反攻大陸無望論」被指控「包庇匪諜」及「為匪宣傳」。

經軍事法庭審判，劉子英判刑十二年，雷震判刑十年。（雷震在獄中寫成了四百萬字回憶錄，但遭沒收、焚毀。）

台視公司開播 電視時代來臨

【一九六二年／台灣報導】台灣電視公司已於一九六二年十月十日正式開播，這是台灣第一家電視台，象徵台灣進入電視時代。

台視屬於台灣省政府公營事業機構，並有日本技術及資金支援。台視也設立了台灣第一家電視機製造廠，由日本的日立、東芝、NEC進口組件，裝配成黑白電視機。（台灣在一九六九年才有彩色電視。）

台視在第一夫人蔣宋美齡剪綵、按鈕後，正式開播。

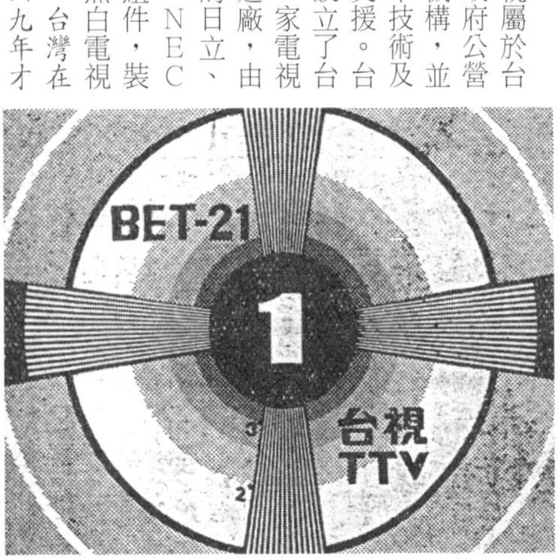

台視開播時的黑白檢驗畫面。

內戰成藉口 凍結《憲法》
國會不改選 總統拚三連任

【一九六〇年／台灣報導】因國民大會代表修改了〈動員戡亂時期臨時條款〉，架空《憲法》，總統任期不再受限，已擔任兩屆中華民國總統的蔣中正，將可再度就任，成為第三任中華民國總統。

一九四七年，中華民國行憲，並由各省選出第一屆國民大會代表、立法委員。兩年後中華人民共和國於一九四九年建國，中華民國政府遷往台灣。

然而，中華民國政府為了保有統治中國大陸的象徵，遂以「淪陷區無法改選」為由，讓在中國大陸選出的第一屆國民大會代表、立法委員繼續任職，形成國會議員不必改選的奇怪現象。

另一方面，國民政府為了應付國共內戰，於一九四八年頒布優先於《憲法》的〈動員戡亂時期臨時條款〉，給予總統擁有戒嚴、緊急處分等不受《憲法》約束的權力。

《中華民國憲法》規定總統任期六年，連選得連任一次。蔣中正連任總統的任期原至一九六〇年五月二十日止，但未經改選的國民大會代表為了順應蔣中正續任意圖，修改〈動員戡亂時期臨時條款〉，使得蔣中正得以再度連任，六年後也可以繼續連任下去。

社論 遮掩違憲爭議 吳三連成元首

台灣有個政治笑話說，一九二五年逝世、被中華民國尊為「國父」的孫中山，因關心中華民國的政治發展，特別回到人間，詢問蔣中正：「中華民國第一任總統是誰？」蔣中正答：「我。」

孫中山再問：「第二任呢？」蔣中正答：「于右任。」孫中山又問：「第三任呢？」蔣中正答：「吳三連。」

孫中山聽到政權交接按照《憲法》規定，很滿意地走了。卻不知蔣中正口中的書法家于右任，其實是「余又任」；台籍菁英吳三連，則是「吾三連」，說來說去都是蔣中正自己做總統。

楊傳廣奧運奪牌 中華民國第一人

【一九六〇年／羅馬報導】台灣阿美族原住民楊傳廣昨天在一九六〇年羅馬奧運「十項運動」（由十項不同田徑項目組成的競賽）中榮獲銀牌，這是中華民國獲得的第一枚奧運獎牌。

楊傳廣一九三三年出生於台東馬蘭部落，就讀台東農校、花蓮兵工學校時就已逐漸展現跳高、跳遠等運動天分。一九五四年，楊傳廣在參加馬尼拉亞運前兩個月改練十項運動，結果獲得金牌，被稱為「亞洲鐵人」，並於四年後的一九五八年東京亞運蟬聯金牌。

隨後，楊傳廣在政府安排下，前往美國體育強校加州大學洛杉磯分校就讀，並與美國十項運動冠軍強生一起練習。在這次的羅馬奧運中，楊傳廣雖以些微分數負於強生，卻已讓他成為台灣運動史的傳奇。

阿美族運動員楊傳廣返回故鄉台東馬蘭部落，族人上前擁抱。

東西橫貫公路通車 帶動農林礦業發展

東西橫貫公路通車，在太魯閣口的牌樓舉行慶祝典禮。

【一九六〇年／台灣報導】由美援經費、退除役官兵人力興建，貫穿台灣中央山脈的東西橫貫公路（簡稱中橫）已於五月九日通車，預料將帶動沿線農、林、礦等產業的發展。

東西橫貫公路自一九五六年起從東西兩端開工，通車後可從台中東勢一路直達花蓮太魯閣，主線長約一百九十公里。此段公路以日本時代興建的「合歡越道路」（後稱合歡越嶺道路，從埔里、霧社經合歡山到花蓮太魯閣）為基礎，但西端則延伸到東勢。

東西橫貫公路動員了一萬多名退除役官兵「榮民」興建，因爆破工程極度危險，再加上颱風、地震，修築工程一共造成兩百一十二人死亡，七百零二人受傷。

台灣史新聞

重點新聞

- 故宮博物院在台北復院
- 梁祝轟動全台
- 社論：台北故宮
- 石門水庫完工啟用
- 台灣人民自救宣言

顛沛卅五載 故宮在台北復院
中華文物六十萬件 重見天日

位於外雙溪的故宮博物院台北新館已近竣工，將於十二日舉行落成典禮。

【一九六五年／台灣報導】因國共內戰而從中國大陸運來台灣的故宮文物，其台北外雙溪新館已經完工，並於一九六五年十一月十二日，孫中山先生百年誕辰紀念日開幕，重新開放參觀。預料這座以收藏中國歷代文物著稱的「故宮博物院」，將成為全世界最重要的博物館之一。新館則命名為「中山博物院」。

故宮博物院的歷史可回溯到四十年前。一九二五年，中華民國政府在北平（北京）原明、清皇宮紫禁城建立故宮博物院，坐擁宋、元、明、清四朝皇宮的收藏，被視為中華文化寶庫。

一九三一年，日本入侵中國東北，九一八事變爆發，故宮博物院開始籌畫並陸續把文物運往南京。一九三七年七七事變後，中國展開對日抗戰，故宮文物再由南京運往四川，直到一九四五年日本投降以後，故宮文物才運回南京。

一九四八年，國民政府因國共內戰失利，決定挑選故宮博物院、中央博物院籌備處的文物精品，以軍艦運往台灣。一九四九年，兩院運抵台灣的文物由教育部管理，在台中霧峰北溝興建庫房，並展開清點、整理及出版工作。一九五七年，北溝陳列室開放參觀。

而今，故宮博物院的台北新館已經完工，中央博物院籌備處也併入故宮博物院，直屬行政院，由學者蔣復璁擔任院長。故宮博物院的文物數量龐大，故宮原故宮博物館部分共有器物四萬六千多件、書畫五千五百多件、圖書文獻五十四萬五千多件，原中央博物院籌備處共有器物一萬一千多件、書畫四百七十七件，以及圖書文獻三十八件，合計共約六十萬件。

在台北復院的故宮博物院（為了與北京的故宮博物院原址區別，又稱台北故宮），將展出中國歷代的繪畫、書法、陶瓷、玉器、漆器、琺瑯、青銅器、珍玩、服飾、圖書文獻等，肩負起文物展覽及教育功能，更將成為外國遊客的必訪景點。

梁祝票房創新紀錄 凌波來訪掀起旋風

【一九六三年至一九六四年／台灣報導】香港邵氏電影公司製作的黃梅調電影《梁山伯與祝英台》自從去年在台灣上映後，已創下最高電影票房紀錄，演員凌波日前來台灣訪問，更是造成轟動。

「梁山伯與祝英台」是中國自唐代以來傳述的民間愛情悲劇故事，一直是各種戲劇的題材。一九五三年，中國大陸據此拍了第一部彩色電影，被稱為「中國的羅密歐與茱麗葉」。

由邵氏公司於一九六三年推出的《梁山伯與祝英台》，由李翰祥導演，凌波反串飾演梁山伯，樂蒂飾演祝英台，雖然在香港票房平平，在台灣上映後卻大受歡迎。凌波今年來台訪問，「梁兄哥」坐吉普車在台北遊街，群眾擠得水泄不通，香港報紙形容為「瘋人城」。

香港女星凌波訪台，受到影迷狂熱歡迎。

社論

名列世界五大博物館 人類文化遺產在故宮

故宮博物院在台北復院以後，與英國的大英博物館、法國的羅浮宮、俄羅斯的冬宮博物館、美國的大都會博物館，並列世界五大博物館，成為台灣的榮耀與資產。

故宮文物是中國幾千年文化的國寶，如今在清初仍是化外之島的台灣復院，這是歷史的因緣際會，也為台灣的多元族群、多元文化增添盛況。

如果跳脫政治與民族觀點，故宮文物是全人類的文化遺產，必須受到最安全、妥善的保存，並且用心對全世界做最美好的展覽。

彭明敏發表「台灣人民自救宣言」 主張建立新國家 未散發即被逮捕

【一九六四年至一九六五年／台灣報導】台大教授彭明敏與學生謝聰敏、魏廷朝發表「台灣人民自救宣言」一案，已於一九六五年四月經軍法審判完畢，彭、魏判刑八年，謝判刑十年。

彭明敏於一九二三年出生，台中大甲人，留學日本東京帝國大學法學部期間，正逢美軍轟炸東京，炸斷了左臂。彭明敏在戰後返台，就讀台大政治系，後來留學加拿大、法國，獲巴黎大學法學博士後，返台任教台大政治系，年僅三十四歲，成為台大有史以來最年輕的教授。

彭明敏於一九六一年獲聘聯合國大會中華民國代表團顧問，一九六三年獲選第一屆十大傑出青年。

在威權體制下，彭明敏本來有機會成為受到重用的台籍菁英，但他選擇以知識份子及國際法專家的良知，對當局提出建言。

一九六四年九月，彭明敏與學生謝聰敏、魏廷朝起草、印製了一萬份「台灣人民自救宣言」，提出「一個中國、一個台灣」主張，鼓勵台灣人民不分省籍，共同建立新國家，實行真正的民主政治。他在宣言中指出，蔣中正政權以「反攻大陸」蒙蔽台灣人民，實施戒嚴，台灣應該在極右的國民黨與極左的共產黨之間，走出自己的路，但尚未散發即被警備總部逮捕。

而今，經過軍法審判，彭明敏、魏廷朝判刑八年，謝聰敏判刑十年。（由於彭明敏在國內外擁有極高聲望，七個月後即獲得特赦出獄。彭明敏出獄後遭警備總部監視，在一九七〇年偷渡瑞典，再前往美國，從事台灣獨立運動。）

彭明敏（中）任教台大時與同事合影。

台首座多功能水庫 石門水庫完工啟用

【一九六四年／桃園報導】歷經八年興建的桃園石門水庫，六月完工啟用，這是台灣第一座具有灌溉、發電、防洪、觀光，以及公共給水等的多功能水庫。

早在日本時代，興建嘉南大圳的台灣總督府水利工程師八田與一就開始研究興建石門水庫的可行性，後來也擬定興建計畫，但因戰爭而未能動工。戰後則成為美援的指標性工程。

石門水庫位於大漢溪中游，因溪水出口處雙峰對峙、狀若石門而得名。這座位於桃園縣大溪鎮、龍潭鄉、復興鄉與新竹縣關西鎮之間的水庫，自一九五六年七月破土動工以來，參與興建者高達七千餘人，為台灣培養了許多營建人才。

台灣第一座多功能水庫桃園石門水庫竣工。

台灣史新聞

紅葉小將七：〇橫掃日本隊 激勵台灣棒球 提升國民信心

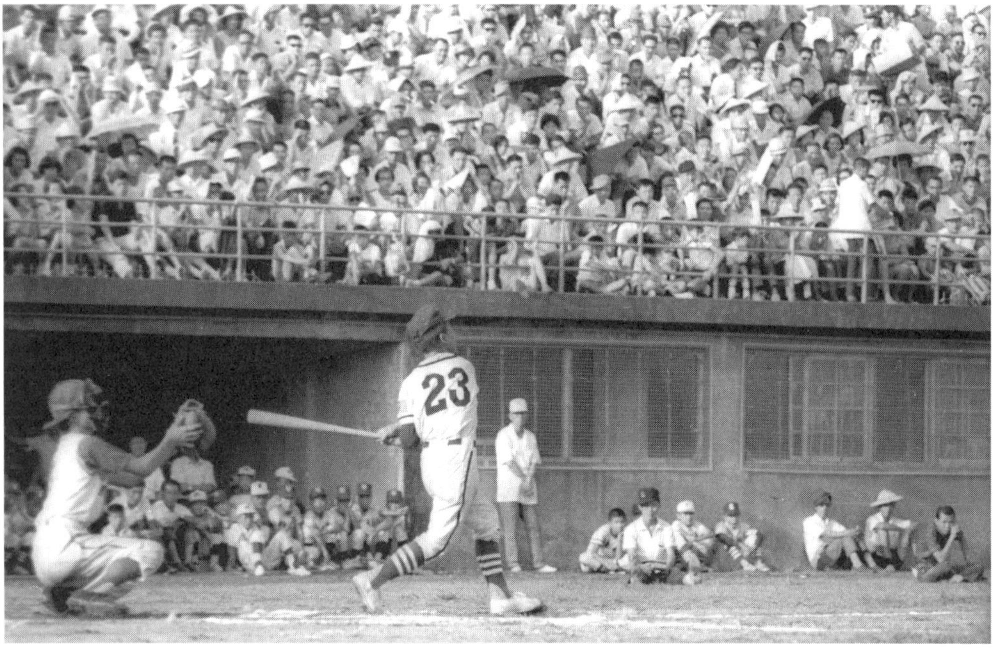

八月二十七日賽事關鍵一擊。胡勇輝的全壘打使中華隊一舉進帳四分，最終以五比一大勝日本。

重點新聞

- 紅葉隊七：〇力克日本
- 社論：紅葉傳奇與實力
- 九年國教實施
- 三輪車走入歷史
- 慈濟功德會在花蓮成立

【本社記者／專題報導】台東布農族紅葉少棒隊意外打敗了來台訪問的日本關西少棒隊，由於日本少棒代表隊已經連續兩年在美國賓州威廉波特舉行的世界少棒大賽中奪冠，紅葉小將的表現啟發了台灣少棒隊進軍國際大賽的可能性。

紅葉隊來自台東縣延平鄉紅葉村紅葉國小，全校學生不到百人，林珠鵬校長熱愛棒球，於一九六三年成立棒球隊，由當過棒球選手的紅葉村幹事古義擔任義務教練。經刻苦練習，紅葉隊開始在比賽中嶄露頭角，並在一九六六年的全省少棒賽稱霸，打響「紅葉」名號。

胡學禮接任紅葉國小校長後，由邱慶成老師接任紅葉隊教練。紅葉隊繼續在全省少棒賽表現出色，一九六七年獲得亞軍，一九六八年又奪回冠軍。

一九六八年八月，獲得全省少棒賽冠軍的台東紅葉隊、亞軍的嘉義垂楊隊，與來訪的日本關西少棒隊進行友誼賽。由於先與日本隊交手的垂楊隊只輸一分，紅葉隊的出賽因而受到全國矚目，台視並決定全程轉播。

八月二十五日，台北市立棒球場（二〇〇〇年關閉改建台北小巨蛋）擠滿人潮，紅葉隊在觀眾的期待與驚訝之下，以七比零完封日本隊。在七局的少棒賽中，日本隊只有兩支零星安打，未曾進占二壘，被三振達十四次；紅葉隊則有五支安打，其中包括兩支全壘打。

八月二十七日，紅葉隊與垂楊隊組成「中華隊」，再與日本隊比賽一場，結果以五比一獲勝。

雖然此次賽事並非正式國際賽，但基於民族情感，又在執政當局有意宣傳下，仍然鼓舞了台灣的棒球運動，也提升了國民的信心。

社論 紅葉傳奇與棒球根基

紅葉少棒隊創造的「紅葉傳奇」，雖然後來傳出不名譽的真相，但仍然是台灣棒球運動史上的一頁傳奇。

無論如何，一處偏遠的山地，一個秋天滿山楓紅的村落，一群種植玉米為生的布農族原住民，一所不到百名學生的國小，竟能培養出實力堅強的少棒隊，就是一則傳奇。

然而，若說「紅葉傳奇」帶動了台灣棒球運動的發展，則是誤傳。事實上，台灣人在日本時代就開始打野球（棒球），而且表現不錯，選手中有很多是體格強健的原住民，包括高山族和平埔族。舉例來說，嘉義農林棒球隊就打進日本全國高校棒球聯賽一九三一年夏季的甲子園冠軍決賽，還有吳波（吳長征）、吳新亨（荻原寬）、葉天送（岡村俊昭）等人在日本職棒打球。

所以應該說，台灣本來就有棒球的歷史和實力，才會出現紅葉少棒隊。

編按：時間披露愈來愈多真相。來訪的日本隊並非世界少棒賽冠軍隊，而是關西地區聯隊。比賽時他們被要求使用軟式棒球，而不是慣用的硬式棒球。此外紅葉隊因球員不足，找了畢業生冒名頂替，九人先發名單常有六人以上超齡。至於「以木棍打石頭、柳丁」的克難練習，則是編造的故事。一九六九年胡學禮、邱慶成以「偽造公文書」定罪。

因應未來 九年國教上路

【一九六八年／台灣報導】台灣的國民義務教育將從一九六八年七月新學年起，由六年延長至九年，過去的國民學校改稱國民小學，初級中學則改稱國民中學，並增設大量國民中學。

台灣自日本時代起即實施六年國民義務教育，六至十二歲台籍學童就學率高達七成以上，已屬文明國家之列，遠高於當年世界平均水準。中華民國政府統治台灣後，延續日本時代的六年國民義務教育政策。

隨著時代進步，為提高國民教育水準，因應國家建設需要，政府宣布開始實施九年國民義務教育。

針對即將施行的九年國教，教育局長劉先雲主持北市國校長首次聯繫會議。

很多富人家庭擁有自用三輪車，接送孩子上下學，今後此景將成為歷史。

三輪車淘汰 輔導轉業計程車

【一九六八年／台北報導】台北市規定，自一九六八年六月二十五日起停駛腳踏的三輪載客車（俗稱三輪車），台灣其他縣市也將陸續跟進，戰後台灣最普遍的人力載客交通工具即將走入歷史。

台灣在日本時代引進人力拉行的兩輪載客車（俗稱人力車），戰後則以三輪車取代人力車，屬於交通法規中的「慢車」。在鄉下地方，一般人仍乘坐牛車。

行政院為了地方交通發展，決定以收購的方式全面淘汰三輪車，部分三輪車夫經輔導轉業開計程車。台北市首先在一年內完成汰換，總計收購一萬四千多輛三輪車。六月二十五日起停駛三輪車後，違反者將被扣車並處罰。

月集資千元起家 慈濟功德會成立

【一九六六年／花蓮報導】證嚴法師日前在花蓮創立「佛教克難慈濟功德會」（一九八〇年改稱慈濟基金會），展開社會救濟的志業。

證嚴法師俗名王錦雲，一九三七年出生於台中清水，四歲過繼叔嬸為女。童年經歷美軍空襲戰爭之苦，十五歲時因養母病重住院，發願終身茹素為母消災，折己壽為母添壽，養母順利康復。

證嚴法師二十三歲時遭逢喪父之痛，開始思索人生，後來接觸佛法，萌生出家念頭。一九六三年，她投拜提倡「人間佛教」的印順導師門下，法名證嚴。

證嚴法師長住花蓮縣秀林鄉普明寺，過著「一日不作，一日不食」的生活，因為聽聞有難產的原住民婦女繳不出保證金被醫院拒收，以及天主教修女談論佛法缺乏社會關懷，於一九六六年四月十四日（農曆三月二十四日）創立慈濟功德會。

證嚴法師與六名常住眾每人每天多做一雙嬰兒鞋，另有三十名信女每人每天存下五角菜錢，每月集資一千多元，從事救濟工作。

編按：慈濟功德會後來發展慈善、醫療、教育、文化四大志業，遍及全球，被譽為「台灣的良心」。

慈濟第一次為貧民興建房屋，證嚴法師親自主持動土。

台灣史新聞

重點新聞

- 黃俊雄製播電視布袋戲
- 中華民國退出聯合國
- 社論：藏鏡人
- 黃文雄行刺蔣經國未遂
- 台灣少棒隊獲世界冠軍
- 美國太空人登陸月球

布袋戲攻占台灣午間生活 雲州大儒俠創空前收視率

黃俊雄親自現身說法，操控著活靈活現的布袋戲偶，台下觀眾看得目不轉睛。

【一九七〇年至一九七一年／台灣報導】黃俊雄在台視製作播出的閩南語布袋戲《雲州大儒俠》，已經創下了百分之九十七的驚人收視率。每天中午播出時幾乎全民放下手邊工作來觀賞，戲偶人物史艷文、藏鏡人更是熱門話題。

黃俊雄是台灣布袋戲大師黃海岱次子，一九三三年出生於雲林西螺，從小跟隨父親學習漢文、北管、布袋戲，十九歲就已出道。由於看到時代演進，他把傳統布袋戲的戲偶、布景、燈光、音效、節奏等加以變化，成為華麗、炫耀、熱鬧的「金光布袋戲」，深受觀眾喜愛。

自一九七〇年三月二日起，黃俊雄製作的金光布袋戲《雲州大儒俠》在台視播出，這是首次把布袋戲搬上電視表演。黃俊雄把布偶做大，突出眼神和臉部表情，並加強武打的動作和音效，甚至以東西洋流行音樂取代中國傳統鑼鼓來配樂，結果大受歡迎，收視率不斷攀升。

《雲州大儒俠》改編自黃海岱編寫的《忠孝節義傳》，描述雲州大儒俠史艷文與中原群俠一同對抗萬惡罪魁藏鏡人的故事，其他劇中人物劉三、二齒、怪老子、苦海女神龍等的性格和言行，無一不是全民聊天的題材。

《雲州大儒俠》播出時間為中午，從原先每周播出一集，增加到每天播出一集，從家庭主婦到士農工商都守在電視機前，並傳出有學生不上學、公務員不上班、計程車司機不載客的情形。

中華民國政府統治台灣以來，為了推行國語而壓抑台灣各族群的母語，包括占台灣四分之三人口的閩南語（俗稱台語），除了規定學生在學校不能講母語，也限制電視台播出台灣母語的時間。《雲州大儒俠》本是閩南語布袋戲，如今創下高收視率後，勢必將引起執政當局的注意。

編按：《雲州大儒俠》在一九七三年曾被要求改以國語發音，並且於一九七四年六月二十五日以「影響農工作息」遭到停播，總共播出五百八十三集。

中國代表權纏鬥不止 中華民國退出聯合國

【一九七一年／台灣報導】聯合國大會通過了由中華人民共和國取得中國代表權的決議案，中華民國則隨後宣布退出聯合國。

近年來，美國由於看到與中華人民共和國改善關係的戰略價值，希望借助中華人民共和國結束越戰，並抗衡蘇聯勢力。美國總統尼克森對國會演說指出，美國有必要與中華人民共和國展開對話，並以不犧牲中華民國在聯合國的席位為前提，讓中華人民共和國加入聯合國。

一九七一年十月二十五日，聯合國大會通過接納中華人民共和國的決議案。二十六日，蔣中正總統發表《告全國同胞書》指出，中華民國本「漢賊不兩立」的立場，已在該決議案交付表決之前，宣布退出聯合國。

蔣中正總統在文告中說：「中華民國是一個獨立的主權國，無論國際形勢發生任何變化，絕對不動搖，不妥協。」他並呼籲台灣人民：「莊敬自強，處變不驚。」

社論 藏鏡人 戲裡紅到戲外

布袋戲《雲州大儒俠》中的大反派「藏鏡人」，後來成為一個被普遍使用的負面名詞，指在暗中施展手段的人。

《雲州大儒俠》是個擁有高收視率的電視節目，在商言商，怎會停播？大家因此都說，背後一定有「藏鏡人」。

源自福建泉州的布袋戲在台灣發揚光大，受到熱烈歡迎。布袋戲講閩南語可謂大經地義，但在中國國民黨的威權統治下，卻成為了政治禁忌。

中華民國在一九七一年退出聯合國後，《雲州大儒俠》戲中突然增加了「中國強」這個角色，穿著與中國國民黨黨徽同色的藍白服裝，幫助史艷文掃蕩群魔。

蔣經國訪美遇刺 倖免於難

【一九七〇年／紐約報導】被安排接班的蔣中正總統之子、行政院副院長蔣經國日前訪問美國紐約時，遭留學美國、主張台獨的康乃爾大學社會研究所博士班學生黃文雄槍擊，子彈從頭上飛越而過，逃過一劫。

一九三七年出生的黃文雄，新竹人，政治大學新聞系畢業，赴美留學時加入台獨聯盟。該聯盟幾位在紐約的會員獲知蔣經國來訪消息後，密謀行刺，未婚的黃文雄自願開槍。

蔣經國於四月二十四日從華府來到紐約，先遭遇台獨聯盟抗議隊伍，然後黃文雄突然衝出開槍，槍擊未遂，與同伴鄭自才被美國警方逮捕。黃、鄭兩人被押上警車時高喊：「台灣獨立萬歲！」

在美國遇刺平安歸來的行政院副院長蔣經國返回台灣，受到熱烈歡迎。

世界少棒大賽 中華隊摘冠

【一九六九年至一九七一年／台灣報導】台灣少棒隊昨晚在美國賓州威廉波特舉行的世界少棒大賽中奪冠，民眾半夜守在電視機前看越洋實況轉播，一獲知勝利，立即大放鞭炮慶祝。

嘉義七虎少年棒球隊赴美參加世界少棒賽，在登機前向民眾揮帽致意。

自從一九六八年紅葉少棒隊打敗來訪的日本關西少棒隊後，由於日本少棒代表隊已連續兩年在美國賓州威廉波特舉行的世界少棒大賽中奪冠，使台灣產生信心，決定組隊參加次年的世界少棒賽。

一九六九年，台灣選拔出了一支中華少棒明星隊，在遠東區預賽打敗菲律賓、日本取得代表權，但卻在準備前往美國參加決賽時，得知參賽隊不能是全國明星隊，必須是地方代表隊。由於中華少棒明星隊員為了集訓，已把學籍轉到台中，遂改名台中金龍隊，於八月前往美國比賽，接連打敗加拿大隊、美北隊、美西隊，首度為台灣贏得世界少棒賽冠軍。

一九七〇年，台灣分成四區四隊進行選拔，最後由嘉義七虎隊勝出。嘉義七虎隊也順利取得遠東區代表權，但在美國第一場比賽就敗給尼加拉瓜隊。

一九七一年，台灣進一步分成八隊進行選拔，最後由台南巨人隊勝出，並於昨晚奪回世界少棒賽冠軍寶座。

太空人登月 科技寫新頁

【一九六九年／台灣報導】美國太空人成功登陸月球，台灣人民也在全球電視實況轉播中，見證了人類首次踏上月球的關鍵時刻。

美國太空船阿波羅十一號在一九六九年六月十六日發射升空，十九日進入月球軌道，兩名太空人乘坐的登月艙於二十日降落月球表面。

世界標準時間二十一日凌晨二時五十六分，太空人阿姆斯壯首先以左腳踏上月球。他說：「這是一個人的一小步，卻是人類的一大步。」

美國太空人成功登陸月球，寫下歷史新頁。

台灣蠔咬 民族英雄史豔文

台灣史新聞

重點新聞

- 蔣經國推動十大建設
- 尼克森訪問中國
- 社論：建設台灣
- 台灣獲棒球三冠王
- 印尼發現台籍日本兵
- 林懷民創雲門舞集

蔣經國力推十大建設

戰後台灣首度大規模基礎建設 深植發展基礎

行政院長蔣經國在高玉樹、孫運璿等人陪同下，巡視南北高速公路施工情形。

【一九七二年至一九七三年／台灣報導】蔣中正總統長子蔣經國擔任行政院長後，宣布展開「十大建設」，這是戰後台灣首次大規模的基礎建設，台灣進入蔣經國時代。

已經連續做了四任總統的蔣中正，在一九七二年五月二十日就職第五任總統後，隨即提名他長期栽培的長子蔣經國擔任行政院長，並在立法院以百分之九十三的超高得票率通過。這位八十五歲、具有傳統家天下觀念的獨裁者，已安排好了接班人。

一九一〇年出生的蔣經國，早年留學蘇聯，在中國國民黨的黨、政、軍資歷完整。他擔任行政院長後，雖然接續蔣中正總統的威權統治，但開始起用台籍政治菁英，包括台灣省主席謝東閔（第一位台籍省主席）、台北市長張豐緒。十六名閣員中也有六人是台籍，包括：副院長徐慶鐘、內政部長林金生、交通部長高玉樹，以及政務委員連震東、李連春、李登輝。

一九七二年底，蔣經國透過修改《動員戡亂時期臨時條款》，開放「增額中央民意代表選舉」，在台灣選出三十一名「增額立委」。中華民國統治台灣以來，在臨時條款限制下，選舉最高只選到台灣省議員及縣市長，增額中央民意代表選舉則打破了國會議員不必改選的怪現象，雖然增額立委在中國國民黨掌控的立法院只是少數，但已讓台灣增加民主選舉的機會。

一九七三年底，蔣經國把近年來已規畫的建設整合，增加為九大建設（後來增為十大建設），並宣布在五年內陸續完成，包括南北高速公路（中山高速公路）、鐵路電氣化、北迴鐵路、中正國際機場（台灣桃園國際機場）、台中港、蘇澳港、大造船廠（台灣國際造船公司高雄總廠）、大煉鋼廠（中國鋼鐵公司）、石油化學工業（中國石油公司高雄煉油總廠）、核能發電廠（第一核能發電廠）。

蔣經國談到這些建設的重要性時說：「今天不做，明天就會後悔。」

中東戰爭引發了全球性的石油危機，經濟不景氣，使台灣的經濟成長率大幅下滑，蔣經國在此時推動十大建設，進行大規模的交通運輸、重工業、能源建設，將為台灣的經濟發展打下基礎。

尼克森訪中國大陸 美中關係破冰之旅

【一九七二年／上海報導】美國總統尼克森日前訪問中華人民共和國，與國務院總理周恩來發表聯合公報，兩國關係正常化符合兩國利益，雙方將擴大往來與貿易。

尼克森為了實行拉攏中華人民共和國以孤立蘇聯的外交政策，國家安全顧問季辛吉在一九七一年已兩度密訪中國，與周恩來洽談尼克森的中國破冰之旅。

今年二月，尼克森成為第一位訪問中國的美國總統，他先在北京與國家主席毛澤東會面，並在上海與周恩來簽署聯合公報。

在此一聯合公報中，美國首次表明「認知」（acknowledge）、「不挑戰」（not to challenge）中華人民共和國與中華民國都主張「一個中國」，並且支持和平解決台灣海峽兩岸的問題。

社論 反攻大陸 vs. 建設台灣

蔣中正把眼光放在反攻大陸，蔣經國的目標則已轉向建設台灣。

一九四九年以來，中華民國有效統治地區僅及台澎金馬。一九五八年八二三砲戰後，美國已表明反對中華民國以武力反攻大陸。一九七一年，美國支持中華人民共和國加入聯合國。一九七二年，日本與中華人民共和國建交，與中華民國斷交。這些情勢的發展，如何再談反攻大陸？

有人批評蔣經國的「偏安」心態，但他是務實的，在中華民國被逐出聯合國、與日本斷交等國際環境變化下，他以擴大內需、建設台灣來轉移注意力，在用人、施政上也開始本土化，如果能再落實民主化，造福人民，就是更偉大的政治成就。

台灣體育揚威國際
小國手摘下棒球「三冠王」

【一九七四年／台灣報導】台灣今年分別贏得在美國舉行的世界少棒、青少棒、青棒冠軍，達成「三冠王」目標（台灣棒球史上一共獲六次三冠王）。

台灣在世界少棒賽稱霸後，這幾年陸續參加世界青少棒賽（國中）、青棒賽（高中）。前年一九七二年，台灣由屏東美和青少棒隊為代表，首度參加美國印第安納州蓋瑞舉行的世界青少棒賽，獲得冠軍。去年一九七三年，再由台北華興青少棒隊衛冕成功。

今年，台灣在世界少棒賽、世界青少棒賽雙雙稱霸，首度派中華青棒代表隊參加在美國佛羅里達州勞德岱堡舉辦的世界青棒大賽，同樣奪下冠軍，開啟了台灣「三級棒球」時代。

榮獲世界少棒、青少棒賽冠軍的中華隊凱旋歸國，遊行車隊受到民眾歡迎。

在印尼「陣亡」三十年 台籍原住民日本兵現身

【一九七四年／印尼報導】太平洋戰爭時期被日軍徵召到印尼打仗的台灣阿美族原住民李光輝（日本名中村輝夫，阿美族名音「史尼育唔」），不知戰爭早已結束，獨自躲在印尼叢林生活三十年後才被人發現。

李光輝一九一九年出生於台東，一九四三年加入「高砂義勇軍」前往印尼摩羅泰島作戰，在混亂中與日軍失去聯絡，被日軍列入陣亡名單。事實上，李光輝以為戰爭仍未結束，躲在叢林裡不敢露面，靠著原住民野外求生的本領，在惡劣的環境中存活下來。

一九七四年底，印尼摩羅泰島居民報案有「野人」出沒，經派人前往搜索，才找到赤身裸體的李光輝。（李光輝在一九七五年初被送回台灣，一九七九年因肺癌去世。）

阿美族台籍日本兵李光輝（右）自印尼返台，在機場與妻兒相見。

雲門舞集成立 華人社會首例

【一九七三年／台灣報導】作家、舞蹈家林懷民創辦「雲門舞集」，這是台灣及華人社會的第一個職業現代舞團。

林懷民一九四七年出生，嘉義新港人，父親是知名政治人物林金生。林懷民就讀政大新聞系時開始學舞，後來留學美國，並拜入現代舞大師葛蘭姆門下。

一九七三年春，二十六歲的林懷民在台北創辦了雲門舞集。（雲門舞集帶動台灣現代表演藝術的發展，是國際知名現代舞團。）

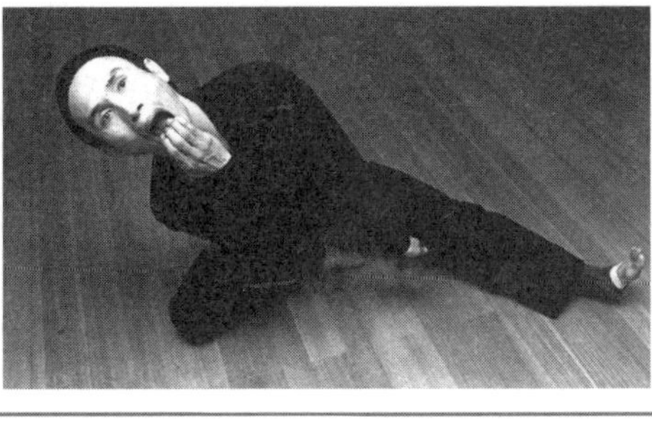

創辦「雲門舞集」的台灣舞蹈家林懷民。

台灣史新聞

連五任總統 蔣中正去世
黨政軍大權 蔣經國接掌

蔣中正靈櫬移靈國父紀念館，供民眾瞻仰遺容。

重點新聞

- 蔣中正逝世，蔣經國掌權
- 社論：蔣中正世紀喪禮
- 黨外勢力崛起
- 布拉哥油污北海岸
- 楊弦發表校園民歌
- 素人洪通首次舉行畫展

【一九七五年／台灣報導】中華民國第一至第五任總統蔣中正已於四月五日去世，由副總統嚴家淦繼任總統。蔣中正中國國民黨主席（總裁）遺缺則推選由蔣中正之子、行政院長蔣經國接任，蔣經國仍掌控黨、政、軍大權。

一九七五年四月五日晚上十一時五十分，蔣中正總統因心臟衰竭，搶救無效，在台北士林官邸去世，享年八十九歲。

四月六日，副總統嚴家淦依憲法宣誓就任總統，立法院長倪文亞等二十一位高官組成治喪委員會，行政院宣布一個月內為國喪。蔣中正從士林官邸移靈到台北榮民總醫院，並設置靈堂，文武百官輪流祭拜，台灣省政府主席謝東閔率領各縣市長前來跪拜。

四月九日，蔣中正靈柩移至台北市國父紀念館，由嚴家淦及全體治喪大員輪流守靈，並開放、動員民眾排隊瞻仰遺容。

四月十六日，蔣中正在大殮之後，靈柩已移往桃園大溪，暫厝蔣中正生前修建的四合院式行館「慈湖賓館」（蔣中正遍布全台的二十七個行館之一），並將之改名為「慈湖陵寢」。

在蔣中正喪事處理完畢後，中國國民黨中央委員會於四月二十八日召開臨時會議，討論黨權歸屬問題，出席的九十九位委員一致推選蔣經國擔任中國國民黨主席，讓蔣經國以黨領政、掌控大權。（一九七六年十一月，蔣經國正式當選中國國民黨主席。）

台北榮總護士持香列隊，供奉蔣中正移靈。

社論 強人的世紀喪禮

蔣中正去世次日，台灣報紙報頭從紅字改為黑字，電視從彩色變成黑白、取消娛樂節目，戲院、歌廳、舞廳、酒店等各種娛樂場所全部停業。全體軍、公、教人員穿著素色衣服，佩戴黑紗。

蔣中正大殮時，全國人民就地肅立致哀一分鐘。蔣中正靈柩運往慈湖時，由憲兵開車帶領九十九輛車組成的靈車隊，全程六十二公里的路上，規定商店關門，拆除鮮豔廣告招牌，並發動上百萬學生和民眾沿途「路祭」，跪地「迎靈」。

喪禮後，政府部門訂定民族掃墓節（清明節）為蔣公逝世紀念日。然後，政府要員再成立「中正紀念堂」籌建小組，在台北市中心地帶尋找建地，公開徵求建築設計，並趕在次年十月三十一日蔣中正九秩誕辰舉行破土典禮。

都二十世紀七〇年代了，蔣中正去世卻宛如古代帝王駕崩，舉世罕見。

地方選舉引爆中壢事件 黨外崛起 席次斬獲多

【一九七七年／桃園中壢報導】桃園縣長選舉昨天投票，中壢卻傳出中國國民黨做票，上萬民眾包圍中壢警局，又因警察開槍打死兩名抗議者，民眾開始搗毀、焚燒警局及警車，直到選務單位宣布「黨外」候選人許信良當選，暴動才告平息。

台灣這次舉行歷來最大的地方選舉（縣市長、縣市議員、鄉鎮市長、台灣省議員、台北市議員等五項選舉合併舉行），因中國國民黨之外的「黨外」候選人串聯造勢，引起選舉熱潮。

桃園縣長的選舉更是此次選舉的焦點之一。曾任台灣省議員的中國國民黨黨員許信良，因未獲提名參選桃園縣長，違紀參選，遭開除黨籍，與中國國民黨提名人歐憲瑜形成對決局勢。

十一月十九日投票日當天，中壢國小等投票所傳出舞弊情事，民眾前往中壢警局要求處理，因未獲回應，民眾愈聚愈多，終於與警方發生衝突。警方開槍打死中央大學學生江文國及民眾張治平，造成民眾暴動。

此次選舉除了許信良大勝，「黨外」候選人也大有斬獲，預料將在議會內逐漸形成有組織的「黨團」，對抗中國國民黨。

布拉哥油輪觸礁 北海岸污染嚴重

【一九七七年／基隆報導】科威特籍油輪「布拉哥」號在基隆外海發生漏油事件，外洩原油高達一萬五千噸，使基隆市、新北市（今新北市）、宜蘭縣約七十公里長的海岸遭到污染，對生態、海運、漁業、觀光等造成嚴重影響。

一九七七年二月七日，布拉哥油輪在基隆港外「新瀨礁」觸礁擱淺，船身斷裂，原油漏出並擴散到台灣北海岸及東北海岸，基隆港海面被原油覆蓋，和平島附近的海底生物大量死亡，野柳的海岸及礁石被油污染黑，頭城海邊也看到漂來的油塊。

政府有關單位除進行撈油、清洗油污外，也向船東索賠，因涉及外交，將成立專案小組處理。

這是台灣海洋史上最嚴重的漏油事件，估計損失高達新台幣二十二億元，所造成的原油污染預估要幾年以後才能分解。

科威特籍油輪布拉哥號在基隆外海觸礁漏油，船身傾斜。

素人畫家獲關注 洪通個展初登場

【一九七六年／台北報導】五十六歲的台灣素人畫家洪通首次舉行個展，自三月中旬開展以來，掀起了一股洪通熱潮。

一九二〇年出生的洪通是台南鯤鯓人，從小就是孤兒，由叔叔帶大，因家境貧困，未能上學，當過漁夫、乩童，結婚生子後仍以打零工為生。

洪通在五十歲時突然投入繪畫，他的畫作多取材自民俗、童趣，用色豐富，充滿想像力及心靈力量，經媒體報導後引起注意。一九七三年，《雄獅美術》雜誌四月號推出洪通特輯，台灣藝術界開始討論洪通其人其畫。

今年三月十三日，《藝術家》雜誌與台北美國新聞處合辦洪通個展，吸引了爆滿參觀人潮。

素人畫家洪通在台南市的畫室。

楊弦發表校園民歌 啟動新世代流行樂

【一九七五年／台北報導】楊弦日前在台北中山堂舉行「現代民謠創作演唱會」，開啟了台灣「校園民歌」的時代。

一九七〇年以來，台灣音樂界是國語流行歌曲與西洋歌曲的天下，台灣學生在文化反省的氣氛下，有人開始喊出「唱自己的歌」，並在校園演唱創作歌曲，台大學生楊弦以吉他自彈自唱受到歡迎。

六月六日舉行的「現代民謠創作演唱會」，上半場由原住民歌手胡德夫等人演唱西洋歌曲，下半場則由楊弦演唱以余光中詩作譜曲的〈民歌手〉、〈白霏霏〉、〈江湖上〉、〈鄉愁四韻〉、〈迴旋曲〉、〈小小天問〉、〈搖搖民謠〉、〈鄉愁〉、〈民歌〉等九首創作歌曲，預期不但將帶動校園民歌的發展，也將影響流行樂壇。

高雄爆發美麗島事件

施明德等判重刑 林義雄宅驚傳滅門案

台灣史新聞

重點新聞

- ●高雄爆發美麗島事件
- ●社論：美麗島事件過後
- ●台美斷交 美訂台灣關係法
- ●三大交通建設啟用
- ●蔣經國當選總統
- ●新竹科學園區成立

高雄市爆發美麗島事件，美麗島雜誌社人員在遊行中與軍警發生衝突。

【一九七九年至一九八〇年／台灣報導】以《美麗島》政論雜誌成員為主的黨外人士，去年在高雄演講、遊行時吸引了上萬民眾，卻因與軍警衝突而遭鎮壓、逮捕。擔任《美麗島》發行人的立委黃信介等八人，日前皆以叛亂罪送軍法判處重刑。

台灣省議員林義雄也涉及美麗島事件，他在入監候審期間，宜蘭家中的寡母及七歲雙胞胎女兒遭不明凶手以尖刀殺害，八歲長女林奐均被刺六刀重傷，只有妻子方素敏因前往探監而逃過一劫。

《美麗島》於一九七九年八月創刊，以社務委員形式組成，成員達六十一人，包括社長許信良、副社長呂秀蓮、黃天福、總編輯張俊宏、總經理施明德，每期發行量達十萬本以上，成為台灣黨外民主運動的機關刊物。

《美麗島》網羅了全台的黨外政治人物參與，成為沒有黨名的政黨，並在台灣各地成立分社及服務處，因影響力愈來愈大，受到中國國民黨政府及組織的監控。

一九七九年十二月十日晚上，《美麗島》在高雄舉行「國際人權日」紀念大會，引爆美麗島事件，造成眾多民眾及憲警受傷。台籍作家陳若曦後來向蔣經國總統請命，指美麗島事件是「未暴先鎮」所引起。

美麗島事件爆發後，政府治安單位隨即查封《美麗島》、搜捕相關人員，一度逃亡的施明德最後落網。許信良則在美麗島事件之前已前往美國，他以桃園縣長身分參與黨外民主運動，被台灣省政府以廢弛縣長職務、污蔑政府為由，送監察院彈劾通過，遭到停職處分。

今年三月十八日，「美麗島大審」開始，不但美國關切，國際媒體也紛紛前來採訪。《美麗島》的辯護律師有陳水扁、謝長廷、蘇貞昌、江鵬堅、張俊雄、尤清等人。

四月十八日，警備總部軍事法庭判處施明德無期徒刑，黃信介十四年徒刑，林義雄、姚嘉文、張俊宏、呂秀蓮、陳菊、林弘宣等六人十二年徒刑，幫助施明德逃亡的基督長老教會高俊明牧師也被判七年徒刑。另有三十人遭司法判刑，其中周平德、邱茂男、王拓、魏廷朝等人被判六年徒刑。

美麗島事件後發生林宅血案，林義雄交保處理喪事後再被羈押。

社論　美麗島與民主運動

《美麗島》雜誌的名稱來自陳秀喜作詞、李雙澤作曲的校園民歌〈美麗島〉，其中一句唱著：「他們（祖先）一再重複地叮嚀，蓽路藍縷，以啟山林。」

美麗島事件看似讓台灣多年來的黨外民主運動一夕瓦解，但這卻是二二八事件以來三十多年的白色恐怖下，台灣人民首次在這塊戒嚴的土地上開墾民主、自由，對台灣產生了很大的影響。

示威遊行的警民衝突以叛亂論罪，林宅血案的慘無人道卻查不到兇手，台灣人民把這些都看在眼裡。一九七八年底因台美斷交而停止的增額中央民意代表選舉，於一九八〇年底恢復舉行，美麗島事件受刑人黃信介之弟黃天福、姚嘉文之妻周清玉、張俊宏之妻許榮淑，皆以高票當選。（一九八三年的選舉，林義雄之妻方素敏以全國最高票當選立委。）

一九八〇年代，美麗島事件的辯護律師紛紛投入選舉，各種社會運動也蓬勃發展了起來。

台美斷交　美訂台灣關係法

【一九七八年至一九七九年／台北報導】美國去年與中華人民共和國建交，並與中華民國斷交，而今特制定以防衛台灣安全的《台灣關係法》已於今年四月上旬簽訂。

美國早在一九七二年就實行拉攏中華人民共和國以孤立蘇聯的外交政策，與中華人民共和國簽署聯合公報，兩國關係開始走向正常化。美國了解台灣問題是美國與中華人民共和國關係正常化的障礙，開始思考與中華人民共和國建交的可能性，卻又不想放棄台灣的戰略地位，最後決定採取日本模式，日本雖在一九七二年與中華民國斷交，但仍維持非官方往來以及實質經貿關係。

一九七八年，在蘇聯入侵阿富汗並扶植親蘇聯的政權後，美國決定與中華人民共和國建交，並於十二月十六日宣布將在次年元旦與中華人民共和國建交，同時與中華民國斷交，並廢除一九五四年與中華民國簽訂的《中美共同防禦條約》。

蔣經國立即在當天對美國提出抗議，並宣布停止台灣正在進行的增額中央民意代表選舉。隨後，台灣社會引發反美情緒，眾多民眾前往台北圓山美軍俱樂部示威。美國派副國務卿克里斯多夫前來台北協商時，還被學生丟擲雞蛋和石塊。

一九七九年四月十日，美國總統卡特簽署由美國國會制定的《台灣關係法》。由於美台非官方關係不能訂定國際條約，所以制定屬於國內法的《台灣關係法》，以取代廢除的《中美共同防禦條約》，提供台灣防衛能力。

美國也依據《台灣關係法》在台灣設立「美國在台協會」，維持非官方關係。中華民國則在美國設立「北美事務協調委員會」。

來台協商的美國代表團座車，被激動的群眾丟擲雞蛋。

三大交通建設　啟用

【一九七八年至一九八〇／台灣報導】「十大建設」中的高速公路、國際機場、北迴鐵路等三大交通運輸建設，近年已陸續完工啟用。

一九七八年十月三十一日，南北高速公路（中山高速公路）全線通車，北起基隆市、南至高雄市，全長共三百七十二．七公里。

一九七九年二月二十六日，中正國際機場（今桃園國際機場第一航廈）啟用。該年一月亦已開放國人出國觀光，結束因反共而形成長期的鎖國政策。

一九八〇年二月一日，北迴鐵路通車，連接蘇澳與花蓮，全長七十九．一公里。

蔣經國當選總統

【一九七八年／台北報導】蔣經國、謝東閔日前當選中華民國第六任總統、副總統。

依中華民國憲法，國民大會在每屆總統任滿前九十日選舉下屆總統。一九四七年由各省選出的第一屆國民大會代表，隨中華民國政府於一九四九年遷台後，雖然四年任期屆滿，但以無法回大陸重選為由，變成無限期延任。

由於因第五任總統蔣中正去世，而在一九七五年以副總統繼任總統的嚴家淦表明不競選連任，國民大會於一九七八年三月二十一日選出蔣經國為第六任總統，在一千兩百零四張選票中，除二十張廢票外，全投給蔣經國。次日，國民大會選出謝東閔為副總統。

科學園區　新竹揭幕

【一九八〇年／新竹報導】「新竹科學工業園區」（簡稱竹科）於十二月十五日正式揭幕，這是台灣第一個科學園區，預料將開啟台灣高科技產業的新紀元。

台灣的經濟發展政策已從一九五〇年代的「進口替代」、一九六〇、七〇年代的「出口擴張」，來到一九八〇年代走向高科技產業，以達成產業升級的目標。

竹科占地約六百公頃，目前進駐廠商主要經營電子代工。

新竹科學工業園區開幕典禮當天，園區內張燈結綵。目前已有十四家廠商設廠。

台灣史新聞

重點新聞

- ●李師科搶銀行，台灣首例
- ●特稿：義盜？
- ●陳文成命案未解
- ●社論：台灣民主之悲
- ●「兒子的大玩偶」上映
- ●畫家李梅樹去世

李師科搶銀行 判死

電視轉播槍決過程 王迎先遭逼供冤死

台灣首名銀行搶劫犯李師科接受軍法審判。

【一九八二年／台北報導】五十六歲計程車司機李師科於一月初持槍犯下台灣治安史上第一件銀行搶案，並於案發二十三天後被捕，隨即由警備總部軍事法庭判處死刑、執行槍決。

山東人李師科年輕時即從軍對日抗戰，戰後隨國軍來台，一九五九年因病退役，以開計程車為生。李師科搶劫銀行前，先策畫取得手槍，並了解銀行作業情形。

一九八〇年一月七日，李師科持自製土槍前往台北教廷大使館，開槍打死正在服勤的台北市保安大隊警員李勝源，搶走警槍。

一九八二年四月十四日下午三時二十分，李師科手持警槍，頭戴口罩、鴨舌帽，闖入台灣土地銀行的台北古亭分行，大喊：「錢是國家的，命是你們自己的」，在槍傷一名銀行人員後，搶走五百三十一萬元。

台灣長期實施戒嚴，嚴格管制槍砲、彈藥、刀械，依照《懲治盜匪條例》，搶劫可判無期徒刑至死刑，卻仍發生持槍搶劫銀行案件，震驚台灣社會。政府高層下令限時破案，警方懸賞歷來最高的兩百萬元破案獎金。

當警方全力辦案並急著破案時，內政部警政署刑事警察局查到另一名計程車司機王迎先，王因不堪刑求，承認犯案。五月七日凌晨，王迎先帶領警方去取犯案工具及贓款時，突然從橋上跳入新店溪死亡。台北市警察局則於五月七日上午逮捕李師科，起出贓款，宣布破案。

原來，李師科把搶到的錢，拿出四百萬包在牛皮紙袋，寄放在友人家裡。後來因友人起疑，打開牛皮紙袋，看到蓋有土地銀行戳記的鈔票，才報警處理。

李師科被捕後表示，他搶銀行是對現實及社會不滿，看不慣台灣有很多暴發戶及經濟犯罪。他說，他友人的小女兒很可愛，四百萬元可以供她念到大學。但有人認為，李師科無親無故，過去賺的錢都花在女人和賭博上，隨著年事已大，搶銀行是為了籌錢養老。

李師科後以「搶劫且故意殺人」被判處死刑，槍決過程並拍成錄影帶在電視上播放。

案外案王迎先事件則使警方長期不當刑求的作法遭到批評，立法院為此修正《刑事訴訟法》，規定犯罪嫌疑人被捕時即可委請律師，以避免警方因刑求逼供，再次造成冤案。

特稿 義盜？

【本社記者／特稿】李師科犯下銀行搶案後，於四十二天內伏法，卻也成為社會話題，不但引起對外省孤獨老兵處境的同情，還成為電影題材，甚至被塑造神像。

作家李敖發表〈為老兵李師科喊話〉一文指出，李師科沒有家鄉，也沒有家庭，這種情況是國家造成的。李敖稱許李師科「盜亦有道」，搶錢是為了補償「他愛國家，國家不愛他」的代價，並「向貧富不均的社會抗議」。

後來，台灣拍了兩部以李師科為題材的電影：由孫越主演的《老科的最後一個秋天》、由午馬主演的《大盜李師科》。台北新店順天寺（原名無天禪寺）供奉「義盜」李師科，與日本時代的「義賊」廖添丁並列。

旅美學者陳屍台大 陳文成教授疑遭謀殺

【一九八一年／台北報導】台灣旅美學者陳文成日前回台探親，因曾捐款給《美麗島》雜誌，遭警備總部約談，卻於次日清晨被發現陳屍台大研究生圖書館旁。陳文成家屬認為，陳文成是遭到警總刑求致死、再製造跳樓自殺或意外墜樓死亡的假象。此案因至今無法偵破，已成懸案。

一九五〇年出生的陳文成，台北林口人，台大數學系畢業，赴美留學獲密西根大學博士學位，任教卡內基美隆大學統計系。他在美國求學時即參加台灣同鄉會，關心台灣的人權及民主運動。

中國國民黨政府派有海外特務長駐海外，也在美國校園內安排學生特務，以監視參與台獨相關活動的人，很多人都因此被列入「黑名單」，無法返鄉。陳文成申請回台獲准，於今年五月二十日攜妻兒返鄉，想不到七月二日被警總約談後即喪命。

警總宣稱，約談後已在當天晚上九時護送陳文成回家，陳文成可能是「畏罪自殺」。陳文成的朋友、台灣工業技術學院（今台灣科技大學）教授鄧維祥則說，陳文成在七月二日半夜曾到他家，吃了點東西之後才離開。

美國卡內基美隆大學也派人來台了解陳文成命案，其中一名曾經擔任驗屍官的病理學家魏契指出，這是一件謀殺案，陳文成在昏迷不醒時被人從樓上拋下。他說，陳文成是「為民主而死」。

病理學家魏契（左二）等人舉行記者會，說明來華了解陳文成命案過程。

社論　民主之悲

一九八〇年林義雄家中寡母、雙胞胎小女兒被殺的命案，一九八一年陳文成陳屍台大校園的命案，成為台灣民主運動兩次巨大的悲傷。

台灣民主運動人士認為，林宅滅門血案是對島內、陳文成命案是對海外台獨運動的「警告」，尤其林宅血案發生在二月二十八日，具有二二八事件的恐嚇作用。但支持中國國民黨的人認為，兩件命案都無法證明與警備總部有關，甚至有可能是極端台獨份子故意「嫁禍」。

真相如何，民眾自有公斷。但在中國國民黨掌政下，兩件命案都未能偵破，民眾只能表達微弱的嘆息與抗議。

李師科搶案後遺症

《兒子的大玩偶》開啟新電影

【一九八三年／台灣報導】中國國民黨黨營中央電影公司日前出品《兒子的大玩偶》，開啟台灣新電影的時代。

《兒子的大玩偶》由小野企畫，劇本由吳念真改編自黃春明三篇短篇小說〈兒子的大玩偶〉、〈小琪的那一頂帽子〉、〈蘋果的滋味〉，分別由侯孝賢、曾壯祥、萬仁執導。

台灣新電影以文學、社會寫實風格，有別於過去台灣以及香港的商業電影，受到社會好評與票房肯定。

《兒子的大玩偶》電影海報。

李梅樹辭世

【一九八三年／台北三峽報導】台灣畫家李梅樹去世，享年八十一歲。由他主持的三峽祖師廟重建，遵循古法、精雕細琢，有「台灣宗教藝術殿堂」美譽。

李梅樹一九〇二年出生於三峽，曾任小學教師，後來留學日本東京美術學校（今東京美術大學），作品曾入選帝展。戰後，李梅樹成為三峽的工商領袖及民意代表，並在大學藝術科系任教。

三峽祖師廟建於一七六八年，並於一九四七年進行第三次重建，由李梅樹主持，前後長達三十多年，從建築到雕刻都力求盡善盡美，直到李梅樹去世時仍未完成。他在八十歲自述中寫著：「藝術無涯，吾生有涯。」

台灣史新聞

重點新聞

- 民主進步黨成立
- 江南命案爆發
- 蔣經國連任總統
- 社論：兩位蔣總統
- 勞動基準法實施
- 李遠哲獲諾貝爾獎

「黨外」菁英組民主進步黨 順應潮流 蔣經國默認未取締

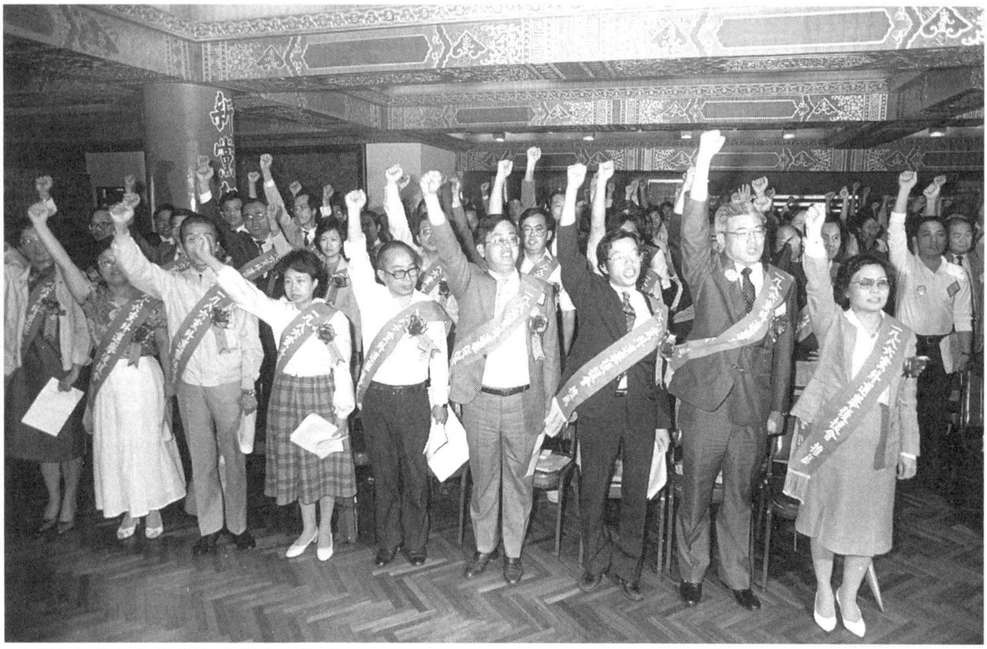

民主進步黨在台北市圓山飯店宣布成立。

【一九八六年／台北報導】反對中國國民黨一黨專政的「黨外」政治人物，於九月底宣布成立「民主進步黨」。台灣全島目前仍處於戒嚴體制，禁止組黨，但由蔣經國總統日前的發言判斷，他已決定順應時代潮流，雖不承認，也不鎮壓。

一九七九年發生美麗島事件後，雖然「黨外」菁英大都入獄，但受刑人家屬及辯護律師開始投入選舉，逐漸壯大陣容，先在一九八三年成立「黨外中央後援會」，再於一九八四年成立「黨外公職人員公共政策研討會」，並在各地廣設分會，已具政黨雛型。

今年九月二十八日，尤清、謝長廷等十八人的建黨工作小組在台北市圓山飯店宣布成立民主進步黨（簡稱民進黨）。謝長廷建議「民主進步」黨名，以避免中國、台灣的統獨意識形態之爭。組黨工作小組中有一位遼寧省籍的立委費希平，一向主張多黨政治，曾在立法院質詢一九六〇年雷震因籌設反對黨被判刑事件。

民進黨成立後，由於執政當局不願承認，新聞媒體稱之「民X黨」，官方新聞媒體甚至稱之「X進黨」（X即「叉」，念成「差勁」黨）。

今年十一月十日，民進黨召開第一次全國黨員代表大會，通過黨章、黨綱，並且選舉第一任黨主席，費希平以一票之差敗給江鵬堅。（費希平後來在一九八八年以民進黨是「台獨法西斯」為由，宣布退黨。）

十一月十五日，中國國民黨主席蔣經國在中常會上說，黨內應該體認「時代在變，環境在變，潮流也在變」，「以新的觀念、新的作法，在民主憲政的基礎上，推動革新措施，才能與時代潮流相結合」。蔣經國這些話，似已透露未來將採取改革、開放的政策。

台官員涉入江南案 引發台美關係緊張

【一九八四年／台灣報導】因撰寫《蔣經國傳》而得罪台灣當局的華裔美國公民劉宜良（筆名江南），在舊金山住宅遭槍殺一案，目前已查出是中華民國情治單位指使台灣黑道所為，造成台美關係緊張。

一九八四年十月十五日，台灣竹聯幫幫主陳啟禮派吳敦、董桂森兩名殺手，前往槍殺劉宜良。案情曝光後，中華民國政府說明江南命案與政府高層無關，但承認國防部軍事情報局局長汪希苓等相關官員涉案，並予以逮捕、審判。

然而，軍事情報局幕後是否有主使者仍是未解之謎，有人指向蔣經國次子蔣孝武，但有人認為蔣孝武只是揹黑鍋。（中華民國政府於一九九〇年支付劉宜良遺孀崔蓉芝一百四十五萬美金和解。）

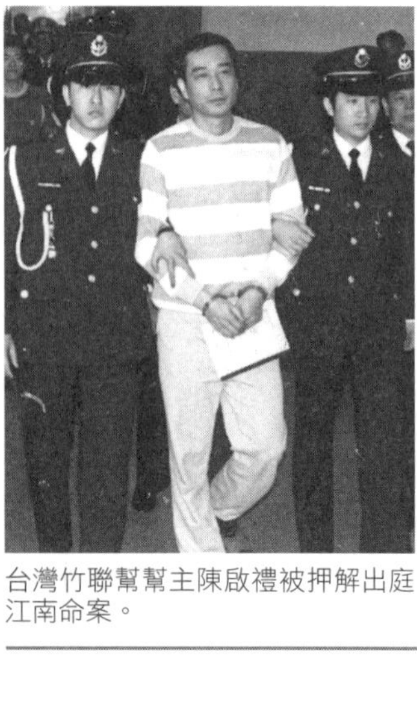

台灣竹聯幫幫主陳啟禮被押解出庭江南命案。

蔣經國獲連任總統 拔擢李登輝任副手

【一九八四年／台北報導】蔣經國連任第七任總統，副總統則由李登輝擔任。

對主政的中國國民黨來說，蔣經國當了六年總統，競選連任順理成章，但他挑選的競選搭檔之前曾引發眾多猜測，結果由從政資歷相對最短的李登輝出線。

李登輝一九二三年出生於台北三芝，一九四二年留學日本就讀京都帝國大學農業經濟系，一年多之後即因日軍戰況吃緊，被徵召為學徒兵入伍，並在戰後轉學台大農業經濟系，後來再留學美國攻讀農業經濟，獲愛荷華州立大學碩士、康乃爾大學博士。

李登輝
873

國民大會代表以八百七十三票選出李登輝擔任第七任副總統。

李登輝曾在政府農業部門工作，並在台大任教，成為農業問題專家。他在一九七一年加入國民黨後，一九七二年就獲得行政院長蔣經國的邀請，入閣擔任政務委員，後來又被蔣經國任命為台北市長、台灣省主席。

蔣經國、李登輝於一九八四年五月二十日，宣誓就職第七任總統、副總統。

社論 兩位蔣總統 評價各不同

很多小朋友寫「我的志願」作文時，都說「立志當蔣總統」。在他們的認知中，中華民國「最大」的人一直叫「蔣總統」。這也難怪，中華民國統治台灣四十年來，第一任到第七任總統都叫蔣總統。

對主政者來說，如何在稱呼上區別兩位蔣總統也是個問題，因此稱蔣中正總統為「先總統蔣公」，蔣經國總統則稱為「蔣總統經國先生」，這樣「蔣公」和「蔣總統」就不會混淆了。

兩蔣雖然同樣集大權於一身，但蔣經國專注建設台灣，起用專業人士帶動台灣經濟快速發展，並順應時勢，開放有限度的民主改革。蔣經國以總統身分說他也是台灣人，並說蔣家人以後不會再主政，所以台灣民間對他有較多的正面評價。

勞基法 開跑

【一九八五年／台灣報導】「勞動基準法」於三月實施，預料將改善過去為了發展經濟而犧牲勞工權益的情形。

台灣長期戒嚴，也限制了如組織工會、與雇主協商、進行罷工等勞工基本權利，造成勞資不平等。一九八〇年代隨著民主運動的腳步，各種社會運動蓬勃發展，長期被壓抑的勞工問題亦浮上檯面。

立法院在去年七月通過了勞動基準法，預定自今年三月起實施。

台灣蠔咬 你等會

蔣經國總統提拔李登輝担任副總統，政壇大感意外，民間出現一個傳說…
中國國民黨中央委員會提名蔣經國為第七任總統後，接着請蔣經國提出副總統搭檔。
此時，蔣經國走進廁所，很久都沒出來…
一個幕僚來到廁所前…
報告總統，副總統要提名誰？
你等會！
蔣經國的浙江口音「你等會」，讓人聽成了「李登輝」，李登輝隨即被提名副總統，並發佈新聞…
（以上純屬蠔咬！）

台裔美籍學者李遠哲獲頒諾貝爾化學獎

台灣旅美科學家李遠哲在斯德哥爾摩接受瑞典國王頒發諾貝爾獎。

【一九八六年／台灣報導】台裔美籍學者李遠哲獲得諾貝爾化學獎殊榮，這是第一位在台灣接受大學和研究所教育後，才前往美國深造的諾貝爾獎得主。

李遠哲一九三六年出生於新竹，父親為畫家李澤藩。他畢業於新竹中學、台大化學系、清大原子科學研究所，後來赴美留學獲加州大學柏克萊分校化學博士，並在哈佛大學、芝加哥大學、加州大學柏克萊分校從事研究以及教學。

李遠哲曾獲選為美國人文與科學學院院士、美國國家科學院院士，一九八〇年當選台灣中央研究院院士後，曾建議並參與籌設中央研究院原子與分子科學研究所。

今年十月，李遠哲與另兩位西方學者以分子角度研究化學反應的動力學，共同獲得諾貝爾化學獎肯定。（李遠哲在一九九四年放棄美國籍，返台擔任中央研究院院長。）

台灣史新聞

戒嚴三十八年 終落幕
辦報、探親 禁令解除

台灣宣布解除戒嚴，開放民眾辦理返回中國大陸探親。

重點新聞

- 開放大陸探親、解除報禁
- 悲情城市奪威尼斯金獅
- 蔣經國逝，李登輝繼任
- 鄭南榕拒捕自焚
- 社論：不自由，毋寧死
- 教科書刪除吳鳳故事

【一九八七年／台灣報導】蔣經國總統宣布解除戒嚴，結束在台灣實施三十八年一個月又二十五天的戒嚴，相關法規也陸續調整。

一九八〇年代以來，台灣的民主運動伴隨勞工、婦女、學生、環保、原住民、消費者、外省人返鄉探親等各種社會運動蓬勃發展，不斷挑戰中華民國政府的戒嚴體制。民進黨更在今年五月十九日的「五一九綠色行動」直接訴求解嚴，使蔣經國總統決定順應時代潮流，推動政治革新。

一九八七年七月十四日下午，蔣經國總統宣布解除一九四九年五月十九日頒布的台灣省戒嚴令，自隔日起立即生效。解除戒嚴將縮減軍事管制，回歸正常行政、司法體制，帶動解除許多禁令，讓人民獲得集會、結社、言論、出版、旅遊等基本的自由及人權。

解嚴之後，外省人返鄉探親的訴求變得更為迫切。當年隨中華民國政府來台的外省軍民，在政府為了國家安全而堅持與對岸不接觸、不談判、不妥協的「三不政策」下，長期以來一直無法返鄉探親。但在親情呼喚下，經由日本、美國、香港返鄉已是公開的祕密。

中國國民黨中常會在十月十四日通過開放大陸探親決議案，在「確保國家安全，防止中共統戰」下，基於傳統倫理及人道立場，除現役軍人及現任公職人員外，得登記赴大陸探親。

行政院於十月十五日宣布開放大陸探親，自十一月二日開始實施。

此外，限制言論自由與媒體自由的報禁，在解嚴之後也必須開放。中華民國政府在一九五一年宣布停止報紙登記（想辦新報紙只能接手舊報紙），而且每份報紙只限三大張等規定。戒嚴時期發行量較大的報紙則大都與中國國民黨有關，《中央日報》為黨報，《中國時報》負責人余紀忠、《聯合報》負責人王惕吾都是國民黨中常委。

行政院在十二月一日宣布解除報禁，自次年一月一日開始實施。

《悲情城市》奪威尼斯金獅
取材引爭議 挑動政治禁忌

【一九八九年／台灣報導】由侯孝賢執導的《悲情城市》，獲得一九八九年義大利威尼斯影展最佳影片「金獅獎」，這是台灣電影首次在國際著名影展獲獎。

由吳念真、朱天文編劇，以二二八事件為題材的《悲情城市》，拍攝期間就受到關注。有人認為，《悲情城市》因為先奪下威尼斯影展最佳影片的殊榮，所以十月在台灣上映時才能順利通過電影檢查。但在台灣每年十二月舉行的金馬獎中，侯孝賢雖獲最佳導演獎肯定，《悲情城市》卻未獲最佳影片，引起議論。

《悲情城市》的題材打破了長期政治禁忌，但片中對二二八事件的詮釋也引起爭議。拍攝期間在新北市（今新北市）瑞芳鎮九份、金瓜石取景，帶動當地成為旅遊勝地。

侯孝賢以《悲情城市》榮獲第二十六屆金馬獎最佳導演獎。

蔣經國總統去世 李登輝繼任元首

【一九八八年／台北報導】蔣經國總統去世，總統一職將由副總統李登輝繼任，李登輝成為第一位台籍總統。

蔣經國晚年為糖尿病所苦，公開場合皆坐輪椅出席。一九八八年一月十三日下午三時五十分，他因心臟衰竭，在台北榮總去世。

李登輝除了繼任總統，也繼任中國國民黨代理黨主席，但傳出蔣宋美齡向中國國民黨祕書長李煥表達異議，引發中國國民黨內部保守派（非主流派）與李登輝（主流派）之間的政爭。（直到一九九六年李登輝成為台灣第一任民選總統，非主流派才完全失敗。）

蔣經國總統逝世前兩周，仍主持中樞元旦開國紀念典禮。

爭取百分百言論自由 鄭南榕自焚拒拘提

【一九八九年／台北報導】因刊登台獨文章而被控涉嫌叛亂的《自由時代》周刊發行人鄭南榕，於四月七日清晨因拒捕而自焚身亡，為這本雜誌「爭取百分之百言論自由」的理念殉道。

鄭南榕一九四七年出生於台北，父親福州人，母親基隆人，曾就讀台大哲學系，後來成為自由作家。他提倡自由、民主，主張台獨，並創辦《自由時代》，曾被告誹謗入獄。

爭取言論自由的學生在台大絕食抗議，並張掛鄭南榕遺像。

今年一月，由於《自由時代》刊登了台灣旅日學者許世楷撰寫的〈台灣共和國憲法草案〉，使鄭南榕因涉嫌叛亂而接到台灣高檢處傳票，但他拒絕出庭應訊，並誓言：「國民黨只能捉到我的屍體，不能捉到我的人。」

鄭南榕自一月二十六日起自囚在辦公室內，桌下擺了三桶汽油，並用膠帶黏著一個打火機。高檢處在兩次傳喚鄭南榕不到後，決定強力拘提。四月七日清晨，鄭南榕在檢方人馬抵達時，引火自焚。

社論　民主真諦：不自由，毋寧死

鄭南榕自焚事件震撼人心，在於他實踐了美國獨立、法國大革命時期的名言：「不自由，毋寧死。」更可貴的，鄭南榕以死相許的不是他的個人自由，而是台灣的言論自由。

根據《中華民國刑法》第一百條，言論即可構成內亂罪，因此常成為執政者打壓異己的工具。但鄭南榕說「言論自由是民主政治的基礎」，並解釋自己主張台獨是「為了爭取百分之百的民主」。

鄭南榕用生命去爭取言論自由，堪稱台灣民主運動史上的烈士。

打破神話 阿里山鄉正名 吳鳳故事 教科書不收錄

【一九八八年至一九八九／台灣報導】在台灣原住民族要求打破「吳鳳神話」的壓力下，內政部已決定把嘉義縣「吳鳳鄉」正名「阿里山鄉」，教育部也刪除了教科書裡的吳鳳故事。

據傳清代在阿里山鄒族部落擔任通事（翻譯）的漢人吳鳳，被鄒族所殺。漢人說，吳鳳因反對生番獵殺漢人、取人頭獻祭，與生番發生衝突而被殺；吳鳳死後，英靈常在番社出沒，番社又發生瘟疫，生番從此之後不敢再殺漢人。但鄒族則說，吳鳳因剝削鄒族才被報復，吳鳳死後鄒族也沒有改變獵頭習俗。

日本時代，台灣總督府為了開發山林，就編造了吳鳳「殺身成仁，感化生番」的故事，不但作為教化山區原住民的論述，還放進教科書，並為吳鳳立碑、建廟。戰後，中華民國政府延續日本時代的作法。但一九八〇年代台灣原住民族運動興起後，即以打破扭曲原住民族形象的「吳鳳神話」為重要目標。

一九八八年，台灣基督長老教會林宗正牧師帶領多奧（泰雅族，漢名黃修榮）、巴燕．達魯（泰雅族，漢名陳金水）等原住民，拆除了嘉義火車站前的吳鳳銅像。林宗正等人雖以毀損公物等罪名被起訴，但獲判無罪。

政府最後宣布，自一九八九年三月起，吳鳳鄉正名為阿里山鄉；一九八九年七月新學年的教科書也不會再收錄吳鳳的故事。

台灣史新聞

重點新聞

- 李推政改 終結萬年國會
- 李登輝當選第八任總統
- 社論：走出白色恐怖
- 野百合學運成功落幕
- 中華職棒成立
- 南迴鐵路正式營運

李登輝新政 結終萬年國會
廢除臨時條款、刑法一百條

【一九九〇年至一九九二年／台灣報導】李登輝就任第八任總統以來，在民進黨及民主運動人士的壓力下推動政治改革，終結第一屆資深中央民意代表（國代、立委）因從未改選而被嘲諷的「萬年國會」，廢除凌駕《憲法》的動員戡亂時期臨時條款，以及戕害人權的《刑法》第一百條，最後裁撤了警備總部。

一九九〇年，由於部分資深中央民代抗拒退職，遂採取釋憲解決。該年六月二十一日，司法院大法官會議對第一屆資深中央民代任期釋憲案提出解釋：資深中央民代應於一九九一年十二月三十一日前終止行使職權，並辦理第二屆中央民代選舉。

一九九〇年六月二十八日，李登輝召開國是會議，邀請朝野代表參加，展開政治對話，並擬定改革時間表。民進黨等在野人士提出總統改由公民直接選舉的訴求，獲得共識。

一九九一年四月三十日，李登輝宣布自五月一日起廢除已實施四十三年的動員戡亂時期臨時條款（代表不再視中共政權為叛亂團體，等於承認中華人民共和國），「戡亂時期檢肅匪諜條例」也喪失法源。此舉意謂自此以後台灣得以走上民主憲政的軌道。

然而，動員戡亂時期臨時條款雖經廢除，長期威脅台灣人民生命和自由的「懲治叛亂條例」及《刑法》第一百條兩項惡法仍然存在。

「懲治叛亂條例」跳脫正常司法體系，改由軍事法庭審判，對叛亂者採取嚴厲處罰，甚至可以沒收全部財產，成為中國國民黨在動員戡亂時期打壓異己的特別刑法，對人權造成極大傷害。

《刑法》第一百條條文中的內亂罪，只要「著手實行」、「預備或陰謀」即可構成。「著手實行」語意並不明確，即使發表言論都可能違法。「陰謀」也有認定問題，容易網羅罪狀、陷害無辜。

一九九一年五月十七日，立法院廢除「懲治叛亂條例」。一九九二年五月十五日，立法院修正《刑法》一百條，把條文中的「著手實行」改成「以強暴或脅迫著手實行」，「預備或陰謀」改成「預備」。

警備總部則於一九九一年七月三十一日裁撤，在公務機關負責思想監控的「人二室」（人事室第二辦公室，名義屬人事室，但編制屬調查局）也跟著裁撤。

國民黨政爭 主流派勝出
李登輝當選第八任總統

【一九九〇年／台北報導】李登輝、李元簇當選中華民國第八任總統、副總統。

第七任總統蔣經國一九八八年去世後，由李登輝繼任總統，引發了中國國民黨內部保守派（非主流派）與李登輝（主流派）的政爭。

今年二月，中國國民黨臨時中全會在選舉第八任總統候選人時，主流派與非主流派再次較勁，但在中國國民黨祕書長宋楚瑜的運作下，中央委員會以一致起立鼓掌方式推選李登輝、李元簇為正副總統候選人。

一九九〇年三月二十一日，國民大會選出李登輝為第八任總統。次日，國民大會選出李元簇為副總統。

李登輝（右）在國民黨祕書長宋楚瑜（中）支持下被推選為總統候選人。

社論　揮別惡法　走出白色恐怖

檢肅匪諜條例、懲治叛亂條例的廢除，以及《刑法》第一百條的修正，終於讓台灣走出白色恐怖。

中華民國過去對國際自稱「自由中國」並堅守「民主陣容」時，台灣實際上是處於沒有自由和民主的威權統治之下。

所謂「匪諜」，不必是中國共產黨派來台灣的間諜，只要是異議人士，就有可能因為有匪諜嫌疑而被入罪。所謂「叛亂」，不必行動，只要發表言論就可能因為有「陰謀」而觸法。結果不但造成大量冤獄，就連一般人都生活在陰影裡。

台灣的人權終於受到尊重，這是經過無數人的犧牲和努力才獲得的。

民國治台最大學運　「野百合」成功落幕

大學生在中正紀念堂豎立起「野百合」象徵，要求政治改革。

【一九九〇年／台北報導】六千名來自台灣各地的大學生，近日聚集在台北市中正紀念堂廣場靜坐抗議，提出「解散國民大會」、「廢除臨時條款」、「召開國是會議」、「政經改革時間表」四大訴求，這是中華民國統治台灣以來最大規模的學生運動。

學生自三月十六日開始聚集，參與人數一天比一天多。十八日，學生提出四大訴求。十九日，學生決議以遍布台灣全島的特有種植物「野百合」作為此次學運的精神象徵。二十日，李登輝總統回應學生的四大訴求。

到了二十一日，剛當選第八任總統的李登輝在總統府接見學運代表，肯定學生追求民主憲政的決心。二十二日，學生陸續撤出，結束六天的學運。

龍獅虎象四隊出列　中華職棒正式開打

四支球隊的吉祥物，共同揭開中華職棒元年的序幕。

【一九九〇年／台灣報導】中華職業棒球聯盟（簡稱中華職棒）成立並舉行開幕大賽，宣告台灣自此進入職棒時代。

近年，台灣曾引以為傲的「三級棒球」（少棒、青少棒、青棒）熱潮已經消退，但成人棒球隊在國際比賽卻有不錯的表現，一九八二年獲世界盃第三名，一九八三年獲亞洲盃冠軍，一九八四年獲洛杉磯奧運棒球表演賽銅牌。

一方面看好台灣發展職棒的潛力，一方面希望解決成棒球員的出路問題，在兄弟飯店負責人洪騰勝等人的努力下，中華職棒聯盟於去年十月成立，味全（龍）、統一（獅）、三商（虎）、兄弟（象）四家企業各自成立球隊，成為台灣第一批投入職棒的球團。

一九九〇年三月十七日，中華職棒元年揭開了序幕戰，由旅日棒球名將王貞治主持開球，結果統一獅隊以四比三擊敗兄弟象隊。

南迴線完工　環島鐵路網　通樂

【一九九二年／台灣報導】南迴鐵路將於今年十月五日正式營運，台灣環島鐵路網即將完成。

南迴鐵路從屏東枋寮站到台東卑南站（後改名新站），全長九十八．二公里。台灣從屏東到台東的鐵路，在日本統治時代就計畫興建，但因工程困難等問題而未能實現，事隔多年終於完工。

南迴鐵路是台灣環島鐵路網最後通車的路段，興建工程比起一九八〇年完工通車的北迴鐵路更為艱鉅。

南迴鐵路即將正式通車，民眾開心留影。

台灣史新聞

原住民終獲正名

「山胞」用詞 修憲廢止 續爭恢復傳統姓名

原住民運動團體主張立法保障台灣原住民的正名權、土地權、自治權。

重點新聞

【一九九四年／台灣報導】國民大會日前修改中華民國憲法，把「山胞」修正為「原住民」，歷經十年的原住民正名運動終於獲得成果。

「台灣原住民權利促進會」於一九八四年十二月二十九日（簡稱原權會，一九八七年改名台灣原住民族權利促進會）成立，成為一個有組織、以原住民權利為訴求的團體，並且為原住民正名運動揭開序幕。

原權會在決定中文會名前曾有過一番討論，在「土著」、「先住民」、「原住民」、「少數民族」等名稱中，最後選用英文Aborigins的中譯「原住民」。之前，台灣基督長老教會在一九八四年四月舉行的年會中，已決議日後行文將「山胞」改成「原住民」。

原權會發表了「台灣原住民權利宣言」，在導言中強調，台灣原住民族不是炎黃子孫，而是屬於南島語族，與漢族的閩南人、客家人和外省人不同。

雖然原住民運動團體主張改稱「原住民」，並獲得其他社運團體及民進黨的支持，但中國國民黨保守勢力仍然主張維持「山胞」。為此，一九九一年和一九九二年國民大會召開憲改會議時，原住民正名案都未能過關。

今年三月，支持原住民正名的團體與民進黨推動「原住民憲法條款」，要求原住民正名、保障土地權、設立中央部會級專責機構、原住民自治等。

四月十日，李登輝參加在屏東舉行的原住民文化會議時，首度以國家元首身分稱呼「原住民」。七月一日，李登輝在總統府接見要求修憲的原運團體代表。八月一日，國民大會修憲把「山胞」修正為「原住民」。

原住民正名運動旨在建立原住民族的主體性，除了把「山胞」改為「原住民」之外，還包括恢復原住民傳統姓名、部落山川傳統名稱等，都是原運團體繼續努力的目標。

李登輝總統在府內接見要求修憲的原運團體代表。

社論 從「番」到原住民

原住民獲得正名，對原住民來說天經地義，卻代表台灣在人權和民主的發展上跨出了一大步。

明鄭、清朝時代，台灣原住民是被漢人歧視的「番」。日本時代本來也沿用「番」，後來才改稱「高砂族」。中華民國時代，因無少數民族的觀念，故稱之「山地同胞」（山胞）。

但「山胞」的用法不合邏輯。就「山」來說，山胞依居住地區再被分成「山地山胞」和「平地山胞」，既稱山胞卻住在平地，豈不矛盾？事實上，台灣的原住民族不是都住在山地，阿美族就住在東海岸，蘭嶼的雅美族（達悟族）更是海洋民族。就「胞」來說，原住民族與漢族屬不同種族，不是同胞。

很多移民國家都有欺壓原住民族的歷史，但現今如何對待原住民族，可以檢驗這個國家文明的程度，以及對歷史的反省。加拿大尊稱國內的原住民族為「第一民族」，實為典範。

台北市長 陳水扁出線

【一九九四年／台灣報導】台灣舉行首屆民選台灣省長及直轄市長，台北市長選舉由於政黨競爭激烈，受到最多矚目，結果由民進黨候選人陳水扁勝選。

一九九四年十二月三日舉行的中華民國省市長暨省市議員選舉，規模甚大，尤其台灣省長及台北市長、高雄市長是首次直接民選，意義更是重大。

在台灣省長及高雄市長部分，主要是國民黨與民進黨競爭，國民黨的宋楚瑜、吳敦義分別打敗民進黨的陳定南、張俊雄。

台北市長部分則形成三強鼎立，包括國民黨黃大洲，從國民黨分裂出來的新黨趙少康，以及民進黨陳水扁。最後陳水扁以約百分之四十四的選票贏過趙少康（百分之三十）以及黃大洲（百分之二十六）。

昔日政府過錯 元首承擔
李登輝為二二八道歉

【一九九五年／台北報導】台北市二二八紀念碑完工，李登輝總統代表政府，正式為二二八事件道歉。

台北市新公園（一九九六年改名二二八和平紀念公園）內的二二八紀念碑於二月二十八日舉行竣工典禮，李登輝總統及副總統李元簇、行政院長連戰、立法院長劉松藩、台灣省長宋楚瑜、台北市長陳水扁等政府要員皆與會參加，現場並邀請多名二二八受難家屬。

李登輝總統致詞時表示，他以國家元首的身分，承擔政府所犯的過錯，並致上深摯的歉意，這座紀念碑顯示政府誠實面對歷史的態度。

二二八紀念碑落成典禮，李登輝總統代表政府向國人及受難家屬致歉。

全民健保制度 正式上路

【一九九四年／台灣報導】台灣於三月開辦全民健康保險（簡稱健保），預料將可大幅減少罹患重病國民的財務負擔，以免個人及家庭的生活陷入窘境。

台灣本來只有勞工保險（勞保）、公務員保險（公保）、農民保險（農保）等醫療保險，未能照顧全體國民，健保於三月開辦以後，對全體國民提供更多的照顧，國內和國際也都給予正面評價。

餘音繚繞成追憶
歌后鄧麗君去世

【一九九五年／台灣報導】台灣名歌星鄧麗君疑因氣喘病發，於五月八日病逝泰國清邁，震驚社會。隨後已移靈台灣並安葬於金山墓園，中華民國政府頒發褒揚令。

鄧麗君一九五三年生於台灣雲林，父親是河北省軍人，母親是山東人。她從小就展現歌唱天分，十三歲踏入歌壇，走紅台灣、香港、日本後，常常參加勞軍演出。她演唱的〈何日君再來〉等歌曲膾炙人口，被稱為「一代歌后」。

鄧麗君生前雖然從未踏足中國大陸，歌聲卻傳遍海峽對岸，甚至出現「白天聽老鄧，晚上聽小鄧」、「不愛老鄧愛小鄧」（老鄧指中國領導人鄧小平）的口頭禪。

鄧麗君的感情生活並不順遂，日前她與法國男友在泰國清邁度假，不料突然病逝，得年四十二歲。

鄧麗君治喪委員會由台灣省長宋楚瑜擔任主委，喪禮冠蓋雲集，靈柩覆蓋中華民國國旗及中國國民黨黨旗，李登輝總統特頒「藝苑揚芬」輓額。

鄧麗君甜美的笑容和歌聲已成追憶。圖為鄧麗君主持賀歲節目，向觀眾拜年。

台灣史新聞

重點新聞

- 台灣舉行首次總統直選
- 社論：我的一票選總統
- 行政院成立原民會
- 捷運木柵線營運
- 台灣省虛級化
- 馬英九當選台北市長
- 香港回歸中國

中共搗「彈」，美國護「航」
李登輝當選首任直選總統

台灣首次直接民選總統，李登輝當選，發表就職演說。

【一九九六年／台灣報導】台灣於三月二十三日舉行首次總統直接民選，結果由李登輝連任第九任總統。

在一九九〇年召開的國是會議中，朝野代表已達成總統直接民選的共識，但國民黨內部對總統選舉辦法卻出現歧見，形成以李登輝為首、主張直接民選的主流派，以及以林洋港、郝柏村為首，主張維持委任國大代表選舉的非主流派。

由於民進黨及眾多社運、學運團體都支持總統直接民選，國民大會在一九九二年和一九九四年修憲時，通過自一九九六年第九任總統、副總統改為直接民選，並把任期從六年縮短為四年。

首次總統直接民選的選戰自一九九五年中即提早開打，共有四組正副總統候選人。國民黨分裂成三組，包括獲得提名的現任總統李登輝、行政院長連戰，退黨參選的兩位副主席林洋港、郝柏村，以及退黨參選的監察院長陳履安、律師王清峰。民進黨則推出彭明敏、謝長廷。

但在國民黨非主流派與中華人民共和國眼中，台灣舉行總統直接民選根本是「搞台獨」，並指稱李登輝傾向台獨，更批評彭明敏公然主張台獨。

中華人民共和國為了干擾並影響台灣總統大選，於二月至三月間展開文攻武嚇，解放軍在台灣海峽舉行軍事演習，並對基隆、高雄外海試射飛彈，引起美國、日本和歐洲的關切。美軍派出獨立號、尼米茲號兩艘航空母艦，前往台灣海峽就近觀察。

台灣總統大選於二十三日如期舉行，投票率高達百分之七十六．四，李登輝以約百分之五十四的得票率當選，其次是彭明敏（約百分之二十一）、林洋港（約百分之十五）、陳履安（約百分之十）。

社論　我的一票選總統

總統直接民選是台灣民主發展重要的里程碑，台灣人民從來無法過問歷代的政權更迭，現在終於可以透過一人一票的選舉來決定統治者。

主張中國統一者認為，台灣只是一個省，不管是中華民國復興基地的一省，或是中華人民共和國叛逆的一省，現在竟然要選舉中國的總統，豈不是向世界昭告台灣獨立了嗎？

主張台灣獨立者則認為，中華人民共和國從未統治台灣，台灣也具備一個國家的人民、土地、政府、軍隊等條件，台灣人民選舉自己的總統，顯示台灣的統治者已不再是「外來政權」。

站在比統獨意識形態更高的人權、自由、民主等普世價值觀點，台灣人民選擇總統，甚至選擇統獨，都應該讓選票決定。

因應族群事務需求 行政院成立原民會

【一九九六年／台灣報導】台灣原住民人口只占約百分之二，但行政院特別成立原住民委員會（二〇〇二年改稱原住民族委員會），對台灣族群政策發展具有重要意義。

為了回應原住民運動團體訴求設立中央部會級專責機構來統籌原住民事務，行政院在一九九六年展開原住民委員會的籌備工作，十一月由立法院審議通過組織條例，十二月十日正式成立，由排灣族的華加志擔任首任主委。

行政院原民會成立，來自全台的原住民在中正紀念堂跳舞慶祝。

第一條捷運 木柵線通車

木柵線試營運，班班客滿。

【一九九六年／台灣報導】台北都會區大眾捷運系統（簡稱台北捷運）木柵線開始正式營運，這是台灣第一條通車的捷運路線。

台北捷運是台灣第一個都會區捷運系統，連接台北市與新北市（今新北市），載客分成高運量與中運量兩種系統，建造則有高架、地下、平面三種方式，於一九八八年動工。

木柵線屬於中運量系統，全線採高架方式建造，從台北市中山國中到台北市立動物園，全長約十．九公里，二月時即開放試乘，三月二十八日正式營運。

促進效率 凸顯獨立 台灣省政府 虛級化

【一九九八年／台灣報導】隨著中華民國政府進行台灣省虛級化，台灣省議會也改制為台灣省諮議會。

中華民國政府遷台後，出現中央政府與台灣省政府管轄地區重疊的問題，台灣面積不大，卻有四級政府：中央、省及直轄市、縣市、鄉鎮，造成扭曲和浪費，例如台灣省教育廳與行政院教育部的業務就極為相近。

以此來看，廢省是務實的作法。但對中國國民黨保守派來說，台灣省是中國三十五省之一，台灣廢省將促成台灣獨立。

台灣雖然在一九九四年才以直接民選的方式，選出第一屆台灣省長宋楚瑜，但李登輝總統與在野黨都主張「凍省」（精省），並由國民大會在一九九七年完成修憲。李宋關係因此出現嫌隙。

台灣省長宋楚瑜任期於一九九八年十二月二十一日屆滿，台灣省政府隨之虛級化，李登輝總統任命趙守博擔任台灣省主席。

過去台灣省政府的單位也將改歸中央政府，例如省立高中改成國立高中，省立醫院改成署立（行政院衛生署）醫院。

競逐北市長 馬英九勝出

【一九九八年／台灣報導】民進黨台北市長陳水扁競選連任失敗，由國民黨政治明星馬英九當選台北市長。

陳水扁能夠當選一九九四年的台北市長選舉，其實與當時國民黨分裂、新黨出走有關。此次一九九八年台北市長選舉，陳水扁雖然擁有政績、滿意度高達八成，而且新黨也提名王建煊參選，但國民黨提名的馬英九吸走大量新黨票源，打敗了陳水扁。陳水扁落選後，選民開始支持他參選二〇〇〇年總統。

另一個院轄市高雄市長選舉，則是由民進黨謝長廷險勝競選連任的國民黨吳敦義。

香港回歸中國 開啟一國兩制實驗

【一九九七年／香港報導】英國已於七月一日把殖民統治一百五十五年的香港，歸還給中華人民共和國。

大清帝國在一八四二年的鴉片戰爭、一八六〇年的英法聯軍之役後，分別把香港、九龍割讓給英國，又在一八九八年把新界租借給英國九十九年，直到一九九七年六月三十日期滿。

中華人民共和國自一九八二年起就要求英國，未來歸還新界時，應一併歸還香港、九龍。英國認為，香港、九龍依國際條約是永久割讓，但因飲水、食物等都靠中國供應，軍費支出也很龐大，所以決定答應中國。

由於香港人不信任中國宣稱的「一國兩制」統治，再加上一九八九年北京發生了軍隊開槍鎮壓學生的六四事件，所以香港在「九七大限」前出現移民潮，大都遷往加拿大、澳洲、新加坡、美國。

香港移交大典結束後，英軍儀仗隊步出會場。

第六卷

二十一世紀

1999 年～2011 年

台灣繼續發展民主政治，二〇〇〇年總統大選，民進黨候選人陳水扁當選總統，台灣政治史上首次政黨輪替。二〇〇八年總統大選，國民黨候選人馬英九當選總統，台灣第二次政黨輪替。

台灣繼續彰顯多元族群、多元文化的國家政策，設立了客家電視台、原住民電視台；原住民族獲認定的數目半世紀來首次變動，從九族陸續增加邵族、噶瑪蘭族、太魯閣族、撒奇萊雅族、賽德克族成為十四族。

台灣也繼續進行重要建設，台北一〇一大樓成為台灣新地標，福爾摩沙高速公路（台灣第二條南北高速公路）通車，蔣渭水高速公路（台灣第一條橫跨東西部的高速公路，以工程艱鉅的雪山隧道著稱）通車，高速鐵路通車，台北市、高雄市捷運也陸續完工中。

中國崛起，在全球經濟、國際政治上扮演了重要角色，對台灣的影響愈來愈大。海峽兩岸簽署「經濟合作架構協議」（ＥＣＦＡ），經濟和政治關係進入新階段，但也在考驗台灣的主權與民主兩項核心價值……

台灣史新聞

重點新聞

- ●台灣首次政黨輪替
- ●中共取締法輪功
- ●李登輝提兩國論
- ●集集大震撼全台
- ●社論：愛心之島

陳呂配 總統大選勝出

台灣首次政黨輪替 宋楚瑜選後另組親民黨

陳水扁、呂秀蓮當選中華民國第十屆正副總統。

【二〇〇〇年／台灣報導】三月十八日舉行的二〇〇〇年中華民國總統大選結果揭曉，由陳水扁、呂秀蓮當選正副總統，民主進步黨成為執政黨，台灣將面臨政治史上首次政黨輪替。

二〇〇〇年總統大選是台灣第二次舉行正副總統直接民選，國民黨、民進黨都有人脫黨以無黨籍參選，共有五組候選人。國民黨提名連戰、蕭萬長，宋楚瑜與國民黨決裂，邀長庚大學校長張昭雄搭檔競選。民進黨提名陳水扁、呂秀蓮，曾任民進黨主席的許信良脫黨，與新黨立委朱惠良搭檔競選。新黨則提名作家李敖，與新黨立委馮滬祥搭檔競選。

國民黨在一九九六年、二〇〇〇年總統大選都曾分裂，今年脫黨參選的宋楚瑜，因曾任台灣省長擁有雄厚基礎，又能夠吸收新黨票源，在聲勢上不輸國民黨提名的連戰，造成連戰、宋楚瑜、陳水扁三強鼎立局面，選情緊繃。

今年二月，中華人民共和國政府公布「一個中國的原則與台灣問題」白皮書，強調「一個中國原則，堅決反對任何把台灣從中國分割出去的圖謀」，試圖影響台灣總統大選。

三月初，中央研究院院長李遠哲以台灣未來是「向上提升或向下沉淪」的公開信，表態支持民進黨候選人陳水扁，引起兩極化評價。

三月十八日投票當日，台澎金馬共有一千兩百七十多萬人前往投票，投票率高達百分之八十二．六九，得票率分別為：陳水扁百分之三十九．三，宋楚瑜百分之三十六．八，連戰百分之二十三．一。

這是國民黨統治台灣五十五年來首次失去政權，李登輝被迫倉皇辭去國民黨主席，由連戰接任。

編按：連戰接任後，國民黨拋棄李登輝的「兩國論」，回到「一個中國」的政治立場。宋楚瑜僅輸陳水扁三十萬票，得票率超過連戰甚多，隨後成立親民黨。

中共取締「邪教」法輪功

【一九九九年／北京報導】由於中華人民共和國政府日前認定「法輪功」為非法組織，法輪功學員已在全球展開反對中國共產黨的政治宣傳。

中國吉林省人李洪志在一九九二年創辦「上乘佛家修練大法，提升心性達到真、善、忍」的法輪功，成為廣受歡迎的氣功師，學員愈來愈多。李洪志也陸續前往國外授課，並於一九九六年移民美國，在世界各地設有練功據點。

另一方面，中華人民共和國官方批評法輪功是打著佛法旗號的「邪教」，並在一九九九年七月二十二日裁定非法，開始鎮壓取締。

紐西蘭法輪功學員公開演練法輪大法，呼籲中共釋放在大陸被羈押的會眾。

李登輝提兩國論 兩岸關係陷低潮

【一九九九年／台灣報導】李登輝總統接受國際媒體訪問時，說明當前海峽兩岸是「特殊的國與國關係」，因打破「一個中國」禁忌，引起中華人民共和國激烈反應，兩岸關係陷入低潮。

一九九九年七月九日，李登輝在總統府接受德國公共廣播電視媒體「德國之聲」錄影訪問，被問到台灣在獨立和接受中共「一國兩制」之間，是否有折衷方案時說，中華民國自一九一二年建國以來就是主權獨立的國家，自一九九一年廢除《動員戡亂時期臨時條款》後，已承認中華人民共和國，並把國家領土範圍限定台澎金馬，總統及國會議員也都在台灣地區選出，所以海峽兩岸是「國家與國家」，至少是「特殊的國與國關係」。

李登輝解釋，海峽兩岸不是合法政府對叛亂政府，或中央政府對地方政府，所以不是一個中國的內部關係。

李登輝的說法被台灣媒體詮釋為「兩國論」，引發正反兩極反應。民進黨、台獨人士熱烈歡迎，當時國民黨的李登輝人馬也表態支持，但反李登輝的統派勢力及從國民黨出走的新黨則強烈抗議。

另一方面，中華人民共和國政府直指李登輝「分裂祖國」，並宣布停止大陸海協會與台灣海基會的對話與交流。

美國雖表明不支持「兩國論」，但也反對中華人民共和國對台灣動武，並希望海峽兩岸不要中斷對話。

李登輝後來說，他是以國家元首身分表達台灣多數民意，但台灣的大陸政策並未改變，與海峽兩岸對話與交流的態度也未改變。

關心自己
也關心別人
GIO 行政院新聞局

九二一地震 撼動全台
重創中台灣 兩千四百餘人罹難

集集車站在九二一大地震傾倒後，取下屋頂的一片片瓦，依原貌整修。

【一九九九年／台灣報導】台灣中部發生強烈大地震，全島都感受到劇烈震動，這是戰後以來規模最大地震。

一九九九年九月二十一日凌晨一時四十七分十二秒，發生芮氏規模七．三的集集大地震，震央位於南投縣集集鎮，震源深度八公里，造成兩千四百多人死亡、一萬一千多人受傷，房屋全倒五萬零六百多戶、半倒五萬三千三百多戶（死傷人數僅次於一九三五年的新竹—台中大地震）。

九二一集集大地震造成台灣中部觀光鐵路「集集線」鐵軌扭曲，著名的集集車站木造站房嚴重傾斜，成為重建工作的重要指標（重建工作在二○○一年完工）。

台灣的半導體晶圓代工及記憶體工廠，也因九二一大地震及餘震影響電力供應，出貨不及，使得全球資訊產業供應鏈面臨斷裂危機，一度造成美國股市科技股大跌。

慈濟義工在九二一大地震災難現場為罹難者助念。

地震發生後，台灣政府和民間已立即投入救災及重建工作，還有二十多個國家派救難隊前來協助。

社論 愛心之島

台灣本是多地震之島，但已有兩三代人未經歷大地震，九二一大地震像一次「震撼教育」，讓台灣人民學習應變，也激發了愛心。

戰後的台灣走過了貧窮，經濟快速成長，逐漸擺脫威權統治，迎向民主、自由、開放，但社會上卻也出現奢華、唯利是圖的風氣，遭批評為「貪婪之島」。

九二一大地震後，慈濟基金會等宗教團體在第一時間就趕到現場協助救災，隨後各種救援和民生物資不斷湧入，捐款總額高達新台幣四百億元。此外，社工人員、藝術表演工作者也前往災區撫慰災民心靈。一場災難，展現台灣人心善良，被稱頌為「愛心之島」。

台灣史新聞

平埔族群未消失 要求正名
加入原住民運動 重建身分認同

平埔後裔仍然活躍於台灣各地。圖為台南東山吉貝耍西拉雅族婦女舉行夜祭，唱跳牽曲的情形。

重點新聞

- ●平埔族群要求納入原籍
- ●怪颱納莉淹沒台北捷運
- ●社論：回來做番
- ●噶瑪蘭族獲政府認定
- ●陳金鋒登大聯盟
- ●邵族獲政府認定
- ●行政院成立客委會

【二○○一年／台北報導】台灣歷史上居住在平地的原住民平埔族群，雖然因長期漢化而逐漸凋零，但並未消失。近年來，台灣各地的平埔後裔開始推動族群認同與文化復興，希望獲得政府認定，加入台灣原住民族。

台灣在漢人還沒來開墾前，在高山和平地都有南島語系原住民族的部落，平埔族群是從宜蘭、基隆到恆春，分布於西海岸平原的主人。到了十七世紀，面對外來的荷蘭、西班牙、明鄭、大清政權，平埔族群首當其衝，漸漸走向衰微。

清代，台灣原住民族依漢化程度被分成生番、熟番，熟番就是平埔族群，不但被賜漢姓，還因漢人侵墾流失大量土地。日本時代初期，熟番在戶籍資料上也註有「熟」字。

到了一九五四年，內政部核定台灣九族原住民，平埔族群被排除在外，等於視同漢人，加速台灣平埔文化的消失。

一九八○年代以後，受到原住民運動及民主發展的影響，平埔後裔展開尋根，並要求正名。

近年來，平埔後裔的族群認同與文化復興運動已獲得部分地方政府的回應。一九九六年，台北市政府把介壽路改名「凱達格蘭大道」；二○○○年，高雄市政府把翠屏路改名「馬卡道路」；二○○一年，台南市政府把南部科學園區東西向主要道路命名「西拉雅大道」，以紀念當地的原住民族。

今年二月二十七日，四百多名來自台灣各地的平埔後裔，包括巴宰族、西拉雅族、噶瑪蘭族、道卡斯族、馬卡道族、凱達格蘭族等，前往立法院參加「政府如何承認平埔族群公聽會」，以行動聲明「平埔族沒有消失」，極力爭取中央政府承認，以利復興平埔文化。

納莉滯台四十九小時
大豪雨吞沒台北捷運

【二○○一年／台北報導】納莉颱風來襲，創下在台灣上空滯留四十九小時的歷史紀錄，台北、新竹、嘉義出現單日最多雨量紀錄，造成大台北地區嚴重水災，地下化的台北捷運板南線、台北車站遭水淹沒，台北市忠孝東路變成一條暴漲的溪流。

九月十七日，前一天已在台灣東北角登陸的納莉颱風，雖然風力從中度減為輕度，但大雨仍然不停，加上適逢大潮，大台北地區瞬間成為水鄉澤國。一九九九年底才通車的台北捷運板南線更遭洪水灌入，變成一條「大水溝」（兩個多月之後才恢復通車）。

馬英九主政的台北市政府因防洪不當，遭監察院提出糾正案。

納莉颱風造成台北市嚴重水災，忠孝東路有如暴漲的溪流，民眾搭救生艇逃難。

社論 拒絕凋零 回來做番

台灣南島語系平埔原住民族要求恢復族群身分，彰顯台灣追求人權、發展民主的價值，也呈現台灣多元族群、多元文化的樣貌。

「番」是中國漢人自古以來歧視異族的稱呼，台灣今天獲得政府認定的原住民族，過去被稱「生番」；未獲政府認定的平埔族群，過去被稱「熟番」。回顧歷史，平埔族群最先被迫漢化，為了讓後代不再受到漢人歧視，只好掩飾族群身分，以致平埔後裔以為自己是漢人。

而今，平埔後裔充滿自信地站出來，甚至說：「我們要回來做番。」

平埔族群爭取正名，最大的障礙來自行政院原住民族委員會，他們擔心如果讓平埔族群加入原住民族，將分走原本有限的資源。

但是，我們的國家與社會應該如何看待這個問題呢？平埔族群在台灣這塊土地上曾經活躍幾千年，卻在幾百年內凋零，以歷史正義、多元文化的觀點，這個問題無論從感性和理性，都可以找到答案。

噶瑪蘭族復名 獲得政府正式認定

【二〇〇二年／花蓮、台東報導】噶瑪蘭族已於二〇〇二年十二月二十五日由行政院宣布為台灣原住民族，台灣原住民從十族增為十一族。

噶瑪蘭族世居宜蘭，因受漢人侵墾影響，自一八三〇年代開始有人往南遷徙到花蓮、台東，與阿美族比鄰而居，最大部落在花蓮縣豐濱鄉的新社。

噶瑪蘭族原住民自一九八〇年代即展開尋根及正名運動，經過長期努力，終於在日前獲得政院認定。噶瑪蘭族具原住民身分者（過去被歸屬阿美族）有一千多人，但還有很多人自我認定為噶瑪蘭族。

行政院長游錫堃為噶瑪蘭族舉行復名儀式，噶瑪蘭族人歌舞慶賀。

棒球好手陳金鋒登上美國大聯盟

【二〇〇二年／台北報導】台灣旅美職棒選手、效命洛杉磯道奇隊的陳金鋒終於登上大聯盟，成為首位登上大聯盟的台灣球員。

陳金鋒一九七七年出生於台南市大內鄉，他是平埔西拉雅族原住民。他在一九九九年三月與洛杉磯道奇隊簽約，前往美國發展，從小聯盟打起，表現出色，於今年九月九日順利升上大聯盟。（陳金鋒後來在道奇隊表現不如預期，無法站穩大聯盟，二〇〇五年返回台灣，加盟中華職棒。）

邵族獲認定 加入原住民家族

【二〇〇一年／南投魚池報導】邵族日前獲得政府認定，台灣原住民從九族增為十族，這是近半世紀以來首次變動。邵族只有兩百八十三人，這是台灣原住民族中人口最少的一族。

內政部在一九五四年核定的「山地九族」為泰雅族、賽夏族、布農族、鄒族、魯凱族、排灣族、卑南族、阿美族、雅美族（達悟族）。邵族世居南投縣魚池鄉日月潭一帶，曾被歸入鄒族，但在原住民運動興起後開始要求正名，並在一九九九年成立邵族文化發展協會。

一九九九年的九二一大地震使邵族部落嚴重受創，邵族聖地日月潭中央的光華島因下沉而面積縮小。重建過程中，邵族正名獲得同情和支持。二〇〇〇年，南投縣政府把光華島正名為邵族本來稱呼的「拉魯島」。

二〇〇一年八月八日，行政院在原住民族委員會審核通過邵族正名案後，核准並宣布邵族為台灣原住民族。

邵族是台灣原住民族中人口最少的一族，圖為南投邵族表演「杵音」。

行政院成立客家委員會

【二〇〇一年至二〇〇二年／台灣報導】行政院客家委員會自二〇〇一年六月十四日成立以來，成為全世界唯一中央部會級的客家事務專責機構。

台灣客家人口約占百分之十五，但客家語言和文化長期以來流失嚴重。行政院客家委員會的成立，一方面希望振興客家語言、文化，一方面希望成為全球客家文化交流中心，由范光群擔任首任主委。

二〇〇二年二月，曾任立委、交通部長的葉菊蘭接任客委會主委，著手打造每年四、五月的「客家桐花祭」，使其成為全國性活動。

台灣史新聞

重點新聞

- ●台北一〇一開幕
- ●二高全線通車
- ●客家電視台開播
- ●台灣獲跆拳奧運金牌
- ●陳水扁連任總統
- ●台北舉行首次同志遊行
- ●太魯閣族獲政府認定

台北一〇一 世界最高
最快電梯 助台北衝向全球

台北一〇一摩天大樓成為台灣新地標。

【二〇〇四年／台北報導】台北一〇一摩天大樓日前開幕，這棟世界第一高樓，將成為台灣亮麗的新地標。

台北一〇一是台北市政府與民間合作的第一個大型BOT開發案，位於台北市信義計畫區，號稱是「將台北帶向全世界」的希望工程。

一九九七年七月，台灣十四家企業組成台北金融大樓公司，取得台北一〇一開發權，以具有全球經驗的國際團隊，展開規畫、建造及經營管理，打造這棟兼具高科技與環保意識、高五百零八公尺、地上一百零一層、地下五層的大樓，總工程費逾新台幣兩百二十億元。

台北一〇一由李祖原建築師設計，以中國文化的吉祥數字「八」，每八層樓為一個結構單元，層層相疊，大樓造型有如勁竹節節高升，生生不息，並融入中國風水的概念。

台北一〇一以高科技來克服台灣多颱風、地震的環境。在防風上，大樓內部第八十八層至九十二層間，吊掛重達六百六十公噸的「巨型阻尼器」，以擺動來減緩大樓的晃動。在防震上，採用新式的「巨型結構」，大樓中心是巨大的骨架，大樓四個面則有八根巨大的柱子，每根柱子從地下五樓至地上九十樓，灌入高密度水泥再覆以鋼板，以確保大樓搖動時不會斷裂。

主體大樓旁邊另有六層樓的「裙樓」，規畫作為購物中心，已先於二〇〇三年十一月十四日開幕。

台北一〇一內兩部世界最快的電梯，已於十二月十四日啟用，自五樓至八十九樓室內觀景台僅三十七秒，時速約六十公里。

台北一〇一在十二月三十一日舉行開幕典禮，並舉行跨年燈光及煙火秀，宣告世界第一高樓台北一〇一時代的來臨。

> 編按：二〇一〇年一月四日，一〇一才被阿拉伯聯合大公國杜拜一百六十九層、八百二十八公尺高的「哈里發塔」超越。

社論 一座大樓 寫下台北驚奇

台灣是全世界高山密度最大的高山島嶼，海拔三千公尺以上的高山有兩百五十八座。二十一世紀初，台北市中心竟然也出現了有如高山的摩天大樓。

台北一〇一蓋在多颱風、多地震的台灣，結合西方的科技、東方的美學，引進國際知名企業與頂級時尚商品，讓人驚奇又驚豔，更成為外國觀光客旅遊台灣的重要景點。

雖然世界第一高樓的紀錄會被超越，但台北一〇一已讓台灣寫進世界史。

二高全線通車 平衡城鄉發展

【二〇〇四年／台北報導】福爾摩沙高速公路（簡稱二高，編號國道三號）於一月十一日全線通車，成為台灣第二條南北高速道路。

台灣第一條南北高速道路是中山高速公路（簡稱一高，編號國道一號），於一九七八年十月三十一日全線通車，北起基隆市，南至高雄市，全長三百七十二・七公里。

福爾摩沙高速公路全長四百三十一・五公里，北起基隆市，南至屏東縣東港鎮，預期將能紓解國道一號幾近飽和的交通流量，也具有平衡城鄉發展的功能。

客家電視台開播 彰顯多元族群文化政策

【二〇〇三年／台北報導】由行政院客家委員會籌備成立的客家電視台，七月一日正式開播，這是全世界唯一以客語發音的有線電視頻道。

客家電視台開播以後，不但是台灣客家人及全球客家鄉親的客語專屬電視頻道，也彰顯了台灣多元族群、多元文化的國家政策。

台灣早年電視限制方言節目，閩南語還有部分時段，客語則完全沒有。客委會主委葉菊蘭表示，當年她的祖母、父親都聽不懂國語、閩南語節目，台灣發展經濟讓家家有電視，但電視對很多老一輩的客家人卻沒有意義，讓人心痛。

奧運跆拳道奪雙金 締造民國參賽紀錄

【二〇〇四年／雅典報導】台灣跆拳道選手陳詩欣、朱木炎參加二〇〇四年雅典奧運，分別獲得金牌，打破中華民國（中華台北）參加奧運七十二年來從未得過金牌的紀錄。

長期以來，跆拳道是台灣重點培植選手參賽的奧運競賽項目之一。在二〇〇四年雅典奧運的跆拳道競賽中，陳詩欣在女子組第一量級（四十九公斤級）獲得金牌。朱木炎緊接著也在男子組第一量級（五十八公斤級）獲得金牌。

陳詩欣

朱木炎

陳水扁連任總統寶座 槍擊疑雲 揮不散的陰影

【二〇〇四年／台北報導】現任民進黨籍總統陳水扁、副總統呂秀蓮上周末以些微票數連任成功，由於在大選前一天的競選活動中因槍擊負傷，使選舉結果受到國民黨質疑，台灣政局陷入混亂。

二〇〇〇年總統大選時，民進黨陳水扁因國民黨分裂成連戰、宋楚瑜兩派，最後以三十萬票勝出。

而今，二〇〇四年總統大選，陳水扁雖握有現任優勢，但國民黨連戰與另組親民黨的宋楚瑜合流，雙方勢均力敵。

三月十九日下午，陳水扁、呂秀蓮在台南市掃街拜票時突遭槍擊，呂秀蓮膝部受傷，陳水扁腹部擦傷。三月二十日的投票照常舉行，結果陳呂配僅以三萬票險勝連宋配，得票率相差僅百分之〇．二。

連宋陣營隨即提出選舉無效和當選無效訴訟，並重新驗票，但未能改變選舉結果。

台北同志大遊行 華人社會第一次

【二〇〇三年／台北報導】台北市於十一月一日舉行同志大遊行，這是全世界華人社會的第一次。

遊行隊伍從男同志著名的聚集地二二八和平紀念公園出發，走到西門町，共約兩千人參加。台北市長馬英九表示，世界主要都市都有同志社群，也都受到尊重，這是都市化的指標，台北是國際都市，也應該尊重各種不同的社群及文化。

台北舉行同志大遊行，巨幅彩虹旗為精神象徵。

太魯閣族正名獲得政府認定

【二〇〇四年／花蓮報導】太魯閣族於一月十四日獲得政府認定，行政院宣布太魯閣族為台灣原住民族。台灣原住民從十一族增為十二族。

花蓮縣秀林鄉、萬榮鄉等地的太魯閣族，南投縣仁愛鄉的賽德克族，過去都被歸屬泰雅族。太魯閣族原本住在南投縣仁愛鄉，自十七世紀開始跨越中央山脈來到目前居住的地方，約有兩萬五千多人，因自我認定為新的族群，展開太魯閣族正名運動。

台灣蠓咬　台北一〇一

這是世界最高的大樓。
參觀台北一〇一，首先要注意喉嚨防晒喔！
一直仰頭看，小心喉嚨晒傷！
沒晒傷，是扭傷了～

台灣史新聞

重點新聞

- 台灣抗議中共訂反分裂法
- 原住民電視台開播
- 印順法師圓寂
- 社論：佛教在台灣
- 李安獲奧斯卡最佳導演
- 觀光局公布新台灣八景
- 北宜高全線通車

針對台灣 中共通過「反分裂法」 反對侵略 台灣發動大遊行

「民主和平護台灣大遊行」在台北市舉行，景福門圓環擠滿人潮。

【二〇〇五年／台灣報導】中華人民共和國於三月十四日制定並通過了「反分裂國家法」，宣示可能以「非和平方式」解決台灣問題，引起美國、日本、歐盟的關切。台灣旋即於三月二十六日舉行數十萬至百萬人的抗議大遊行。

二〇〇二年十一月，現任總統陳水扁繼前總統李登輝「兩國論」後，講出「台灣中國，一邊一國」論調。雖然行政院陸委會說明，這與陳水扁總統二〇〇〇年就職時所說「只要中共無意對台動武，本人保證在任期之內不會宣布獨立」並不矛盾，但中華人民共和國政府認為，這是對「一個中國」政策的挑釁，開始思考以法律手段來阻止台獨勢力。

中華人民共和國政府制定的「反分裂國家法」，在二〇〇五年三月十四日舉行的全國人民代表大會中，以兩千八百九十六票贊成、零票反對的懸殊比例通過，並由國家主席胡錦濤頒布。

根據「反分裂國家法」，在「台灣從中國分裂形成事實」、「將發生可能導致台灣從中國分裂的重大事變」、「和平統一的可能性完全喪失」三種情況之下，可以採取「非和平方式及其他必要措施，捍衛國家主權和領土完整」。

陳水扁總統回應，中華民國是一個主權獨立的國家，國家的主權屬於台灣人民，「兩千多位中國人大委員不能表決兩千三百萬台灣人民的命運」，只有台灣人民有權決定台灣自由、民主、和平的前途。他並號召百萬人民走上街頭，拒絕一部非和平的「侵略法」。

在國際上，美國、日本、歐盟表明支持「一個中國」，但反對以武力解決台灣問題。美國聯邦眾議院並以四百二十四票對四票通過決議，要求美國政府關切中國通過「反國家分裂法」。

由民進黨號召的「三二六民主和平護台灣大遊行」，則於三月二十六日在台北市舉行，陳水扁總統也參與其中，引起國際媒體注意。國民黨雖然同樣表明反對「反國家分裂法」，但未參加遊行。

很多民眾帶小孩參加遊行。

亞洲唯一原視開播

【二〇〇五年／台北報導】由行政院原住民委員會籌備成立的原住民電視台於七月一日開播，這是亞洲唯一的原住民專屬有線電視頻道（二〇〇七年改名原住民族電視台）。

原住民族電視台的開播，將彰顯台灣多元族群、多元文化的國家政策，除了播出各種原住民族相關節目外，還以多種台灣原住民族語言播送新聞。

倡導佛在人間 以人為本
印順法師圓寂

【二○○五年／台北報導】提倡「人間佛教」的佛教思想家印順法師已於六月四日圓寂，享年一百零一歲。陳水扁總統頒發褒揚令。

印順法師祖籍浙江，二十五歲出家，太虛法師門徒，四十七歲來到台灣，後來創辦新竹市郊青草湖的福嚴精舍，以及台北市朱崙街的慧日講堂。一九六三年，二十六歲的證嚴法師前往慧日講堂購買《太虛大師全集》，因緣際會下，皈依印順法師，並於三年後在花蓮創立慈濟功德會。

印順法師撰寫的《中國禪宗史》，由日本學者譯成日文後，送到以佛學著稱的日本東京大正大學申請博士學位，經由當時就讀該校的聖嚴法師協助，在一九七三年通過，印順法師成為中國第一位「博士比丘」。

印順法師提倡人間佛教，主張在不違反佛法的本質下，從適應現實中振興純正的佛法，佛法不是表現於信仰與理想之中的佛法，佛法是佛在人間、以人為本的佛法。印順法師對台灣佛教產生了很大影響，包括星雲法師的「人間佛教」、證嚴法師的「人間菩薩」、聖嚴法師的「人間淨土」等。

社論
台灣佛教 重塑人間淨土

隨著台灣走向民主、自由、多元、開放的現代社會，佛教在台灣也獲得了開創性的發展。

慈濟致力慈善、醫療，其急難救濟不論在國內或國外，都被譽為「台灣的良心」。法鼓山推動「心靈環保」、打造「人間淨土」，提升生命品質，改善社會風氣。佛光山則以企業經營發展，成為全方位的佛教道場，向全球弘法。

人間佛教在台灣生根、茁壯，再傳回中國，甚至印度，可謂台灣佛教的重大成就。

亞洲第一人
李安獲奧斯卡最佳導演

【二○○六年／台北報導】台灣旅美導演李安昨日以《斷背山》勇奪奧斯卡獎最佳導演獎，成為第一位獲得奧斯卡獎最佳導演的亞洲人。

李安一九五四年生於屏東縣潮州鎮，就讀台南一中、台灣藝專（今國立台灣藝術大學）影劇科，留學美國伊利諾大學香檳分校戲劇系，並獲紐約大學電影碩士。

李安最早為台灣中央電影公司拍攝《推手》受到矚目，二○○○年以《臥虎藏龍》獲奧斯卡獎最佳外語片獎，昨日再以描述一九六○年代美國西部牛仔同志故事的電影《斷背山》，榮獲奧斯卡獎最佳導演獎。

榮獲奧斯卡獎最佳導演獎的李安，帶著小金人與台南鄉親分享榮耀。

新台灣八景
觀光局公布

【二○○五年／台北報導】交通部觀光局日前公布了「新台灣八景」：台北一○一、台北故宮、日月潭、阿里山、玉山、高雄愛河、墾丁、太魯閣。

一九五三年時，台灣省政府制定的「台灣八景」是雙潭秋月（日月潭）、玉山積雪、安平夕照、阿里雲海、大屯春色、魯谷幽峽（太魯閣峽谷）、清水斷崖、澎湖漁火。

近年來，台北一○一、台北故宮已成為外國觀光客最常造訪的熱門景點。

北宜高全線通車
雪山隧道 東亞最長

【二○○六年／宜蘭報導】蔣渭水高速公路（北宜高速公路，編號國道五號）於二○○六年六月十六日全線通車，這是台灣第一條橫跨東西部的高速公路，尤以工程艱鉅的雪山隧道著稱。

北宜高從台北市南港區到宜蘭縣蘇澳鎮，全長五十四．三公里，通車後將使兩地行車時間大幅縮短到四十分鐘以內。

北宜高的雪山隧道，因經過地震帶斷層、剪裂帶及地下湧泉，施工十五年才完成，全長十二．九公里，是東亞最長的隧道。

北宜高速公路的雪山隧道段。

台灣史新聞

重點新聞

- 台灣夜市小吃打敗故宮
- 馬英九當選總統
- 社論：小吃王國
- 台灣高鐵通車
- 撒族與賽族獲政府認定
- 「海角七號」創電影奇蹟
- 王建民入選時代百大人物

台灣夜市 觀光客最愛

鍾情小吃猶勝文物

蚵仔煎是觀光客最喜歡的台灣小吃之一，圖為士林夜市的蚵仔煎攤位。

【二〇〇七年／台灣報導】外國觀光客最愛台灣美食，夜市成為台灣獨特而重要的觀光資源，來台旅客有超過四成會去逛夜市、吃小吃。

二〇〇七年六月二十九日，交通部觀光局公布二〇〇六年「來台旅客消費及動向調查」，吸引旅客來台觀光的前兩大因素是菜餚、風光景色；來台旅客主要遊覽景點的前三名是夜市（每百人次有四十一人次）、故宮（每百人次有二十七人次）、台北一〇一（每百人次有二十五人次）。

觀光局每年舉行這項調查，在來台旅客主要遊覽景點部分，二〇〇二年故宮還排名第一，但夜市已緊跟在後，到了二〇〇三年夜市衝到第一，並蟬聯到二〇〇六年，所以被稱是「夜市打敗故宮」。

根據這項調查，來台旅客最多人去的夜市是台北士林夜市，其次為高雄六合夜市，其他還有台北華西街夜市、基隆廟口夜市、台北饒河街夜市等。

另一方面，經濟部商業司則在九月至十月舉辦「外國人台灣美食排行」網路票選，選出二十五項台灣美食，包括桌菜十五道、小吃十道，入選的十道台灣小吃依序為：蚵仔煎、鹽酥雞、臭豆腐、蚵仔麵線、珍珠奶茶、小籠湯包、肉圓、雞肉飯、滷肉飯、蝦捲。

在國人眼中，最能代表台灣美食的無疑也是台灣小吃。《遠見》雜誌六月號公布「外食行為」調查，其中有個問題：「最能夠代表台灣料理的是？」在不提示選項、由民眾主動回答之下，前十名依序為蚵仔煎、珍珠奶茶、大腸蚵仔麵線、臭豆腐、滷肉飯、肉圓、肉粽、擔仔麵、牛肉麵、小籠湯包。

馬英九當選總統 國民黨完全執政

【二〇〇八年／台灣報導】二〇〇八年中華民國總統大選結果於三月二十二日出爐，由國民黨候選人馬英九當選總統，這是台灣第二次政黨輪替。

民進黨在陳水扁、呂秀蓮正副總統連任屆滿後，提名謝長廷、蘇貞昌參選，國民黨則提名馬英九、蕭萬長參選。陳水扁總統第二任內，因受國際金融風暴影響經濟衰退，又被揭發弊案，影響民進黨選情。

此次大選中，馬蕭配得票率百分之五十八．四五，謝蘇配得票率百分之四十一．五五，馬蕭配大勝兩百二十多萬票。國民黨才在一月的立委選舉大勝並掌握四分之三席次，未來勢必形成一黨獨大的「完全執政」。

馬英九當選第十二任總統，在台北小巨蛋舉行就職典禮。

社論 多元族群歷史 融鑄精采小吃文化

每種小吃的出現都與地方族群、歷史、文化、產業息息相關，台灣不但以豐富的小吃著稱，更從中展現了台灣多元族群、多元文化的風貌。

台灣本是物產豐富的海島，歷經先來後到的南島民族、閩粵移民、荷蘭人、西班牙人、日本人、戰後中國各省移民，以及後來以東南亞為主的外籍配偶等，再加上社會富裕後引進全世界的美食，經過不斷的融合與創新，發展出多樣化的台灣美食。

「台菜」在台灣並不是餐廳的主流，常民小吃才是最能代表台灣的美食，在各地的夜市、廟口、路邊攤、菜市場、百貨公司美食街等，都能嘗到各種物美價廉的小吃。

然而，在全球化時代裡，台灣的飲食文化同樣受到了衝擊。台灣應該發揚具有在地特色的小吃文化，將之提升為台灣的文化資產。

全球最大規模BOT 台灣高速鐵路 通車囉

【二〇〇七年／台灣報導】台灣高速鐵路二〇〇七年二月一日正式通車營運，時速達三百公里，台北到高雄行車時間將從過去的四小時，縮短為一個半小時。

台灣高鐵正式營運後，預料將成為台灣北中南都會及西部縣市的長途運輸動脈。全長三百四十五公里，全線百分之七十三是高架橋梁。

台灣高鐵是全世界最大規模BOT公共工程，政府以公權力取得土地，由民間集資興建、營運，總經費高達新台幣六千多億元。採用日本新幹線系統（部分號誌、機電採歐洲規格），也是日本新幹線以「台灣新幹線」名義首次輸出海外。

台灣高速鐵路通車，縮短南北距離，圖為台北站。

賽德克族 成功正名

【二〇〇八年／南投報導】賽德克族於四月二十三日獲得政府認定，台灣原住民從十三族增為十四族。

花蓮太魯閣族原本居住南投縣仁愛鄉，據說在十七世紀左右才開始遷移花蓮。太魯閣族與南投縣仁愛鄉的賽德克族，過去都被歸屬泰雅族。繼太魯閣族在二〇〇四年獲得政府認定後，賽德克族也積極展開正名運動，在二〇〇八年四月二十三日成為政府認定的原住民族，人口六千多人。

台灣電影奇蹟：海角七號

五．三億 打破國片票房紀錄

【二〇〇八年／台灣報導】台灣本土電影《海角七號》上映四個多月後已於日前下片，創下驚人票房，打破歷年來國片（包括港片）票房紀錄。

青年導演魏德聖原計畫募款拍攝以台灣原住民抗日霧社事件為題材的電影《賽德克．巴萊》，但募款失敗，轉而先拍愛情音樂片《海角七號》。《海角七號》製作費五千萬元，新聞局國片輔導金五百萬元，片商投資一千五百萬元，魏德聖自己舉債三千萬元，拍攝過程常因經費短缺，瀕臨停拍窘境。

《海角七號》以現代與日本時代時空交錯呈現台日愛情故事，由阿美族歌手范逸臣、日本模特兒田中千繪主演，八月二十二日上片時因缺乏電影宣傳費用，大都靠部落格及網友在網路傳播口碑，直到創下票房佳績，才引起主流媒體注意。

《海角七號》十二月十二日下片，總計票房高達五億三千萬元，票房紀錄僅次於一九九七年的洋片《鐵達尼號》，被視為台灣電影奇蹟。

王建民榮登「時代百大」

【二〇〇七年／台灣報導】「台灣之光」旅美職棒投手王建民，入選美國《時代》雜誌二〇〇七年全球百大影響力人物。

《時代》雜誌自二〇〇四年起，每年依「藝術家與藝人」、「領袖與革命者」、「英雄與開拓者」、「科學家與思想家」、「創建者與企業鉅子」等五個項目，選出全球百位引領風騷的人物。王建民在「英雄與開拓者」中脫穎而出。

王建民一九八〇年出生於台南市，從小學開始打棒球，入選國家代表隊後，引起美國職棒球探注意，在二〇〇〇年加入美國大聯盟紐約洋基隊，先從小聯盟打起，二〇〇五年升上大聯盟。

王建民在二〇〇六年球季即嶄露頭角，以「伸卡球」（快速下墜球）著稱，連獲十九勝，創下亞洲投手單季最多勝紀錄。二〇〇七年球季，他雖然因傷晚了一個月才出賽，但仍保持十九勝紀錄。

旅美職棒投手王建民返國，以輕鬆打扮向媒體揮手問好。

撒奇萊雅族 獲正式認定

【二〇〇七年／花蓮報導】撒奇萊雅族於一月十七日獲得政府認定，台灣原住民增為十三族。

撒奇萊雅族世居奇萊平原（今花蓮縣花蓮市），過去被視為阿美族，經過十多年的正名運動，在二〇〇七年一月十七日成為政府認定的原住民族，人口四百多人。

台灣蠔咬　肉形石與爌肉飯

故宮肉形石
看起來很好吃。
排骨湯
焢肉飯
果然很好吃。

台灣史新聞

重點新聞

- 澎湖博弈公投，反賭過半
- 八八水災重創南台灣
- 兩岸簽署ECFA
- 社論：讓民主決定
- 台灣生育率全球最低
- 陳樹菊入選時代百大

發展觀光 選擇永續經營
澎湖博弈公投 反對者獲勝

澎湖博弈公投未過關，民間「反賭聯盟」成員高喊「澎湖勝利，台灣勝利」。

【二〇〇九年／澎湖報導】台灣離島澎湖舉行公民投票，決定是否開放賭博事業，結果由反對方贏得勝利。

澎湖是否開放賭博事業，已經爭議了十多年，澎湖縣政府支持博弈投資業者，民間則有「反賭聯盟」抗爭，最後決定交付公投。

根據二〇〇四年實施的公民投票法，公投案過關條件有二，首先是投票率過半，再來是贊成票過半。由於公投案很難跨越投票率過半的門檻，所以只要鼓勵民眾不去投票，公投案就不會通過。為此，國民黨政府特意修正「離島建設條例」，讓澎湖博弈公投案可以排除投票率門檻，只要贊成票過半即可通過。

雖然歷次民調贊成博弈都以相當差距領先，但反賭聯盟仍不斷努力宣導，最後還展開苦行，並號召澎湖旅外青年學子返鄉投票。

二〇〇九年九月二十六日，澎湖舉行博弈公投，公投題目「澎湖要不要設置國際觀光度假區附設觀光賭場」，結果同意票占百分之四十三．五六，不同意票占百分之五十六．四四，相差將近四千票，讓預測者跌破眼鏡。雖然投票率僅百分之四十二．一六，但依法此一公投案成立，未來三年澎湖不能再提博弈議題。

澎湖開放博弈被公投否決，讓已先投資而遭受損失的業者大感意外，批評「澎湖人排外心態嚴重」。反賭聯盟則自稱「小蝦米打敗大財團」，並強調這是澎湖人的覺醒，「澎湖人做了有智慧、有志氣的選擇！」

澎湖博弈公投除了彰顯公投的意義，也傳達了多數澎湖人拒絕賭博入境的心聲，希望以生態環保、永續經營的思考來發展澎湖的觀光。

八八水災重創南台灣
山崩 土石流 釀滅村慘劇

【二〇〇九年／台灣報導】中颱莫拉克於八月七日至八日侵襲全台，重創台灣。中南部、東南部發生水災，造成山崩、土石流，高雄市甲仙鄉小林村瞬間遭土石覆蓋，數百人被活埋，成為國際災難新聞。這是台灣自一九五九年八七水災以來最大的水災。

中颱莫拉克於二〇〇九年八月七日從花蓮登陸、桃園出海，帶來超大豪雨，中南部各氣象站紛紛創下單日最大雨量紀錄，屏東、台東、台南發生嚴重水災，台東知本溫泉區八層樓高的金帥飯店被洪水沖倒。

截至目前為止的統計，八八水災造成近八百人死亡、四十五人受傷、兩萬多人被撤離，總損失超過新台幣九百億元。

八八水災重創南台灣，高雄甲仙小林村幾乎滅村。

兩岸簽署ＥＣＦＡ 經政關係邁新階段

【二〇一〇年／重慶、台北報導】台灣海峽兩岸的中華民國、中華人民共和國，於六月二十九日在四川重慶簽署了「海峽兩岸經濟合作架構協議」（Economic Cooperation Framework Agreement，簡稱ＥＣＦＡ），海峽兩岸的經濟和政治關係進入新階段。

在台灣，在野的民主進步黨認為ＥＣＦＡ的內容和簽署應該公開透明，主張交由台灣人民公民投票決定，並於六月二十六日在台北舉行「反對一中市場、人民公投作主」大遊行。但執政黨國民黨所任命的行政院公民投票審議委員會，駁回了ＥＣＦＡ公投案。

馬英九總統上任後，以推動ＥＣＦＡ為重要政策，認為ＥＣＦＡ將增進兩岸的貿易與投資關係，有利兩岸的經濟繁榮與發展，避免台灣經濟被國際邊緣化。

民進黨人士則質疑，ＥＣＦＡ是政治風險極高的傾中政策，將使台灣流失主權，脫離ＷＴＯ多邊談判的保護機制，增加失業人口，拉大貧富差距。

民進黨主席蔡英文與國民黨主席馬英九曾在四月二十五日舉行ＥＣＦＡ電視辯論。馬英九指責民進黨鎖國，蔡英文則回應：「民進黨是走向世界，跟著世界走向中國；國民黨是走向中國，再跟中國一起走向世界。」

海基會董事長江丙坤（左）與海協會會長陳雲林（右）在重慶簽署 ECFA。

社論 統獨 要尊重人民意志

台灣內部長期的統獨爭議，在「維持現狀，不統不獨」下取得平衡，但近年來中國崛起，國際政經地位舉足輕重，民進黨執政時已出現經濟逐漸依賴中國的跡象，因此很多人擔心海峽兩岸簽署ＥＣＦＡ後，台灣將在「先經後政」下逐漸喪失主權。

海峽兩岸的差異，可從孫中山先生的「三民主義」來分析。在民族上，雖有血液學術研究顯示「非原住民台灣人的基因結構」與中國漢人有別，但兩岸畢竟有相近的語言和文化。在民生上，兩岸的經濟發展也逐漸縮短差距。但在民權上，兩岸政治體制不同則是最大的鴻溝。

多年來，台灣好不容易發展全球華人社會僅有的民主制度，台灣人民擁有自由、民主、人權等普世價值和生活方式。兩岸的執政者都應該尊重台灣的民主機制，讓台灣人民以民主決定未來。

總生育率跌破一 台灣生育率 世界低

【二〇一〇年／台灣報導】台灣生育率在二〇〇九年已是全球最低，今年再創新低，從一・〇三下跌到〇・九一，平均每位婦女生不到一個孩子。

內政部調查，台灣婦女不願生育，主要原因在於近年來經濟環境不佳，考量可能養不起小孩，以及女性自主意識提高，晚婚、不婚者愈來愈多。

為了刺激生育率，台灣各縣市都提出各種獎勵生育的津貼，內政部還舉行「鼓勵生育創意標語」徵選活動，並在網路開放票選。最後由台中市民張小姐以「孩子是我們最好的傳家寶」勝出，獲得一百萬元獎金。但三十二歲、未婚的張小姐在接受媒體訪問時說：「現在景氣不好，我就算結婚了也不敢生小孩。」

省吃儉用 捐款行善 陳樹菊入選《時代》百大人物

【二〇一〇年／台灣報導】五十九歲的台灣菜販陳樹菊女士，多年來省吃儉用，捐錢做公益，入選美國《時代》雜誌二〇一〇年「全球百大影響力人物」。

《時代》雜誌指出，陳樹菊讓人讚嘆之處，不在於她的不凡，而是在於她的慷慨，陳樹菊曾說過：「錢只有給需要的人才有用。」

多年來，未婚的陳樹菊在台東中央市場賣菜，她長期吃素，一天的生活費只有新台幣一百元，卻已捐出近一千萬元幫助兒童、孤兒，還幫助母校建立了圖書館。《時代》雜誌以「令人驚奇」來形容陳樹菊，並說：「她所捐出最大的禮物，就是她的榜樣。」

台東中央市場菜販陳樹菊獲選《時代》雜誌全球百大影響力人物，仍照常賣菜。

台灣蠔呅 台灣生育率倒數第一

台灣史新聞

重點新聞

- 《賽德克・巴萊》上映
- 二〇一二總統大選開打
- 日強震海嘯，傷亡慘重
- 社論：真正的人
- 曾雅妮榮登高爾夫球后

《賽德克・巴萊》刷新票房 史詩電影詠讚台灣原住民精神

《賽德克·巴萊》導演魏德聖出席官方預告首播記者會。

【二〇一一年／台灣報導】導演魏德聖從構思到完成，歷經十二年的台灣史詩電影《賽德克・巴萊》，九月在台灣上映以來，引起國人熱烈關注，不但獲得金馬獎最佳影片，也創下台灣最高電影票房紀錄。

《賽德克・巴萊》八月時獲邀參加威尼斯影展，在影展中舉辦全球首映，並入圍正式競賽片，雖成為焦點但未能得獎。十一月，《賽德克・巴萊》參加金馬獎，獲得十一項提名，最後勇奪最佳影片等六個獎項。

《賽德克・巴萊》因片長分成上集「太陽旗」、下集「彩虹橋」，於九月九日和三十日接連同步上映。上下兩集總票房先打破二〇〇八年《海角七號》五億三千萬的國片（包括港片）最高票房紀錄，再打破一九九七年洋片《鐵達尼號》七億八千萬的台灣最高電影票房紀錄，高達八億多元，並賣出眾多海外版權。

時間回到二〇〇三年，沒沒無聞的魏德聖自籌兩百五十萬，試拍了五分鐘的《賽德克・巴萊》，希望以募款來完成他的電影夢，雖然失敗了，但魏德聖於二〇〇八年以五千萬拍攝的第一部電影《海角七號》，意外創下驚人票房，打開了籌拍《賽德克・巴萊》之路。

魏德聖不但獲得行政院新聞局的重點補助，並與中影公司董事長郭台強合作，以七億資金拍攝這部台灣歷來耗資最鉅、規模最大的電影，並邀請國際知名的香港導演吳宇森擔任監製。

《賽德克・巴萊》以台灣在一九三〇年日本時代發生的霧社事件為題材，當時台中州能高郡霧社（今南投縣霧社鄉）的賽德克族，因反抗日本殖民統治的壓迫，由馬赫坡社頭目莫那魯道率領族人攻擊日本駐警，並與增援的日本現代化部隊戰鬥，死傷慘重，寧死不屈。《賽德克・巴萊》片名使用台灣原住民族之一賽德克族的語言，賽德克（Seediq）是人，巴萊（Bale）是真正，合起來的意思就是「真正的人」。

吳宇森在威尼斯影展說，《賽德克・巴萊》呈現一頁動人的台灣史詩，拍出「人性的尊嚴」和「崇高的人格」，這是全人類都會感動的故事。

馬蔡宋 爭鋒對決 總統大選提前開打

【二〇一一年／台灣報導】二〇一二年中華民國總統大選已經提早開打，尋求連任、身兼中國國民黨主席的馬英九總統，將面對民主進步黨主席蔡英文、親民黨主席宋楚瑜的挑戰。

在執政黨國民黨的設計之下，下屆中華民國正副總統選舉將改成與立委選舉合併舉行，投票日提前到一月十四日。三組正副總統候選人已於十一月下旬陸續完成登記，分別是國民黨馬英九、吳敦義，民進黨蔡英文、蘇嘉全，親民黨宋楚瑜、林瑞雄。

根據十二月的各種選舉民調，馬英九和蔡英文的支持度非常接近，大幅領先宋楚瑜，但宋楚瑜仍有一定實力，為選舉結果添加變數。多數媒體認為，這次選舉是「雙英對決」，馬英九可能險勝，蔡英文也可能成為台灣第一位女總統。

總統大選第一場電視辯論會，三位參選人馬英九、蔡英文、宋楚瑜同時登場。

日本三一一大地震
海嘯奪命逾萬 引發核能外洩

【二〇一一年／日本、台灣報導】日本東北地方太平洋海域發生了巨大的地震和海嘯，不但生命和財產損失慘重，還造成核電廠大量輻射外洩的事故，帶來毀滅性破壞。世界各國對日本展開人道救援的同時，也紛紛檢討核能政策。

二〇一一年三月十一日下午二時四十六分二十三秒，日本發生官方所稱的「東北地方太平洋沖地震」，規模高達芮氏規模九級，震央位於宮城縣首府仙台市以東的太平洋海域。這是日本有觀測紀錄以來最大的地震，引發四十公尺高的海嘯，造成約一萬六千人死亡、三千八百人失蹤、六千人受傷。

宮城縣南方的福島縣則發生最高的第七級核電廠事故，造成核反應爐熔毀、大量輻射外洩，影響周邊環境和居民健康，嚴重情況超過著名的一九八六年前蘇聯烏克蘭車諾比核電廠事故，以及一九七九年美國賓州三哩島核電廠事故。

日本為核能模範國家卻仍發生如此事故，使得很多國家決定減少或停止發展核電，德國更宣布將在二〇二二年全面廢核。

在台灣，民進黨主席蔡英文率先提出「二〇二五年非核家園」時間表，國民黨馬英九總統也宣布「確保核安，穩健減核，逐步邁向非核家園」的政策。

而今，各國紛紛對日本捐款賑災，台灣的捐款大都來自民間，總額高達兩百億日圓（約七十七億台幣），排名世界第一，大幅超過其他大國。日本人既驚訝又感動，稱台灣是「患難見真情」的朋友。

福島縣仙台機場慘遭海嘯肆虐，滿目瘡痍，連小飛機都被沖毀到路旁。

社論 真正的人 野蠻的驕傲

《賽德克．巴萊》片中，有些賽德克族人認為在日本殖民統治下可以脫離野蠻、走向文明，但莫那魯道卻強調，一個族群要有做「真正的人」的尊嚴，並對日本人嗆聲：「如果文明是要我們卑躬屈膝，那我就讓你們看見野蠻的驕傲！」

這句話點出了全片的宗旨，引起廣大共鳴，讓人聯想到台灣近四百年的歷史經驗，不論是原住民或是漢人族群，都懷有喪失尊嚴、爭取主權的悲情意識。

何謂文明？何謂野蠻？更是值得我們深刻反省。事實上，人類文明的發展已帶來毀滅性的威脅，包括近年來因地球暖化而造成的氣候異常，以及日本因大地震造成的核能事故。

在台灣，我們的「文明」是用什麼換來的？是不是犧牲了生態、環境、國民健康、社會公義？我們難道不應該「野蠻」地生氣和反抗嗎？

台灣第一人
曾雅妮榮登世界高爾夫球后

【二〇一一年／台灣報導】台灣女子職業高爾夫選手曾雅妮榮登世界球后寶座已長達九個月之久，她也是第一位在世界主流運動排名第一的台灣運動員。

曾雅妮一九八九年出生於桃園縣龜山鄉，五歲就跟隨父打高爾夫，青少年時即展現驚人的天賦和習能力，成為業餘賽頂尖選手。她從二〇〇七年開始打職業賽，逐漸在世界大賽嶄露頭角。

今年二月，曾雅妮贏得澳洲名人賽冠軍，世界排名躍居第一。六月，再獲維格曼斯LPGA錦標賽冠軍，以二十二歲寫下世界最年輕榮獲四座大賽冠軍的紀錄。八月，成功衛冕英國女子公開賽，再度寫下史上最年輕榮獲五座大賽冠軍的紀錄。

因曾雅妮的名氣和桃園揚昇球場董事長許典雅的魄力，LPGA錦標賽於今年十月首度在台灣舉行，這是台灣首次舉行國際級高爾夫賽事，曾雅妮也再度拿下冠軍，確定衛冕LPGA錦標賽年度最佳球員。

世界球后曾雅妮以四天總和低於標準桿十六桿，拿下 LPGA 台灣錦標賽冠軍。

圖片來源

二十四頁上圖	杜福安繪製。
二十四頁下圖	杜福安繪製。
二十五頁上圖	杜福安繪製。
二十五頁下圖	杜福安繪製。
二十六頁上圖	杜福安，《漫畫台灣歷史》第一集，十七頁，玉山社，二〇〇二年。
二十六頁下右圖	杜福安，《漫畫台灣歷史》第一集，二十三頁，玉山社，二〇〇二年。
二十六頁下左圖	杜福安，《漫畫台灣歷史》第一集，十一頁，玉山社，二〇〇二年。
二十七頁上圖	杜福安，《漫畫台灣歷史》第一集，十一頁，玉山社，二〇〇二年。
二十七頁下圖	杜福安，《漫畫台灣歷史》第一集，九頁，玉山社，二〇〇二年。
二十八頁上圖	杜福安，《漫畫台灣歷史》第一集，九十頁，玉山社，二〇〇二年。
二十八頁下圖	杜福安，《漫畫台灣歷史》第一集，一四五頁，玉山社，二〇〇二年。
二十九頁上圖	杜福安繪製。
二十九頁中圖	杜福安，《漫畫台灣歷史》第一集，一八一頁，玉山社，二〇〇二年。
二十九頁下左圖	杜福安，《漫畫台灣歷史》第一集，一二九頁，玉山社，二〇〇二年。
二十九頁下右圖	杜福安，《漫畫台灣歷史》第一集，一八一頁，玉山社，二〇〇二年。
三十頁上圖	杜福安，《十三行大冒險》，六十八頁，十三博物館，二〇〇五年。
三十頁下圖	杜福安，《漫畫台灣歷史》第二集，四十七頁，玉山社，二〇〇二年。
三十一頁上圖	杜福安，《漫畫台灣歷史》第二集，三十三頁，玉山社，二〇〇二年。
三十一頁下圖	黃啟瑞；鍾國風、杜福安，《黑狗大風》，八十四頁，行政院國家科學委員會，二〇〇六年。
三十四頁上圖	Abraham Ortelius, *Indiae orientalis insularumque adiacentium typus*, 1570.
三十四頁下圖	《中國或稱支那王國新的描述》（Chinae, olim Sinarum regionis, nova description）地圖。收錄於 Abraham Ortelius, *Theatrum Orbis Terrarum*, 1570.
三十五頁上左圖	英文版維基百科，「Sakoku」條目。（日本版畫，一六四四至一六四八年。）
三十五頁上右圖	英文版維基百科，「Matteo Ricci」條目。
三十五頁中圖	日文版維基百科，「豊臣秀吉」條目。
三十五頁下圖	臺灣文化三百年記念會編，《臺灣史料集成》，臺灣文化三百年記念會，一九三一年。
三十六頁上圖	杜福安繪製。
三十六頁下右圖	荷蘭文版維基百科，「Vereenigde Oostindische Compagnie」條目。
三十六頁下左圖	林逸帆攝。
三十七頁上圖	杜福安繪製。
三十七頁下圖	清水雪江，Descripción del Puerto de los Holandese en Isla Hermosa，一六二六年。
三十八頁上圖	英文版維基百科，「荷蘭東印度公司」條目，圖片提供者 Tropenmuseum。
三十八頁下圖	荷蘭文版維基百科，「Jan Pieterszoon Coen」條目。
三十九頁上圖	Charles Ralph Boxer 收藏手稿，翁佳音提供。
三十九頁下圖	英文版維基百科，「Matteo Ricci」條目。
四十頁上圖	René Augustin de Renneville, Formosa - Fort de Zeelande ou de Taiovang, 1702.
四十頁下圖	J.Vernalle, Plan du fort de Zelande a l'Isle Formose, *Lettres Edifiantes et Curieuses, Ecrites des Missions Etrangeres, par Quelques Missionnaires de la Compagnie de Jesus. XIV. Recueil*, 1720.
四十一頁上圖	Pedro de Vera, Descripción del Puerto de los esopañoles en Isla Hermosa, 1626.
四十一頁下圖	杜福安繪製。
四十二頁上圖	杜福安繪製。
四十二頁下圖	杜福安繪製。
四十三頁上圖	台南市役所，《台灣歷史畫帖》，台南市役所，一九三九年。
四十三頁中圖	翁佳音提供。
四十三頁下圖	中文版維基百科，「皇太極」條目。
四十四頁上圖	杜福安，《漫畫台灣歷史》第三集，玉山社，二〇〇二年。
四十四頁下圖	《淡水與其附近村社暨雞籠島略圖》（**Kaartje van Tamsuy en omleggende dorpen, zoo mede het eilandje Kelang**），一六五四年繪製。收錄於《大臺北古地圖考釋》（翁佳音，新北市立文化中心，一九九八年）。
四十五頁上圖	杜福安，《漫畫台灣歷史》第三集，玉山社，二〇〇二年。
四十五頁下圖	原件藏於荷蘭海牙國家檔案館，翁佳音提供。
四十六頁上圖	杜福安繪製。
四十六頁中圖	杜福安，《漫畫台灣歷史》第三集，、玉山社，二〇〇二年。
四十六頁下圖	台南市役所，《台灣歷史畫帖》，台南市役所，一九三九年。
四十七頁上圖	杜福安繪製
四十七頁下圖	日文版維基百科，「鄭成功」條目。
四十八頁上圖	德文版維基百科，「Fort Zeelandia (Taiwan)」條目。
四十八頁中圖	**Frederik Coyett, *'t verwaerloosde Formosa*, 1675.**
四十八頁下圖	**Frederik Coyett, *'t verwaerloosde Formosa*,1675.**
四十九頁上圖	原件藏於荷蘭海牙國家檔案館，翁佳音提供。
四十九頁下圖	杜福安繪製
五十頁上圖	杜福安繪製。
五十頁下圖	Olfert Dapper, *Tweede en derde gesandschap na het keyserryck van Taysing of China*, 1670.
五十一頁上圖	英文版維基百科，「New Amsterdam」條目。
五十一頁中圖	中文版維基百科，「尚可喜」條目。
五十一頁下圖	日文版維基百科，「康熙帝」條目。

五十二頁圖	杜福安繪製。
五十三頁上圖	杜福安，《漫畫台灣歷史》，玉山社，二〇〇二年。
五十三頁下右圖	〈臺灣臺南市天后宮〉，國家圖書館提供。
五十三頁下左圖	英文版維基百科，「Isaac Newton」條目。
五十四頁上圖	杜福安繪製。
五十四頁下圖	《番社采風圖》（渡溪），一七四五年。原件藏於中央研究院歷史語言研究所。
五十五頁上右圖	杜福安繪製。
五十五頁上左圖	《台灣府台江內海輿地圖》局部，原件藏於美國國會。
五十五頁下圖	《番社采風圖》（社師），一七四五年。原件藏於中央研究院歷史語言研究所。
五十八、五十九頁上圖	〈康熙臺灣輿圖〉摹本，國立臺灣博物館提供。
五十八頁下圖	臺灣文化三百年記念會編，《臺灣史料集成》，臺灣文化三百年記念會，一九三一年。
五十九頁中圖	周鍾瑄，《諸羅縣志》，一七一七年。
五十九頁下圖	臺灣大觀社編，《最近の南部臺灣》，臺灣大觀社，一九二三年。
六十頁上圖	杜福安繪製。
六十頁下圖	尹章義，《新莊志：卷首》，新莊市公所，三十至三十一頁，一九八一年。
六十一頁上圖	小山權太郎，《屏東旗山潮州恒春東港五郡大觀》，南國寫真大觀社，八十七頁，一九三三年。
六十一頁中圖	英文版維基百科，「Edmond Halley」條目。
六十一頁下圖	英文版維基百科，「Kingdom of Great Britain」條目。
六十二頁上圖	《康熙皇輿全覽圖》，一七一八年，北京故宮博物院提供。
六十二頁下圖	德文版維基百科，「Caspar Schmalkalden」條目。
六十三頁上圖	杜福安繪製。
六十三頁下圖	台南市役所，《台灣歷史畫帖》，台南市役所，一九三九年。
六十四頁上圖	杜福安繪製。
六十四頁下圖	伊能嘉矩，《臺灣文化志》，三六六頁，刀江書院，一九二八年。
六十五頁上圖	中文版維基百科，「不列顛東印度公司」條目。
六十五頁中圖	《臺中廳水利梗概》，臺中廳公共埤圳聯合會，十四頁，一九一八年。
六十五頁下圖	李乾朗收藏，鳳邑赤山文史工作室提供。
六十六頁圖	杜福安繪製。
六十七頁上圖	《番社采風圖》（乘屋），一七四五年。原件藏於中央研究院歷史語言研究所。
六十七頁中圖	日文版維基百科，「雍正帝」條目。
六十七頁下圖	乾隆《重修福建台灣府志》台灣府總圖。
六十八頁上圖	臺灣文化三百年記念會編，《臺灣史料集成》，臺灣文化三百年記念會，一九三一年。
六十八頁下圖	加藤光貴，《臺南名勝舊蹟案內》，臺南名勝舊蹟案內發行所，一九三五年。原件典藏於國立臺灣大學圖書館。
六十九頁上圖	劉良璧，《重修福建臺灣府志》，乾隆六年（一七四一年）。
六十九頁下圖	杜福安繪製。
七十頁圖	杜福安繪製。
七十一頁上圖	英文版維基百科，「Yongzheng Emperor」條目。
七十一頁下圖	傅恒，《皇清職貢圖》，卷三，乾隆十六年。
七十二頁圖	杜福安繪製。
七十三頁上圖	臺灣總督府交通局編，《臺灣鐵道旅行案內》，臺灣總督府交通局鐵道部，一九三〇年。
七十三頁中圖	徐逸鴻攝。
七十三頁下圖	日文版維基百科，「乾隆帝」條目。
七十四頁上圖	翁佳音提供。
七十四頁下圖	翁佳音提供。
七十五頁上圖	原件藏於台北市文獻委員會。
七十五頁下圖	《臨時臺灣土地調查局紀念帖》，八十一頁，臨時臺灣土地調查局，明治三十七年四月。
七十六頁上圖	德文版維基百科，「Charles de Secondat, Baron de Montesquieu」條目。
七十六頁下圖	法文版維基百科，「Montesquieu」條目。
七十七頁上圖	劉世珣攝。
七十七頁下圖	施淑宜總編輯，《海國圖索：臺灣自然地理開發 1895-1945》，一三六頁，立虹，一九九六年。
七十八頁上圖	W.A. Pickering, The great storm, *Pioneering in Formosa: Recollections of adventures among mandarins, wreckers, and head-hunting savages*, p. 85, London: Hurst and Blackett, 1898.
七十八頁下圖	臺灣總督府內務局編，《史蹟調查報告》，臺灣總督府內務局，一九三六年。
七十九頁上圖	范咸，《重修臺灣府志》，乾隆十二年（一七四七年）。
七十九頁下圖	英文版維基百科，「Benjamin Franklin」條目。
八十頁上圖	Pepohoans, p. 239, Thomson, 1875.
八十頁下圖	傅恒，《皇清職貢圖》，卷三，乾隆十六年。
八十一頁上圖	英文版維基百科，「Hans Sloane」條目。
八十一頁下圖	臺灣總督府殖產局編，《臺灣蕃政志》，臺灣總督府民政部殖產局，一九〇四年。
八十二頁上圖	杜福安繪製。
八十二頁下圖	臺灣文化三百年記念會編，《臺灣史料集成》，臺灣文化三百年記念會，一九三一年。
八十三頁上圖	〈台灣民番界址圖〉，乾隆二十五年（一七六〇年），原件藏於中央研究院歷史語言研究所。
八十三頁中圖	〈瑠公圳新景尾水橋〉，原件藏於台北市文獻委員會。
八十三頁下圖	臺灣文化三百年記念會編，《臺灣史料集成》，臺灣文化三百年記念會，一九三一年。
八十四頁上圖	英文版維基百科，「George Psalmanazar」條目。
八十四頁下圖	George Psalmanazar, *An Historical and Geographical Description of Formosa, an Island subject to the Emperor of Japan*, London, 1705.
八十五頁上圖	森丑之助，《臺灣蕃族志》，臨時台灣舊慣調查會，一九一七年。
八十五頁下圖	英文版維基百科，「James Watt」條目。
八十六頁上圖	Benyowsky, Maurice Auguste, comte de, *Gróf Benyovszky Móricz Eletrajza, saját emlékiratai és útleírásai : Képekkel, Térképekkel, autographokkal*, Budapest: Ráth Mór, 1888.
八十六頁下圖	中文版維基百科，「貝尼奧斯基」條目。
八十七頁上圖	大甲區瀾宮提供。
八十七頁下圖	英文版維基百科，「James Cook」條目。
八十八頁上圖	英文版維基百科，「United States Declaration of Independence」條目。

八十八頁下左圖。 英文版維基百科，「United States Declaration of Independence」條目。
八十八頁下右圖。 英文版維基百科，「Thomas Jefferson」條目。
八十九頁上圖 太田猛編輯，《臺灣大觀》，三五二頁，臺南新報社，一九三五年。
八十九頁下圖 傅恒，《皇清職貢圖》，卷一，乾隆十六年。
九十頁上圖 余文儀，《續修台灣府志》，乾隆三十九年（一七七四年）。
九十頁下圖 泉風浪，《中部臺灣を語る》，南瀛新報社出版部，一九三〇年。
九十一頁上圖 杜福安繪製。
九十一頁下左圖 德文版維基百科，「Wilhelm_Herschel」條目。
九十一頁下右圖 Samuel Shaw. *The journals of Major Samuel Shaw: the first American consul at Canton: with a life of the author*, Boston: Wm. Crosby and H.P. Nichols, 1847.
九十二頁圖 姚文翰等，《平定臺灣圖》，乾隆年間。
九十三頁上圖 衫山靖憲，《台灣名勝舊蹟誌》，台灣總督府，四七七頁，一九一六年。
九十三頁中圖 台灣版維基百科，「鹿港龍山寺」條目，圖片提供者 Tsaiid。
九十三頁下圖 英文版維基百科，「French Revolution」條目。
九十四頁上圖 英文版維基百科，「George Macartney, 1st Earl Macartney」條目。
九十四頁下圖 英文版維基百科，「George Macartney, 1st Earl Macartney」條目。
九十五頁上圖 台灣版維基百科，「艋舺清水巖」條目，圖片提供者 Winertai。
九十五頁下圖 衫山靖憲，《台灣名勝舊蹟誌》，台灣總督府，四七六頁，一九一六年。
九十六頁上圖 杜福安繪製。
九十六頁下圖 國立中央圖書館台灣分館編，《尋根探源：台灣開發史蹟展專集》，七十六頁，國立中央圖書館台灣分館，一九九一年。
九十七頁上圖 德文版維基百科，「Jiaqing」條目
九十七頁中圖 陳文立攝。
九十七頁下圖 中文版維基百科，「荷蘭東印度公司」條目，圖片提供者 Ijjccoo。
一〇〇頁上圖 翁佳音提供。
一〇〇頁下圖 中文版維基百科，「阮惠」條目。
一〇一頁上圖 維基共享資源，「Sampan」條目。
一〇一頁下圖 英文版維基百科，「Louisiana Purchase」條目。
一〇二頁上圖 杜福安繪製。
一〇三頁上圖 杜福安繪製。
一〇三頁中圖 劉振祥攝，原件藏於新北市立鶯歌陶瓷博物館
一〇三頁下圖 英文版維基百科，「North River Steamboat」條目。
一〇四頁上圖 成田武司，《臺灣生蕃種族寫真帖》，成田寫真製版所，大正元年（一九一二年）。
一〇四頁下圖 翁佳音提供。
一〇五頁上圖 太田猛編輯，《臺灣大觀》，臺南新報社，一九三五年。
一〇五頁下圖 英文版維基百科，「Old Summer Palace」條目。
一〇六頁上圖 陳淑均，《葛瑪蘭廳志》，咸豐二年（一八五二年）。
一〇六頁下圖 鄭兼才，《續修台灣縣志》，嘉慶十二年（一八〇七年）。
一〇七頁上圖 臺灣文化三百年記念會編，《續臺灣文化史説》，臺灣文化三百年記念會，一九三一年。
一〇七頁下圖 俄文版維基百科，「Отечественная война 1812 года」條目。
一〇八頁上圖 翁佳音提供。
一〇八頁下圖 成田武司，《臺灣生蕃種族寫真帖》，成田寫真製版所，大正元年（一九一二年）。
一〇九頁上圖 中文版維基百科，「阿美士德」條目。
一〇九頁下圖 日文版維基百科，「タンボラ山」條目。
一一〇頁上圖 池上清德編輯，《臺灣寫真大觀》，臺灣教育資料研究會，一九三六年。
一一〇頁下圖 法國國家圖書館，攝影與版畫部門。收錄於《法國珍藏早期台灣影像：攝影與歷史的對話》（九十四頁，雄獅，一九九七年）。
一一一頁上圖 中文版維基百科，「鄭用錫」條目。
一一一頁下右圖 中文版維基百科，「道光帝」條目。
一一一頁下左圖 中文版維基百科，「木藍」條目。圖片提供者 Kurt Stüber。
一一二頁上圖 法國國家圖書館，攝影與版畫部門。收錄於《法國珍藏早期台灣影像：攝影與歷史的對話》（八十五頁，雄獅，一九九七年）。
一一二頁下圖 中文版維基百科，「文開書院」條目，圖片提供者 Pbdragonwang。
一一三頁上圖 John Thomson, *Through China with a camera*, Westminster: A. Constable & Co., 1898.
一一三頁下圖 中文版維基百科，「路德維希．范．貝多芬」條目。Ferdinand Georg Waldmüller 繪製
一一四頁上圖 The mission church and school, Toa-lam, Po-sia, Formosa, *The Messenger and Missionary Record of the Presbyterian Church of England* n.s. Vol 4, p. 10, 1879.
一一四頁下圖 *Le Tour du Monde Nouveau Journal des Voyages*, p. 228, Paris: Boulevad Sanit-Germain, 1875.
一一五頁上圖 臺灣總督府內務局編，《史蹟調查報告》，臺灣總督府內務局，一九三六年。
一一五頁下圖 杜福安繪製。
一一六頁上圖 中文版維基百科，「金廣福公館」條目，圖片提供者 Paul Chiang。
一一六頁下圖 仲摩照久編輯，《日本地理風俗大系》，十頁，新光社，一九三〇至一九三一年。
一一七頁上圖 翁佳音提供。
一一七頁下圖 中文版維基百科，「郭士立」條目。
一一八頁上圖 臺灣總督府編，《臺灣統計要覽》，臺灣總督府，一九一六年。
一一八頁下圖 臺灣總督府編，《臺灣統計要覽》，臺灣總督府，一九一六年。
一一九頁上圖 《台灣紹介最新寫真集》，一九三一年。收錄於《台灣經典寫真•邂逅 30年代 Formosa》（四九一頁，田野影像出版社，一九九七年）。
一一九頁下圖 英文版維基百科，「Samuel Morse」條目。
一二〇頁上圖 英文版維基百科，「Lin Zexu」條目。
一二〇頁下圖 英文版維基百科，「First Opium War」條目。
一二一頁上圖 中文版維基百科，「二沙灣砲臺」條目，圖片提供者 Bigmorr。
一二一頁下圖 中文版維基百科，「南京條約」條目。
一二二頁上圖 杜福安繪製。
一二二頁下圖 *Illustrated London News*, Vol 35, No. 1001, p. 443, 5 November 1859.
一二三頁右圖 英文版維基百科，「Caleb Cushing」條目。
一二三頁左圖 口湖下寮萬善同歸塚，文化部文化資產局。
一二四頁圖 *Illustrated London News*, Vol 85, No. 2373, p. 340, 11 October 1884.

一二五頁上圖	中文版維基百科，「洪秀全」條目。
一二五頁中圖	*Ten scenes recording the retreat and defeat of the Taiping Northern Expeditionary Forces*, February 1854-March 1855.
一二五頁下圖	中文版維基百科，「咸豐帝」條目。
一二六頁上圖	杜福安繪製。
一二六頁下圖	臺灣總督府編，《臺灣統計要覽》，臺灣總督府，一九一六年。
一二七頁上圖	英文版維基百科，「William L. Marcy」條目。
一二七頁下圖	林逸帆攝。
一二八頁上圖	英文版維基百科，「Auguste Chapdelaine」條目。（*Le Monde illustré*, 1858.）
一二八頁下圖	英文版維基百科，「Treaty of Tientsin」條目。
一二九頁上圖	法國國家圖書館，攝影與版畫部門。收錄於《法國珍藏早期台灣影像：攝影與歷史的對話》（八十一頁，雄獅，一九九七年）。
一二九頁下圖	英文版維基百科，「Charles Darwin」條目。
一三〇頁上圖	中文版維基百科，「郇和」條目。
一三〇頁下圖	*Illustrated London News*, Vol. 47, p. 289, 23 September 1865.
一三一頁上圖	中文版維基百科，「同治帝」條目。
一三一頁下圖	英文版維基百科，「Second Opium War」條目。
一三二頁上圖	*Illustrated London News*, Vol. 50, p. 600, 15 June 1867.
一三二頁下圖	William Alexander Pickering, *Pioneering in Formosa: recollections of adventures among mandarins, wreckers, & head-hunting savages*, London: Hurst & Blackett, p. 232, 1898.
一三三頁上圖	英文版維基百科，「Abraham Lincoln」條目。
一三三頁下圖	*The Graphic: An Illustrated Weekly Newspaper*, Vol X, No. 248, p. 201, 29 August 1874.
一三四頁上圖	太平境馬雅各紀念教會提供。
一三四頁下圖	中文版維基百科，「萬巴德」條目。
一三五頁上圖	臺灣總督府編，《臺灣統計要覽》，臺灣總督府，一九一六年。
一三五頁中圖	法國國家圖書館，攝影與版畫部門。收錄於《法國珍藏早期台灣影像：攝影與歷史的對話》（一二四頁，雄獅，一九九七年）。
一三五頁下圖	John Thomson, *Illustrations of China and its people. A series of two hundred photographs, with letterpress descriptive of the places and people represented Vol. II*, London:Sampson Low, Marston, Low, and Searle, 1876.
一三六頁上圖	臺灣大觀社編，《最近の南部臺灣》，臺灣大觀社，一九二三年。
一三六頁下圖	井出季和太，《臺灣治績志》，臺灣日日新報社，一九三七年。
一三七頁上圖	德文版維基百科，「Cixi」條目。
一三七頁下圖	臺灣文化三百年記念會編，《臺灣史料集成》，臺灣文化三百年記念會，一九三一年。
一三八頁上圖	杜福安繪製。
一三八頁下圖	Paul Ibis, Auf Formosa: Ethnographische Wanderungen, *Globus*, p.182, 1877.
一三九頁上圖	臺灣文化三百年記念會編，《臺灣史料集成》，臺灣文化三百年記念會，一九三一年。
一三九頁下圖	中文版維基百科，「湯瑪斯．愛迪生」條目。
一四〇頁上圖	井出季和太，《臺灣治績志》，臺灣日日新報社，一九三七年。
一四〇頁下圖	英文版維基百科，「Krakatoa」條目。
一四一頁上圖	太田猛編輯，《臺灣大觀》，臺南新報社，一九三五年。
一四一頁下圖	井出季和太，《臺灣治績志》，臺灣日日新報社，一九三七年。
一四二頁上圖	英文版維基百科，「Keelung Campaign」條目。
一四二頁下圖	中文版維基百科，「李鴻章」條目。
一四三頁上圖	“Fantasy Tour in Tamsui” by Amazing Grace.
一四三頁下圖	中文版維基百科，「台灣教會公報」條目。
一四四頁上圖	楊蓮福，《臺灣百年生活圖錄 第一輯 廣告時代》，三十八頁，博揚文化事業有限公司，二〇一〇年。
一四四頁下圖	原件藏於白鷺鷥文教基金會。
一四五頁上圖	中文版維基百科，「甘為霖」條目。
一四五頁下圖	臺灣總督府鐵道部編，《臺灣鐵道史》，臺灣總督府鐵道部，一九一〇年。
一四六頁上圖	英文版維基百科，「First Sino-Japanese War」條目。
一四六頁下圖	井出季和太，《臺灣治績志》，臺灣日日新報社，一九三七年。
一四七頁上圖	井出季和太，《臺灣治績志》，臺灣日日新報社，一九三七年。
一四七頁下圖	日文版維基百科，「乙未戦争」條目。
一四八頁上圖	井出季和太，《臺灣治績志》，臺灣日日新報社，一九三七年。
一四八頁下左圖	井出季和太，《臺灣治績志》，臺灣日日新報社，一九三七年。
一四八頁下右圖	日文版維基百科，「六氏先生」條目。
一四九頁上圖	石坂莊作編，《基隆港》，臺灣臺灣日日新報社，一九一八年。
一四九頁下圖	井出季和太，《臺灣治績志》，臺灣日日新報社，一九三七年。
一五二頁上圖	松本曉美、謝森展編，《臺灣懷舊》，四〇〇頁，創意力文化事業有限公司，一九九四年。
一五二頁下右圖	臺灣總督府編，《臺灣統計要覽》，臺灣總督府，一九一四年。
一五二頁下左圖	片岡巖，《臺灣風俗誌》，一一一頁，臺灣日日新報社，一九二一年。
一五三頁上圖	臺灣總督府編，《臺灣統計要覽》，臺灣總督府，一九一四年。
一五三頁下圖	臺灣博覽會協贊會編，《始政四十周年記念臺灣博覽會畫帖》，國際情報社，一九三九年。
一五四頁上圖	日文版維基百科，「後藤新平」條目。
一五四頁下圖	臺灣總督府編，《臺灣統計要覽》，臺灣總督府，一九一六年。
一五五頁上圖	英文版維基百科，「Treaty of Portsmouth」條目。
一五五頁下右圖	三浦幸太郎，《靈は輝やく義人吳鳳》，南瀛新報社嘉義支局，一九三一年。
一五五頁下左圖	臺灣總督府編，《臺灣統計要覽》，臺灣總督府，一九一四年。
一五六頁上圖	施淑宜總編輯，《見證—台灣總督府 1895~1945》，上冊，五十八頁，立虹出版社，一九九六年。
一五六頁下圖	施淑宜總編輯，《見證—台灣總督府 1895~1945》，上冊，五十八頁，立虹出版社，一九九六年。
一五七頁上圖	臺灣總督府交通局編，《臺灣鐵道旅行案內》，臺灣總督府交通局鐵道部，一九三〇年。
一五七頁中圖	臺灣總督府警務局編，《臺灣總督府警察沿革誌》，臺灣總督府警務局，一九三八年。
一五七頁下圖	臺灣總督府鐵道部編，《臺灣鐵道史下卷》，臺灣總督府鐵道部，一九一一年。
一五八頁上圖	中文版維基百科，「辛亥革命」條目。

一五八頁下圖　英文版維基百科，「Battle of Yangxia」條目。
一五九頁上圖　臺灣總督府編，《臺灣統計要覽》，臺灣總督府，一九一四年。
一五九頁下右圖　中文版維基百科，「石坂文庫」條目。
一五九頁下左圖　中文版維基百科，「梁啟超」條目。
一六〇頁上圖　井出季和太，《臺灣治績志》，臺灣日日新報社，一九三七年。
一六〇頁下圖　井出季和太，《臺灣治績志》，臺灣日日新報社，一九三七年。
一六一頁上圖　英文版維基百科，「RMS Titanic」條目。
一六一頁下圖　日文版維基百科，「大正天皇」條目。
一六二頁上圖　臺灣總督府警務局編，《臺灣總督府警察沿革誌》，臺灣總督府警務局，一九三八年。
一六二頁下圖　臺灣總督府警務局編，《臺灣總督府警察沿革誌》，臺灣總督府警務局，一九三八年。
一六三頁上圖　阪上福一編輯，《創立三十年記念論文集》，臺灣總督府博物館，一九三九年。
一六三頁下右圖　許朝卿、藍美雅編譯，《台灣經典寫真：邂逅 30 年代 Formosa》，田野影像出版社，三五四頁，一九九七年。
一六三頁下左圖　許朝卿、藍美雅編譯，《台灣經典寫真：邂逅 30 年代 Formosa》，田野影像出版社，三三三頁，一九九七年。
一六四頁圖　中文版維基百科，「高雄州」條目。
一六五頁上圖　中文版維基百科，「連橫」條目。
一六五頁下圖　英文版維基百科，「Armistice with Germany」條目。
一六六頁上圖　作者不詳，葉榮鐘家屬捐贈，一九二四年十月十八日。
一六六頁下圖　日文版維基百科，「杜聰明」條目。
一六七頁上圖　作者不詳，葉榮鐘家屬捐贈，一九二五年六月七日。
一六七頁下圖　莊永明提供，原件藏於白鷺鷥文教基金會。
一六八頁上圖　臺灣總督府編，《臺灣統計要覽》，臺灣總督府，一九一四年。
一六八頁下圖　「磯永吉小屋」，國立臺灣大學農藝學系暨研究所。
一六九頁上圖　「華文文學資訊平台」，台北市政府文化局。
一六九頁下圖　井出季和太，《臺灣治績志》，臺灣日日新報社，一九三七年。
一七〇頁上圖　臺灣總督府編，《臺灣統計要覽》，臺灣總督府，一九一四年。
一七〇頁下圖　臺灣總督府編，《臺灣統計要覽》，臺灣總督府，一九一四年。
一七一頁上圖　臺灣總督府編，《臺灣統計要覽》，臺灣總督府，一九一六年。
一七一頁下右圖　池上清德編輯，《臺灣寫真大觀》，臺灣教育資料研究會，一九三六年。
一七一頁下左圖　中文版維基百科，「蔣渭水」條目。
一七二頁上圖　海老原耕平，《霧社討伐寫真帳》，共進商，一九三一年。
一七二頁下圖　海老原耕平，《霧社討伐寫真帳》，共進商，一九三一年。
一七三頁上圖　臺灣總督府交通局編，《臺灣鐵道旅行案內》，臺灣總督府交通局鐵道部，一九三〇年。
一七三頁下圖　中文版維基百科，「菊元百貨」條目。
一七四頁上圖　臺灣博覽會協贊會編，《始政四十周年記念臺灣博覽會畫帖》，國際情報社，一九三九年。
一七四頁下圖　鹿又光雄編輯，《始政四十周年記念臺灣博覽會誌》，臺灣博覽會誌，一九三九年。
一七五頁圖　鹿又光雄編輯，《始政四十周年記念臺灣博覽會誌》，臺灣博覽會誌，一九三九年。
一七六頁上圖　臺灣總督府編，《臺灣事情》，臺灣時報發行所，一九三六年。

一七六頁下圖　中文版維基百科，「小林躋造」條目。
一七七頁上圖　岡田紅陽攝影，《臺灣国立公園寫真集》，臺灣國立公園協會，一九三九年。
一七七頁下右圖　〈楊逵．從楊逵開始台灣「白色恐怖」38 年〉，華聲論壇。
一七七頁下左圖　中文版維基百科，「江文也」條目。
一七七頁下左圖　岡田紅陽攝影，《臺湾国立公園寫真集》，臺灣國立公園協會，一九三九年。
一七八頁上圖　日文版維基百科，「独伊三国同盟」條目，圖片提供者 Bundesarchiv, Bild 183-L09218 / CC-BY-SA。
一七八頁下圖　日文版維基百科，「独伊三国同盟」條目。
一七九頁圖　英文版維基百科，「USS Shaw (DD-373)」條目。
一八〇頁上大圖　中文版維基百科，「P-51 戰鬥機」條目。
一八〇頁上小圖　"World of Warplanes North American official forum" by Wargaming.net.
一八〇頁下圖　英文版維基百科，「Douglas MacArthur」條目。
一八一頁上圖　大橋捨三郎編輯，《愛國婦人會臺灣本部沿革誌》，愛國婦人會臺灣本部，一九四一年。
一八一頁下圖　大形太郎，《高砂族》，育生社弘道閣，一九四二年。
一八二頁上圖　英文版維基百科，「Little Boy」條目。
一八二頁下圖　中文版維基百科，「臺灣光復」條目。
一八三頁上圖　中文版維基百科，「二二八事件」條目。
一八三頁下圖　中文版維基百科，「二二八事件」條目。
一八四頁上圖　楊蓮福，《臺灣百年生活圖錄第一輯廣告時代》，一四七頁，博揚文化事業有限公司，二〇一〇年。
一八四頁下圖　楊蓮福，《臺灣百年生活圖錄第一輯廣告時代》，一二一頁，博揚文化事業有限公司，二〇一〇年。
一八五頁下右圖　中文版維基百科，「舊臺幣」條目。
一八五頁下左圖　英文版維基百科，「Korean War」條目。
一八六頁上圖　楊蓮福，《臺灣百年生活圖錄第一輯廣告時代》，二一一頁，博揚文化事業有限公司，二〇一〇年。
一八六頁下圖　楊蓮福，《臺灣百年生活圖錄第一輯廣告時代》，二一五頁，博揚文化事業有限公司，二〇一〇年。
一八七頁上圖　楊蓮福，《臺灣百年生活圖錄第一輯廣告時代》，二一四頁，博揚文化事業有限公司，二〇一〇年。
一八七頁中圖　楊蓮福，《臺灣百年生活圖錄第一輯廣告時代》，二二三頁，博揚文化事業有限公司，二〇一〇年。
一八七頁下圖　楊蓮福，《臺灣百年生活圖錄第一輯廣告時代》，博揚文化事業有限公司，二二三頁，二〇一〇年。
一八八頁上圖　鄧秀璧攝，一九五四年十月二十一日。（中央社授權使用）
一八八頁下圖　中文版維基百科，「擔仔麵」條目，圖片提供者 Koika。
一八九頁上圖　楊蓮福，《臺灣百年生活圖錄第一輯廣告時代》，二一九頁，博揚文化事業有限公司，二〇一〇年。
一八九頁中圖　楊蓮福，《臺灣百年生活圖錄第一輯廣告時代》，二二〇頁，博揚文化事業有限公司，二〇一〇年。
一八九頁下圖　中文版維基百科，「孫立人」條目。
一九〇頁上圖　《中央日報》，一九五八年八月二十三日。（中央投資公司授權使用）
一九一頁上圖　國史館臺灣文獻館提供。（國家電影資料館授權使用）
一九一頁中圖　楊蓮福，《臺灣百年生活圖錄第一輯廣告時代》，一八七頁，博揚文化事業有限公司，二〇一〇年。

一九一頁下圖　游重光提供。

一九二頁上圖　秦炳炎攝，一九六〇年十月八日。（中央社授權使用）

一九二頁下圖　中文版維基百科，「臺灣電視公司」條目。

一九三頁右圖　蜀人攝，《徵信新聞報》，一九六〇年九月十八日。（時報資訊授權使用）

一九三頁左圖　董大江攝，《徵信新聞報》，一九六〇年五月十一日。（時報資訊授權使用）

一九四頁上圖　陳漢中攝，一九六五年十一月八日。（中央社授權使用）

一九四頁下圖　姚琢奇攝，《徵信新聞報》，一九六四年六月十五日。（時報資訊授權使用）

一九五頁上圖　余忍攝，一九六四年六月十四日。（時報資訊授權使用）

一九五頁下圖　彭明敏文教基金會提供。

一九六頁圖　馮國鏘攝，一九六八年八月二十七日。（中央社授權使用）

一九七頁上圖　中時攝影組攝，《徵信新聞報》，一九五六年三月十四日。（時報資訊授權使用）

一九七頁中圖　潘月康攝，一九六七年八月三十日。（中央社授權使用）

一九七頁下圖　《大愛灑人間：佛教慈濟基金會簡介》，十八頁，佛教慈濟慈善事業基金會，二〇一〇年。

一九八頁圖　劉偉勳攝，一九七三年九月二十五日。（中央社授權使用）

一九九頁上圖　姚琢奇攝，台北市，一九七〇年五月二日。（時報資訊授權使用）

一九九頁中圖　姚琢奇攝，台北市，一九七〇年八月二十二日。（時報資訊授權使用）

一九九頁下圖　NASA Headquarters.

二〇〇頁圖　陳漢中攝，一九七四年三月三日。（中央社授權使用）

二〇一頁上圖　中時攝影組攝，台北市，一九七二年九月六日。（時報資訊授權使用）

二〇一頁中圖　姚琢奇攝，一九七五年一月九日。（時報資訊授權使用）

二〇一頁下圖　蘇俊郎攝，台北市，一九八二年四月三十日。（時報資訊授權使用）

二〇二頁上圖　邱維國攝，台北市，一九七五年四月十日。（時報資訊授權使用）

二〇二頁下圖　姚琢奇攝，台北市，一九七五年四月十日。（時報資訊授權使用）

二〇三頁上圖　王智卿攝，一九七七年二月十一日。（時報資訊授權使用）

二〇三頁下圖　立礎攝，台南市，一九七六年十月二十日。（時報資訊授權使用）

二〇四頁上圖　王敏攝，高雄市，一九七九年十二月十日。（時報資訊授權使用）

二〇四頁下圖　中時攝影組攝，台北市，一九八〇年五月一日。（時報資訊授權使用）

二〇五頁上圖　陳漢中、劉偉勳攝，一九七八年十二月二十七日。（中央社授權使用）

二〇五頁下圖　劉偉勳攝，一九八〇年十二月十五日。（中央社授權使用）

二〇六頁圖　鄭履中攝，台北市，一九八二年五月。（時報資訊授權使用）

二〇七頁上圖　劉敏豪攝，一九八一年九月二十三日。（中央社授權使用）

二〇七頁下圖　中文版維基百科，「兒子的大玩偶」條目。版權屬於三一電影公司所有。

二〇八頁上圖　葉清芳攝，一九八六年九月。（時報資訊授權使用）

二〇八頁下圖　中時攝影組攝，一九八五年三月二十一日。（時報資訊授權使用）

二〇九頁上圖　顏齊禮攝，台北市，一九八四年三月二十二日。（時報資訊授權使用）

二〇九頁下圖　聶崇章攝，斯德哥爾摩，一九八六年十二月三十一日。（時報資訊授權使用）

二一〇頁上圖　江妙瑩攝，一九八八年四月十三日。（時報資訊授權使用）

二一〇頁下圖　羅繼志攝，台北市，一九八九年十二月十日。（時報資訊授權使用）

二一一頁上圖　楊永智攝，台北市，一九八八年一月一日。（時報資訊授權使用）

二一一頁下圖　陳明仁攝，一九八九年四月十四日。（時報資訊授權使用）

二一二頁圖　中時攝影組攝，台北市，一九九〇年二月十一日。（時報資訊授權使用）

二一三頁上圖　中時攝影組攝，台北市，一九九〇年三月。（時報資訊授權使用）

二一三頁中圖　楊愛華攝，台北市，一九九〇年三月十日。（時報資訊授權使用）

二一三頁下圖　黃子明攝，一九九一年十二月十七日。（時報資訊授權使用）

二一四頁上圖　張良一攝，一九九四年六月二十三日。（中央社授權使用）

二一四頁下圖　郭日曉攝，一九九四年七月一日。（中央社授權使用）

二一五頁上圖　黃子明攝，台北市，一九九五年二月二十八日。（時報資訊授權使用）

二一五頁下圖　陳炳坤攝，一九八三年二月十二日。（時報資訊授權使用）

二一六頁上圖　陳明仁攝，一九九六年五月二十日。（時報資訊授權使用）

二一七頁上左圖　韓同慶攝，一九九六年十二月十日。（時報資訊授權使用）

二一七頁上右圖　董俊斐攝。（時報資訊授權使用）

二一七頁下圖　葉清芳香港傳真。（時報資訊授權使用）

二二〇頁上圖　季志翔攝。（時報資訊授權使用）

二二〇頁下圖　吳繼昌攝，一九九九年九月十一日（中央社授權使用）。

二二一頁上圖　鮮明攝。（時報資訊授權使用）

二二一頁下圖　黃子明攝，一九九九年九月二十四日。（時報資訊授權使用）

二二二頁上圖　鄭緯武攝。（時報資訊授權使用）

二二二頁下圖　張良一攝，台北市，二〇〇一年九月十七日。（時報資訊授權使用）

二二三頁上圖　陳怡誠攝，台北市，二〇〇二年十二月二十五日。（時報資訊授權使用）

二二三頁下圖　楊樹煌攝。（時報資訊授權使用）

二二四頁上圖　姜泉攝。

二二五頁上左圖　中時奧運採訪團攝。（時報資訊授權使用）

二二五頁上右圖　中時奧運採訪團攝。（時報資訊授權使用）

二二五頁下圖　季志翔攝，台北市，二〇〇三年十一月一日。（時報資訊授權使用）

二二六頁上圖　陳麒全攝，台北市，二〇〇五年三月二十六日。（時報資訊授權使用）

二二六頁下圖　王錦河攝，台北市，二〇〇五年三月二十六日。（時報資訊授權使用）

二二七頁上圖　楊淑芬攝，台南市，二〇〇六年四月二十八日。（時報資訊授權使用）

二二七頁下圖　洪慶淋攝，新北市，二〇〇六年六月十七日。（時報資訊授權使用）

二二八頁上圖　陳志源攝，台北市，二〇〇九年八月四日。（時報資訊授權使用）

二二八頁下圖　陳麒全攝，台北市，二〇〇八年五月二十日。（時報資訊授權使用）

二二九頁上圖　劉宗龍攝，台北市，二〇〇七年一月三十日。（時報資訊授權使用）

二二九頁下圖　季志翔攝，台北市，二〇〇七年十一月六日。（時報資訊授權使用）

二三〇頁上圖　李翰攝，高雄市，二〇〇九年九月二十六日。（時報資訊授權使用）

二三〇頁下圖　楊彩成攝，時報周刊，二〇〇九年八月二十一日。（時報資訊授權使用）

二三一頁上圖　陳信翰攝，重慶市，二〇一〇年六月二十九日。（時報資訊授權使用）

二三一頁下圖　黃力勉攝，台東縣，二〇一〇年四月三十日。（時報資訊授權使用）

二三二頁上圖　康鴻志攝，台北市，二〇一一年六月十六日。（時報資訊授權使用）

二三二頁下圖　姚志平攝，台北市，二〇一一年十二月三日。（時報資訊授權使用）

二三三頁上圖　陳君瑋攝，日本，二〇一一年三月十四日。（時報資訊授權使用）

二三三頁下圖　陳怡誠攝，桃園縣，二〇一一年十月二十三日。（時報資訊授權使用）

ISBN 978-986-262-063-2

台灣史新聞

撰文／漫畫腳本　曹銘宗
插畫／漫畫　杜福安
審　訂　翁佳音
企畫選書　陳穎青
圖片編輯　林逸帆
協力編輯　陳詠瑜　游重光　戴嘉宏
廣告製作　林于喬　月　鹿
版面構成　蕭彥伶
校　對　魏秋綢
責任編輯　曾琬迪　曾令儀

行銷業務　張芝瑜　李宥紳
總 編 輯　謝宜英
編輯顧問　陳穎青（老貓）
出 版 者　貓頭鷹出版
發 行 人　涂玉雲
發　行　英屬蓋曼群島商家庭傳媒股份有限公司城邦分公司
104 台北市中山區民生東路二段 141 號 2 樓
劃撥帳號：19863813　戶名：書虫股份有限公司
城邦讀書花園：www.cite.com.tw
購書服務信箱：service@readingclub.com.tw
購書服務專線：02-25007718 ~ 9
（周一至周五上午 09:30-12:00；下午 13:30-17:00）
24 小時傳真專線：02-25001990 ~ 1
香港發行　城邦（香港）出版集團／電話：852-25086231 ／傳真：852-25789337
馬新發行　城邦（馬新）出版集團／電話：603-90578822 ／傳真：603-90576622
印 製 廠　成陽印刷股份有限公司
初　版　2013 年 4 月
定　價　新台幣 450 元／港幣 150 元

台灣史新聞 / 曹銘宗撰文；台灣史新聞編輯委員會製作．– 初版．– 台北市：貓頭鷹出版：家庭傳媒城邦分公司發行，2013.04
240 面；19 x 26 公分
ISBN 978-986-262-063-2（精裝）
1. 台灣史 2. 史料
733.7　100025481

有著作權・侵害必究
本書收錄的圖片版權皆屬於原創作人或公司所有，若無意間侵犯了您的版權利益，敬請來信告知。
缺頁或破損請寄回更換

讀者服務信箱　owl@cph.com.tw
貓頭鷹知識網　http://www.owls.tw
歡迎上網訂購；大量團購請洽專線 02-25007696 轉 2729